令和7年版

根本正次のリアル実

司法書:

合格
ゾーン

テキスト

6 会社法・商法

　本書は、初めて司法書士試験の勉強にチャレンジする方が、本試験突破の「合格力」を無理なくつけるために制作しました。

　まず、下の図を見てください。

　これは、司法書士試験での、理想的な知識の入れ方のイメージです。

　まず、がっちりとした基礎力をつけます。この基礎力が備わっていれば、その後の部分は演習をすることで、徐々に知識を積み重ねていくことが可能になります。

　私は、**この基礎力のことを「合格力」と呼んでいます。**

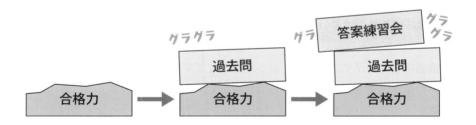

　この合格力がついていないと、いくら勉強しても、知識を上積みすることができず、ドンドンと抜けていってしまいます（これまでの受験指導の中で、こういった受験生を本当に多く見ています…）。

　本書は、まさにこの**「合格力（＋ある程度の過去問知識）」をつけるための基本書です。**

本書では、この「合格力」をつけるためにさまざまな工夫をしています。

①「合格に必要な知識」だけを厳選して掲載。

　学問分野すべてを記載するのではなく、司法書士試験に出題がある部分（または今後出題される可能性が高いもの）に絞った記述にしています。学問的に重要であっても、「司法書士試験において必要かどうか」という観点で、論点を大胆に絞りました。

　覚えるべき知識量を抑えることによって、繰り返し学習がしやすくなり、スムーズに合格力がつけられるようになります。本書を何度も通読し、合格力がついてきたら、次は過去問集にチャレンジしていきましょう。

②初学者が理解しやすい言葉、言い回しを使用。

　本書は、司法書士試験に向けてこれから法律を本格的に学ぶ方のために作っています。そのため、**法律に初めて触れる方でも理解しやすい言葉や言い回しを使っています。**これは「極めて正確な用語の使い回し」をしたり、「出題可能性が低い例外を説明」することが、「必ずしも初学者のためになるとは限らない」という確固たる私のポリシーがあるからです。

③実際の講義を受けているようなライブ感を再現。

　生講義のライブ感そのままに、話し言葉と「ですます調」の軟らかな文体で解説しています。また、できるだけ長文にならないよう、リズムよく5〜6行ごとに段落を区切っています。さらに文章だけのページが極力ないように心掛けました。

④「図表」→「講義」→「問題」の繰り返し学習で知識定着。

　1つの知識について、「図表・イラスト」、「講義」、「問題」で構成しています。そのため、本書を読み進めるだけで、**1つの知識について、3つの角度から繰り返し学習ができます。**また、「図表」は、講義中の登場人物の心境や物語の流れを把握するのに役立ちます。

　試験で落としてはいけない「基本知識」の問題を掲載。講義の理解度をチェックし、実戦力、得点力を養います。基礎知識を確認するための問題集としても使えます。

最後に

　2002年から受験指導を始めて、たくさんの受験生・合格者を見てきました。改めて、司法書士試験の受験勉強とは何をすることかを考えると、

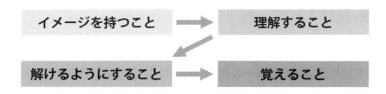

このプロセスを丹念に踏むことに尽きると思っています。

　学習のスタートは、早ければ早いほど合格に近づきます。

　しかし、いざ学習を始めるに当たり、「自分にできるかどうか」という不安をもっている方も多いのではないでしょうか。

　ですが、**司法書士試験に今までの学習経験・学歴は、一切関係ありません。出題される知識を、「繰り返す」「続ける」努力を続けた人が勝つ試験です。**

　本書は、いろいろな方法で学習を始めやすい・続けやすい工夫を凝らしています。安心して、本書を手に取って学習を始めてみましょう。

2024年5月
LEC専任講師　根本 正次

◆本書は 2024 年 5 月 1 日現在成立している法律に基づいて作成しています。

STEP 1 　本書を通読＋掲載されている問題を解く（1〜2周）
　　　　　　※　ただし「2周目はここまで押さえよう」の部分を除く

　まずは、本書をあたまから順々に読んでいってください。

　各章ごとに、「問題を解いて確認しよう」という問題演習のパートがあります。それを解くことによって、知識が入っているかどうかを確認してください。ここの問題を間違えた場合は、次に進む前に、該当箇所の復習をするようにしてください。

STEP 2 　本書の「2周目はここまで押さえよう」の部分を含めて通
　　　　　　読する　＋　問題を解く（2周以上）

　本書には「2周目はここまで押さえよう」というコーナーを多く設けています。この部分は、先の学習をしないとわからないところ、知識の細かいところ、基本知識が固まらないうちに読むと消化不良を起こす部分を記載しています。

　STEP 1 を数回クリアしていれば、この部分も読めるようになっています。ぜひ、この部分を読んで知識を広げていってください（法律の学習は、いきなり0から10まで学ぶのではなく、コアなところをしっかり作ってから、広げるのが効率的です）。

STEP 3 　本書の姉妹本「合格ゾーン ポケット判択一過去問肢集」で演習
　　　　　　をする　＋　「これで到達合格ゾーン」のコーナーを参照する

　ここまで学習が進むとアウトプット中心の学習へ移行できます。そこでお勧めしたいのが、「合格ゾーン ポケット判択一過去問肢集」です。こちらは、膨大な過去問集の中からAAランク・Aランクの知識に絞って演習ができる教材になっています。

　そして、分からないもの、初めて見る論点があれば、本書の「これで到達合格ゾーン」の個所を見てください。

ここには、近年の司法書士試験の重要過去問について、解説を加えています。
　この部分を読んで、新しい知識の記憶を強めていきましょう。
　（そして、学習が深化してきたら、「これで到達合格ゾーン」の部分のみ通読するのも効果的です。）

STEP 4　ＬＥＣの答案練習会・公開模試に参加する

　本試験では、過去問に出題されたとおりの問題が出題されたり、問い方を変えて出題されたりすることがあります。
　また、本試験の２〜３割以上は、過去に出題されていない部分から出されます。

　こういった部分の問題演習は、予備校が実施する答練で行うのが効率的です。
　ＬＥＣの答練は、
・過去問の知識をアレンジしたもの
・未出知識（かつ、その年に出題が予想されるもの）
を出題していて、実力アップにぴったりです。
　どういった模試・答練が実施されているかは、是非お近くのLEC各本校に、お問い合わせください。

TOPIC　令和６年度から記述式問題の配点が変更！　より要求されるのは「基礎知識の理解度」

　令和６年度本試験から、午後の部の配点が、択一の点数（１０５点）：記述の点数（１４０点）へと変更されました。
　「配点の多い記述式の検討のため、択一問題を速く処理すること」、これが新時代の司法書士試験の戦略です。
　そのためには、基礎知識を着実に。かつ、時間をかけずに解けるようにすることが、特に重要になってきます。

●本書の使い方

　本書は、**図表**➡**説明**という構成になっています（上に図表があり、その下に文章が載っています）。

　本書を使うときは、「図表がでてきたら、その下の説明を読む。その講義を読みながら、上の図表を見ていく」、こういうスタイルで見ていってください。

　そして、**最終的には、「図表だけ見たら知識が思い出せる」**というところを目標にしてください。

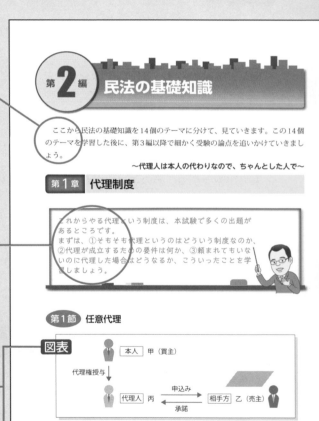

イントロダクション

この編で何を学んで行くのかの全体像がつかめます。この内容を意識しながら学習を進めるといいでしょう。

章の初めには、「どういったことを学ぶのか」「どういった点が重要か」という説明が書かれています。
この部分を読んでから、メリハリをつけて本文を読みましょう。

基本構造

本書の基本構造は「図表➡その説明」となっています。
「図表を軽く見る➡本文を読む➡図表に戻る」という感じで読んでいきましょう。

〜代理人は本人の代わりなので、ちゃんとした人で〜

第2編　民法の基礎知識

　ここから民法の基礎知識を14個のテーマに分けて、見ていきます。この14個のテーマを学習した後に、第3編以降で細かく受験の論点を追いかけていきましょう。

第1章　代理制度

　これからやる代理という制度は、本試験で多くの出題があるところです。
まずは、①そもそも代理というのはどういう制度なのか、②代理が成立するための要件は何か、③頼まれてもいないのに代理した場合はどうなるか、こういったことを学習しましょう。

第1節　任意代理

図表

本人　甲（買主）
↓代理権授与
代理人　丙　　申込み→　←承諾　相手方　乙（売主）

説明　甲は、丙に、「乙の土地が欲しいから、値段交渉をして買ってきて欲しい」と頼みました。

根本講師が説明！ 本書の使い方 Web 動画！

本書の使い方を、著者の根本正次ＬＥＣ専任講師が動画で解説します。登録不要、視聴無料で、いつでもアクセスできます。

本書の構成要素を、ひとつひとつ解説していき、設定の意図や留意点などを分かりやすく説明していきます。

是非、学習前に視聴していただき、本書を効率よく使ってください。

※スマートフォン等による視聴の場合、パケット通信料はお客様負担となります。

◆アクセスはこちら

◆二次元コードを読み込めない方はこちらから
https://www.lec-jp.com/shoshi/book/nemoto.html

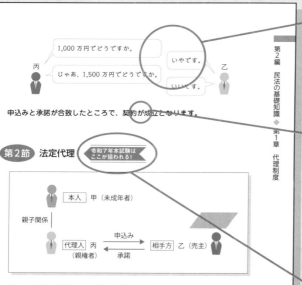

会話調のイラスト
流れや状況を会話調のイラストにすることにより、イメージしやすくなり、理解が早まります。

本文
黒太字：知識の理由となっている部分です。理由付けは理解するためだけでなく、思い出すきっかけにもなるところです。

赤太字：知識として特に重要な部分につけています。

令和７年本試験はここが狙われる！
令和７年本試験で狙われる論点をアイコンで強調表示しています。

条文
本試験では条文がそのまま出題されることがあります。覚える必要はありませんが、出てくるたびに読むようにしてください。

※上記は見本ページであり、実際の書籍とは異なります。

図に表示されている矢印の違い

本書には数多くの図が掲載されていますが、掲載されている矢の形で意味合いが異なってきます。

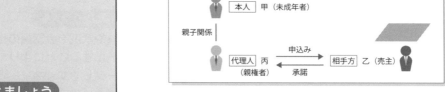

覚えましょう

代理行為が成立する要件

① 本人 甲が権利能力を有すること
② 代理人 丙が代理権を有すること
③ 代理人 丙が 相手方 乙に対して顕名をすること
④ 代理人 丙と 相手方 乙との間に有効な契約が成立すること

理行為が有効に成立するためには、①から④までの要件が必要です。
この4つをすべてクリアすると、直接甲に効果帰属します。

（1）権利能力について

Point

権利能力：権利義務の帰属主体となりうる地位
　　　　→ 「人」が持つ
　　　　→ 「人」とは、自然人・法人

権利能力とは、私は「権利を持てる能力、義務を負える能力」と説明しています。

そして、この能力を持つのは、人です。

法律の世界で人といった場合は、自然人と法人を指します。

覚えましょう

試験問題を解答していく上で、欠かせない重要な部分です。読んだ後、この箇所を隠して暗記できているかを確認していきましょう。

Point

その単元の特に重要な部分です。この部分は特に理解することをこころがけて読んでください。

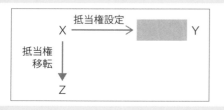

流れを示しています。権利や物がその方向で動いていると思ってください。	
※太さが異なっても意味は同じです。	
⟶	債権、所有権、地上権などの権利を差しています。誰が権利をもっていて、どこに向かっているかを意識してみるようにしてください。

~お金を貸すときは担保が大事です~

第3章　債権者平等の原則と担保物権

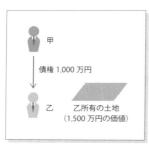

甲と乙が「1,000万円貸す」という借金契約をしました（この借金契約のことを、法律では、金銭消費貸借契約と呼びます）。

この場合、甲から乙に対し貸金債権が発生します。これは、「貸したお金を返せ」と請求できる権利です。

取引の常識
甲は、乙に金を貸す際に、乙の資産状態（資力ともいう）を確認してから貸す

―――― 問題を解いて確認しよう ――――

1	金銭消費貸借契約をすることによって、抵当権は当然に設定されたこととなる。〔オリジナル〕	×

―――― ヒトコト解説 ――――

1 借金の契約とは別に、抵当権をつけるという契約をしないと抵当権は設定されません。

根本のフキダシ
根本が考える「この部分は、こう考えるといいよ」という理解の方向性を示している部分です。

問題を解いて確認しよう
ここまでの理解を確認します。理解していればすぐに解ける肢を、主に過去問からセレクトしていますので学習の指針にしてください。また、出題年度を明記しています。
例：〔13-2-4〕→平成13年問題2の肢4
×肢には「ヒトコト解説」が付いてくるので、なぜ誤っているかはここで確認してください。

※上記は見本ページであり、実際の書籍とは異なります。

目　次

第1編　はじめに　2

第1章　会社法・商法の基礎知識　2

第2章　株式会社の分類　24

第3編　新株予約権　　186

第4編　機関　　206

第13編　訴訟　596

第14編　会社法総則・商法総則、商行為　604

第1章　商行為　604

第2章　会社法総則・商法総則　619

根本正次のリアル実況中継

司法書士

合格ゾーン
テキスト

6 会社法・商法

まるわかりWeb講義

著者、根本正次による、科目導入部分のまるわかり Web 講義！

科目導入部分は、根本講師と共に読んで行こう！
初学者の方は、最初に視聴することをおすすめします。

◆二次元コードを読み込んで、アンケートにお答えいただくと、ご案内のメールを送信させて頂きます。
◆「まるわかりWeb講義」は各科目の「第1編・第1章」のみとなります。2編以降にはございません。
◆一度アンケートにお答えいただくと、全ての科目の「まるわかりWeb講義」が視聴できます。
◆応募期限・動画の視聴開始日・終了日については、専用サイトにてご案内いたします。
◆本書カバー折り返し部分にもご案内がございます。

～経済が成熟して会社法はどんどん細かくなりました～

第1章 会社法・商法の基礎知識

> ここでは、司法書士試験の会社法・商法を学習するための大前提を見ていきます。
> 具体的には、商売をしようとしている人が、個人で商売する場合と会社にする場合の違いを見ていき、そして会社にする場合には、色々な会社のメニューがあることを学習します。
> その上で、一番多く使われている株式会社について、絶対に落とせない基本知識を覚えていきましょう。

第1節 会社法ガイダンス

出題数	9問
出題レベル	ほぼ条文問題のみ

　例年、午前科目最後の9問が会社法・商法です。1問3点なので、27点分がこの科目になります。

　そして、基本的に条文知識が問われると思ってください。判例・学説もたまに出題されますが、正答率が低くなり差がつきません。受験対策として、**条文知識を優先し、判例や学説は後回しにしましょう。**

　結局この科目は、**条文があるのかないのかを確認して、それを図表などにして覚える作業がメインになります。**

学習のアドバイス①
忘れても気にしないこと

　法律というルールは、それを覚えて事例に当てはめて使うと頭に残りやすいものです（民法なんかは、この傾向が顕著です）。

　ところが、商法・会社法では、ルールばかり出題されていて、事例の当てはめをする問題がほとんどありません。そのため、**記憶に残りにくい、とにかく忘れやすいという性質があります**。

　ちなみに、当てはめる機会は、次の科目の商業登記法です。そのため、商業登記法になってやっと理解、記憶できることが多くなるでしょう。

学習のアドバイス②
細かい部分は無視すること

　この科目というのは、とにかく条文が非常に長いです。そして細かく書いてあります。その細かいところを始めから踏み込むと、**何が基本で、何が例外なのか、訳がわからなくなります**。

　学習初期段階では、とにかく細かいところは飛ばすことをお勧めします。

　例えば、条文に入っている（　　　　）の部分です。条文を引いてもらうとわかるのですが、（　　　　）が結構多くあります。ここを、初めから読んでいくと本筋を忘れていきます。（　　　）は飛ばしてどんどん読んでいってください。

学習のアドバイス③
過去問学習という手法がうまくいかない

　平成18年に会社法大改正があった関係で、それより前の問題がほぼ使えませ

ん。そのため、過去問として使える素材が平成18年以降の問題だけになっています。

　そして、大体の問題は難易度が高く、初めて学習する人にとってハードルが高いです。そのため、過去問を解いて頭に入れるという従来の作業がやりづらい科目になっています。

　本試験で出題される法令は、平成18年に大改正が行われました（その後、平成26年に小規模の改正がされました）。ここでは平成18年改正前と改正後を比べたいと思います。

平成18年改正前

商法	商法総則 商行為 会社制度（株式会社・合名会社・合資会社）
有限会社法	有限会社

　昔は、商法と有限会社法があり、そこから出題がありました。

　商法には、商法総則という企業の共通項のルールが掲載され、また、商行為という企業の行為の特別ルールが載っています（例えば、利息を取るのに特約が必要かどうかは、一般人同士の貸し借りと企業同士の貸し借りでは違いがあります）。

　他に、会社についてもルールを決めてあります。商法では、株式会社、合名会社、合資会社が規定され、それとは別に有限会社法という法律があり、そこで有限会社についてルール化されていました。

平成18年改正後

商法	商法総則
	商行為
整備法	有限会社
会社法	株式会社
	持分会社（合名会社・合資会社・合同会社）
会社法規則 （法務省令）	会社法施行規則
	会社計算規則
	電子公告規則

　商法という法律は残っていますが、そこから会社制度がなくなっています。**商法とは別個に、会社法というルールを作って、会社制度についてはそっちに持っていきました。**

　また、有限会社法という法律はなくなりました。
　これは、「今ある有限会社が全部無効になる」というわけではありません。

〈有限会社〉

これから作るのは認めないよ。
でも、今あるものは認めるよ。

　こういう態度なのです（今残っている有限会社を特例有限会社と呼びます）。
　今ある有限会社がなくなるわけではないので、お近くに有限会社があったとしても、そこに「お宅の会社、無効ですよ」と言いに行かないようにしてください。

　あと一番下に会社法規則(法務省令)とあります。
　これは事細かいルールと思ってください。事細かいルールは、法律ではなく、規則というレベルで作っています。
　法律だと国会の審議がないと変えられないため、細かいルールや迅速に変えるべきものは、法務省の一存で変えられるようにしているのです。

　では、どの法令がどのくらい出題されるのでしょうか。
　会社法からは例年8問出題され、その中でも、**株式会社が7問程度を占めてい**

ます。そして、**商法から1問**（最後の35問目は、商法からの出題）となっています。

　会社法規則からの出題はまずありません。細かすぎるため、本書ではここの記述はほぼ割愛します。

第2節　会社法で登場する人たち

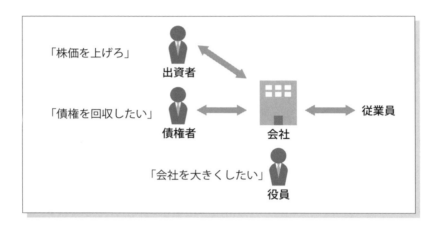

出資者：お金を投資した人のことをいい、この投資した人は、主に株価が上がることを期待しています。

債権者：これはお金を貸した人（銀行が多いです）はもちろん、ここでは代金債権を持っている人たちのことを指します。この人たちは、主にお金を回収することを考えています。

役員：彼らは、会社を大きくしたいということを考えています。

　また、会社の従業員も、会社と密接な関係があり、会社と従業員の間にも、色んなルールがあります。ただ、そこは会社法がルール化をしていません（労働法関連でルール化しています）。**会社法は、出資者、債権者、役員との関係をルール化**しています。

　読者の中に「出資者・債権者・役員」の方はいらっしゃるでしょうか。

多くの人にとって、自分の身近ではない人達のルールを見るので、イメージを持ちづらい科目となっています。

第3節　商売を始めたい！

腕利きのラーメン職人である坂本という人がいて、ラーメン屋を出そうと考えています。

自分のお金だけで個人経営をする場合と、誰かとタッグを組んでラーメン屋を経営することになった場合とで、どのような違いがあるのでしょうか。

坂本が全部自分でお金を出して、ラーメン屋を経営した場合から考えましょう。

ラーメン屋から儲けや損失が出た場合、個人経営なら、全部坂本のところにいきます。**利益の総取り**になりますが、**損失も全部坂本が負うことになります。**

個人経営を始めるときの一番のハードルは、元手となる資金調達です。

自分に元手となるお金が無かったら、他人にお金を出してもらうことになります。

人にお金を出してもらう方法には、大きく分けて、融資と投資があります。

まずは融資を見ましょう。

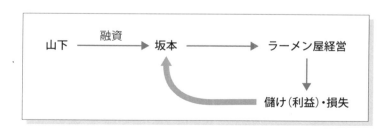

山下が坂本にお金を融資、つまり、お金を貸したのです。年３％でお金を貸しました。

　このお金を元手に坂本がラーメン屋の経営を始めたようです。

　儲けや損失が出た場合、これは坂本の総取りになり、山下には３％ずつ利息を払うことになります。

　３％ずつ払えばいいというのには、良い面と悪い面があります。

　例えば山下から300万円を借りてラーメン屋を始めたら、ある年に1,000万円も儲かりました。山下からしてみれば、「俺のお金で大儲けできたんだから、３％以上くれよ」と思うところです。

　しかし、利息は先ほど言った３％しか取れません。**どんなに儲かっても３％しか取れません。**

　ただ、逆に、坂本がラーメン屋を失敗し**全然売上が無い又は少なかったとしても、山下は300万円の利息３％を要求する**ことができます。

　次に、お金を集める手法として、投資した場合を見ましょう。

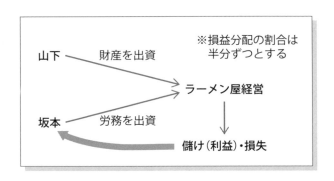

　投資の１つの形態としての組合という図を作っています。

　組合というのは、簡単に言えば商売をする約束です。山下と坂本で共同経営をしようという約束をしていると思ってください。その後、山下、坂本ともに出資して、ラーメン屋を開店させました。

　ラーメン屋を経営して、儲けや損失が出た場合、今までの仕組みは坂本が総取

りしていましたが、この組合の場合は、山下と坂本での折半になります。組合では原則として、**1人で総取りできないというデメリット**があります。

　山下と坂本が出資しているものを見てください。山下は300万円というお金を出資していますが、坂本は、

俺は金がないから、
麺を打つし、
スープも作るよ。

と、働くことを出資としているのです。

　この組合という形態をとった場合、お金を出すのもいいし、**働くといった労務の出資もできる**のです。

　ちなみに、山下の立場をもう少し確認すると、儲けが出た場合は折半でもらいます。例えば、最初300万円でスタートして1,000万円儲けたのであれば儲けの半分が手に入るのです。

　ただ、ラーメン屋が1,000万円の借金を負った場合は、**山下にも借金が降ってきます**。

　こういった意味で、**出資するというのは、お金を貸すのと比べてリスクもあるし、リターンもある**という感じになります。

　また、坂本が自分のお金で独立して経営を始めたのであれば、経営方針の決定は、経営者である坂本がやりたいようにして構いません。1杯のラーメンにかける原料費をどれだけにするのか、ラーメンの値段はいくらに設定するのか、利益が出た場合それを何に使うのか、すべて自分で決定できます。

　ところが共同経営となると、経営方針の決定はそう簡単なものではありません。坂本と山下は「経営共同体」という団体なのです。

　複数人の集合である「団体」の方針を決めるには、**原則として、メンバーの過半数で決定すること**になります。

ただし、「ラーメンをお客さんに販売する」、「材料を市場で仕入れする」ことの決定などのラーメン屋の「常務」については、各自が単独の判断で行うことができます。**こういう決定にまで組合員の過半数の賛成を要することにすると、団体の動きが非常に悪くなってしまう**からです。

第4節 「法人」になる意義

商売をする人というのは、どこかのタイミングで法人化を考えます。
法人化する理由にはいろいろあります。

法人化する理由
理由① 土地の購入資金を銀行から借り入れる場合、信用力が大きくなる。
理由② 土地を購入する場合、「法人」名義にすることができる。
理由③ 従業員との雇用契約も「法人」名義ですることができる。
理由④ 収益が多くなった場合には、税金対策にもなる（給与支払いによって利益を少なくできる）。

理由① 個人名の契約より、会社の方が信用力はあります。

理由② もし不動産を買う場合、先のケースでは2人の名義で登記しなくてはなりません。

理由③ 例えばラーメン屋が人を雇う場合、雇用契約は、山下と坂本の2人と相手方で契約することになります。もし共同経営者が3、4人いたら、相当面倒くさいですよね。

理由④ 個人でやっていると所得税がかかってしまうので、法人化して、税金対策をするのです。

　法人化を考えたとしても、法人にも色んなタイプがあり、どのタイプにするかを選ぶことになります。次の節では、法人のタイプと特徴を説明します。

第5節 会社の種類

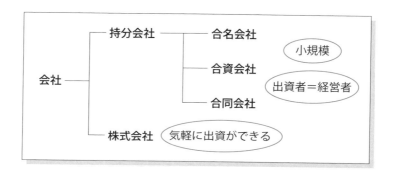

大きく分けて会社は、持分会社と株式会社に分けられます。

出資した人が経営するかどうかでこの2つを選びます。**原則として、出資した人が経営するのが持分会社、出資した人が経営しないのが株式会社**です。

出資した人が経営したいかっていうと、そうでもない場合が結構多いです。お金は出したいが、経営には参加したくないという人が圧倒的に多いです。その場合は、株式会社を選択します（株式会社は、気軽に出資できることを目標に制度設計されています）。

👆 Point

社員

× 従業員

○ 出資者

これから持分会社、株式会社それぞれどんな特徴があるかを見ていきますが、その前に、「社員」という言葉の定義を覚えてください。

社員というと大体は一般的な従業員、会社と雇用契約を結んだ従業員を考えると思います。

ただ、それは会社法で扱う社員ではありません。**会社法では、社員とは出資者のことを指します。従業員という意味で、社員という言葉は使いません。**

では、それぞれの会社の特徴を見ていきましょう。

右側の5人が、合名会社に出資した人だと思ってください。

合名会社は持分会社の1つです。そのため、出資した5人で経営の意思決定ができます（**頭割りの過半数で意思決定します**）。

合名会社の一番の特徴は、会社が借金を背負った場合に現れます。

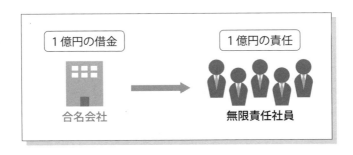

会社が借金を背負った場合、この出資者たちが、個人責任を負います。例えば、この会社が1億円の借金を背負った場合、出資者にも責任追及がされます。しかも、出資者が5人いるからといって五等分されるわけではなく、1人1人の責任が1億円となり、会社が債務を負ったら、限度なく責任を負わされるのです。

このことを「**出資者は無限責任を負う**」と表現します。

持分会社にはあと2タイプあります。この2タイプに近づくほど、**出資者の責任が軽くなります**。

　出資した人が経営権を持つという点は先ほどの合名会社と同じです。ただ会社の借金を背負った場合の責任が違います。

　具体的には、**責任額に限度のあるタイプの社員と、限度がないタイプに分かれるのです**。前者は有限責任社員、後者は無限責任社員といいます。

　例えば、会社が借金1億円を背負った場合、無限責任社員には、1億円を払ってもらいます。

　一方、有限責任社員は、

このように、会社債務の全額までの責任はないのです。

　ここで誤解しないで欲しいのが、**経営権は無限責任社員だけでなく、有限責任社員にもあります**。「責任が重いから経営権があって、責任が軽ければ経営権が

ない」ではありません。有限・無限に関わらず、みんなに経営権があるのです。

　経営権は同じなのに、なぜ責任が重い無限責任社員を選択する人がいるのでしょうか？
　いろんな理由があるのですが、出資内容で無限責任を選択している可能性が高いのです。

　無限責任社員になる場合、金銭などではなく、労務（働くこと）を内容にすることもできるのです。
　無限責任社員になると、限度なく責任を負わされるので、出資するタイミングでお金を出さなくて済みます。
　一方、**有限責任社員は、お金や有価証券、土地など、財産的価値があるもので出資をする義務があります。**

　そのため、社員になって経営したいけどお金がないという場合に、労務出資するために無限責任社員になっているという方がいらっしゃいます。

　今度は、出資者全員が有限責任です。会社が借金を背負っても、責任は限度有りです。持分会社ですから、全員に経営の意思決定権があります。
　ただ、この有限責任は、**間接有限責任**と呼ばれます。
　一方、合資会社の有限責任は**直接有限責任**、無限責任は**直接無限責任**、そして、合名会社の社員は**直接無限責任**と呼ばれます。

　ここで出てきた直接というのは、債権者が払えと請求しに来るというイメージです。
　これと、有限責任・無限責任を合わせて説明すると
　まず、合名会社の出資者になると、

直接的：債権者が直接請求しに来て

無限　：限度なく取られる。

次に、合資会社は、債権者がやってきて限度なく取られるというタイプ（直接無限）と、債権者はやってくるけど取られる金額に限度があるパターン（直接有限）に分かれます。

最後に、合同会社は間接責任ということで、直接の逆の結論になります。債権者は請求しに来ませんが、出資したお金が債権者への弁済に回ってしまい、戻ってこないという不利益があります。これが、間接有限責任という意味です。

「合名→合資→合同」の順でどんどん責任が軽くなっていることに、気付いたでしょうか。

第6節　株式会社の特徴

> 気軽に出資しやすくしたい
> ・出資者の責任は有限責任（出資以外には責任を負わない）
> ・出資者の責任は間接責任（出資者の財産を差し押さえることはできない）
> ・出資者は最低限の経営参加のみ（重要事項だけ）

気軽に出資できる会社にする、これが株式会社の最大の特徴です。

では、責任は有限責任と無限責任、どちらの方が出資しやすいでしょう。「出資したら限度なく責任を負いますよ」、「出資しても、最悪これぐらいの限度で取られるだけですよ」、**どっちが出資しやすいかといえば、それは後者、有限責任**です。

また、出資して借金を負ってしまった時に怖いお兄さんが家までやってくるのがいいのか、やってこないのがいいのかといえば、**それはやってこない方がいい**ですよね。

また、皆さん、出資した上で経営したいですか。

例えば、ソニーという大きな会社に投資した場合に、

株式会社

来週、経営会議があるから来てくれ。

とか言われた場合、行きたいですか？

　その会議で、今フランスはどうだとか、ブラジルはどうだとかいった話に参加できますか。それはできないでしょうし、したくないですよね。

　株式会社では、出資者は**経営に参加する必要はないことにしています**。

　では、出資者は、何故株式会社に出資をするのでしょうか。

株主になる目的
- 株式の譲渡による譲渡益で儲けたい
- 利益の分配を受けたい（剰余金の配当・残余財産の分配）

　出資をするとは株を買うことを意味します。そして、この買った株を売ることができます。

　株式を買った後その株価が値上がった場合には、売ることによって儲けることができます（例えば、5万円で仕入れた株式が、20万円で売れれば、15万円得をします）。

　株式を買う人の目的は、**株価の値上がりによって儲けたい**という点にあります。

　また、株式投資していると、配当がもらえたりします（剰余金の配当と呼ばれています）。

出資した金額に応じて、定期的に配当金がもらえるのです。

今期、1,000万円儲かりました。1株2万円ずつ配当します。

株式会社

こんなイメージです。

あともう1つ、残余財産の分配というものがあります。これは、**会社をたたむ時に、返金するというルール**です。例えば、「金100万円投資した会社が大儲けをして、会社をたたむ時には1億円の資産があった」という場合、投資した人に1億円返金することがあり得ます。

ただ、「金100万円投資しました。たたむ時になったら50円しか残っていませんでした。」という場合もあります。その場合、いわゆる元本保証はしませんので、50円だけ返金です（大損です）。

こういう形で、自分の出資金から分配がもらえます。

こういった配当や残余財産の分配による儲けを狙って株主となる人もいます。

 覚えましょう

①	剰余金の配当を受ける権利を株主に与えない旨の定款規定を設けること	可
②	残余財産の分配を受ける権利を株主に与えない旨の定款規定を設けること	可
③	剰余金の配当と残余財産の分配を受ける権利の両方を株主に与えない旨の定款規定を設けること	不可

①を見てください。利益が出ても会社にため込んでおくということができます（俗に内部留保といいます）。ため込んでおいて、最後、会社をたたむ時に全部分配するというのはありです。

②は、①とは逆で剰余金で分配するから残余財産は残さないとしています。

一方、③はどうでしょう。配当はしない、残余財産の分配もしないとなってい

ます。ここまでの制約は許されません。

　結局、**両方を与えないのはＮＧです**。利益の分配は、剰余金の配当と残余財産の分配という形で行うため、**両方与えないのは利益の分配をしていないことになるので、許されません**。

　一般的に、法人に出資すると社員と呼ばれるのですが、株式会社だけは株主と呼ばれます。
株主は、会社の所有者のことを指します。

　会社の所有権を株式といいます。その株式を買った株主は、会社の所有権を持つことになるのです。
　所有権があれば、使用収益処分ができます。
　収益にあたるのが利益の配当で、**処分にあたるのが株式の譲渡**です（株主になる目的が両方とも入っていますね）。

　もう一度、上の図を見てください。
　会社の所有権を５億円と言っていますが、５億円を出せる人はそうはいません。これでは**一般人からお金が募ることができないので、この所有権を細かく切って販売します**。

例えば、上記のように10,000株に均等に切って、1株5万円で販売するのです。いきなり5億円払える人はいませんが、5万円だったら払える人はいるでしょう。

株式を細分化しているのは、投資を募りやすくするためなのです。

👆 Point

株式　→　会社の所有権を均一的に細分化した割合的単位

株主　→　株式を所有する者

株券　→　株式の地位を表章する有価証券

株式（所有権を細分化したもの）というのは権利です。そして、その株式という権利を持っている人を株主と呼びます。

なお、株式という権利を紙にしているものを株券と呼びます。

株式、株主、株券、この3つの言葉は、使い分けられるようにしてください。

次は、会社を動かす役員の全体像を見ましょう。

これは、株主たちが集まる総会で、最低1年に1回開く必要があります。ここ

では、株式会社の超重要事項を決めます。ただ、この会議では、**経営の意思決定はしません。出資者は経営をしない**からです。

　ここでは経営内容を決めずに、経営する人を選ぶことにしています。それが、取締役です。

　会社によっては取締役会を開いて、経営内容を決定します（役員会とか経営会議とか、そんな名前にしている会社もあるかもしれません）。

　物事を決めた上で、実行する人は別にいます。例えば、「○○の土地を2,000万円以内で買うぞ」と取締役会で決めた上で、実際の契約は代表取締役にやらせます。

　取締役会では、経営内容を決めるだけでなく、その決定の内容を実行する人を決めます。それが代表取締役です。
　取締役会が意思決定をして代表取締役にやらせるという関係です（人間で例えるなら、取締役会が決定する脳で、代表取締役が実行する手足、そういう関係です）。
　取締役会は、代表取締役が言った通り実行しているのかを監視します。もし、やっていなければ、クビにするのです。

　そして、この取締役と代表取締役のすべてを監視する役員がいます。それが次に説明する監査役という役員です。

　チェックする内容には、**業務監査と会計監査があります。**

　業務監査というのは、法律のチェック、つまり法律違反をしてないかというチェックです。

　もう1つは、お金を懐に入れてないかとか、もしくは粉飾決算してないかとか、帳簿上のチェックで、これを会計監査といいます。

　取締役は経営のプロですが、経営（操縦）のプロが会計（帳簿付け）のプロとは限りません。会計帳簿などの作成は、原則、取締役が担当することになっていますが、取締役の他に「会計参与」という会計専門の担当者を設置することもできます。会計参与を置いた場合は、**取締役とタッグを組んで会計書類を作成します。**

監査役は監査のプロですが、長年取締役を勤めた人が監査役に就任することも少なくありません。すると「業務監査は得意でも会計監査は不得意」だったり、「取締役と仲よしなので真摯に監査の役割を果たさない」といった弊害が出ることがあります。このような事態に対応できるよう、**株式会社は会計監査人という「会計監査のプロ」を設置する**ことができます。

ちなみに、取締役、監査役には「役」という字が付いています。

会計参与・会計監査人には、「役」という字が使われていません。これは、**外部から招き入れているという感覚**です。

具体的には、会計監査人は、公認会計士を外部から招き入れる必要があります。また会計参与は、自然人の場合、公認会計士か税理士を招き入れる必要があります。

我が国の法律上の考え方として、「合議体は単独で決定するよりも精度の高い結論を導くことができる」というものがあります。

取締役や監査役が多数決をとれるだけの人数が存在している場合（最低3名）、その合議体を設置して会社をよりよい方向に導くことができるようになっています。例えば、取締役が3名以上で「取締役会」、監査役が3名以上で「監査役会」を形成できます。

この3人という数字は覚えてください。「**会議体は3人以上**」です。

これは、多数決をとる関係から要求されている数です。1人だと多数決にならず、2人だと、1人が賛成、1人が反対した場合は決まらないですよね。**多数決がとれる最低人数が3人なので、その人数を要求している**のです。

Point

| 株主総会 | → | 取締役・監査役・会計参与・会計監査人を選任・解任 |
| 取締役会 | → | 代表取締役を選定・解任 |

　役員たちは、どこで選んでいるのでしょうか。**基本的には株主総会で選んでいます**。代表取締役以外は、全部株主が選んでいるのです。

　そして、選んでいるところは、解任もできます。**「選ぶところは、クビにもできる」というのが会社法の発想の1つです**。

　ちなみに、上記の役員は、すべての会社がこれを全部置く必要はありません。**最低限、株主総会と取締役1人いればいいのです**。

　あとは、置くことが「できる」と規定しています。置くか、置かないかは会社の自由にしているのです（中小企業は大抵、取締役会なんて置いてないですね）。

　では、基礎知識はこれぐらいにしまして、次の章から出題のメインである株式会社の学習を始めましょう。

第2章 株式会社の分類

ここでは主に、公開会社・非公開会社（公開会社でない株式会社）という分類と、大会社と大会社でない会社の分類を説明していきます。
どちらの分類も会社法の学習では重要になるところです。
簡単に口頭で説明できるレベルにまで仕上げておきましょう。

第1節 公開会社と非公開会社

株主の目的は、配当をもらうことと、株式の譲渡で儲けることですよね。
実は、**株式には「譲渡しにくい」という特色を付けられます。**

何故そんなことをするのでしょう。
　株式というのは、譲渡ができれば取引が活発になり、株価は上がっていきます。
ただ、**譲渡が自由にできるとなると、株式の買い占めの危険性が生じる**のです。

　そこで中小企業は、乗っ取られることを防ぐために、当社の株式は買いづらいぞといった縛りを付けておくのです。これが譲渡制限株式というものです。
　中小企業のほとんどは、会社の乗っ取りを防ぐためにこの縛りを付けています。

　この縛りの付け方によって、会社は公開会社と非公開会社に分類することができます。

① 譲渡制限株式	→	非公開会社
② 譲渡制限規定がない株式	→	公開会社
③ 譲渡制限株式＋譲渡制限規定がない株式	→	公開会社
④ 譲渡制限株式＋譲渡制限株式	→	非公開会社

覚えましょう

①のような会社は、一般的には、非公開会社と呼ばれます（このような会社は、上場することは絶対にできません）。

②のように全く譲渡制限を付けない場合は、公開会社と呼ばれます。ただ、公開会社というだけで、会社が上場しているかどうかわかりません。

ここで少し非公開会社と公開会社のイメージを持っておいてください。

非公開会社：株主は少なく、メンバーがずっと同じまま
公開会社　：株主は多く、株主がコロコロ変わる

非公開会社は、株式を自由に売ることができないので、株主のメンツはまず変わりません。一方、公開会社は譲渡が頻繁にされるため、株主はコロコロ変わり、人数もどんどん増えていきます。

③④に行きます。

株式は2タイプ、3タイプ作れます。例えば③は、譲渡制限が付いているタイプと、付いていないタイプの株式を作っています（譲渡制限が付いているタイプは、配当金は多くあげますよという約束をしていることが多いです）。

株主優待などを狙っているので、売る気はない。
だったら配当が多くもらえる方がいいな。

投資家

こういう人は、譲渡制限が付いているが、配当が多いタイプを選ぶでしょう。

株式譲渡で儲けるぞ。

投資家

こういう人は、譲渡制限が付いていないタイプを選ぶでしょう。

投資をする人には色々な思惑があるので、会社でもその思惑にあった株式の種類を作って用意しておくのです。

ちなみにこの③のような会社は公開会社と扱われます。

④を見てください。両タイプとも譲渡制限を付ける、こういうこともできます。2タイプの株式を作って両方とも譲渡制限を付けた場合、これは非公開会社です。

公開と非公開は、どこで区別すればいいのでしょうか。

「**譲渡制限がない種類があれば公開会社**」もしくは「**全部に譲渡制限が付いていたら非公開会社、あとは公開会社**」と考えればいいでしょう。

公開会社になると、設置を義務付けられる会議があります。

  覚えましょう

　　公開会社　　→　　取締役会の設置が義務化

元々、取締役会を置くかどうかは会社が自由に決められるはずなのですが、その会社が公開会社の場合は、取締役会を置くことが義務になります（この理由付けが今はできないので、現段階では丸暗記してください）。

第2節 大会社と大会社以外

 覚えましょう

大会社 ｛
● 資本金の額が　　５億円　以上
又は
● 負債の額が　200億円　以上

　最終事業年度に作る貸借対照表に資本金として５億円以上を計上している、もしくは資本金としては５億円ないけど、負債が200億円以上ある、そういう会社を大会社といいます。

　それ以外の会社を、大会社でない会社と呼びます。

練習問題：次の会社は大会社か。
Ｑ１　資本金の額が１億円で、負債の額が200億円の会社
Ｑ２　資本金の額が５億円で、負債の額が30億円の会社
Ｑ３　資本金の額が５億円で、負債の額が180億円の会社
Ｑ４　資本金の額が４億円で、負債の額が210億円の会社

　全部、大会社です。

　資本金か負債、どちらかの基準を満たせば大会社です。Ｑ１、Ｑ４は負債の基準をクリアしてます。Ｑ２、Ｑ３は、資本金で基準をクリアしています。

 覚えましょう

大会社　　→　　会計監査人の設置が義務化（328）

　大会社ともなると、かなりの取引金額になります。**多額になるため経理のミスが怖いですし、不正な経理計上をする危険があるため、公認会計士という会計のプロを入れなさいと会社法に要求されている**のです。

株式会社
→　多数の者が出資しやすくする企業形態
→　権利を細分化する・出資者は経営に参加しなくていい

　とにかくみんなが出資しやすくする、それが株式会社の特質です。

　そのために、権利を細かく割って買いやすくしたり、出資しても経営に参加しなくていいよとしています。

持分会社
出資者が経営する　→　出資者同士に信頼関係がある

　持分会社の出資者は、全員が経営権を持っています。つまり、出資した人は共同経営者になるのです。

　もし、出資者を1人でも増やそうとする場合、出資者全員の承諾が要ります。**出資者が入って来るというのは、共同経営者が増えるため、他のみんなから信頼されなければ、認められない**のです。

株式会社
株主は経営しない　→　株主同士に信頼関係はない

　株式会社の株主は経営をしません。そのため、**株主同士の間には、信頼関係なんてものはありません**（信頼関係どころか、他の株主なんて興味がない人が多いでしょう）。

第4節　資本金について

資本金：会社財産を確保するための基準となる計算上の一定の数額

例えば、資本金1億円と決めた場合には、「1億円の枠が降ってきて、この中に1億円を入れなさい」そういった保有義務が課せられます。

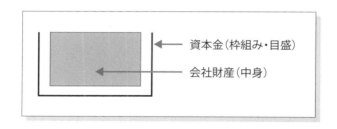

では、資本金を1億円とし、実際に枠の中に1億円入れたとしましょう。ここで気を付けてほしいのは、**この中に入れた資本金は使ってもいい**ということです。

その1億円から1,000万円出して商品を仕入れた場合、現金は9,000万円になりますが、仕入れた商品の値段が1,000万円ですから、トータルで1億円になっています。**現金・商品のトータルで1億円あるので、「1億円の価値を入れなさい」というルールはクリアしている**のです。

資本金の規制というのは、**現金でも、物でもいいから資産価値があるものを1億円以上キープしなさいという規制**なのです。

ちなみに、1億円以上キープすればいいので、会社財産が5億円以上ある状態で「うちの会社は資本金1億円です」とすることは問題ありません。

そして「1億円以上キープしてほしい」ため、資本金については、様々な規制をかけています。これは、**取引する債権者の信頼を守るため**なのです。

会社と取引をする者は、後々強制執行することを考えて資本を調査します。例えば、資本金の額が1億円と登記されている会社と取引をする場合、

債権者

> 1億円は会社財産があるのだな。だったら、1,000万円程度の取引なら安全だ。

と判断するのです。

　ここで実際には会社財産は100万円しかなかったら、債権者の信頼を裏切ることになります。そのような信頼の裏切りがないように、様々な規制をかけているのです。

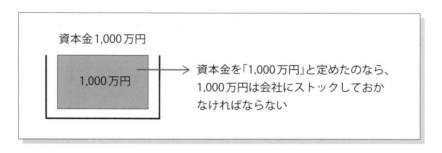

資本金1,000万円

1,000万円

→ 資本金を「1,000万円」と定めたのなら、1,000万円は会社にストックしておかなければならない

　もし、資本金を1,000万円と定めた会社の資産が1,000万円しかなかった場合（つまり、資産のすべてを資本金にしていた場合）、**この会社は株主への配当ができません。**

　この状態で配当するとなると、この**資本金の中から配当をすることになり、資本金1,000万円をキープすることができません。**
　このような、資本金以上に余りがない会社は全く配当することはできません。配当というのは、資本金以上の財産の余りがなければできないのです（そのため、「剰余金」の配当という言葉が使われているのです）。

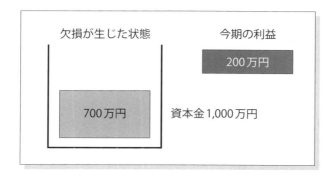

　上記の図では、元々資本金が1,000万円として、1,000万円集めた後、経営の失敗により300万円の赤字になりました。

　これにより資本金が1,000万円なのに、中身が700万円という状態になります。こういうのを**資本の欠損**と言います。

　この状態で、今期の利益が200万円となった場合、これを配当していいでしょうか。

　これは認められませんね。**欠損という穴が生じているのであれば、配当より先に穴埋めを優先すべき**です。

> **Point**
>
> 資本不変の原則：一旦、確定された資本金の額は、任意に減少することは
> 　　　　　　　　できないという原則

　資本不変の原則というのは、資本金の額を勝手に下げられないということです。資本金の額を簡単に減少することができれば、資本金1,000万円と定めたとしても、資本金200万円にしてしまう会社が出てくるでしょう。すると、

　　　資本金が1,000万円あると思ったのに、
　　　裏切られた！

債権者

資本金の額を簡単に減少することができれば、**それを信じた債権者への裏切りに**

なるでしょう。そのため、資本金の額は簡単には減少できないこととしたのです。

資本金を下げないと会社が倒産してしまう。
もう、資本金5億円なんて維持ができない。

　会社がこういった事態になることもあるでしょう。そういった場合には、かな**り厳格な手続をとって、資本金の額を下げる**ことができます。
　厳格な手続、基本的には債権者全員からOKを取る必要があります（詳しくは後述します）。

最低資本金制度
株式会社を設立するには1,000万円、有限会社を設立するには300万円の資本金を用意することを求めていた制度

　昔はこれに加えてもう1つ、最低資本金という規制がありました。これは、株式会社を作りたければ、スタートは資本金を最低1,000万円、有限会社を作りたければ、スタートの資本金は最低300万円ないと設立させないという規制です。

　これは平成18年改正で無くなりました。現在は極論、資本金0円という状態で設立することが認められています。
　実はこの最低資本金制度（300万円や1,000万円なければ、会社を立ち上げることができない）があるため、日本は起業しづらい国だと言われていたのです。**起業の促進のため、この最低資本金という制度を廃止したのです。**

第5節 株式会社と持分会社の比較　その②

株式会社	合名会社・合資会社
有限責任社員しかいない	無限責任社員がいる
↓	↓
会社債権者は、会社が払えなくても、社員に対して請求することができない	会社債権者は、会社が払えなければ、社員に対して請求することができる
↓	↓
会社債権者にとってみれば、「会社にどのくらい財産があるか」の方が「会社にどのような株主がいるか」より関心がある	会社債権者にとってみれば、「会社にどのくらい財産があるか」よりも「会社にどのような無限責任社員がいるか」の方が関心がある
↓	↓
資本制度を採用 しかも、登記事項とした一方、株主の氏名・住所は登記事項ではない	資本制度がない その代わり、社員の氏名・住所は登記事項となっている

まず、株式会社から考えましょう。

株式会社の債権者は、会社財産を当てにしています。そのため、会社財産の保有義務である資本義務を導入しました。

一方、合名会社・合資会社の取引相手は、**会社財産はあまり当てにせず、無限責任社員を当てにしています。**会社財産を当てにしていないので、資本という保有義務の制度は登記簿では公示せずに、誰が社員なのかを、登記簿で分かるようにしています。

ちなみに株式会社の場合、債権者は株主には請求できないため、**登記簿には誰が株主なのかを記載しないことになっています。**

ちなみに、この図の中に合同会社が載っていませんが、合同会社は「株式会社」「合名会社・合資会社」どちらのタイプに属するのでしょう。

　合同会社には有限責任社員しかいません。だから、左の株式会社寄りの結論になります。

株式会社の登記簿

<table>
<tr><td colspan="2" align="center">履歴事項全部証明書</td></tr>
<tr><td colspan="2">東京都豊島区南池袋一丁目2番3号
第一電器株式会社</td></tr>
<tr><td>会社法人等番号</td><td>0133-01-○○○○○○</td></tr>
<tr><td>商　号</td><td>第一電器株式会社</td></tr>
<tr><td>本　店</td><td>東京都豊島区南池袋一丁目2番3号</td></tr>
<tr><td>公告をする方法</td><td>官報に掲載してする</td></tr>
<tr><td>会社成立の年月日</td><td>平成19年10月1日</td></tr>
<tr><td>目　的</td><td>1 家庭電器用品の製造及び販売
2 家具、什器類の製造及び販売
3 光学機械の販売
4 前各号に附帯する一切の事業</td></tr>
<tr><td>発行可能株式総数</td><td>400株</td></tr>
<tr><td>発行済株式の総数
並びに種類及び数</td><td>発行済株式の総数
200株</td></tr>
<tr><td>資本金の額</td><td>金6000万円</td></tr>
<tr><td>株式の譲渡制限に関する規定</td><td>当会社の株式を譲渡により取得するには、当会社の承認を要する。</td></tr>
<tr><td>株券を発行する旨の定め</td><td>当会社の株式については、株券を発行する。</td></tr>
<tr><td>役員に関する事項</td><td>取締役　　　甲　野　太　郎</td></tr>
<tr><td></td><td>東京都豊島区南池袋一丁目2番3号
代表取締役　　　　　甲　野　太　郎</td></tr>
<tr><td>存続期間</td><td>会社成立の日から満50年</td></tr>
<tr><td>登記記録に関する事項</td><td>設立
 平成19年10月1日登記 </td></tr>
</table>

　「登記簿」という言葉が出てきました。これは、**会社の戸籍**と思ってください。
　自然人に戸籍があるように、会社にも戸籍というのがあります。これは自然人の戸籍と違って、誰でも見られます。

　例えば、株式会社がある株式会社から、4,000万円規模の取引を要求されました。その場合、取引相手は、会社の登記簿を見ます（法務局という所に行けば見れます）。そして、**登記簿の中に記載がある資本金の額を確認して取引するかどうかを決める**のです。

持分会社（合名会社）の登記簿

	履歴事項全部証明書 東京都豊島区南池袋一丁目2番3号 合名会社池袋木材商店
会社法人等番号	０１３３－０３－○○○○○○
商　　号	合名会社池袋木材商店
本　　店	東京都豊島区南池袋一丁目2番3号
公告をする方法	官報に掲載してする
会社成立の年月日	平成19年10月1日
目　　的	1　木材の販売 2　上記に附帯する一切の業務
社員に関する事項	東京都豊島区南池袋一丁目10番地 社員　　　甲　野　太　郎
	東京都豊島区南池袋一丁目20番地 社員　　　乙　野　次　郎
	東京都豊島区南池袋一丁目15番地 社員　　　株式会社丙野商店
	代表社員　甲　野　太　郎
支　　店	1 神奈川県横須賀市日の出町一丁目4番地
存続期間	会社成立の日から満50年
登記記録に関する事項	設立 　　　　　　　　　　　平成19年10月1日登記

　これは、合名会社の登記簿です。

　ある合名会社から取引を頼まれた場合は、合名会社の登記簿を取って、誰が社員にいるかを見ます。そこに金持ちでもいようものなら、「こいつに全部責任追及できる」と考えるでしょう。

　このように、**合名会社・合資会社と取引する場合には、社員が誰なのかを登記簿で調査する**のです。

株式会社東京家具　定款（案）

第1条（商号）
　　当会社は、株式会社東京家具と称する。
第2条（目的）
　　当会社は、次の事業を営むことを目的とする。
　　　1．家具の輸入及び販売
　　　2．雑貨の輸入及び販売
　　　3．前各号に付帯する一切の業務
第3条（本店の所在地）
　　当会社は、本店を東京都世田谷区に置く。
第4条（発行可能株式総数）
　　当会社の発行可能株式総数は、5,000株とする。
第5条（発行可能種類株式総数）
　　当会社の発行可能種類株式総数は、次のとおりとする。
　　　A種類株式　　3,000株
　　　B種類株式　　2,000株
第6条（株式の譲渡制限）
　　当会社のA種類株式及びB種類株式を譲渡により取得するには、株主総会の
　承認を要する。
第7条（発行する各種類の株式の内容）
　　当会社の発行する各種類の株式の内容は、次のとおりとする。
　　　1．剰余金の配当
　　　　剰余金については、B種類株式を有する株主に対し、A種類株式を有す
　　　る株主に先立ち、毎事業年度末日において、1株につき金3,000円の剰余金
　　　を支払う。

（省略）

第23条（発起人の氏名又は名称及び住所）
　　当会社の発起人の氏名又は名称及び住所は、次のとおりである。
　　東京都大田区田園調布二丁目2番2号
　　青田一郎

以上、株式会社東京家具設立のため、発起人全員の同意をもって本定款を作成し、各
発起人は次に記名押印する。

　令和6年6月3日

　　　　　　　　　　　　　発起人　東京都大田区田園調布二丁目2番2号
　　　　　　　　　　　　　　　　　青田一郎　㊞

　これは、定款というものです。定款とは、会社の一番大切なルールブックと思ってください。

　会社を立ち上げる段階で、この定款の内容を決めておく必要があります。

　第1条を見てください。商号というのは社名のことです。

　第2条を見てください。これは、その会社が行っている事業です。

　第4条を見てください。これは、その会社が発行できる株式数のMAXです。

うちは最高で 5,000 株を出すぞ。

株式会社

　これと比較する概念が、「発行済株式総数」という言葉です。これは、今会社が発行している株式数のことをいいます。

発行可能株式総数	400株
発行済株式の総数 並びに種類及び数	発行済株式の総数 200株

　これは先ほどの登記簿の一部です。株式会社の登記簿には、発行可能株式総数も、発行済株式総数も載っていますし、また先ほど見たように、資本金も載っています。

　一方、定款には**発行可能株式総数は載っていますが、発行済株式総数、資本金は載っていません**。

　これはわざと載せなかったのです。

　定款というのは、会社の最高のルールブックであるため、後から変えるのにかなり面倒な手続を要求しています。資本金や発行済株式総数は、後々になって変えたいことが多々出てきます。

　もし、これらのことを**定款に書いてしまうと、後々変えづらくなってしまいます**。

　そこで、発行済株式総数や資本金は登記簿には載せるけど、定款には載せないことにしたのです。

覚えましょう

		原則
普通決議 （309 Ⅰ）	定足数	議決権を行使することができる株主の議決権の過半数を有する株主の出席
	表決数	出席した当該株主の議決権の過半数
特別決議 （309 Ⅱ）	定足数	議決権を行使することができる株主の議決権の過半数を有する株主の出席
	表決数	出席した当該株主の議決権の３分の２以上

　株主総会は、株主が集まる会議ですが、その会議で物事を決めるには、結局最後は多数決になります。その多数決のとり方が、２つあります。

「**原則は普通決議、重要なことは特別決議**」と思ってください。

　例えば、**役員を選ぶ決議等は普通決議になり、定款を変えるためには特別決議が必要**となっています。

　まずは普通決議から見ていきましょう。表の中にある表決数というのは、賛成数を指していて、過半数が要求されています。

　ただ、この過半数に注意して欲しいのは、何の過半数かということです。これは、**出席した人の持っている議決権**の過半数が要求されているのです。

　例えば、100株あって、80株だけ出席した場合、いくつ賛成が必要でしょうか。

　これは、100の過半数ではなくて、**80の過半数が必要なので41**になります（40だと半数だからね）。この表決数で気を付けて欲しいのは、「出席した」というところです。

　そして、この普通決議には、定足数という縛りがあります。**株主総会の会議は、ある程度議決権が集まらないとそもそも開けないのです。**

　では、どのくらい必要かというと、議決権の過半数です。そのため、100株発

行している会社であれば、通常51の出席がないと会議が開けないことになります。

次に特別決議を見てください。普通決議と違う点は1つで、**表決数のところが、過半数ではなく、3分の2だという点**です。

では具体的に計算してみましょう。

A 180株　　B 90株　　C 10株　　D 30株　　E 20株

問題
① BCD出席・BC賛成した。普通決議は成立しているか。
② AB出席・A賛成した。特別決議は成立しているか。

ある会社の株主構成が載っています。ここで重要なのは、何人いるかではなく、何株持っているかです。

株式会社の多数決は、資本多数決と呼ばれます。

「多くお金を出して、多く株を持っている人間が勝つ」という多数決です（基本的には、1株をもっていると議決権が1個もらえると思ってください）。

では①はどうでしょうか。

この会社のトータルの株式数が330なので、定足数は330の過半数が要求されます（166です）。しかし、①の事例は、130しか出席していないのでアウトです。

次に②はどうでしょう。

AとBが出席している為、270の議決権が出席したことになるので、定足数はクリアしています。

次に表決数ですが、ここで気を付けてほしいのは、何の3分の2なのかなのです。これは330の3分の2ではありませんよ。270の3分の2です。

そのため、180が必要になりますが、A1人で180持っていますから、表決数もOKなので、特別決議は通ることになります（まさに資本多数決ということです。人数はいっぱいいるのに、A1人の意思で、決議が通るのです）。

第8節　株式会社の一生

> **Point**
>
> **会社の一生**
> 設立手続　→　設立
> →　解散　→　清算株式会社　→　清算結了　→　会社の消滅

　設立というのが会社誕生のことです。会社が設立すると、いわゆる営業活動ができるようになります。

　そして、会社はいつか解散という状態になることがあります。解散というのは、会社をたたむスタートラインに入ったことをいいます。

　解散したら、清算手続をやります。具体的に言うと、会社が持っている権利と義務を全部無くす作業です。会社が無くなるので、権利と義務はもう持てません。だから、権利をばらまいたり、義務を返済していくのです。

　感覚として、解散と倒産が違うということはわかるでしょうか。倒産といったら借金は返済できずに降参することです。解散というのは、全ての借金を返して幸せに会社をたたむ、という感じです。

> **覚えましょう**
>
> 設立手続の概略
> ①定款作成　→　②出資　→　③機関の具備　→　④設立登記

　では、会社を作るためにはどういうことをする必要があるのでしょうか。会社のルールブックを決めておきます（①定款作成）。その後に、立ち上げようとしている人が出資します。ここは、場合によっては投資家にもお願いすることがあります（②出資）。

　ここまでで、ルールができてお金が集まります。そこで、それを運用する役員達を次に選びます（③機関の具備）。

そして、最後に会社の戸籍を作るために法務局に行って、設立登記手続を行います（④設立登記）。

> 設立後に行うこと
> →　1年に1回は、株主総会で行うこと
> 　　①営業報告　②配当の決定　③役員を選任・解任

設立後、1年に1回は必ず株主総会を開きます。それを定時株主総会といいます。そこでは、上記の3つのことを決めるのが一般的です。

具体的には

という感じです。

> 設立後に行うこと
> →　投資家から資金調達を行う（投資家に株式・社債を買ってもらう）

会社の資金調達先は大体は銀行です。ただ、銀行からの融資が望めない場合、投資家からの出資を募ることができるのです。

出資を募る方法にも2通りあり、**株式を引き受けてくれと募る場合**と、**社債を引き受けてくれと募る場合**があります。

株式を引き受けた場合は、会社の株主になります。

一方、社債を引き受けた場合は違います。社債というのは、**会社の借金**のことをいいます（国債の会社バージョンです）。社債を引き受けてもらうことは、投資家に対して借金をすることなのです。

第2編 株式

会社の所有権である株式について学習していきます。

まず株主になるとどういうことができるのか、ということを見てから、株式は譲渡できるという話を学びます。

その後、株式を「消したり、切ったり、まとめたり」する制度を学習していき、一番重要な「募集株式の発行」の内容に入ります。

いよいよ、会社法学習の本格スタートです。頑張っていきましょう。

~会社に出資して株主になると何ができるのか~

第1章 株主の権利

株主になったらどういうことができるのかの概略を学びます。特に、株主平等の原則という建前はしっかり理解するようにしましょう。

自益権：株主が会社から経済的利益を受けることを目的とする権利
　　　　（105 Ⅰ①②）
　　　　例）剰余金配当請求権（454）、残余財産分配請求権（504）
共益権：株主が会社の経営に参加することを目的とする権利（105 Ⅰ③）
　　　　例）議決権（308）

株主になってできることは、大きく分けて2つあります。

株式というのは、会社の所有権でした。所有権があるとできることは、使用・収益・処分です。

その収益に当たるのが自益権で、配当を受ける権利・残余財産分配請求権で具

体化されています。

　一方、**使用にあたるのが共益権です。** ただ、使用といっても経営自体をするわけではなく、経営に参加すること（1票を投票して、重要事項や役員を決めるなど）くらいしかできません。

　この権利に関して重大な原則があります。

109条（株主の平等）
　株式会社は、株主を、その有する株式の内容及び数に応じて、平等に取り扱わなければならない。

　これは、民法の私的自治に匹敵する制度で、このルール違反にあたると無効になります。

　会社法は、株主同士を平等に扱いなさいと要求しています。

　ただ、1株持っている人は議決権が1個、5株持っている人は議決権が5個、このように差をつけるのはありです。

　条文をよく見てください。「数に応じて」という言葉がありませんか。

　数に応じて比例的に差をつけることは許されます。

　このように、比例的に差がつく例としては、今挙げた**議決権の数**の他に、**剰余金の配当、残余財産の分配、株式の割当てを受ける権利**などがあります。

　例えば、1株当たり30円で配当されるのであれば、2株持っている人は60円の配当を受けても問題ありません。

　もう1つ、条文の中に、「内容」という言葉があります。

　持っている株式の内容が違えば、差がついても仕方ありません。 例えば、持っている株式に譲渡制限が付いていたという場合には、譲渡制限が付いていない他の株式を持っている人と差が付いても仕方ありませんね。

少数株主権	保有期間	持株要件	
		議決権	発行済株式数
1　解散の訴え提起権（833）	無	1/10以上	1/10以上
2　役員（取締役・会計参与・監査役）の解任請求の訴え提起権（854 I ）	6か月（注）	3/100以上	3/100以上
3　特定責任追及の訴えの提訴請求権・提起権（847の3 I・VII）		1/100以上	1/100以上
4　株主総会の招集手続等に関する検査役の選任請求権（306）		1/100以上	

（注）公開会社でない会社の場合は保有期間の要件はない

　1株だけ持っていても使えない、一定数の株式を持っていないと使えない権利（少数株主権といいます）をまとめたものが上の図表です（株主総会の招集権や株主提案権は、株主総会の部分で説明します）。

　重大な効果をあたえるものは、より多くの持ち株数がないと権利行使ができません（上記の解散の訴え提起権や、解任請求の訴えなどです）。

　また、6か月という縛りがついているものがあります。これは権利行使をするためだけに、「株式を買う→権利行使する」ことを防ぐためにあります。非公開では、そもそも株式が買いにくいので、6か月の制限をかけていません。

> ☑1　会社法上の公開会社でない株式会社において、総株主の議決権の100分の1以上の議決権を有する株主は、これを6か月前から引き続き有する場合に限り、株主総会に係る招集の手続及び決議の方法を調査させるため、当該株主総会に先立ち、裁判所に対し、検査役の選任の申立てをすることができる。〔令5-30-オ（21-29-オ）〕　　×

これで到達！　　　　　　合格ゾーン

☐ 会社法上の公開会社においては、定款の定めをもってしても、1株についての
議決権を複数にすることはできない。

> ★一株一議決権の考え方から、原則として一株持っている人が複数の議決権を
> 持つことは認められません。ただし、公開会社でない株式会社の場合、1株
> についての議決権を複数にすることが認められます（議決権の数につき株主
> ごとに異なる取扱いを行う旨を定款で定めることにより可能になります
> 109Ⅲ・105Ⅰ③）。

第2編　株式　◆　第1章　株主の権利

第2章　株式の内容と株式の種類

ここでは、株式に付けられる特色・オプションを学んでいきます。
全部で9種類ありますが、超重要なのは「取得請求権・取得条項・全部取得条項・譲渡制限株式」、次に重要なのが「議決権制限・取締役監査役の選任権付株式」です（それ以外の特色は参考程度でいいでしょう）。

発行する全部の株式（107）	異なる種類の株式（108）
単一株式発行会社	種類株式発行会社
① 譲渡制限株式 ② 取得請求権付株式 ③ 取得条項付株式	① 剰余金の配当に関する種類株式 ② 残余財産の分配に関する種類株式 ③ 議決権制限種類株式 ④ 譲渡制限種類株式 ⑤ 取得請求権付種類株式 ⑥ 取得条項付種類株式 ⑦ 全部取得条項付種類株式 ⑧ 拒否権付種類株式（黄金株） ⑨ 取締役又は監査役の選任に関する種類株式

　左側は1タイプだけ出している会社が付けられる特色です。付けられる特色は3つになります。

　一方、右側は2タイプ以上の株式を出す場合に付けられる特色です。それが全部で9つあります。

　すべてに共通する要件が、「定款に規定すること」です。**会社のルールブックである定款に書いて、初めて特色が付けられます。**

　ではまずは、1タイプの場合を見ていきます。1タイプしか出してない会社のことを、単一株式発行会社と呼びます。

第1節　譲渡制限株式 (107 I ①)

> ### 定款
>
> 当会社の株式を譲渡により取得するには、
> 取締役会の承認を受けなければならない。

　気を付けて欲しいのは、譲渡禁止ではないということです。「株式を譲渡したければ、承認を受けなさいね」と言っているだけです。

　イメージは、鎖国です。「外の人は入れないぞ」といった鎖国的なイメージを持ってください。そのイメージで、次の定款例を見てください。

> ### 定款
>
> 当会社の株式を譲渡により取得するには、取締役会
> の承認を要する。ただし、当会社の株主が当会社の
> 株式を譲渡により取得する場合においては承認した
> ものとみなす。

　内部の人達で株式の譲渡をするのであれば、外の人は入ってこないので、承認決議を要しません。こういった定款の定めも認められています。

第2節　取得請求権付株式 (107 I ②)

　これは、株主が「買い取ってくれ」と請求できる特色です。実は、**株式という**

のは、**買取りを要求できないのが基本**です。

　ただ、この取得請求権という特色を付けてもらえれば、可能になります。
　例えば、株式を買ったのはいいけどいつまでたっても業績が上がらず、株価が上がらないような場合、「業績が上がらないから買い取ってくれ」と請求するのです。

　これは、**買う方からすれば、出資しやすくなるメリットがあります。出資しやすくなるということは、会社から見れば、お金を集めやすくなるというメリットでもあります**（もちろん買取りに応じなくちゃいけない可能性があるというデメリットも負いますけどね）。

　ではどんな事を定款に書くべきでしょうか。

```
                         定款

       株主はいつでも、当会社の株式をその時の時価で
       取得することを請求することができる。
```

　2つほど丸を付けてください。「いつでも」というところと、「時価」という言葉です。
　決めることは、「**いつまで買取りを請求できるか**」、それともう1つは「**対価**」、**買取りの際に代わりに何を渡す**かということです。今回の例はお金ですが、それ以外にも色々渡せます。

　例えば、「社債を渡す」「新株予約権を渡す」（新株が買える権利のことを新株予約権といいます）「新株予約権付社債を渡す」等を定めることもできます。

第3節 取得条項付株式（107 I ③）

取得条項
付株式 → 株式会社

条件が成就したから、
株式を巻き上げます。

　ポイントは、「**巻き上げる**」**という点**です。先ほどの取得請求権付株式は、株主が会社に対して買い取ってくれと言えるものです。一方、取得条項付株式は、会社が巻き上げる性質のことを指します。

定款

当会社は、株主に次に定める事由が生じた場合には、その時の時価で、当会社が金銭を交付するのと引き換えに、当該株主より株式を取得することができる。
取得事由：自然人である株主が死亡したとき

　株式に譲渡制限を付ければ、譲渡によって外の人が入ることは防げますが、相続によって相続人が株式を取得することは防げません（**相続は譲渡ではないため、規制の対象外になります**）。

　そこで、譲渡制限と併用して、上記のような定款規定を設けておきます。死んだら巻き上げるぞ、相続人には承継させないぞ、というニュアンスです。

定款

当会社は、株主に次に定める事由が生じた場合には、その時の時価で、当会社が金銭を交付するのと引き換えに、当該株主より株式を取得することができる。
取得事由：敵対的買収者の取得比率が20％を超えた場合

「誰かこの会社を買収しに来ているな。まずいぞ」という事態が起きたら巻き上げる、こんな使い方も認められています。

ただ、先ほどあげた2つの例はあまり使われていません。
この2つは、ある意味**巻き上げる条件を設定しています（取得事由と呼びます）**。この取得事由の条件が成就すれば巻き上げることができるのですが、この条件が成就しない限りは、巻上げができないというデメリットがあります。

会社は好き勝手に巻き上げた方がやりやすいですよね。そこで下記のような定款例がよく使われます。

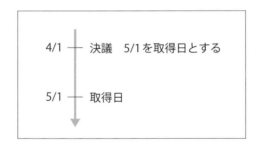

4月1日に、「5月1日になったら巻き上げる」と決議をします。そして、実際に5月1日が到来すれば、巻き上げることができます。
このように、会社は好きなときに株式を巻き上げることが可能になります（もちろん、その株式の価値は落ちますよ）。

最後になりますが、今までの定款例すべてに「時価」という言葉があるのを確認してください。取得請求の場合と同様に、**定款に対価**（巻き上げる株式と引き

換えで何をあげるか）を決めておく必要があります。

 覚えましょう

◆ **単一株式発行会社が、定款を変更して株式の内容を変更する場合の手続** ◆

譲渡制限付株式	取得請求権付株式	取得条項付株式
特殊決議 （309 Ⅲ）	特別決議 （309 Ⅱ）	株主全員の同意 （110）

初めから定款に定めがある場合ではなく、後から定款に盛り込んでこういった特色を付けたい場合、どういった決議がいるかという話です。

まず大前提として、定款に書き込むということは、定款の変更が必要です。**定款変更するには株主総会の特別決議が要求されます。**

ただ、この3つの特色のうち、株主にとって負担になるものがありますよね。**譲渡制限付株式と取得条項付株式は明らかに負担となる**ため、特別決議くらいでは通しません。もっと決議要件が重くなります。

まずは、譲渡制限付株式を見ます。

株主の目的の1つに、株式を譲渡することがありますが、譲渡制限を付けることによってそれがやりづらくなってしまいます。これは**株価が値上がりしたら売ろうと思っていた人には相当な打撃になります。**

そこで、これを付けるには、特別決議ではなく、**特殊決議という更に重い決議要件を要求する**ことにしました。

 覚えましょう

特殊決議

議決権を行使することができる株主の半数以上であって、当該株主の議決権の3分の2以上に当たる多数をもって行わなければならない

これは、賛成数だけで決める多数決です。

1つめのポイントは、「**株主の半数**」という部分です。議決権の半数ではなく、株主の頭数の半分の賛成が必要です。

2つめのポイントは、「**議決権の3分の2**」という部分です。しかも、出席の3分の2ではなく、トータルの議決権の3分の2の賛成が要るのです。

A 180株　B 90株　C 10株　D 30株　E 20株

問題
① BCD出席・BCD賛成した。特殊決議は成立しているか。
② AB出席・AB賛成した。特殊決議は成立しているか。

株主の半数以上が賛成しないといけませんから、上記の問題では少なくとも3人の賛成が必要となります。

そして、トータルの議決権の3分の2以上の賛成が必要ですから、議決権220個の賛成が必要です。

つまり、上記の会社が譲渡制限の設定をしたければ、3人以上の賛成で、かつ議決権220個以上の賛成が必要になります。

上記の問題は①②とも決議が不成立です。

まず①は、賛成した人数は足りていますが（3人以上賛成しています）、議決権の数が130個と少なすぎます。

次に②は、賛成の議決権数は足りています（270個）が、賛成の人数が足りないのです（2人）。

今度は取得条項を説明します。

この場合の**決議要件はさらに重く、全員の同意が必要です。誰か1人でも嫌だと言ったら、設定ができなくなります。**

ちなみに、これらの**特色を後から廃止するという場合には、一律、特別決議です。廃止すれば、株主の負担がなくなるので、決議要件を重くする必要はありません。**

第4節　異なる種類の株式

　では次に、2タイプ以上の株式がある場合を見ていきます（**2タイプ以上の株式を出している会社を種類株式発行会社と呼びます**）。

定款

　第5条（発行可能種類株式総数）
　　当会社の発行可能種類株式総数は、次のとおりとする。
　　　A種類株式　8,000株
　　　B種類株式　4,000株
　第6条（株式の譲渡制限）
　　当会社のB種類株式を譲渡により取得するには、株主総会の承認を要する。
　第7条（発行する各種類の株式の内容）
　　当会社の発行する各種類の株式の内容は、次のとおりとする。
　1．剰余金の配当
　　剰余金については、B種類株式を有する株主に対し、A種類株式を有する株主に先立ち、年6分の剰余金を支払う。

　2タイプ以上の株式を作る場合には、**定款にタイプごとの特色を書きます。**

　それに加えて、**定款にタイプごとの発行可能種類株式総数を書く必要があります。**

　第5条に載っているのが、タイプごとの発行可能種類株式総数です。第6条と第7条に載っているのが、タイプごとの性質です。

　上記の定款では、「B種類については譲渡制限が付いている。ただ、B種類は剰余金が多くもらえる」という性質が付いています。

　これを見て、

自分は株式を売る気はない、でも配当は多くもらいたいな。

と思った人は、B種類株式を買うことになり、一方

いや、配当は少なくていいからとにかく株を売って、儲けたいんだ。

と考えた人は、A種類株式を買うことになるでしょう。

1つ新しい概念を説明します。

👆 Point

A種類株式・B種類株式が発行される

→　A種類株主総会・B種類株主総会という総会を開ける

　cf）株主総会：株主の全員が集まる総会

　2タイプの株式があった場合、総会が全部で3つ作られます。まず1つ目は、株主総会、これは株主全員が集まる会議です。

　2つ目は、A種類株主総会とB種類株主総会で、その種類ごとの株主で集まる総会です。

　株主総会は、必ず年に1回は開きます。一方、種類株主総会は、特別な場面でしか開きません。

　では、前提知識はここまでにして、2タイプ以上の株式のある会社が、どんな特色を付けることができるかの説明に移ります。

(1)　剰余金の配当に関する種類株式（108 I ①）
(2)　残余財産の分配に関する種類株式（108 I ②）
(3)　株主総会において議決権を行使することができる事項に関する種類株式（議決権制限
　　種類株式）（108 I ③）

定款

第7条（発行する各種類の株式の内容）
1．剰余金の配当
　　剰余金については、B種類株式を有する株主に対し、A種類株式を有する株主に先
　立ち、年6分の剰余金を支払う。

　これは、剰余金を多くあげるか少なくするかといった特色です。また、この特
色は、残余財産についても同じように付けることができます。これが先ほどの図
の「（1）剰余金の配当に関する種類株式（108 I ①）（2）残余財産の分配に関
する種類株式（108 I ②）」になります。

　次に（3）議決権についての特色をみましょう。

定款

第7条（発行する各種類の株式の内容）
　当会社の発行する各種類の株式の内容は、次のとおりとする。
1．議決権
　　A種類株式を有する株主は、取締役及び監査役の選任並びに解任についての議案に
　ついてのみ決議を行使することができ、他の議案については議決権を行使すること
　ができない。
　　B種類株式を有する株主は、株主総会において決議すべきすべての議案について議
　決権を有しないものとする。

　上記定款のように議決権について、種類ごとに特色を付けることができます。
ただ、この特色については、数について縛りがかかります。

A種類（議決権あり）	B種類（議決権なし）
100株	： 2,000株

　上記は、少ない株式を持っている人たちが物事を決められる状態になっています。**「あまりにも少ない人数で物事を決めるのはよくない」**という発想から、会社法はこのような状態を許さず、**最低でも１：１の比率にすることを要求しています。**

　ただ、**１：１の比率を超えたとしても、その状態は無効ではなく**、是正措置をとれと条文は命じています。つまり、条文はAタイプの数を増やすか、Bタイプの数を減らすかして、１：１の比率にすることを要求しているのです。

	公開会社	非公開会社
議決権制限株式の数の制限 （115）	適用される	適用されない

　「少ない人数で物事を決めるのはよろしくない」といった趣旨から要求されているルールですが、**このルールは、公開会社だけにしか適用されません。**

　公開会社は、**「株主の数も多い→できるだけみんなで物事を決めるべき→少ない人数で物事を決めないで欲しい」**ということです。
　一方、非公開会社であれば、**「株主の数が少ない→内輪でやっていることが多い→少ない人数で決めていい」**のです。

これで到達！　　　合格ゾーン

☐ 議決権制限株式とは、「株主総会」において議決権を行使することができる事項について制限がある種類の株式であり、「種類株主総会」において議決権の制限を加えることはできない（115・108Ⅰ③）。〔29-28-ア〕

　★「A種類株主は、株主総会における議決権は認めない」旨は定められますが、「A種類株主は、A種類株主総会における議決権は認めない」旨を定めることはできません（これを認めたら、A種類株主総会では誰も議決権が認められなくなります・・）。

> (4)　譲渡制限種類株式（108Ⅰ④）
> (5)　取得請求権付種類株式（108Ⅰ⑤）
> (6)　取得条項付種類株式（108Ⅰ⑥）

　単一株式発行会社でも付けられた特色である、譲渡制限、取得請求権、取得条項は、２タイプ以上の会社にも特色として付けることができます。

　取得請求権、取得条項は、１タイプのときと、若干違いがあります。

　次の定款例を見てください。

定款

第７条（発行する各種類の株式の内容）
　当会社の発行する各種類の株式の内容は、次のとおりとする。
１．取得請求権
　Ｂ種類株式を有する株主はＢ種類株式の取得を当会社に請求することができる。Ｂ種類株式の取得請求があった場合、会社はＢ種類株式１株につきＡ種類株式２株を交付しなければならない。

　対価として他のタイプの株式をあげる、こういうこともできるのです。１タイプしかなければ他のタイプの株式をあげるってことはありえませんが、２タイプ以上ある場合は、他のタイプに変えるということが認められます。

　こういう株式を俗に転換株式といいます（条文の言葉ではありません）。別のタイプの株式にチェンジするというニュアンスです。

> (7)　全部取得条項付種類株式（108Ⅰ⑦）

　似た言葉で取得条項というのがありました。それと比較しながら理解していきましょう。まずは、取得条項から説明をしていきます。

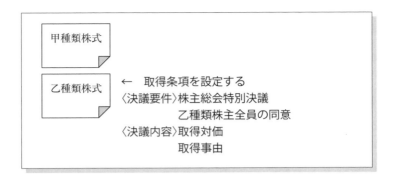

甲種類と乙種類があり、乙種類に取得条項を付ける場合には、どの会議体での
どういった決議がいるのでしょう。

これは**株主総会の特別決議に加えて、乙種類株主の全員のＯＫが必要です。**乙
種類株主の誰か１人でも嫌と言えば、取得条項を付けることはできません。

そして、決議内容を見てください。

この決議では、「取得対価：何をあげるか、取得事由：どんなときに巻き上げ
るか」ここまで決めます。

では、この取得条項付株式を会社が取得するときは、どういった決議がいるの
でしょう。

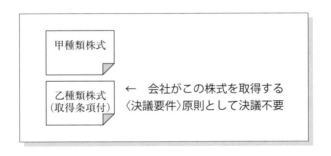

原則として決議は不要です。あとで取得日を決めるような場合は別ですが、そ
うでなければ、取得事由が発動したら、自動的に巻き上げることができます。

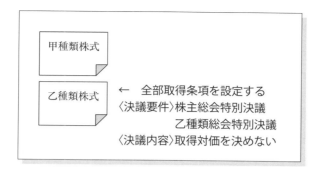

これは、全部取得条項を設定しようとする場面です。**決議要件は、株主総会の特別決議に加えて乙種類の特別決議のみで構いません。**先ほどは乙種類株主全員の同意が必要でしたが、ここは特別決議のみで結構です。

しかも、ここでは、**取得対価を決めません。**全部取得条項は、取得条項と違って、設定段階では対価を決めません。

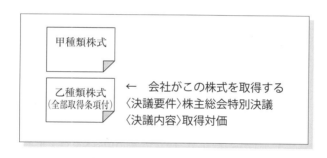

次に、会社がこの株式を取得する場面です。ここでは、**特別決議が必要**になり、この決議の際に、**対価を決める**ことになります。

ある意味、対価をエサにして、特別決議を通すというニュアンスです。「1株5万円で巻き上げますよ」「ダメそうだったら7万円にしますよ」という感じで対価をつり上げていくというイメージです。

このように、取得条項と全部取得条項には違いがあります。

「**設定時に全員の同意をとって、巻き上げるときに決議をしないのか**、それとも、**設定時は特別決議しかしないけど、巻き上げるときにさらに特別決議を経るか**」「**設定するタイミングで対価を決めるのか、巻き上げるタイミングで対価を決めるのか**」という点です。この2つの違う点を表にまとめました。

	取得条項付（単一及び種類）株式	全部取得条項付種類株式
取得事由	あらかじめ定款に定める （107 Ⅱ③イロ・108 Ⅱ⑥イ）	設定時に定める必要はない
対価	定款に定める （107 Ⅱ③ニ～ト・108 Ⅱ⑥イロ）	設定時に定める必要はない
一部の取得の可否	可 （107 Ⅱ③ハ・108 Ⅱ⑥イ）	不可
発行することが できる会社	単一株式発行会社（107 Ⅰ③） 種類株式発行会社（108 Ⅰ⑥）	種類株式発行会社のみ（108 Ⅰ⑦）

取得事由

　取得条項は初めに取得事由を決めておく必要があるし、それに縛られます。一方、全部取得条項はどんなときに巻き上げるかを決める必要は全くありません。

対価

　何をあげるかについても、取得条項は設定時に定款で決めておく必要があります。一方、全部取得条項は、設定時の定款で決める必要は全くありません。

これで到達！　　合格ゾーン

> 　株式会社は、全部取得条項付種類株式を発行する場合、当該全部取得条項付種類株式を取得する際の取得対価の価額の決定の方法を定款で定めなければならない（108Ⅱ⑦イ・171Ⅰ①）。
>
> > ★全部取得条項を設定する際には、取得対価、そのものを決める必要はありませんが、決定の方法を定める義務があります。この「決定方法」については、具体的な内容や価額まで定める必要はありません。取得決議の際に決定する取得対価の参考となる事項、例えば「当該決議時の会社財産の状況を踏まえて定める」等で問題ないとされています。

一部取得の可否

　例えば取得条項では、「2株のうち1株ずつ巻き上げる」ということが認められます。一方、全部取得条項は、名前が全部取得条項なので、一部を取得するということはできません。

発行することができる会社

　全部取得条項は、単一株式発行会社には設定できません。１タイプしかない会社の株式に全部取得条項ができてしまい、取得されれば、**その会社の株がすべて市場から消えてしまいます。**

---

(8)　拒否権付種類株式（108 Ⅰ ⑧）

　次の定款例を読んでください。

定款

第７条（発行する各種類の株式の内容）
１．Ｂ種類株式についての拒否権付種類株式に関する定め
　株主総会において決議すべき事項のうち、次に掲げる事項については、株主総会の決議のほか、Ｂ種類株式を有する株主の種類株主総会の決議を経なければならない。
　（ア）合併（イ）吸収分割（ウ）新設分割（エ）株式交換（オ）株式移転
２．Ｂ種類株式についての拒否権付種類株式に関する定め
　取締役会において決議すべき事項のうち、代表取締役の選定については、取締役会の決議のほか、Ｂ種類株式を有する株主の種類株主総会の決議を経なければならない。

　第７条１項を見ると、この会社は合併をする時、株主総会の決議に加えて、Ｂ種類総会の決議が必要であることが分かります。いくら株主総会がＯＫを出しても、Ｂ種類総会が承認しなければ、合併はできないということです。

　次に第７条２項を見ると、これは取締役会決議に加えてＢ種類総会決議がないと、代表取締役が選べないことが分かります。いくら取締役会でＯＫを出しても、Ｂ種類総会の承認を経なければできないということがわかります。

　このようにＢ種類総会は、株主総会が決めた合併を拒否したり、取締役会が決めた代表取締役を拒否できるのです。例えばこのＢ種類株主は、創業者株主（持株数が少ない）がなることがあります。こうすれば、創業者は、株式数は少なくとも、合併で会社が無くなったり、自分達の意に沿わない代表取締役が選ばれた

りすることを防げます。

　こういったことを定めることができるのが拒否権付種類株式です。**株主総会、取締役会、清算人会で決めたことを種類総会で拒否ができるという特色**です。何を拒否するかは定款に書く必要があります。

（9）　種類株主総会において取締役又は監査役を選任する種類株式（108 I ⑨）

定款

第7条（発行する各種類の株式の内容）
　当会社の発行する各種類の株式の内容は、次のとおりとする。
1．A種類株式を有する株主を構成員とする種類株主総会において、取締役2名及び監査役1名を選任する。
2．B種類株式を有する株主を構成員とする種類株主総会において、取締役1名及び監査役1名を選任する。

　本来、取締役は株主総会で選びます。
　ただ、この**特色を付けた場合は、その種類株主総会で選びます**（A種類で1人、全体の株主総会で2人、そういう選び方はできません）。

　このように、「**種類ごとで確実に取締役・監査役を送り出したい**」といった場合に、こういった種類株式を作ります。

　ただ、この種類株式を設定できない会社があります。

	公開会社	非公開会社
役員の選任に関する種類株式を発行できるか否か（108 I 柱書）	できない	できる （指名委員会等設置会社を除く）

　それは公開会社です。公開会社は、株主の数が多いため、**種類ごとで決めるのではなく、みんなが集まる株主総会で決めるべき**だとされています。

　公開会社でなければ発行できますが、指名委員会等設置会社では発行することができません（今から説明する内容は、指名委員会等設置会社を勉強しないと分からないので、今は読み飛ばしても構いません）。

　指名委員会等設置会社は、指名委員会が取締役の候補を株主総会に指名するという制度です。ポイントは、株主総会に対し、「この人どうですか」と指名する点にあります。

　今回の種類株式を発行すると、**株主総会では選べないため、株主総会に、「この人どうですか」という指名が無意味になります**。よって、種類総会で選ぶという種類株式は発行できないのです。

　では次に、株式の特色を設定する決議要件を見ていきます。

　定款変更になりますので、原則、特別決議が必要です。ただ、種類株式のうち3つほど株主の負担になるものがあるのです。

　それは、**取得条項付種類株式**、**譲渡制限種類株式**、あと、**全部取得条項付種類株式**です。

　この3つを設定されると株主への負担となるため、単に特別決議をするぐらいでは認めません。

甲種類株式	乙種類株式 （取得請求権付） →対価：甲種類	丙種類株式 （取得条項付） →対価：甲種類

　上記のように甲乙丙という3つのタイプの株式がある状態で、甲種類に対して、①取得条項を付ける　②譲渡制限を付ける　③全部取得条項を付けるという場合の決議要件を見てみましょう。

　ちなみに、乙種類と丙種類には特色が付いています。乙種類は、取得請求権付株式で、対価は甲種類と決められています。これはいわゆる転換株式というもので、乙種類株主が取得請求権を行使すれば甲種類にチェンジする、ある意味、**乙種類は潜在的な甲種類**なのです。

次に、丙種類には取得条項が付いているため、**潜在的な甲種類といえます。**

> ✍️ **Point**
>
> ① **甲種類株式に譲渡制限を設定する場合**
> ・株主総会　　　　　　　　　　→　　特別決議
> ・甲種類株式の種類株主総会　　→　　特殊決議
> ・乙種類株式の種類株主総会　　→　　特殊決議
> ・丙種類株式の種類株主総会　　→　　特殊決議

　株主総会（全ての株主が集まる）では、特別決議で構いません。ただ、**甲種類株式（譲渡制限の直撃を受ける株式）に関しては別途、甲種類株主総会の特殊決議が必要です。**

　ある意味、株主総会の決議で、

甲種類以外の
株主

> 甲種類の株主、最近生意気だから、譲渡制限つけてやれ。

みたいな感じで譲渡制限を設定する株主総会特別決議が可決されても、甲種類株主達が「嫌だ」と拒否することができるのです。**このようにして大株主の横暴を防ごうとしています。**

　この場合、特殊決議がいる種類株主総会は、甲種類だけでは済みません。**乙種類と丙種類のような、潜在的な甲種類についても、種類株主総会の特殊決議が必要になります。**

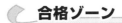

☐ 当該取得条項付株式を対価とする取得請求権付株式の種類株主を構成員とする種類株主総会の決議を経なければならない旨の規定は存在しない（111Ⅱ参照）。

★先ほどの例でいえば、ある種類（丁種類とします）に取得条項がついていて、その対価が丙種類株式の場合を指しています。この場合、丁種類は超潜在的な甲種類といえなくもないのですが、丁種類総会の決議までは要求されていません。ちなみに、この取得請求権付株式の種類株主に損害を及ぼすおそれがあるときは、当該取得請求権付株式の種類株主の保護は、322条1項1号により図られます。

Point

② **甲種類株式に全部取得条項を設定する場合**

- 株主総会　　　　　　　　　→　　特別決議
- 甲種類株式の種類株主総会　→　　特別決議
- 乙種類株式の種類株主総会　→　　特別決議
- 丙種類株式の種類株主総会　→　　特別決議

先程とほぼ同じですが、決議要件が異なります。全体では株主総会特別決議、直撃を受けるタイプも特別決議で結構です。そして、潜在的な甲種類についても、特別決議で足ります。

Point

③ **甲種類株式に取得条項を設定する場合**

- 株主総会　　　　　　　　→　　特別決議
- 甲種類株式の株主　　　　→　　全員の同意

全体の**株主総会では特別決議**だけでいいのですが、直撃を受ける**甲種類**については、**全員の同意**が必要です。

そして、必要な決議はここまでです。潜在的甲種類である乙種類と丙種類については、同意が要りません。ここは納得しにくいところなので、丸暗記した方がいいでしょう。

<h3>◆ 108条の種類株式と109条2項の異なる取扱いの定めの違い ◆</h3>

	108条の種類株式	109条2項の定め
定款に定めること	必要（108Ⅱ）	必要（109Ⅱ）
内容	株式の種類ごとに異なる定めを設ける	株主ごとに異なる定めを設ける
具体例	● A種類株式を優先的に配当を受けることができる株式とする ● B種類株式を株主総会における議決権が無い株式とする	● 株主Aは株主総会において議決権を有しないこととする ● 株主Bは○○円分の優先配当を受けることができると定める

図表の左側108条の種類株式を縦に見ていってください。これは、持っている株式で差をつけるという話です。

図表の右側を見てください。これは、**人ごとに差をつける**というやり方です。

こういうのを私はよく株主差別と呼んだりします。

具体的には、**剰余金の配当の場面、残余財産の分配率、議決権の行使の場面**で差別することができます。

	公開会社	非公開会社
株主ごとに異なる取扱いをする旨を定めることの可否（109Ⅱ）	定めることができない	定めることができる

ここも、公開会社か非公開会社かで結論が異なり、公開会社ではこの定めはできません。

公開会社は、株主がコロコロ変わるため、**定款規定で、株主Aは議決権がないと定めたとしても、AがBに株式を譲渡すればこのルールは失効します**（Bにはこのルールの適用がありません）。このように株式の譲渡が自由な公開会社で、「Aには議決権無し」と差別を設けても、Aが株式を譲渡すれば意味がないため、認めていません。

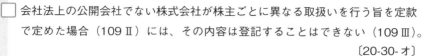

これで到達！　　合格ゾーン

☐ 会社法上の公開会社でない株式会社が株主ごとに異なる取扱いを行う旨を定款で定めた場合（109Ⅱ）には、その内容は登記することはできない（109Ⅲ）。〔20-30-オ〕

★「株主Aには議決権を認めない」旨を定款で決めることはできますが、これを誰もが見れる登記記録に登記していいのでしょうか。プライバシー的に問題があるでしょう。

問題を解いて確認しよう

1 会社法上の公開会社は、ある種類の株式の種類株主を構成員とする種類株主総会において取締役を選任することを内容とする種類株式を発行することができない。〔20-30-エ〕　　○

2 A種類株式とB種類株式の2種類の種類株式を発行する旨を定めている株式会社が会社法上の公開会社である場合には、A種類株式についてのみ、その種類株主が株主総会における議決権を有しないものとすることはできない。〔18-30-イ〕　　×

3 取締役会設置会社は、取締役会において決議すべき事項のうち、当該決議のほか、ある種類の株式の種類株主を構成員とする種類株主総会の決議があることを必要とする内容の種類株式を発行することはできない。〔オリジナル〕　　×

4 種類株式発行会社である監査役会設置会社は、議決権制限株式の数が発行済株式の総数の2分の1を超えるに至ったときは、直ちに、議決権制限株式の数を発行済株式の総数の2分の1以下にするための必要な措置をとらなければならない。〔オリジナル〕　　×

5 教授：会社法上の公開会社による議決権制限株式の発行について、会社法上、何か制限がありますか。
学生：会社法上の公開会社においては、議決権制限株式の数が発行済株式の総数の2分の1を超えるに至ったときは、発行済株式の総数の2分の1を超えて発行された議決権制限株式は、無効となります。〔29-28-イ〕　　×

6 取得条項付株式の取得対価は、定款によって定めなければならないが、全部取得条項付種類株式の取得対価は、定款によって定めることを要しない。〔オリジナル〕　　○

第2編　株式　◆　第2章　株式の内容と株式の種類

～株式の譲渡は簡単にいかない場合もあります～

第3章　株式譲渡

> 令和7年本試験は
> ここが狙われる！

ここでやるのは、株式という権利を譲渡することです（株券という紙の譲渡ではありません）。
なぜこういうことを認めるのか、どういう方法でやるのか、それに制限がつけられる場合はどういう場合かを学んでいきます。

第1節　株式譲渡

　Aが会社に出資をして株式をもらいました。会社と株主Aの間には社員関係があります。この株主Aが持っている株式をBに売りました、その結果が次の図です。

　今の株主Aが抜け、会社と株主Bの社員関係になります。これが株式譲渡の効果です。

		株券発行会社	それ以外
株式の譲渡方法		意思表示＋株券の交付 （128 I）（要物契約）	意思表示のみ （128 I 反対解釈）（諾成契約）
対抗要件	第三者	株券の占有	株主名簿に記載する
	会社	株主名簿に記載する	株主名簿に記載する

　まず、株式の譲渡方法の欄について説明します。

　株券発行会社において、株式を譲渡するには「売ります、買いますという意思の合致＋**株券という紙を渡す**」ことが必要です。つまり、**要物契約**なのです。

　一方、株券を出してない会社では、株券を渡せといっても無理があります。この場合は諾成契約になります。

　次に、対抗要件の欄を説明します。この対抗要件には２つの種類があります。

　ここでは、第三者に主張する要件、「俺が買ってる、俺の勝ちだ」と言うには、**株券の占有が必要**です。

　難しく考えないでください。**動産の二重譲渡の対抗要件は、引き渡しですよね。**

　会社に対する対抗要件、会社に対して、「私が株主だと主張する」には、株主名簿に書き込んでもらうことが必要です。

　会社は、株主名簿という株主の一覧表を持っています。その一覧表を見て、配当の準備をしたり、株主総会の招集通知を送ったりします。

　ここに名前が書かれれば、自分が株主だって言えるのです。逆に言えば、いく

ら株を買っても、その株主名簿に記載されていなければ、会社は把握できないので、配当はされないし、株主総会のお知らせも来ません。

　この対抗要件、株券を発行してない会社だと、第三者への対抗要件が「株券の占有」では無理がありますね。
　その部分は、株主名簿の書き換えで行います。株券発行会社以外では、株主名簿の書き換えをすれば**「会社だけでなく、第三者**にも」自分が株主だと主張できるようになるのです。

　株券発行会社の基本をしっかり覚えてください。そこから、株券発行会社でない会社の修正部分を理解していきましょう。

> **127条（株式の譲渡）**
> 　株主は、その有する株式を譲渡することができる。

　条文には、但書はありません。つまり、株式の譲渡は自由、絶対売ることができるのです。**これは出資の回収のため**です。
　株式を買うというのは、会社に対し出資をすることだと言いました。そして、出資金は基本返金ができないのです。

　出資というのは、「あげた」訳ではありません。回収することができます。

　その方法は、**原則会社に返金を請求して回収するのではなく、株式を譲渡して、投資を回収しろ**としているのです。

　出資者がABCで、Cが自分の出資している立場、「持分」を、Dに売ることにしました。譲渡がされれば、共同経営者がABDへと変わります。

しかし、これは簡単にはできません。**ＡＢの同意がなければ譲渡することができ**ないのです。

　持分の譲渡は、共同経営者が変わることを意味します。Ｄが信頼できるかどうかを審査するため、ＡＢ両方のＯＫがないとできないとしているのです。

　つまりこれは、ＡＢのどちらかがＮＯと言えば、事実上譲渡は不可能ということなのです。そこで持分会社は、**Ｃさんが投資を回収したければ、返金を認めて**います。

> 払戻し　or　譲渡　　のどちらかで、投資を回収させる

　返金という言葉を使いましたが、この返金というのは、学術的には払戻しという言葉を使います。会社法は、出資金を、払戻か譲渡かのどちらかで回収されるようにしています。
　株式会社の場合は、原則返金ができないので譲渡を認めていて、一方、持分は、譲渡ができないので返金を認めているのです。

問題を解いて確認しよう

1	株券を発行している会社における株式の譲渡は当事者の意思表示によって移転の効力を生じるが、株券の引渡しがなければこれを第三者に対抗することができない。〔6-33-オ〕	×
2	株式の譲渡を受けた者は、株主名簿の名義書換を受けなければ、会社に対して株主であることを主張することができない。〔6-33-ア（22-28-ア、令4-28-イ）〕	○
3	株券発行会社以外の株式会社の株式であって、振替株式でないものの譲渡は、その株式を取得した者の氏名又は名称及び住所を株主名簿に記載し、又は記録しなければ、その効力を生じない。〔22-28-オ〕	×

2周目はここまで押さえよう

　（2周目はここまで押さえよう、のコーナーは「あとあと学ぶことが前提知識として必要」「少々細かいので、後から入れた方が効率的」という知識を入れています。この科目のテキストをすべて通読して、専門用語等が頭に残り始めてきてからお読みください。）

◆ 株式の譲渡方法（株券発行会社） ◆

> 原則：意思表示＋株券の交付（128Ⅰ本文）
> 例外：自己株式の処分による譲渡の場合は株式に係る株券を交付しなくても、その効力を生ずる（128Ⅰ但書）

　会社が持っている自己株式を譲渡した場合、株式を取得した人はいつから株主になるのでしょう。

　会社が持っている自己株式を譲渡するには、募集株式発行の手続が必要になります。募集株式発行は、払込期日に効力が生じるのが通常です（払込期間の場合は、払った日です）。

　そのため、自己株式の譲渡を行い、上記の時期が到来すれば株式を取得でき、後日、株券の交付を受けたときに株主になるわけではないのです（株券発行会社が株式を譲渡するときの要件の例外になります）。

☑ 1　株券発行会社が自己株式の処分により株式を譲渡する場合には、当該自己株式に係る株券を交付しなくても、その効力が生ずるが、株券発行会社である親会社に係る親会社株式の処分により株式を譲渡する場合には、当該親会社株式に係る株券を交付しなければ、その効力は生じない。〔25-29-オ〕　　　○

□ 株券発行会社の株式の質入れは、当該株式に係る株券を交付しなければ、その効力を生じない（146Ⅱ）。〔令4-29-ア〕

★株式を担保にしてお金を借りることができます。担保の形式としては譲渡担保を使ったり、質権を設定することがありますが、質権設定をする際は要物契約として株券の交付が必要となります。

第2節　株式譲渡に制限がかかる場合

　株式の譲渡は自由というのが建前になっていますが、実は株式譲渡をやりづらくすることができます。

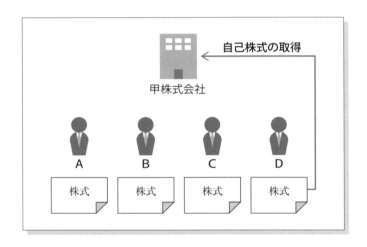

　甲株式会社の株主が4人います。この会社がその4人のうち1人から株式を買ってしまう、つまり、**会社が自己株を取得するという行為**です。

　これを自己株式の取得といい、**基本的にNG**です。

　これを認めると、株主間での不平等が生じます。例えば、甲株式会社とDで売買契約をする際に

Dさん、あなたにはいつもお世話になっています。
普段は5万円で売り買いしているこの株式ですが、
40万円で買いますよ。

甲株式会社

そんなことをやりかねません。これを認めると、他の株主が

あいつだけずるいじゃないか。

株主

と怒るでしょう。このように、自己株式を取得することは株主平等の原則に反するということから、原則禁じられています。

また、自社株を買うという行為は、Dから会社に株が行き、会社がDに代金を払うことになります。

ここだけ見たら、やっていることは返金になっています。**会社の株式を買うという行為も原則として禁止することになります。**

ただし、実際、自己株の取得は例外としてできる場面が結構多くあります。それは後で章を改めて説明します。

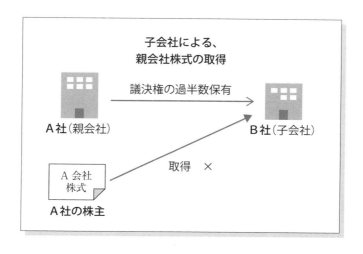

ここでは、まず「親会社」「子会社」という言葉の意味を分かるようにしてください。

　例えば、A社が出資してB社を作り、最初に発行する株式はすべてA社が持っていました。A社がB社を生んだ親、B社が子どものような関係です。

　ただ、この後B社が独自に営業活動をしていく過程で、B社だけで株式をどんどん出し100％親子会社の関係は崩れることもあります。そこで会社法は、100％は崩れても、**議決権の過半数持っていれば、親子会社という扱いにしてくれています**（Aを親会社・Bを子会社）。

　親子会社の特徴は、**子会社は親会社の「言いなり」になる**ことです。

　どういうことかというと、普通決議の要件を覚えていますか。過半数が出席して、その過半数が賛成することで、役員が選べたりしました。ある意味、過半数の株式を持っているということは、その親会社の一存で子会社の役員が決められることを意味します。

　つまり、このB社の役員たちは、A社の言いなりになるんですよ。A社の言うことを聞かなければクビにされる、選んでもらえなくなる、だからA社の思うままになってしまうのです。

　するとこんな事態が起きます。

　A社が、自分の株主から株を高値で買ってあげたいけど、自己株の取得は基本ダメだというルールになっているので、**A社がB社に、「あいつから買ってやれ」と頼んで買わせるおそれがあります**。

　こういうことを防ぐために、**「子会社は、親会社の株式を買ってはダメ」**とい

うルールを作っておいたのです。

　ただ、これにも例外があります。Ｂ社がＡ社の株をどうしても取得せざるを得ない場合があります。

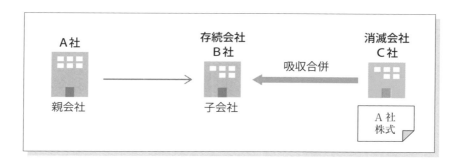

　上の図のように、Ｂ社がＣ社を合併でのみ込んだところ、Ｃ社がＡ社株式を持っていた場合です。

　合併の効果は包括承継なので、権利義務を全部取得することになります。Ｃ社がＡ社株式を持っていたとしても、それをＢ社は取得せざるを得ないのです。こういった**包括承継の場合は、取得してもしょうがない**としています。

135条（親会社株式の取得の禁止）
3　（子会社が親会社の株式を適法に取得したとしても）子会社は、相当の時期に
　その有する親会社株式を処分しなければならない。

　条文の「相当の時期」という言葉は「速やかに」という意味です。「処分」というのは「売る」ということです。つまり、速やかに売りなさい、ということです。したがって、**親会社の株式は取得してはダメだし、仮に取得しても、ずっと保有することもダメ、すぐに売りなさい**としています。

1 株式会社は、相当の時期に自己株式を処分することを要しないが、相 当の時期にその有する親会社株式を処分しなければならない。 ○

〔25-29-エ〕

2周目はここまで押さえよう

A社（親会社） B社（子会社） C社

```
                                        A社
                                        株式

                                        B社
                                        株式
```

合併	○
会社分割	○
全部の事業譲渡	○
一部の事業譲渡	×

親会社株式・自社の株式を持っていた会社を消滅会社とする合併をしました。合併により、親会社株式の取得、自社株式の取得になったとしても認められます。

この会社を分割会社とする会社分割をし、親会社株式・自己株式取得になったとしても認められます。

合併や会社分割は、権利義務の包括承継であるため、財産の承継を避けることができないためです。

一方、これが事業譲渡だった場合は異なります。事業譲渡の場合、個別的に財産の契約をすることになります（包括承継ではありません）。個別契約をするのであれば、親会社株式・自己株式を避けて購入することができるでしょう。

ただ、事業譲渡でも全部の事業譲渡の場合、「すべて買わなければならない」という縛りがあり、親会社株式・自己株式取得を避けることができません。そのため、親会社株式・自己株式取得が認められるのです（事業譲渡の場合は、全部か一部かを見るようにしましょう）。

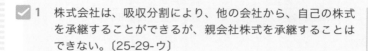

☑ 1 株式会社は、吸収分割により、他の会社から、自己の株式を承継することができるが、親会社株式を承継することはできない。〔25-29-ウ〕	×
2 子会社は、他の株式会社の事業の一部を譲り受ける場合には、当該他の株式会社の有する親会社の株式を譲り受けて取得することはできない。〔21-33-ウ改題〕	○

これで到達！ 合格ゾーン

☐ 株式会社は、その発行する自己の株式について、質権の設定を受けて質権者となることも、譲渡担保によって取得することも、自由に行うことができ、自己株式取得規制の適用はない。〔25-29-ア、28-28-オ〕

★自社の株式を会社自身が持つことは禁じられていますが、会社が自社の株主にお金を貸して、その株主が持っている自社の株式に担保権を設定することは問題ありません。

株式を譲渡しようとしても、譲渡制限が付いていると、会社の承認を経る必要があります。

では、どの機関の承認を経ればいいのでしょうか。

譲渡の承認を決定する機関	
原則	株主総会（139 I）
取締役会設置会社	取締役会（139 I）

　原則は、株主総会の承認が必要、一方、取締役会設置会社であれば、取締役会の承認で構いません。ただ、**定款でこのルールを変えることができます。**

　極論、次のようにもできます。

定款

　第7条　当会社の株式を譲渡するには、当会社の承認
　　　　　を要する。

　会社の承認を要するとして、**どこで承認するかをぼかすことも可能**です。

◆ 譲渡制限規定の適用範囲 ◆

○＝譲渡制限規定の適用あり　×＝適用なし

①	相続その他の一般承継による株式の移転	×
②	株式の質入れ	×（注）
③	株式を目的とする譲渡担保の設定（最判昭48.6.15）	○
④	当該株式会社に対する譲渡（136括弧書）	×
⑤	一人会社の株主が譲り渡す場合（最判平5.3.30）	×

(注) 質権が実行されて株式が移転する際に承認の手続が必要となる。

　譲渡制限株式を譲渡しようとする場合には、会社の承認が必要です。株主がお金を借りて、**持っている株式に譲渡担保権を設定する場合にも承認が必要**です。

　担保という形式をとっていますが、**譲渡していることは変わらないから**です。

　一方、株主がお金を借りて、持っている**株式に質権を設定する場合は、承認を取る必要はありません。質権を設定しても、株式の所有者は変わらない**ためです（もちろん、その後、質権が実行され株式の所有者が変われば承認が必要です）。

　株式を譲渡する場合には承認が必要ですが、株主1人しかいない会社で、その人が譲渡する場合はどうでしょう。

　その株主が会社の所有者です。**唯一の所有者が譲渡しようとしているので（他の株主はいない）、誰の不利益にもなりません。**

　そのため、**一人会社の株主が譲り渡す場合には、会社の承認は不要とされている**のです。

　では、譲渡制限株式を持っている人に相続があった場合はどうでしょう。

被相続人　「これから死ぬんだけど、承認してくれないか」

会社　「息子さんは変な人だから承認できません」

　これはおかしいでしょう。**相続は譲渡ではないので、譲渡制限の制約はかからないのです**（相続人は当然に株式を取得できます）。

　では次に、譲渡制限が付いている株式をAからBに譲渡する場合、どういう手続になるのかを見てみましょう。

―　譲渡等承認請求（136・137Ⅰ）
　　＋承認をしないときは会社又は指定買取人が買取る旨の請求（138①ハ・②ハ）

―　譲渡等の承認の決定　拒否・承認（139Ⅰ）

―　その旨を通知（139Ⅱ）

―　（拒否の場合）
　　会社が買取る旨の特別決議をするか、指定買取人を定める（140Ⅱ・Ⅴ）

―　買取通知（141Ⅰ・142Ⅰ）

―　売買価格の決定（144）

　まずAは、譲渡等承認請求「Bに売りたいんだけど認めてくれ」という請求をします。

　これに対して、会社が譲渡を認めるか認めないかを決めます。認めれば何の問

題もありません。

　問題は認めなかった場合です。

　譲渡を認めない旨を伝えるのは当然として、その後、**会社が買い取るか、指定買取人を決める必要があります**（ただ、これは絶対ではありません。承認請求をする際に、「Bに売るから認めてくれ。Bが嫌だったら、買い取るか、買い取らないなら誰か紹介してくれ」という請求があった場合にのみ必要です）。

　株式の譲渡は絶対にできるのです。譲渡制限が付いていても、最終的には売れるのです。そこでこんな請求があった場合は、会社が、自分で買う決議をするか、誰か紹介する必要が生じます。

　その後、買い取る方が「自分が買います」と伝えます。その後に、**売買価格を、お互いの交渉で決めていきます**。

> 特定の株主から、会社が株式を買う
> →　株主総会特別決議

　「A君だけから株式を買う→A君だけ高値で買ってもらうのはずるい→特別決議を要する」としています。

　特定の株主から会社が買い取る場合だけ、特別決議が必要になります。

問題を解いて確認しよう

| 1 | 教授：株券発行会社の株式の担保化の方法としては、質権の設定のほか、譲渡担保の設定がありますね。譲渡による株式の取得について株式会社の承認を要する旨の定款の定めが設けられている場合には、株式会社の承認を得ていない譲渡担保の設定は、当事者間でその効力を生じますか。
学生：はい。判例の趣旨によれば、株式を譲渡担保に供することは、株式の譲渡に当たると解すべきであるから、株式の譲渡につき定款による制限のある場合に、株式が譲渡担保に供されることにつき株式会社の承認を得ていなくとも、当事者間では、有効なものとして、株式の権利移転の効力を生じます。〔28-28-エ〕 | ○ |

2 　相続により譲渡制限株式を取得した者は、株式会社に対し、当該譲渡制限株式を取得したことについて承認するか否かを決定することを請求し、その承認を受けない限り、当該株式会社に対し、株主の地位を主張することができない。〔30-28-ア〕　　×

3 　株主が譲渡制限株式を株式会社の株主でない者に対して譲渡した場合において、当該譲渡制限株式の譲渡人以外の株主全員が当該譲渡を承認していたときは、当該譲渡は、取締役会の承認がないときであっても、当該株式会社に対する関係においても有効である。〔30-28-イ〕　　○

4 　譲渡制限株式の株主が会社法第136条の規定による請求をした場合において、会社が同条の承認をしない旨の決定をしたときに、会社が指定買取人を指定するには、株主総会の特別決議（取締役会設置会社にあっては、取締役会の決議）によらなければならない。〔26-29-エ〕　　○

5 　取締役会が譲渡制限株式の取得について承認をしない旨の決定をし、株式会社が当該譲渡制限株式を買い取らなければならないときは、当該譲渡制限株式を買い取る旨及び当該株式会社が買い取る当該譲渡制限株式の数を取締役会の決議によって定めなければならない。
〔30-28-エ〕　　×

6 　譲渡制限株式の株主が会社法第136条の規定による請求をした場合において、会社は同条の承認をしない旨の決定をし、指定買取人を指定したときは、当該株主に対し、その旨及び指定買取人が買い取る当該譲渡制限株式の数を通知しなければならない。〔26-29-オ〕　　×

×肢のヒトコト解説

2 　相続があっても承認を得る必要はありません。

5 　株主総会の特別決議で行います。

6 　指定買取人が買うときは、指定買取人が「自分が買います」と通知します。会社が通知するわけではありません。

☐ 株式会社が譲渡制限株式について譲渡を承認しない旨の決定をした場合において、当該株式を買い取る旨の決定をしたときは、譲渡等承認請求者に対し、対象株式を買い取る旨等を通知しなければならない（141 I・140 I 各号）。そして、株式会社は当該通知をしようとするときは、1 株当たり純資産額（1 株当たりの純資産額として法務省令で定める方法により算定される額をいう。）に株式会社が買い取る対象株式の数を乗じて得た額をその本店の所在地の供託所に供託し、かつ、当該供託を証する書面を譲渡等承認請求者に交付しなければならない（141 II、会社施規25）。〔26-29-ア、30-28-オ〕

★「一定金額を供託 → 供託をしたことを証する書面を入手 → それを添付して、買取りを通知する」という流れになっています。買取りをする気があることを示すため、一定額の供託をしないと買取通知はできないようにしているのです。

☐ 株式会社による買取りの通知があった場合には、対象株式の売買価格は、原則として、株式会社と譲渡等承認請求者との協議によって定める（144 I・141 I）。そして、株式会社又は譲渡等承認請求者は、当該買い取る旨の通知があった日から20日以内に、裁判所に対し、売買価格の決定の申立てをすることができる（144 II・141 I）。〔26-29-ウ〕

★通知をする前に、一定額を供託していますが、この供託した金額が代金になるわけではありません。通知をしたあとに、協議で代金額を決めることになっています。

☐ 株式取得者からの承認の請求は、その取得した株式の株主と共同してしなければならないのが原則である（137 II、会社施規24 参照）。もっとも、例外的に、譲渡に係る株券を提示して、単独で、当該株式会社に対して、当該譲渡制限株式を取得したことについて承認をするか否かの決定をすることを請求することができる（137 II・I、会社施規24 II①）。〔30-28-ウ〕

★不動産登記と同じように共同申請で真実性を示すのが原則ですが、譲受人が株券を持ってきていた場合は、株式を持っている可能性が高いため単独申請での書き換えを認めています。

第3節 株式会社による自己の株式の取得

自己株式を取得できる場合
① 取得条項付株式の取得事由が生じた場合（155①）
② 譲渡制限株式の譲渡による取得を承認しない場合において、会社が当該株式を買い取る場合（155②）
③ 株主との合意による取得をする旨の決議があった場合（155③）
④ 取得請求権付株式について取得請求があった場合（155④）
⑤ 全部取得条項付種類株式の取得をした場合（155⑤）
⑥ 定款の規定に基づき、相続人等に対する譲渡制限株式の売渡請求をした場合（155⑥）
⑦ 単元未満株式の買取請求があった場合（155⑦）
⑧ 所在不明株主の株式の売却の際に、会社が買い取る旨を定めた場合（155⑧）
⑨ 一定の者に対する株式の交付の際の端数処理として売却される株式を会社が買い取る旨を定めた場合（155⑨）
⑩ 他の会社（外国会社を含む。）の事業の全部を譲り受ける場合において当該他の会社が有する自己株式を取得する場合（155⑩）
⑪ 合併後消滅する会社から自己株式を承継する場合（155⑪）
⑫ 吸収分割をする会社から自己株式を承継する場合（155⑫）
⑬ その他法務省令で定める場合（155⑬）

　会社が自社の株式を取得することは基本できません。ただし、できる例外が、上記のように結構多くあります。

　①取得条項付株式の取得事由が生じることによって、会社が株式を巻き上げます。これは自己株式の取得になります。また、④⑤⑥も同じような感じで自己株式の取得になります。

　②は先ほど見たもので、株式の譲渡を認めないときに会社が買ってあげる制度です。

覚えましょう

自己株式を取得しても、以下の権利は認められない
① 剰余金配当請求権（453・454Ⅲ）
② 議決権（308Ⅱ）
③ 募集株式・新株予約権等の割当てを受ける権利（186Ⅱ・202Ⅱ・241Ⅱ・278Ⅱ）

自己株式を取得した場合、会社自身が株主となりますが、認められない権利が3つあります。

　まず、剰余金の配当はもらえません。**会社が配当をもらうのではなく、その分、他の株主にばらまくべき**です。

　議決権行使もすることができません。**会社が自分で株式を買い占めて、会社の都合のいいように議決権を使わせるべきではありません。**

　また、株主になれば、新しい株を発行するとき、それを買える権利をもらえる場合があります。ただ、**自己株式に対してこれを認めると、どんどん自己株式が増えてしまうため、この権利も認めていない**のです。

　自己株式の取得
　→　財産の流出
　→　分配可能額の範囲内で行う必要がある（財源規制）

会社　株式　株主　¥

　会社が右の株主から、自社の株を買うことにしました。「**自社の株を買う→お金を払う**」ことは、**財産の流出**になります。**自社の株、これは会社にとって価値がない**からです。

　市場では、5万円、3万円で売買されているかもしれません。ただ、これを会社が取得しても、「剰余金の配当はない、議決権はない、株式等の割当てを受けない」と、使い道がないため、**会社にとっては価値がない**のです。

　このように、自社の株式は会社にとって、0円の価値しかないと考えてください。

　その０円の価値に対して、**お金を払っているということは、財産が出ていっていることを意味します**。そのため、**自己株式の取得というのは、会社自体に資金的余裕がある状態でなければ、やってはいけない**としたのです。これを財源規制と呼びます。

ケース１）　資産10億円　負債５億円　資本金３億円の会社の場合

　資産というのは、会社が持っているトータルの財産と思ってください。負債とは借金、資本とは、財産保有する努力目標のことです。

　この会社は、資産が10億円ありますが、その10億円全部使うことは許されません。**借金の５億円が返済できるように確保しておくべき**ですし、**努力目標の３億円も残しておくべき**です。

　そのため、この会社の余裕のある財産は、２億円となります（本当は、この２億円全部ではないのですが、そのあたりは割愛します）。この２億円が、剰余金（余り）と扱われて、それを配当に使ったり、自己株式の取得の財源にしたりすることができます。

ケース２）　資産10億円　負債７億円　資本金３億円の会社の場合

　資産から、借金の分を残しておく、資本金の分も残すと、余りが全くない状態になります。こういう状態では、自己株式の取得をすることができません。

2周目はここまで押さえよう

自己株式取得では、原則として財源規制があるが、下記については財源規制が課せられていない。
① 単元未満株式の買取請求があった場合（192・193）
② 他の会社の事業の全部を譲り受ける場合において当該他の会社が有する自己株式を取得する場合
③ 合併後消滅する会社から自己株式を承継する場合
④ 吸収分割をする会社から自己株式を承継する場合

自己株式を取得する場合に、財源規制がかからない場合があります。

---

① 単元未満株式の買取請求があった場合

単元未満株式は譲渡がしづらいため、「買い取ってくれ」と会社に請求する権利は強く保護しています。その表れが
・定款規定がなくてもできる
・財源がなくてもできる
という2点です。

---

②～④ 企業再編

財源がないのに自己株式を取得すると、会社財産に大ダメージをあたえ、債権者が回収できなくなる可能性があります。

ただ、企業再編手続には、そもそも債権者保護手続等が用意され、そこで債権者を守っています。これに加えて財源規制まで課すことはないでしょう。

✓ 1	単元未満株式の買取りの請求に応じて行う株式会社の当該単元未満株式の買取りにより株主に対して交付する金銭の額は、当該買取りがその効力を生ずる日における分配可能額を超えてはならない。〔28-29-イ〕	×
2	取得請求権付株式の株主は、株式会社が取得請求権付株式を取得するのと引換えに株式以外の財産を交付する場合において、これらの財産の帳簿価額が当該請求の日における分配可能額を超えているときであっても、当該取得請求権付株式の取得を請求することができる。〔オリジナル〕	×
3	株式会社が株主との合意によって自己株式を有償で取得する場合において、当該株主に対して金銭を交付するときは、当該行為がその効力を生ずる日における分配可能額を超えることはできない。〔オリジナル〕	○

第4節　自己株式が取得できる場合①（株主との合意がある場合）

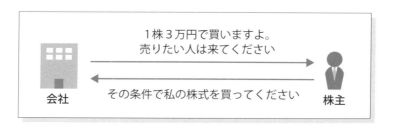

これから、自己株式を取得するケースをいくつか検証することにします。

まずは、会社が株主と合意をして、自己株式を買っていくというケースです。

これは**ひっそりとやってはダメ**で、**オープンな形でやらなければいけません**。

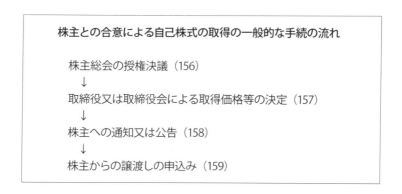

株主との合意による自己株式の取得の一般的な手続の流れ

株主総会の授権決議（156）
↓
取締役又は取締役会による取得価格等の決定（157）
↓
株主への通知又は公告（158）
↓
株主からの譲渡しの申込み（159）

　手続の流れの図の2段目以降を見てください。自己株式を買うときは、役員レベルで決めて、それを株主に知らせます。そして、売りたい株主から申込みがやってくれば、会社は、承諾したとみなされます。

「君のは買うけど、そっちの君のは買わないよ」ということはできません。

　売りにきた相手は株主です。株主なので、人によって、**買う、買わないと差別をしたら、株主平等の原則に違反します**。だから申込みがきたら、承諾をしなければいけないと規定されています。

こういうオープンな形で、株主みんなにお知らせをし、申込みを受け、承諾をするという流れになっています。

ただこの手続は、どんな会社でもすぐにできるわけではありません。流れの一番上を見てください。

株主総会の授権決議とあります。**株主総会で剰余金を使ってもいいよという授権をもらう必要があります。**

先ほどのケース１）の会社では、２億円の余りがありました。２億円の余りは、配当に使うことができます。

自己株式の取得の際には、この図のように株主からのＯＫをもらう必要があります（これを授権決議と呼びます）。

ある意味、株主からお小遣いをもらうような感じです。「お小遣いをもらう→役員たちはその小遣いの範囲で、株式を買っていく」こんなイメージでいいでしょう。

この授権決議の決議要件は、普通決議です。

もともと**剰余金の配当自体は普通決議で行うため、剰余金を自己株式の取得に回したとしても、普通決議で行うことになる**のです。

問題を解いて確認しよう

1	株式会社が全ての株主に対して譲渡の機会を与えることによって株主との合意により自己株式を有償で取得しようとする場合は、あらかじめ、株主総会の特別決議による授権決議を経なければならない。〔オリジナル〕	×

┌─────────── ヒトコト解説 ───────────┐
　1　普通決議で足ります。
└──────────────────────────────────┘

```
┌─────────────────────────────────────────────────────────┐
│      株主との相対取引により自己株式を取得する場合の基本手続の流れ      │
│                                                         │
│    特定の株主に自己をも加えたものを株主総会の議案とする旨の            │
│    請求（160Ⅲ、施規29）                                  │
│        ↓                                                │
│    株主総会の授権決議（160Ⅰ・156）　※特別決議                │
│        ↓                                                │
│    取締役又は取締役会の決定（157）                           │
│        ↓                                                │
│    特定の株主への通知（160Ⅴ・158Ⅰ）                        │
│        ↓                                                │
│    特定の株主からの譲渡しの申込み（159）                       │
└─────────────────────────────────────────────────────────┘
```

　「Ａ君だけから、５万円で買う」、このように「特定人から株を買う」場合を相対取引といいます。ただ、この場合、**「特定人から株式を買う→あいつだけずるい、株主平等の原則違反になる」**ため、授権決議は普通決議では許されず、もっと多くの賛成が要求される**特別決議**となります。

　しかも、**この特別決議では当事者のＡには議決権がありません。**

　いくら特別決議を行うといっても、もし、このＡが多くの株を持っている**大株主だった場合には、Ａが賛成して決議が通ってしまいます**。これでは特別決議を要求した意味がなくなってしまいます。

　それ以外にも株主平等の原則への配慮があります。

　例えば皆さん、会社がＡ君から自己株式を５万円で買うと聞いた時に、「普通３万円なのに、Ａ君だけ５万円で買ってくれるなんてずるいな」と思う気持ちと反面、

株主

┌──────────────────────────────┐
　自分の株式も５万円で買ってほしいな。
└──────────────────────────────┘

と思いませんか。

それが、この図表の一番上の、「特定の株主に自己をも加えたものを株主総会の議案とする旨の請求」です。この請求は、「**自分の株式も買ってくれ**」という**請求**になります。

このように、色々なルールを用意して、**あいつばっかりずるいといった不平等が起きないようにしている**のです。

――――――――― 問題を解いて確認しよう ―――――――――

1　＜会社の状況＞　　　　　　　　　　　　　　　　　　　　　　　　　　　○
　株主Ａが200株、株主Ｂが180株、株主Ｃが100株、株主Ｄが40株、
　株主Ｅが20株をそれぞれ保有している。

　株主との合意による自己の株式の有償取得に関する事項の決定に併せ
　て、取得価格等の通知をＢのみに対して行う旨を定める株主総会の決
　議において、Ａ及びＤのみが賛成する場合、当該決議が可決される。
　　　　　　　　　　　　　　　　　　　　　　　　　　　　　〔23-30-ウ〕

第5節 自己株式が取得できる場合②（取得請求権付株式の取得）

 覚えましょう

◆ **取得請求権付株式の取得請求** ◆

株主が会社に対して取得請求権付株式の取得を請求する（166本文）
・ 株券発行会社において当該取得請求権付株式について株券が発行されて
　いる場合には、株券の提出が必要（166Ⅲ）

株主が取得請求をした日に効力が生ずる（167Ⅰ）

取得請求権付株式を持っている株主が、会社に対して、買い取れと請求した場合の手続です（これにより、会社からすれば、自己株式を取得することになります）。

手続は単純で、「買い取れ」と請求するだけです（もちろんこれは単独行為なので、会社の承諾は不要です）。

ただし、その会社が株券発行会社の場合には、取得請求の際に株券を持っていく必要があります。

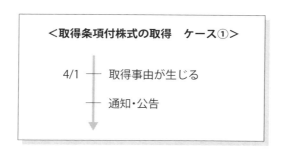

取得条項付株式というのは、「会社が巻き上げる」特色をもっている株式でした。今回、この巻き上げる手続を見ていきます。

この図は、取得事由（「株主が死亡したら、巻き上げますよ」）を決めていたような場合の流れです。

この場合、取得事由が生じた後に、「取得事由が生じましたので巻き上げます」ということを株主に連絡します（これが前記の「通知・公告」の部分です）。

これにより、取得事由が生じた４月１日に、株式の巻上げが生じます。

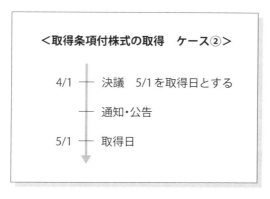

こちらは、取得日を後で決めるパターンの手続です。

まず、**取得日をいつにするかを決議で決めて**、それを株主に伝えます。そして、定めた取得日を迎えると、その日に、株主から株式を巻き上げることになります。

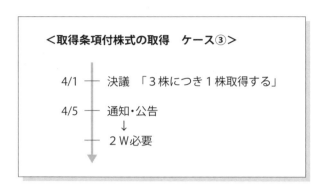

これは**取得条項付株式の一部を取得するという場合**です。一部を取得するという場合は、先ほどの2つの手続に加えて、この時系列の手続が必要になります。

まず、「3株につき1株取得する」と一部取得をする旨の決議をして、それを取得される株主に伝えます。そして、**これを伝えてから2週間は取得の効力は生じない**ようにしています。

一部の取得も、やり方によっては、株主平等の原則違反になりかねません。例えば、「A君だけから巻き上げる」と決めた場合です。この場合、

と、不平等感を感じるはずです。

この場合、Aは「自分だけ巻き上げられるのはおかしい、やめてくれ」という仮処分の申立てをすることができます。この**仮処分ができる期間を確保するため、知らせてから2週間は待ってあげることにした**のです。

　前記の図の場合、取得の効力は、4月5日の連絡の後、2週間経った4月20日までの間は生じません（後は、取得事由が生じた日・取得日次第になります。もし、取得事由が生じた日が4月25日であれば、4月25日に効力が生じます）。

　株券は、株券という紙の上に、株式という権利が載っている、そういう状態のことを指しています（目には見えませんが、**紙の上に、権利が載っているというイメージ**です）。

　先ほどの取得条項付株式の取得の手続を踏むと、紙の上の権利自体は、会社が持っていくことになります。

　ただ、株券という紙自体はまだ株主のところにあります。

　権利もないのに、紙だけ持っている事態は誤解を招くので、株券の回収手続が必要になります。

取得条項付株式取得につき株券提出公告

　当社は、取得条項付株式を取得することにいたしましたので、該当株券を所有する方は、株券提出日である令和6年7月26日までに当社にご提出下さい。

令和6年5月26日
東京都港区虎ノ門●丁目●番●号
根本商事株式会社
代表取締役　根本正次

　株券を回収するために、「株券を持って来なさい」というお知らせをします。このお知らせのことを株券提供公告と呼びます。

　この株券提供公告をする場面はいくつかありますが、共通する基準があります。

株券提供公告が必要な場面
① 株式を巻き上げる場合
② 株式が消滅する場合
③ 譲渡制限を設定する場合

　1つ目が株式を巻き上げる場合で、それが今のケースです。

　2つ目は、後に説明することとして、3つ目は、譲渡制限を設定する場合です。譲渡制限を設定する場合には、株券を回収して、譲渡制限規定を書き込みます。

　株券を発行している場合、株式の譲渡は要物契約であるため、株券を交付することになります。そこに譲渡制限規定が書かれていれば、買おうとしている人は気付けます。

　このように、**株式を買おうとする人が「これは譲渡制限がついているぞ」ということに気付けるようにするため、譲渡制限を付けた場合は、株券を回収して、譲渡制限規定を書き込んで、返すことにしている**のです。

問題を解いて確認しよう

1　株式会社は、取得条項付株式の内容として当該取得条項付株式の一部を取得する旨の定款の定めがある場合において、その取得する株式を決定したときには、すべての株主に対し、直ちに、当該取得条項付株式を取得する旨を通知し、又は公告しなければならない。　　　　　　　×

〔オリジナル、24-28-オ改題〕

ヒトコト解説

1　取得される株式を持つ者に対して通知すれば足り、すべての株主に通知する必要はありません。

第7節 **自己株式が取得できる場合④（全部取得条項付株式の取得）**

 **覚えましょう**

◆ 全部取得条項付株式の取得 ◆

決議機関	株主総会（171 Ⅰ）
決議要件	特別決議（309 Ⅱ③）
決議内容	① 交付する対価の内容 ② 対価の割当てに関する事項 ③ 取得日
株券発行会社における手続	株券提供公告が必要
効力発生日	株主総会決議で定めた取得日（171 Ⅰ③）

今度は、全部取得条項付株式を取得する場面です。

全部取得条項付株式は、**設定するときだけでなく、巻き上げるときも特別決議が必要**です。そして、その決議の際に対価を決めます。

株券発行会社では、株券提供公告が必要です。これも株式という権利の巻上げになるからです。**特別決議によって権利は巻き上げることができますが、株券という紙は手元に残るので、別途回収が必要になる**のです。

第8節 **自己株式が取得できる場合⑤**（相続人等に対する売渡しの請求）

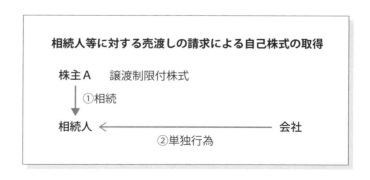

譲渡制限株式を持っているＡが誰かに売却しようとした場合は、会社のＯＫがなければ、売却することはできません。

ただ、Ａが死んだ場合はどうでしょう。

「死にたいんだけど承諾してくれ」というのは、おかしいですよね。**死んだら自動的に相続人に株式が降りるのです。**問題は、その後の話です。

この相続人が会社にとって望ましくない人だった場合、どうすればいいのでしょう。ちょっと怖いお兄さんだとか、そういった場合、会社はこの人から株式を買おうとするでしょう。

ただ、この人が嫌がった場合、**会社は単独行為で、この人から株式を取得することができます。**これが、相続人に対する売渡しの請求という手続です。

この売渡しの請求をするためには、**定款に「会社が売渡しの請求をできる」旨を定めていることが必要になります。**

◆ 譲渡制限株式の相続人等に対する売渡しの請求 ◆

決議機関	株主総会（175 Ⅰ）
決議要件	特別決議（309 Ⅱ③）
売買価格の決定方法	以下の方法によって定める（177）。 ① 株式会社と売渡しの請求を受けた者との協議 ② 株式会社又は売渡しの請求を受けた者が、売渡請求があった日から20日以内に裁判所に対して売買価格の決定の申立てをしたことによる裁判所の決定

買取りの値段は、お互いの交渉で決めます。そのため、市場価値より高くなり、**「あいつばっかりずるいじゃないか」という不平等が起きる可能性がある**から、**この買取りをしたければ、株主総会の特別決議を経る必要があります。**

問題を解いて確認しよう

1	現に株券を発行している株券発行会社が取得条項付株式を取得する場合には、株券提供公告をしなければならないが、取得請求権付株式を有する株主が取得の請求をしようとする場合には、株券提供公告をすることを要しない。〔オリジナル〕	○
2	取締役会設置会社以外の株式会社は、会社が別に定める日が到来することをもって取得事由とする旨の定款の定めがある場合、別に定める日を取締役の決定によって定めなければならない。〔オリジナル〕	×
3	取締役会設置会社が、当該株式会社の譲渡制限株式を相続によって取得した者に対して当該株式を売り渡すことを請求するときは、取締役会の決議によらなければならない。〔オリジナル〕	×

────(×肢のヒトコト解説)────

2 取締役会設置会社以外の株式会社においては、別に定める日を株主総会の決議によって定めます。

3 株主総会特別決議が必要です。

第2編 株式 ◆ 第3章 株式譲渡

第4章 自己株式の消却

ここからは、株式を消したり、くっつけたり、切った
りする話をみていきます。

色々な論点がありますが、特にどこで決議するか、と
いう点には注目してください。

株式消却前		1,000株の消却	
発行済株式総数	2,000株	発行済株式総数	1,000株
発行可能株式総数	4,000株	発行可能株式総数	4,000株
資本金の額	3,000万円	資本金の額	3,000万円

　まず図の左側を見てください。会社は、自社の株式を保有していてもいいのです。子会社による親会社株式の取得とは違って、**自己株式自体は、取得は制限されますが、保有することは自由**です。

　保有しておいて、後でリサイクルして使うことができます。
　昔は、この自己株式をよく金庫株と呼んでいました。「株主から自己株式を取得したら、その株券を金庫にしまっておく。そして、使いたくなったら金庫から取り出して使う」というイメージです。

この保有している自己株式をリサイクルする予定がなければ、消すことができます。これが自己株式の消却です（ただし**消せるのは、自己株式だけで、株主が有している株式を消すことはできません**）。

図の右側を見てください。

株式を消却した場合、発行済株式総数という世に出回っている数は減ることになります。

ただ、発行可能株式総数は変わりません。

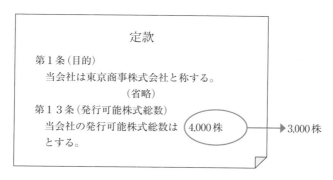

もともと発行可能株式総数というのは、定款に書かれる内容です。そのため、これを変えたければ、定款変更のための特別決議が必要になります。

では、なぜ特別決議が必要なのでしょう。

定款変更だからといった理由もありますが、**持株比率が下がる危険が生じるか**らなのです。

「発行可能株式総数が増える→発行される株式数は増える→自分の持株比率が、これから先下げられる危険が生じる」ということが起きます。

そこで、発行可能株式総数の変更は、役員たちの一存ではできず、株主総会特別決議がなければできないとしたのです。

ただし、**株主が定款で「当社で株式消却があったら、消却した分、発行可能株式総数が減少する」という規定を設けていれば、株式消却の決議だけで、発行可能株式総数は減少**します。

また、資本金も変わりません（昔と違って、**株式数と資本金は連動しないよう**

になっています）。

◆ 自己株式の消却の手続 ◆

決議権限	非取締役会設置会社	取締役の決定（348 I ）
	取締役会設置会社	取締役会の決議（178 II ）
決議内容	消却する自己株式の数 （種類株式発行会社にあっては、自己株式の種類及び種類ごとの数）	

この自己株式の消却は、手続として会社法で要求されているのは消却する旨の決議だけです。

ここではどこで決議するのかを覚えてください。

Point

	取締役会設置会社	非取締役会設置会社
①	取締役会の決議	取締役の決定
②	取締役会の決議	株主総会の決議（普通決議）
③	株主総会の決議（普通決議）	
④	株主総会の決議（特別決議）	

決議の４パターンと思ってください。全部ではありませんが、決議は大体この４つのパターン、その中のどれかになります。

	取締役会設置会社	非取締役会設置会社
①	取締役会決議	取締役の決定

ある意味役員だけで決めていいという事柄です。これは、**株主に不利益が起きない場合に使われます。**

ちなみに、取締役の決定というのは、取締役の過半数のＯＫだと思ってください。取締役会の決議との違いは、取締役会の決議の場合は定足数が必要です（会議なので、ある程度集まらないと開けません）。

一方、取締役の決定であれば、決議内容を回覧板みたいにまわして、過半数の

OKが取れれば構いません。

	取締役会設置会社	非取締役会設置会社
②	取締役会決議	株主総会決議（普通決議）

　これは、**経営判断時によく使われます**。会社の経営的なことについては、取締役会があれば取締役会の決議、それ以外の会社は株主総会の普通決議で決めることが多いです。

　取締役会のない会社というのは、株主＝役員のことが多いのです。例えば、「株主が、父さん母さん」、「役員も、父さん母さん」、父さんと母さんで会社のことを話合っていると、これは役員会というのか、株主総会というのか……どちらなのか結構微妙なところです。
　このように、取締役会を置かない会社は株主総会で経営事項を決める場合もあります。

	取締役会設置会社	非取締役会設置会社
③	株主総会決議（普通決議）	
④	株主総会決議（特別決議）	

　次に、③④の使い分けというのは、**株主にとっての不利益が大きいか、小さいか**です。株主の不利益が大きいなら④、不利益はあるんだけどそこまで大きくないという場合は、③と思ってください。

　今回の株式の消却に必要な決議要件は、①です。これは、**消却する株式が自己株式だけなので、市場にいる株主たちには全く迷惑を掛けない**ので、役員だけの判断でやっていいとしています。

1 株式会社が自己株式を消却する場合、当然には発行可能株式総数は減少しないが、定款に「自己株式を消却した場合には消却した株式の数について発行可能株式総数が減少する」旨の定めがあるときは、別途株主総会の特別決議を経なくても、自己株式の消却の決議のみによって、発行可能株式総数が減少する。〔オリジナル〕　　　　　　　　　　○

第5章 株式の分割

株式の分割、ここでは、株式を「切る」場面を学習します。
特に重要なのは、株式の分割と同時に発行可能株式総数を変更する場面です。どういった要件で、どこで決議できるかをしっかりと覚えましょう。

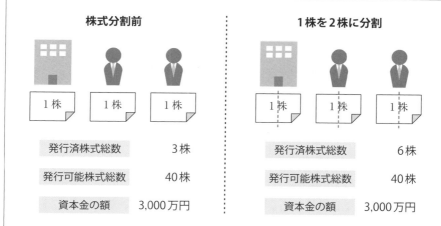

株式分割前		1株を2株に分割	
発行済株式総数	3株	発行済株式総数	6株
発行可能株式総数	40株	発行可能株式総数	40株
資本金の額	3,000万円	資本金の額	3,000万円

　上図の会社が1株を2株に分割することにしました。このとき、株式は単純に2つに切られていきます。

　その結果、発行済株式総数は2倍になり6株になります。ただ、**発行可能株式総数は変わりませんし、資本金の額も変化は起きません**。

　では、何故こんなことをするのでしょう。

　これは**株価対策**です。例えば、1株5万円だった株式が、2株に分割されれば1株2万5,000円になります。高くなり過ぎた1株あたりの株式の価格を下げたいというときに、こういった株式分割をします。

株価対策のため、経営判断として行うということがわかれば、決議要件も見え**てくる**んじゃないでしょうか。

◆ 株式分割の決議機関 ◆

非取締役会設置会社	株主総会（183Ⅱ）
取締役会設置会社	取締役会（183Ⅱ）

　決議要件は、先ほどの図でいうと②になります。つまり、取締役会があれば取締役会、無ければ株主総会で行うというパターンになるわけです。

　では、その決議では何を決めるのでしょうか。

> 株式分割の決議内容（一例）
> ①　1株を2株に分割する
> ②　10月1日の株主に対して、株式分割を行う
> ③　効力発生日は11月1日とする

　いつの日の株主名簿に載っている人に株式分割するのか、そこまで決議する必要があります。それが上記②の10月1日で、基準日と呼びます。
　そして、10月1日の株主名簿に載っている人に対して、株式分割する準備をして、実際には11月1日に分割します。この11月1日を効力発生日と呼びます（上記③に当たります）。
　いつの時点の株主に、いつ分割するかという視点で押さえましょう。

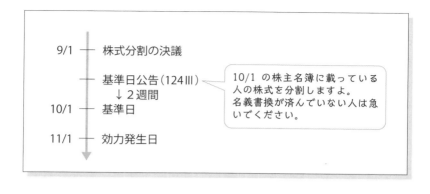

　基準日を決めた場合、その基準日10月1日の2週間前に公告を出します。

　「基準日を10月1日に設定しています。この日に株主名簿に載っていない人は分割の対象にしませんよ。早く株主名簿を書き換えに来てくださいね」とそういった告知をします。これを**基準日公告といい、株主名簿の書き換えを促すために行います。**

◆ 184条2項のまとめ ◆

要件	①	現に二以上の種類の株式を発行していないこと
	②	株式の分割の範囲内で発行可能株式総数を増加すること
効果		取締役の決定（取締役会設置会社にあっては、取締役会の決議）で、発行可能株式総数を増加することができる。

発行可能株式総数、これを役員たちだけで変えられる場合があります。

この状態で、株式の分割をし、発行済株式総数を３倍にしました。

この場合、**発行可能株式総数を３倍にできます。しかもそれを、役員達だけでできます。**

本来、定款変更になるから特別決議が要るのに、分割比率が３倍であれば、**発行可能株式総数を３倍までは役員たちだけで勝手に変えられます。**

なぜ、このような規定が必要なのでしょうか。

株式分割をすると、株式数が爆発的に増えます。その結果、発行可能株式総数オーバーになりやすいため、発行可能株式総数を迅速に変えられるようにしているのです。

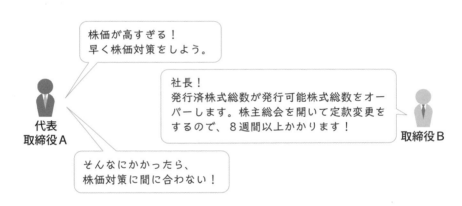

株主総会の手続をしていたら、手続に時間がかかり（株主総会を開くまでには時間がかかるのです）、**迅速な株式分割（株価対策）ができなくなってしまいます。** 迅速な株価対策を実現するために、発行可能株式総数の変動も簡単にできるようにしたのです。

ただ、**株式分割の分割比率内で発行可能株式総数を上げることが条件**です。

つまり、株式分割で３倍にする場合は、発行可能株式総数は３倍までなら役員で勝手にやっていいということです。

持株比率が下がらないようにするために、３倍以内という縛りを付けたのです。

　また、**2種類の株式を発行している場合にはこの特別ルールは使えません。2 種類出している場合には、増加した発行可能株式総数がどちらの種類に振られるかがわかりません**。そのため、役員の一存ではできず、株主総会での決議（株主の意思）で決めることにしているのです。

─ 問題を解いて確認しよう ─

1	A種類株式とB種類株式の2種類の種類株式を発行する旨を定めている株式会社において、A種類株式を株式分割の対象とせず、B種類株式のみを1対2の割合で株式分割をすることも可能である。〔18-30-エ〕	○
2	取締役会の決議により株式分割が行われたときは、発行済株式総数が増加することにより、必ず資本金の額が増加する。〔62-30-3〕	×
3	現に2以上の種類の株式を発行している株式会社であっても、株式の分割をする場合には、株主総会の決議によらないで、発行可能株式総数を増加する定款の変更をすることができる。〔31-28-4〕	×

─ ×肢のヒトコト解説 ─

2　株式分割があっても、資本金の額は増加しません。

3　現に2以上の種類の株式を発行しているため、取締役会では決議できません。

第6章 株式の無償割当て

今度は、株式の無償割当てというものです。無償割当てというのは、「タダであげる」という制度で、株式分割に似ています。
どこが株式分割と同じ結論で、どこが違うかを意識して読むようにしてください。

	株式分割前		株式分割後
株主A	☐	⟶	☐
株主B	▨	⟶	▨
会　社	☐	⟶	☐

　株式1株を3株に分割した場合、単純に3つに切られます。

　単純に3つに切るので、自己株式の数も増えることになります。また、AもBも、自分が持っているタイプの株式しか増えません。

　自己株式を増やしたくない、別の種類の株式をあげたい場合には、株式分割ではなく無償割当ての手続をとります。

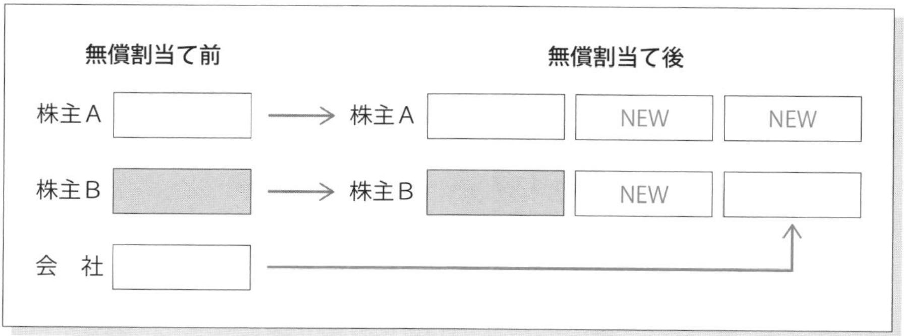

	無償割当て前		無償割当て後
株主A		→ 株主A	NEW　NEW
株主B		→ 株主B	NEW
会　社			

　この状態で、「1株当たり、白い株式のタイプを2株あげますよ」と決めた場合を考えてみましょう。

　Aは最初、白いタイプを持っていて、また白いタイプが2株貰えます。そしてBも、元々灰色のタイプを持っていたのに、白いタイプを2株貰えるのです。

　そして、自己株式には、白いタイプ2株はいきません。**自己株式には割当てをしない（自己株式は株式が増えるチャンスが貰えない）**からです。

　ＡＢは白いタイプを2株もらえますが、これは新規発行するだけでなく、**会社は今持っている自己株式を渡してもいいのです（自己株式のリサイクル方法の1つ）**。

　表の中に「NEW」とありますね。新規に発行するのが3株、自己株式を渡すのが1株なので、発行済株式数は6株になります。

　株式分割では、爆発的に株式数が増えてしまいますが、**無償割当てだと株式数の増加が抑制できます**。
　このあたりを、次の図表でまとめています。

		株式分割	株式無償割当て
種類株式との関係		分割によって増加する株式を他の種類の株式とすることはできない	異なる種類の株式を割り当てることができる（186 I ①参照）
自己株式	増加・割当て	分割の割合に応じて自己株式の数も増加する	自己株式に対する割当てはできない（186 II）
	株主に自己株式を交付すること	できない	できる

◆ 株式無償割当ての決議機関 ◆

非取締役会設置会社	株主総会（186 III）
取締役会設置会社	取締役会（186 III）

　株式無償割当ての決議要件は、株式分割と同じです。**元々株式分割の不都合を回避するために作ったので、決議要件は同じになる**のです。

問題を解いて確認しよう

1	種類株式発行会社は、株主に対して、株式の分割により他の種類の株式を交付することはできないが、株式無償割当てにより他の種類の株式を交付することはできる。〔オリジナル〕	○
2	Ａ種類株式とＢ種類株式を発行する旨を定款で定めている種類株式発行会社は、株式無償割当てによってＡ種類株式を有する株主にＢ種類株式の割当てをすることはできるが、株式の分割によってＡ種類株式を有する株主にＢ種類株式を取得させることはできない。〔21-28-イ〕	○
3	株式の分割は自己株式についてすることができるが、株式無償割当ては自己株式についてすることができない。〔21-28-ウ〕	○
4	株式の分割をする場合においても、株式無償割当てをする場合においても、必ず発行済株式総数が増加する。〔オリジナル〕	×

5　株式会社が、株式の分割をする場合には、自己株式を交付することはできないが、株式無償割当てをする場合には、自己株式を交付することができる。〔オリジナル〕	○
6　取締役会設置会社である株式会社は、株式の分割に関する事項の決定をする場合においても、株式無償割当てに関する事項の決定をする場合においても、取締役会の決議によらなければならない。〔オリジナル〕	○
7　会社法上の公開会社でない取締役会設置会社において、株式の分割に関する事項の決定は、株主総会の決議によらなければならず、株式無償割当てに関する事項の決定も、株主総会の決議によらなければならない。〔オリジナル〕	×

―――――――――― ×肢のヒトコト解説 ――――――――――

4　例えば、無償割当てをするときに、すべて自己株式を渡した場合、株式の新規発行がないので発行済株式総数は増加しません。

7　取締役会設置会社では、取締役会で決議します。

これで到達！　　　　　　合格ゾーン

☐　株式無償割当てとは、株式会社が、株主（種類株式発行会社にあっては、ある種類の種類株主）に対して新たに払込みをさせないで当該株式会社の株式の割当てをすることであり、株式会社が株式無償割当てをする場合には、出資は生じないので、資本金の額は増加しない。〔18-28-エ、31-28-5〕

★株式を発行して財産が入ってくる場合には、資本金が増加します。無償割当てでは財産が入ってこないので、資本金は増加しません。

第7章 株式の併合

今度は、株式を「まとめる」話になります。
なぜ、そういったことをするのかという目的をしっかり押さえることが重要です（決議要件等の知識の理由付けになります）。

株式併合前

| 株主A | | | | | 4株 |

| 株主B | | | 2株 |

この状態で、2株を1株に併合しました。すると下図のように株式がまとまっていきます。

株式併合後

| 株主A | | | 2株 |

| 株主B | | 1株 |

Aの持っている4株が半分になり2株に、Bの方も半分になり1株となります。これが株式併合です。

会社は株価対策をしたい場合に、こういった株式併合を行います。

もともと1株5万円で売られたものを2株で1株にすれば、1株当たりの価値は10万円になります（本当は、単純に2倍まではいかないんですけどね）。株式併合をすれば、株価を上げることができるのです。

また、**株主管理コストを下げたいという場合にも株式併合をします。**

　株主を1人入れると、色んなコストがかかってしまいます。一番大きなコストは、株主総会の招集通知です。株主総会は1年に1回開くのですが、事前に手紙を出します。その経費が、昔だと毎年1人につき2,000円近くかかっていたそうです。

**1株（2,000円）のみ
持っている株主**

　このように小口の株主が増えてきたら、株式併合を会社が行います。

	株主A	株主B	株主C
持株数	100株	49株	2株

　ここで、会社が50株を1株にする株式併合をしたらどうなるでしょうか。

	株主A	株主B	株主C
持株数	2株	0.98株	0.04株

　上記のようになります。1株1議決権となっているので、BCには議決権がなくなります。その結果、株主総会の招集手続はAだけ必要になります。

　このように管理コストを下げたいという場合にも、株式併合という手続が取られます。

今まであった、議決権が
なくなっている！！

経費が節減できたぞ。

株主B　株主C

　ただ、これはあくまでも会社側の理屈です。株主の立場に立ってみてください。今までは株主BCは株主総会に出席をして議決権を行使できたのに、株式併合に

よって、議決権を行使できなくなります。

株式併合は、株主から権利を奪うことになるのです。

 **覚えましょう**

◆ 株式併合の手続 ◆

決議権限	株主総会（180Ⅱ）
決議要件	特別決議（309Ⅱ④）
決議内容	① 併合の割合 ② 株式の併合がその効力を生ずる日 ③ 株式会社が種類株式発行会社である場合には、併合する株式の種類 ④ 効力発生日における発行可能株式総数
公告又は通知	原則として、効力発生日の２週間前までに、通知又は公告
株券発行会社における手続	効力発生日の１か月前までに株券提供公告が必要

株式併合は、経営判断の要素がありますが、**決議要件は株主総会の特別決議で**す。株主の権利を奪うことから、役員達だけではさせないのです。

次に決議内容ですが、ここは上の図表④を意識しておいてください。効力発生日における発行可能株式総数という部分です。

今までの制度と違って、ここだけ**発行可能株式総数をどうするか決めなさい**、としているのです。

公告又は通知という欄を見てください。**権利を奪う前に、知らせなさいという**ことです。

```
        株券

       10株券
```

この会社が２株を１株にする株式併合をする場合、株券の回収（そのための株

券提供公告）が必要になります。

株券には株式数が書かれています。

そして、株式併合によって、株式数が変わります。4株持っている者は2株に、2株持っている者は1株となりますので、今持っている株券は回収して、新しい株券を渡すべきなので、回収する手続である株券提供公告が必要となります。

株券提供公告をする場合の基準の1つに、「株式が消滅する場合」というのがあります。**株式併合によって株式数が減ったら、紙を回収する**ことになるのです。

以上で、株式併合は終わりです。

問題を解いて確認しよう

1　取締役会設置会社において、株式を併合するには、株主総会の特別決議が必要である。〔60-33-エ（8-31-3）〕　　　　　　　　　　　　○

2　株式会社が株式の併合をする場合、取締役は、株式の併合に関する事項を決定する株主総会において、株式の併合をすることを必要とする理由を説明しなければならない。〔オリジナル〕　　　　　　　　　　○

3　取締役会設置会社が株式の消却又は併合をするときは、株主総会の決議によらなければならないが、株式の分割又は株式無償割当てをするときは、取締役会の決議によって、これを行うことができる。
　　　　　　　　　　　　　　　　　　　　　　　　　　　　〔21-28-ア〕　　×

4　現に株券を発行している株券発行会社が、株式の併合をしようとするときは、効力発生日の1か月前までに株券提供公告をしなければならない。〔オリジナル〕　　　　　　　　　　　　　　　　　　　　　　　　○

×肢のヒトコト解説

3　株式の消却は、取締役会の決議で可能です。自己株式を消却するだけで株主に不利益がないので、株主総会で決議する必要はありません。

第8章 単元株式数

単元株式とはどういったものなのか、それによってどういう効果が生じるのかを理解することが重要です。そして、株式分割と同時に行うときの特別ルールについては、要件・効果を暗記するまで繰り返しましょう。

```
定款

１００株で１単元とする
```

　上記のような定めをすると、**100株持っていると議決権が1個もらえますが、**99株しか持っていない人は議決権が無いことになります。

　なぜ、このようなことをするのでしょうか。
　株主が多い、でも株価が低いという会社を想定しましょう。皆さんが経営者だったら、管理コストを下げるために何をしますか。

　たぶん、株式併合を考えたのではないでしょうか。例えば、100株をまとめて1株にする、これくらいすれば、議決権を持っている人は相当減らすことができます。
　ただ、デメリットがあります。例えば、今まで1株5,000円だったのが、株式併合をすることによって、50万円程度に跳ね上がります。これでは、**一般人がその株式を買えなくなってしまいます。**
　「管理コストは下げられても、株価が上がってしまう」。これが株式併合した場合のデメリットです。

　そこで、前出のような定款を作るのです。そうすると、99株までしか持ってない人は議決権がありません（管理コストは下げられます）。かつ、株式をまと

めているわけではないので、5,000円で売り買いでき、一般人でも株に手を出しやすくなります（株価を維持できます）。

　このように、**株価は上げたくない、でも管理コストは下げたい、という要望を叶える制度がこの単元株式です。**

```
発行済株式総数　　400株
1単元　　　　　　600株
```

　上記の状態を認めると、議決権を持つ人が誰もいなくなってしまいます。実は、1単元の数には上限が決められています。

 覚えましょう

単元株式数の上限
発行済株式総数×200分の1　（上限1,000株）

　発行済株式総数の200分の1が上限で、どんなに多くても**1,000株がMAX**です。

　だから先ほどの会社の場合、発行済株式総数400株に200分の1をすれば2なので、この会社が定められる1単元の上限は2株となります。

　もし、発行済株式総数が30万株の会社が単元株式を設定する場合には、1単元の上限は1,000株になります（200分の1の数は1,500株になりますが、1,000株を超えることはできません）。

　ではこの単元株式数を定めるときの手続を見ていきましょう。

単元株式数の 設定・増加	原則	株主総会の特別決議により定める（188Ⅰ・309Ⅱ⑪）
	例外	株式の分割と同時に設定する場合で、一定の要件を満たす場合は取締役の決定（取締役会設置会社にあっては、取締役会決議）によることができる（191）
単元株式数の 減少又は廃止		取締役の決定（取締役会設置会社にあっては、取締役会の決議）によって、定款を変更することができる（195Ⅰ）

```
①設定      なし        →   1単元＝10株
②増加変更   1単元＝10株   →   1単元＝30株
③減少変更   1単元＝30株   →   1単元＝10株
④廃止      1単元＝30株   →   なし
```

①「今まで単元株がない状態から、1単元10株にする」場合です。これにより**議決権が奪われるという不利益が生じる**ので、特別決議を要求しています。

②を見てください。これは「1単元を10株から30株へと変える」場合です。このケースも**今まで10株持っていた人たちの議決権が奪われる可能性がある**ので、特別決議が必要です。

では、③を見てください。

今まで29株しか持ってない人は議決権がなかったのが、単元株式数が減少してくれれば、**議決権が復活します。**株主にとって不利益がないので、役員達だけの決議で可能にしています。

次の④はどうでしょう。これも議決権が復活する方向のため、株主にとって不利益がないので、役員達だけで決められます。

本来、単元株式数の設定・増加は株主総会の特別決議が要るはずですが、それが要らない場合があります。

これは下記のように、**株式分割と単元株式数の設定を同時に行う場合**です。

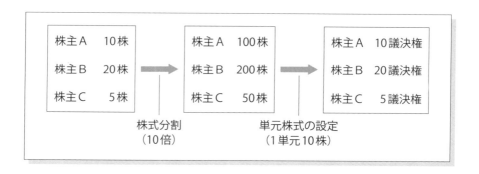

上記の図では、分割の際に、分割割合を10倍とした上で、単元株式数を1単元10株としています。

この場合の、初めと終わりの議決権の数を比べてください。

結果的に議決権の数が減っていないのです。

議決権の数が減らないのであれば、株主にとって不利益がないので、株主総会無しで、役員達の決議で単元株式数を設定することができるのです。

◆ 単元未満株式の買取請求と単元未満株式売渡請求の比較 ◆

	単元未満株式の買取請求（192）	単元未満株式売渡請求（194）
定款の定め	不要	必要

単元未満株式（単元株式数に満たない数の株式）の保護の制度をこれから見ていきます。単元未満株式の保護としては2つあります。

　1つは、単元株式数に達していない株式を買い取ってくれと請求する単元未満株式の買取請求権です。

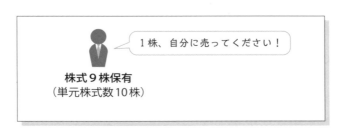

　もう1つは、1単元になるまでの株式をくれという制度です。これが単元未満株式売渡請求というものです。

　手続の一番のポイントは、定款の規定がなければできないのか、もしくは定款の規定がなくてもできるのかです。

　単元未満株式の買取請求に関しては、定款の規定は要りません。**単元株式に満たない株式は、あまり人気がないのでなかなか買ってもらえません**。そのため、出資金の回収の方法として払戻しを認めることが必要になります。
　そこで、**出資金の回収のため、買取請求権は、定款の規定があろうがなかろうが認めることにしているのです**。

問題を解いて確認しよう

1	株式会社が単元株式数を定款で定める場合、単元株式数は1,000株を超えることはできないが、発行済株式の総数の200分の1に当たる数を超えることはできる。〔オリジナル〕	×
2	株式会社は、株式の分割と同時に単元株式数を増加する場合、その前後において各株主の有する議決権数が減少しないときは、株主総会の決議を経ずに、単元株式数についての定款の変更をすることができる。〔オリジナル〕	○
3	株式会社（種類株式発行会社を除く。）が定款を変更して単元株式数を減少するには、株主総会の決議によらなければならない。〔28-29-ア〕	×
4	定款に別段の定めがないときでも、単元未満株主は当該株式会社に対して、単元未満株式の売渡請求をすることができる。〔オリジナル〕	×
5	単元未満株主は、株式会社に対して単元未満株式売渡請求をすることができる旨の定款の定めがある場合に限り、単元未満株式売渡請求をすることができる。〔オリジナル〕	○
6	単元未満株式の数と併せて単元株式数となる数の株式を単元未満株主に売り渡すことを請求することができる旨の定款の定めがない場合には、単元未満株主は、株式会社に対して、当該請求をすることができない。〔28-29-オ〕	○

×肢のヒトコト解説

1　発行済株式の総数の200分の1を超えることもできません。

3　単元株式数を減少する場合は、取締役会決議（取締役の決定）で可能です。

4　単元未満株式売渡請求は、定款の規定が必要です。

2周目はここまで押さえよう

◆ 単元未満株主の権利の制限 ◆

概要	会社は、単元未満株主が当該単元未満株式について次に掲げる権利以外の権利の全部又は一部を行使することができない旨を定款で定めることができる（189Ⅱ）

定款によっても奪うことができない単元未満株主の権利（189Ⅱ、施規35Ⅰ）

① 全部取得条項付種類株式の取得対価の交付を受ける権利
② 取得条項付株式の取得と引換えに金銭等の交付を受ける権利
③ 株式無償割当てを受ける権利
④ 単元未満株式の買取りを請求する権利
⑤ 残余財産の分配を受ける権利
⑥ その他法務省令で定める権利　ＥＸ）剰余金の配当を受ける権利

　単元未満株主に認められない権利は、議決権だけです。

　ただ、「少額しか投資していない人に、この権利を認めたくない」と会社が判断すれば「単元未満株主には取得請求権の行使を認めない」と定款で定めることができます。

　一方、「単元未満株主には、残余財産の分配を認めない」という規定まで許していいのでしょうか。

　これを認めると、

　株主「会社をたたむことになっても、自分が投資したお金の返金が認められない！」というかなり大きな不利益を受けることになります。

　そのため、定款で制限できるとしつつも、制限できない権利を「数多く」認めています（会社法が定める権利の他、法務省令で数多く認めています）。

　受験的には会社法で定めている部分（図表の①〜⑤）を押さえるぐらいで逃げておきましょう。

☑ 1　株式会社は、単元未満株主が単元未満株式について残余財産の分配を受ける権利を行使することができない旨を定款で定めることができる。〔28-29-エ〕　　×

第9章 募集株式の発行等

ここは、会社法だけでなく、商業登記法（択一・記述）含めて、非常に重要なところです。
手続の流れを覚えること、決議要件を覚えること、この2点は絶対に外さないようにしてください。

募集株式の発行等というのは、「会社が株式を売ってお金を手に入れる」ことによって、会社が資金を調達する手続です。

この売る株式は、**新規に発行して売ってもいいですし**、**自己株式をリサイクルして売ることも許されます**。

では、この募集株式発行等の手続の全体像から見ていきましょう。下記の図を見てください。

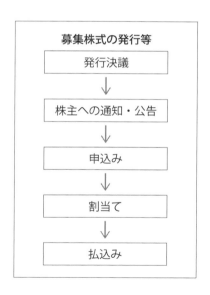

この募集株式の発行の手続は、大きく分けて5つのブロックから成り立っています。

　まず冒頭で発行する決議をします。ここでは、募集株式の発行手続をとるという意思の決定だけでなく、**発行する条件を決めます**。

　その後株主に伝えます。これは、株主に売る場合も、株主に売らない場合も、**株主には「募集株式の発行の手続をします」ということを伝える**のです。

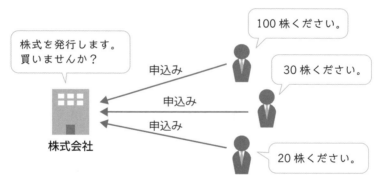

　この後、会社が株式を買う人の募集をかけます。それに応じて、株式を買おうと思った方は申込手続をします。

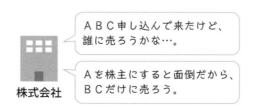

　会社は、申し込んだ人に対して株式を売る義務はありません。自社にふさわし

くない、株主にすると面倒だと思った人を弾くことができます。

　会社は「誰に株式を買う権利」を与えるのかを決定します。この行為を割当てといいます。

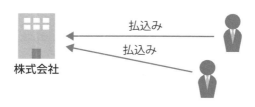

　この後、株式を買う権利をもらった人が会社にお金や物を払います。これを払込（物を出資する場合は給付）といいます。

　これが募集株式の発行の手続です。新規に株式を出すときも、金庫株を売るときも、この手続が必要です。

　細かい手続に入る前に、既存株主の保護という話をします。

　募集株式の発行手続がされることは、今いる株主にとっては、嬉しくないことがあるのです。

> **📖 Point**
>
> 有利発行
> → 　発行決議として、株主総会の特別決議が必要

　有利発行というのは、買う人にとって有利という意味で、つまり、**いつもより株式を安く売ることをいいます**。普段より株式を安く売ると、既存株主の持っている株式の価値が落ちます。

　例えば、皆さんが株式を5万円で買ったとします。その会社が、もう5万円では売れないなってことで、2万5,000円で新規の募集をかけたとしましょう。

　皆さんの株式は、5万円ではもう売れませんね（市場では2万5,000円で出回っているのですから）。

　このようにいつもより株式を安く売られてしまうと既存株主に不利益が生じます。そのため、**発行決議を株主総会の特別決議ですることにして、役員達だけで**

勝手にはできないようにしているのです。

　株式を発行されると、今いる既存株主の持株比率は下がります。例えば、発行済株式総数100株全てをＡが持っている状況で、100株を別人に発行されれば、Ａの持株比率は、２分の１に下げられるのです。

　では、持株比率が下げられたらどうすればいいのでしょう。

　買い足して持株比率を戻せばいいのです。

　ただ、普通に株式が買えない会社があります。

　それは、非公開会社です。**非公開会社の株式は、自由に買えないため、一度持株比率が下げられれば、なかなか比率を元に戻せません。**

　そこで、非公開会社が株式を発行するときは、発行決議を株主総会の特別決議で行うことにしたのです（役員たちで勝手に行わせないのです）。

　では募集株式の発行の手続、５つのブロックの詳細を説明していきます。

第1節　発行決議

　論点は、どこが決める。何を決める。この２つです。

　まずは、どこが決める。という論点を見ていきます。

原則）取締役（会）で決議できる

例外）株主に不利益があるときは、株主総会特別決議

迅速に資金が調達できるように、役員達だけで決議できるようにしています。

原則は取締役（または取締役会の決議）で決めることができるのです。

ただ、非公開会社の株式発行とか、有利発行などで既存株主に不利益が生じる場合には、役員たちだけでは決めさせず、株主総会特別決議を要求しています。

このような指針で、次の図表を見ていきましょう。

 覚えましょう

◆ 募集事項の決定機関：株主割当以外（第三者割当）◆

公開会社	原則		取締役会（201Ⅰ・199Ⅱ）
	有利発行の場合	原則	株主総会の特別決議 （199Ⅱ・201Ⅰ・309Ⅱ⑤）
		例外	株主総会の特別決議により取締役会に委任 （200Ⅰ・309Ⅱ⑤）
非公開会社	原則		株主総会の特別決議（199Ⅱ・309Ⅱ⑤）
	例外		株主総会の特別決議により、募集事項の決定を取締役（取締役会設置会社にあっては、取締役会）に委任することができる（200Ⅰ・309Ⅱ⑤）

公開会社では基本、取締役会で物事が決められます。ただ、有利発行の場合、既存株主の株価が落ちるため、株主総会の特別決議が必要になります。

特別決議で募集事項を決めるといっても、**株主は株式発行の手続に詳しくありません**。そこで役員に委任できるようにしました。

重要部分さえ株主で決めれば、あとは役員に委任できるようにしたのです。

例えば、

株主

> 100株までで、5万円以上で売るんだったら、後は好きに決めていいよ。

と委任するのです。**数の上限**、**価格の下限**、この重要部分さえ決めておけば、他の細かいところを役員に任せることができます。

次は非公開会社の場合です。**非公開会社では、原則、株主総会の特別決議が必要です。**「非公開会社が株式を発行する→持株比率が下がる→買い足して持株比率を維持しようと思っても譲渡制限があるため自由に買えない→だから持株比率が下がることについて大多数の賛成が必要」になるのです。

ただ、株主が全て決めるのは無理があるので、先ほどと同じように、**株主総会の特別決議で、数の上限、価格の下限を決めておけば、あとは役員に任せることができます。**

 Point

株主割当
株主に対し、「その有する株式の数に応じて」、株式の割当てを受ける権利を与える募集株式の発行等の方法（202Ⅰ・Ⅱ）

この株主割当というのは、株主に株式を買えるチャンスをあげる、募集株式の発行の方法です。例えば、

今の株主名簿に載っている者に、1株あたり2株ずつ割当てる。

会社

このような決議をしていれば、これは株主割当と評価されます。

一方、株主以外の者に割当てをしている場合は株主割当以外（俗に第三者割当といいます）と呼ばれます。

また、下記の事例も株主割当以外と扱われます。

	株主A	株主B	株主C	株主D
持株数	2株	1株	1株	1株
今回割当てる株式数	14株	16株	10株	10株

株主の持株比率に応じてあげなければ株主割当とは呼びません
つまり、株主割当というのはＡＢＣＤの持株の比率が変わらない
ことが要件なのです

このような株主割当の場合と、第三者割当では募集事項の決定機関が変わってきます。

 覚えましょう

◆ 募集事項の決定機関：株主割当の場合 ◆

公開会社		取締役会（202Ⅲ③）
非公開会社	原則	株主総会の特別決議（202Ⅲ④・309Ⅱ⑤）
	例外	定款に定めることにより、取締役の決定（取締役会設置会社にあっては、取締役会決議）により定めることも可能（202Ⅲ①・②）

公開会社においての決定機関は、取締役会になります。

第三者割当だと、有利発行の場合は、株主総会の特別決議になりました。一方株主割当の場合は、有利発行でも株主総会特別決議にはなりません。

株主割当の場合、有利発行で、安い値段で株を買うのは、株主自身です。確かに**株価は落ちますが、株主は安く株式を買えるため、株主に不利益はないのです。**

非公開会社が株主割当をする場合、原則は、株主総会の特別決議です。ただ、**株主割当では、持株比率は変わらない**ため、例外を認めています。

次のような、**定款規定があれば、取締役会の決議で決めることができるの**です。

> 定款
>
> 当会社の株主割当は、取締役会の決議により行う。

右端縦書き

第2編 株式 ◆ 第9章 募集株式の発行等

そのため、非公開会社に投資をするときは、定款規定を見るべきです。もし、定款に「株主割当については役員で決めますよ」と書いてあれば、いつ株主割当が行われても文句は言えません。そして発行のときにお金がなく、買うことができないと、持株比率が下がってしまうことを覚悟しないといけません。

 **覚えましょう**

◆ 募集株式発行において種類株主総会決議が必要とされる場合 ◆

	場面	必要とされる種類株主総会	定款で種類株主総会を不要とできるか
株主割当の場合	ある種類の株式の種類株主に損害を及ぼすおそれがあるとき	当該種類株主総会の特別決議（322 I ④・324 II ④）	可能 ＋定款の定めは登記事項
株主割当以外の場合	募集株式が譲渡制限株式である場合	当該種類株主総会の特別決議（199 IV・200 IV・324 II ②）	可能 ※定款の定めは登記事項ではない

　これまで、株主割当以外（第三者割当）の場合、株主割当の場合の決議機関を見てきました。

　さらに、その決議機関での決議**プラス種類株主総会決議が必要になる場合があります**（種類株主総会で、募集株式の発行を拒否できるということを意味します）。

　これは、株主割当と株主割当以外とで違ってきます。まず株主割当以外（第三者割当）の場合からいきましょう。

A種類（譲渡制限付）　　　　B種類（制限なし）

10株　10株　10株　10株　　　10株　10株　10株　10株

A種類を株主割当以外で発行する場合
→　A種類株主総会の決議が必要

　Ａ種類の株式には譲渡制限が付いています。ここで**Ａ種類株式について第三者割当をするときは、Ａ種類株式の種類株主総会決議がないと認められません**。いくら取締役会の決議や株主総会の決議をしたとしても、Ａ種類の種類株主総会で否決されれば、第三者割当はできないのです。

　それはなぜでしょう。
　Ａ種類には譲渡制限が付いているということは、譲渡は事実上無理です（承認がもらえればいいのですが、実際承認されることは稀です）。譲渡が行われないということは、Ａ種類の持株比率はまず変わらないため、Ａ種類の株主たちは、

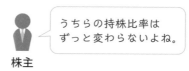

株主

うちらの持株比率は
ずっと変わらないよね。

と期待しています。

　ここで、Ａ種類が株主以外に500株でも発行されたら、持株比率が思いっきり崩れてしまいます。**信頼している持株比率を崩すことになるので、Ａ種類の種類株主総会のＯＫがないとできない**としました。
　ちなみに、Ａ種類株式を発行するとしても、株主割当の場合はどうでしょうか（前提知識ですが、**Ａ種類株式について株主割当をすると、Ａ種類株主だけが株式をもらいます。**Ｂ種類株主はもらえません）。

　Ａ種類株式を株主割当するときに、Ａ種類同士の持株比率は崩れますか。崩れませんね。だから**株主割当の場合だったらＡ種類の種類株主総会のＯＫは要らない**のです。

　ちなみに、**Ｂ種類株式を発行するときは、Ｂ種類株主総会のＯＫは要りません。もともとＢ種類株主には持株比率の期待がない**からです（譲渡制限がない→コロコロ株主が変わるということが前提になっています）。

普段の講義では、以下のようなイメージで説明しています。

「閉鎖的な村に」「新たな村人が来る場合」
→ 村のＯＫがいるよ

閉鎖的な村というのが譲渡制限付のＡ種類株式のことです。Ａ種類という閉鎖的な村に、新しい村人がやってくる場合は、Ａ村のＯＫが要るというイメージです。

次は、株主割当の場合に、別途種類株主総会が必要なケースを見ていきます。次の図を見てください。

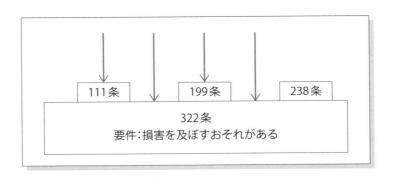

ある種類株式の株主が、他の種類から不当ないじめにあわないように、会社法は「その種類総会の決議がなければ効力を生じさせない」というルールを、数多く作っています。

例えば、株主総会の多数によってある種類に全部取得条項を設定するということを決議しても、「その種類の承認決議がなければ効力が生じない」という111条という条文があります。

このように、種類株主が損害を受けそうなケースをある程度予想して、会社法は条文を作っています。

ただ、これでもカバーができないものがあるだろうと想定して、322条で「損

害を及ぼすおそれがあった場合、種類株主総会決議が必要」というルールを作りました。「損害を及ぼすおそれ」という抽象的な表現にしておいて、色々な事態に対処できるようにしたのです。

　例えば、A種類株式・B種類株式という2種類あったとして、下記のような決議をしたらどうなるでしょう。

> ①　A種類株式のみ10倍に株式分割する

　これはB種類株式に損害が出る可能性があります（損害といってもお金が減るという話ではなく、議決権の差が急激に生じます）。ここで、上記のような決議をしても、B種類株主総会の承認決議がなければ、効力が認められないでしょう。

> ②　A種類株式のみ10分の1の株式併合をする

　これは、A種類株主の持株比率が下がりますので、別途A種類株主総会決議が、必要となると思われます。

> ③　A種類株式のみ、1万株の株主割当をする

　A種類株式の数が増えれば、B種類株式に損害が出ますよね。だからB種類株主総会決議が必要と思われます。

　①～③の例では10倍・10分の1・1万株としましたが、本当に10倍・10分の1・1万株が要件かどうかはわかりません。
　322条という条文は、「損害を及ぼすおそれがある」という抽象的な表現になっています。そのため、どの程度の場合に損害を及ぼすおそれがあるかの明確な基準はわかりません（これは、今後の裁判例の積み重ねで決まっていくでしょう）。

そのため、会社の経営者からすれば、「今回は種類株主総会決議が要るのかな。要らないのかな」と不安に思うことでしょう。

　そこで、**定款で定めれば、この種類株主総会決議は排除できる**としました。定款で「当会社は322条の種類株主総会決議はやらないよ」と定めておくことができるのです。

　次に、「何を決めるか」という話を見ていきます。議事録を見ながら学びましょう。

取締役会議事録

議案　募集株式の発行の件
　議長は、下記のとおり募集株式の発行をしたい旨を述べ、その可否を議場に諮ったところ、出席取締役全員が賛成し、可決確定した。
記
１．発行する募集株式の種類及び数　　　　　Ｂ種類株式5,000株
２．募集株式の払込金額　　　　　　　　　　１株につき金３万円
３．現物出資に関する事項
　　①　金銭以外の財産を出資する者　　　　乙野次郎
　　②　当該財産　　　　　　　　　　　　　株式会社ＦＵＪＩの株式
　　　　　　　　　　　　　　　　　　　　　1,000株
　　③　当該財産の価額　　　　　　　　　　金3,200万円
　　④　その者に対して割り当てる募集株式の数　Ｂ種類株式1,000株
４．募集株式の払込期日及び給付期日　　　令和６年４月24日　午後３時
５．増加する資本金の額
　　金１億5,000万円
６．増加する資本準備金の額
　　金０円

1　募集株式の種類及び数

　どの株式をどれだけ出すか、を決めています。

2　募集株式の払込金額

　いくら払ってもらうか、を決めています。

3　現物出資に関する事項

　出資というのは、基本、現金で行うものです。これに対し、**物で出資するというのは例外的で、これを現物出資と呼びます。**この現物出資をする場合は、初めの発行決議で決めておく必要があります。

　何を決めているのかを見てください。**何を現物出資するかだけでなく、値段まで決めていますよね。**

　発行決議の段階で値段まで決めるというのがポイントで、この値段が、実際の価値より著しく低ければ、この決議に参加した役員は、個人的な賠償責任を負うことになります。

4　払込期日

　これは払込みをする日です。

　株式を買おうとしている人は、この日に払う必要があります。

　そして、この日付にはもう1つ重要な意味があります。

　払込期日は、払った人が株主になれる日を意味するのです。

　払込みをした日に株主になるのではなく、この払込期日に皆一斉に株主になるのです。

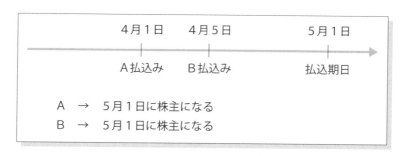

　払込みをした日に株主になるというルールだと、払った日がみんなバラバラの場合に、**事務処理がすごく面倒くさくなります。**そこで、みんな一律、払込期日に株主になったとして、事務処理を楽にしようとしているのです。

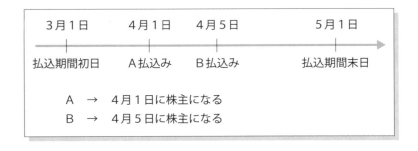

払込期日ではなく、払込期間を定めることがあります。

この場合には、**払った日に株主になります。**

この期間は長くなることが多いため、払った人を長期間待たせるのは、酷であるためです。

5.6　増加する資本金及び準備金に関する事項

下記の条文を見てください。

445条（資本金の額及び準備金の額）
1　株式会社の資本金の額は、この法律に別段の定めがある場合を除き、設立又は株式の発行に際して株主となる者が当該株式会社に対して払込み又は給付をした財産の額とする。
2　前項の払込み又は給付に係る額の2分の1を超えない額は、資本金として計上しないことができる。
3　前項の規定により資本金として計上しないこととした額は、資本準備金として計上しなければならない。

株式を発行する　＋　払込みがある
→　資本金が増加する

募集株式の発行で、株式を新規発行してお金が入ってくるような場合にはこの要件をクリアします。一方、自己株式（金庫株）を出して、お金をもらった場合というのは、**株式を新たに発行していない**ため、この場合には資本金は増えません。

もう１つの要件が、「払込み又は給付があること」です。

株式の分割によっては、資本金が増えません。これは、株式を発行するかもしれませんが、**財産が入ってこない**からです。また、無償割当ての場合も同じです。

次に445条２項を説明します。

先ほどの議事録の例でいうと、この会社には１億5,000万円入るので、このままでは資本金（努力義務目標値）が１億5,000万円上がってしまいます。

このように、**資金調達はしたいけど、努力目標値を上げたくない場合**には、**最低半分まで上げればいい**よとしてくれています。

今回の会社は、全額資本金に計上するとしていますが、定め方によっては、資本金増加分は半分までと定めることもできます（ちなみに、資本金にしなかった分は、445条３項の規定により、資本準備金という別枠に入れることになります）。

１～６の募集事項、これらは募集株式発行では、必ず決めることになっています。

これで決議の説明はおしまいです。

1 会社設立後の募集株式の発行においては、株式の払込み又は給付に係る額のうち2分の1を超えない額は、資本金として計上しないことができる。〔11-35-イ改題〕 ○

2 会社法上の公開会社でない取締役会設置会社が、株主に株式の割当てを受ける権利を与えずに募集株式の発行をする場合、募集株式の払込金額が募集株式を引き受ける者に特に有利な金額であるときは、株主総会の特別決議によって募集事項の決定を取締役会に委任することはできない。〔オリジナル〕 ×

3 会社法上の公開会社と公開会社でない株式会社のいずれにおいても、株主に株式の割当てを受ける権利を与えてされる募集株式の発行に際し、募集事項を取締役会の決議により定めることができる（定款に別段の定めはないものとする）。〔20-29-エ〕 ×

4 種類株式発行会社が募集株式の発行をする場合において、募集株式の種類が譲渡制限株式であるときは、株主割当の方法によるか否かにかかわらず、当該種類の株式の種類株主を構成員とする種類株主総会の決議がなければ、その効力を生じない（ある種類の株式の種類株主に損害を及ぼすおそれはないものとする）。〔オリジナル〕 ×

5 会社法上の公開会社と公開会社でない株式会社のいずれにおいても、種類株式発行会社において縁故者に対してのみ募集株式の発行を行う場合には、種類株主総会の特別決議により募集事項を決定しなければ、当該募集株式の効力が生じないことがある。〔20-29-ウ〕 ○

6 募集株式と引換えにする現物出資財産の給付の期間を定めた場合において、募集株式の引受人が当該期間内に現物出資財産の給付をしたときは、当該引受人は、当該期間の末日に株主となる。〔令2-28-エ〕 ×

×肢のヒトコト解説

2 非公開会社の発行や有利発行の場合には、数の上限、払込金額の下限を特別決議で決めることによって、委任することができます。

3 非公開会社では、定款規定がない限り取締役会で決議することはできません。

4 株主割当以外の場合に、種類総会決議が必要になります。

6 給付した日に株主になります。

2周目はここまで押さえよう

通常より、１割安いのは納得
できない　なんでだ！！

株主

急遽、資金調達が必要になりました。
通常より安い値段で、資金を調達す
る必要があるのです。

取締役

　通常より安い価格で発行する有利発行をすると、既存の株主は面白くあり
ません。自分たちの持っている株価は落ちてしまうためです。

　そのため、有利発行をする場合には、取締役に「なぜ有利発行をしなけれ
ばいけないのか」という理由を説明する義務を課しています。

　この理由を説明する義務の射程範囲を意識しましょう。次の図表を見てく
ださい。

	有利発行	それ以外
株主割当		
株主割当以外	理由の説明を要する	

　有利発行の場合に理由を説明するのですが、株主割当の場合は、理由の説
明は不要とされています。

　有利発行により株価が安くなるため、株主に不利益ともいえますが、その
安い値段で買えるのは株主自身です。そのため、不利益だけでなく利益もあ
ることから理由の説明を強制しなかったものと思われます。

☑1　会社法上の公開会社における募集株式の発行において、株　　　　　×
　　　主に株式の割当てを受ける権利を与える場合であっても、
　　　その払込金額が当該株式の時価よりも相当程度低い金額で
　　　あるときは、取締役は、株主総会において、当該払込金額
　　　でその者の募集をすることを必要とする理由を説明しなけ
　　　ればならない。〔25-28-イ〕

> 2　会社法上の公開会社と公開会社でない株式会社のいずれに
> おいても、株主割当て以外の方法によって、募集株式の発
> 行に係る募集事項の決定を株主総会で行う場合において、
> 当該募集株式の払込金額が募集株式を引き受ける者に特に
> 有利な金額であるときは、取締役は、当該株主総会におい
> て、当該払込金額でその者の募集をすることを必要とする
> 理由を説明しなければならない。〔20-29-オ改題〕　　　　○

第2節　株主への通知等

　募集株式の発行を決めたら、株主に知らせるような仕組みをとっています。こ
れも第三者割当か株主割当かで制度が違います。

👆 **Point**

第三者割当

取締役会で発行決議をしている

→　原則として株主へのお知らせが要る（払込期日の2週間前まで）

　第三者割当をする場合は、株主に、「第三者割当しますよ」ということを伝え
ることが必要です。

　もし、会社が法律違反の手続をしている場合には、株主はやめろと請求できま
す（これを差止請求といいます）。ただ、株主自身が第三者割当をすることを知
らなければ、やめろと言うことはできません。

　そこでお知らせをするのです。

> 今回、第三者割当をします。内容はこんな感じです。法律違反は
> ないと思いますが、もしあれば差し止めてください。

株式会社

　こういう感じの内容のお知らせをするのです。堅い言葉で言うと、**差止めの機**

会を確保するために、通知（又は公告）を行う必要があるとされています。

　では、この通知（又は公告）はいつまでにやればいいでしょう。

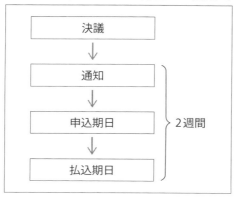

◆ 第三者割当における株主への通知 ◆

　差止めというのは、効力が生じる前に止めることをいいます。効力が生じてしまえばもう止めようがありません。だから効力が生じる払込期日の前にやるべきです。

　ただ、いくら払込期日の前といっても、払込期日が８月10日で「今日は８月８日です。文句があるなら止めてください」と言われたらどうでしょう。もうちょっと前に教えてよ、と思いますよね。

　払込期日の後では意味がない。ギリギリでも意味がありません。そこで、**払込期日の２週間前までに、通知が要る**ということにしたのです。

　では最後に、どんなときに、この通知が要るかを説明します。

　これは、**第三者割当についての発行決議をどこでやっているかで決まります**。ただ、株主総会の特別決議を経た場合、このお知らせは要りません。株主総会で決議をしていれば、株主は**内容を知っているので、別個、「今回第三者割当するよ」というお知らせをする必要はない**のです。

　一方、発行決議を取締役会だけでやっていた場合は、連絡が要ります。

　結局、**募集事項の決議を、取締役会でやっている場合に、この通知が必要にな**

る（逆にいえば株主総会でやっている場合は不要）と押さえておきましょう。

株主割当

→ 必ず、株主へのお知らせが要る（申込期日の２週間前まで）

株主割当の場合には、**株主に株式を買えるチャンスを教えることが必要**です。

今回株主割当をし、あなたは10株買えます。ただ、5月10日までに申し込まないと、株式を買える権利は無くなりますよ。

　この通知では、株式が買えるチャンスがあることと、締め切りがあること（申込期日といいます）、その申込期日までに申し込まないと買えるチャンスがなくなることを伝えることになっています。
　このお知らせは、いつまでにしなければいけないのでしょうか。

◆ 株主割当における株主への通知 ◆

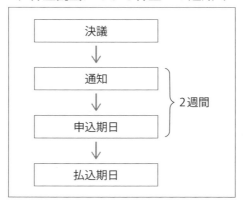

　申込期日の後ではダメですよね。**かといってギリギリで言われても困ります。**ですから、**申込期日の２週間前まで**となっています。

　この株主割当の通知は絶対必要で、**不要になる場合はありません。**

例えば、株主総会で決議をした場合、内容を知っているんじゃないかと思うところですが、**株主総会ではトータルで何株発行するかということを決めるだけです。それぞれ何株ずつ買えるかということはわかりません。**

そこで一人ひとりに手紙を送り、「あなたは10株買えますよ、何日までに申し込んでくださいね」とお知らせするのです。

ここの通知の論点を次の図表にまとめましたので、この図表で暗記するようにしてください。

 覚えましょう

◆ 第三者割当と株主割当における株主への通知の比較 ◆

	募集事項の通知・公告 （201 Ⅲ・Ⅳ・Ⅴ）	募集事項等の通知 （202 Ⅳ）（失権予告付催告）
通知を要する場合	下記のすべてに該当する場合 ① 公開会社の場合 ② 第三者割当の方法による場合 ③ 取締役会の決議によって募集事項を定めた場合	株主割当の方法による場合
通知の趣旨	差止請求（210）の機会の確保	申込の機会の確保
通知事項	募集事項	① 募集事項 ② 株主が割当てを受ける募集株式の数 ③ 申込期日
通知期間	払込期日（払込期間を定めた場合にあっては、払込期間の初日）の2週間前まで	申込期日の2週間前まで

| 1 | 会社法上の公開会社がその発行する株式を引き受ける者の募集において株主に株式の割当てを受ける権利を与えた場合において、株主が募集株式の引受けの申込みの期日までに募集株式の引受けの申込みをしないときは、当該株主は、募集株式の割当てを受ける権利を失う。〔令2-28-イ〕 | ○ |

第3節 申込み

株式を買おうと思っている人は、会社に対し、「自分が何株買いたいか」を自分の名前を示して申込みをすることになります（ここはほぼ論点がないので、あまり突っ込まなくていいでしょう）。

第4節 割当て

会社は、申し込んだ人全てに売る必要はありません。

「君はだめだ」という風に弾いてもいいし、また、100株買いたいと言ってきても「40株しか売らないよ」ということもできます。**第三者割当の場合、相手は株主ではないので、平等に扱う必要はないのです。**

一方、**株主割当の場合は、割当行為をすることができません。**

会社から「あなたに5株売りますよ」という手紙が来たから申し込んだところ、会社から「君には売らないよ」と言われたら、

株主 　あんた、買えるって言ったじゃないか！

と怒りますよね。

こういった理由から、株主割当の場合は、割当てということをしてはいけないのです。この**割当行為は、第三者割当の場合だけ必要だと思ってください。**

割当ては決議をする必要はありません（抽選で割当てをする会社もあります）。
ただ、ある場合だけは、割当てにも決議を要求されます。

それは、**譲渡制限付株式を渡す場合**です。

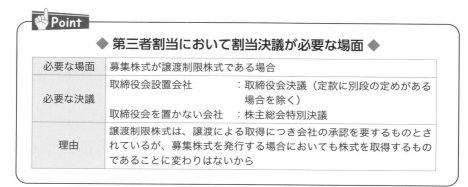

必要な場面	募集株式が譲渡制限株式である場合	
必要な決議	取締役会設置会社	：取締役会決議（定款に別段の定めがある場合を除く）
	取締役会を置かない会社	：株主総会特別決議
理由	譲渡制限株式は、譲渡による取得につき会社の承認を要するものとされているが、募集株式を発行する場合においても株式を取得するものであることに変わりはないから	

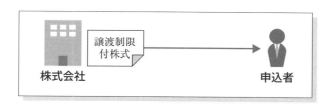

　会社が譲渡制限付株式を、「発行する（又は金庫から出す）→申込者に渡す」
という流れになっています。この、譲渡制限付株式を「渡す」というところだけ
で見れば、譲渡制限付株式の譲渡なのですね。

　譲渡制限付株式の譲渡であれば、会社の承認が必要です。そのため、譲渡制限
付株式の場合、割当ては会社の決議で行うことになっているのです。

　今見てきた申込みと割当て、これをやらなくていい場合があります。それが次
の場合です。

総数引受け

募集株式の発行決議の事前のヒアリングにより、Ａ（大体が保険会社などの企業投資家）が「うちが今回の株式の全てを引き受けますよ（買いますよ）」ということが分かった

↓

わざわざ申込み・割当てなどの手続をとる必要はない

↓

この場合は、会社とＡが「総数引受契約」をする

それによって、申込み・割当ての手続が省略できる

※募集株式が譲渡制限株式であるときは、株式会社は、株主総会の特別決議（取締役会設置会社にあっては、取締役会の決議）によって、当該契約の承認を受けなければならない

　買う人が分かっているのに、申込み・割当てというやらせをする必要はありません。申込み・割当てといった一方的な書面ではなく、**2人で作った契約書があれば、この手続が省略できる**としています。

　ただ、この場合でも、譲渡制限付株式を売り買いする場合は、承認決議は必要です。**割当てだったら承認決議が要るのに、契約だったら要らないではバランスがとれません**からね。

1 会社法上の公開会社が取締役会の決議によって募集事項を定めたときは、払込期日又は払込期間の初日の２週間前までに、株主に対し、当該募集事項を通知又は公告しなければならない。これは、株主割当の方法による場合は当てはまらないが、株主割当以外の方法による場合は当てはまる。〔オリジナル〕　○

2 会社法上の公開会社でない株式会社において、株主割当ての方法によって募集株式を発行する場合には、会社は募集株式の引受けの申込みの期日の２週間前までに、株主に対し、募集株式の募集事項、当該株主が割当てを受ける募集株式の数及び引受けの申込みの期日を通知しなければならない。〔オリジナル〕　○

3 会社法上の公開会社である株式会社が、株主に株式の割当てを受ける権利を与えて募集株式の発行をする場合、取締役会の決議によって募集事項を定めたときは、払込期日又は払込期間の初日の２週間前までに、株主に対し、当該募集事項を公告しなければならない。　×
　　　　　　　　　　　　　　　　　　　　　　　　　　〔オリジナル〕

4 会社法上の公開会社における募集株式の発行において、会社が譲渡制限株式である募集株式の引受けの申込みをした者の中から当該募集株式の割当てを受ける者を定める場合には、その決定は、取締役会の決議によらなければならない（定款に別段の定めはないものとする）。　○
　　　　　　　　　　　　　　　　　　　　　　　　　　〔25-28-ウ〕

5 取締役会設置会社以外の株式会社においては、募集株式が譲渡制限株式である場合に申込者の中からその割当てを受ける者を決定することも、募集新株予約権の目的である株式が譲渡制限株式である場合に申込者の中からその割当てを受ける者を決定することも、定款に別段の定めがある場合を除き、株主総会の決議によらなければならない。　○
　　　　　　　　　　　　　　　　　　　　　　　　　　〔19-30-オ〕

6 会社法上の公開会社である株式会社が、募集株式を引き受けようとする者と総数引受契約を締結する場合、当該募集株式が譲渡制限株式であるときは、当該株式会社は、取締役会の決議によって、当該総数引受契約の承認を受けなければならない。〔オリジナル〕　○

×肢のヒトコト解説

3 株主割当の場合には、申込期日の２週間前に通知をする必要があります。

騙されて出資していたので、取り消します。返金してください。

追加出資があったから、融資したのに・・

債権者

　ある方が出資した後に、詐欺を理由に出資の取消し（それに伴う返金）を主張してきました。

　民法であれば、問題なく認められる行為ですが、会社法ではそうもいきません。

　それは、出資者からの出資金があることを前提に、色々な人が利害関係をもってしまっているからです。

　民法は基本、1対1を想定したルールです。会社法では、1対1の関係では済まず、多くの利害関係を持つ人が出てきます。そのため、民法のルールをそのまま適用できないため、会社法は独自にルールを設定しました。

	株主となった日から1年を経過する前かつその株式について権利を行使する前	株主となった日から1年を経過した後又はその株式について権利を行使した後
心裡留保・虚偽表示	×	
錯誤・詐欺・強迫	○	×（211Ⅱ）
意思無能力・行為能力の制限・詐害行為取消	○	○

　本人の落ち度が大きいか、小さいかで処理を分けています。

　心裡留保・虚偽表示　→　落ち度　大　→　一切主張させない

　錯誤・詐欺・強迫　→　落ち度　中　→　一定時期まで主張できる

　意思無能力・行為能力の制限・詐害行為取消　→　落ち度　無　→　会社法の制限をかけない

この観点で前記の表を覚えていってください。

☑1 会社法上の公開会社における募集株式の発行において、募集株式の引受人は、出資の履行をした募集株式の株主となった日から１年を経過した後は、その株式について権利を行使していない場合であっても、錯誤を理由として募集株式の引受けの取消しを主張することができない。　〔25-28-オ〕　○

2 募集株式の引受人は、株主となった日から１年を経過する前であってもその株式について権利を行使した後は、強迫を理由として募集株式の引受けの取消しをすることができない。〔オリジナル〕　○

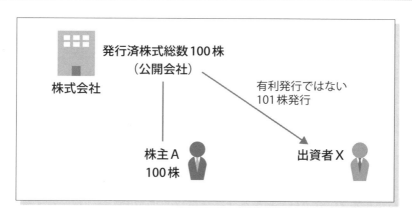

　例えば、ある会社（公開会社とします）に発行済株式が100株あり、株主Ａがそれを全部握っていました。

　この公開会社が、募集株式の発行をします（有利発行でなければ、取締役だけの決議で出来ます）。

　ここで、この発行に対して申込みをして割当てを受けたのがＸでした。

これにより、筆頭株主がAからXに変わります。問題なのは、これが経営陣だけの決議で行われてしまっている点です。

平成26年改正までは、こういった結論だったのですが、株主が知らない間に筆頭株主が変わる事態はよくないということから、改正がされました。

こういったことをする場合、会社から株主に「筆頭株主が変わりますよ」という連絡をします。

その連絡を受けて、**総株主の議決権の10分の1の株主が反対した場合、株主総会の普通決議が必要**になります。これは、**役員達だけで勝手に発行されないようにした**のです（この制度を「支配株主の異動」といいます）。

「**支配している株主が変わる→通知又は公告をする→10分の1の株主が反対→普通決議を経る**」このような手続を平成26年改正で作りました（支配している株主が変わるというのは、募集株式発行後50％を超える議決権を有する株主が登場する場合を指します）。

ただ、この普通決議を経なくていい場合があります。

👉**Point**

・財産の状況が著しく悪化
・事業の継続のため緊急の必要があるとき
→　株主総会決議は不要

緊急に投資を受けないと会社がつぶれてしまうというような場合、株主総会を開いている時間的な余裕がありません。この場合、株主総会普通決議無しで募集株式発行をしていいとしています。

問題を解いて確認しよう

1	総株主の議決権の10分の１以上の議決権を有する株主が、特定引受人に関する事項の通知又は公告の日から２週間以内に特定引受人による募集株式の引受けに反対する旨を当該募集株式の発行をする公開会社に対し通知した場合、当該株式会社は、財産の状況が著しく悪化し、事業の継続のため緊急の必要があるときであっても、株主総会の決議によって、当該特定引受人に対する募集株式の割当て又は当該特定引受人との間の総数引受契約の承認を受けなければならない。〔オリジナル〕	×
2	会社法上の公開会社が、株主に株式の割当てを受ける権利を与えないでする方法により募集株式の発行をする場合において、特定引受人に係る一定の事項の通知又は公告がされた後、総株主の議決権の10分の１以上の議決権を有する株主が、当該特定引受人による募集株式の引受けに反対する旨を当該株式会社に通知したときは、当該株式会社は、原則として、株主総会の特別決議によって、当該特定引受人に対する募集株式の割当て又は当該特定引受人との間の総数引受契約の承認を受けなければならない。〔オリジナル〕	×

ヒトコト解説

1　「財産の状況が著しく悪化」し、「事業の継続のために緊急の必要がある」場合には、株主総会の決議は不要になります。

2　株主総会の普通決議で足ります。

出資する内容によっては、**裁判所のチェックが入ります。**
それは、**現物出資をする場合**です。

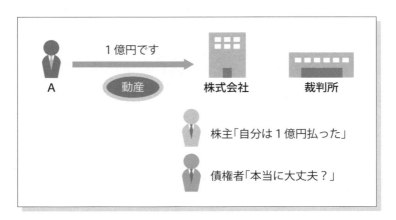

Aが動産で現物出資しようとしています。彼はこの動産に1億円の価値があると思っていましたが、現実には、1,000万円ぐらいの価値しかありません。

一方、会社はそれに全く気が付かずに、「1億円の価値があるね。じゃあ1億円分資本金を増加させて、1億円分の株式をAにあげるよ」と承認決議をしてしまったのです。

ここで、黙っていられない人がいます。他の株主と債権者です。

他の株主は「ちょっと待って。俺は現金で1億円払って1億円分の株式を手に入れたんだ。何であいつは実質1,000万円の動産で1億円分の株式をもらおうとしているんだ」と怒るでしょう。

また、債権者も「1億円分の資本金を計上して大丈夫なの。あの動産、そんなに価値がないよ」と心配します。

こういったことから、現物出資をする場合には、次のような手続をとることを要求しました。

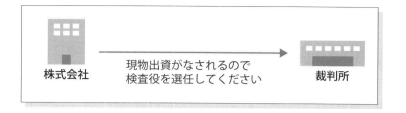

　会社は、裁判所に対し、「調べてくれる人を選んでくれ」と申立てをします（現物出資財産の価額を調べてくれる人を検査役といいます）。

　そして、検査役がこの現物出資財産を調べて、その後、裁判所にそれを報告します。裁判所はその報告を受けて、決定を下します。

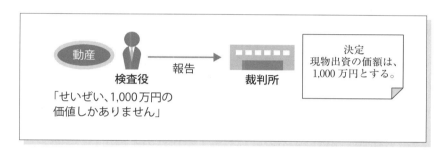

　裁判所が「これは1,000万円の価値しかないね」と決定したら、それで決まります。

　資本金は1,000万円しか計上されないし、また、株主Aは株式も1,000万円分しか手に入れることができなくなります。

　このように、**現物出資をする場合には、他の株主や債権者が不公平感を感じるので、裁判所にチェックしてもらいなさいとしている**のです。

　ここまでが原則論です。

　ただ、検査役を頼んでも時間がかかるため、今すぐ投資を受けたい会社にとってみれば、この制度は困ったものです。

　そこで、検査役の調査を省略できる場合を5つ作りました。

　この5つどれかに1つでも該当すれば、調査が要らなくなります（全部満たす

必要はありません。どれか1つをクリアすれば、検査役の調査を省略できます)。

 覚えましょう ・・・・・・・・・・・・・・・・・・・・・・・・・・・・・

　検査役の調査を省略できる場合①
　現物出資財産について定められた価額の総額が500万円を超えない
　場合

　1,000円の現物出資をする場合に検査役を呼ぶべきでしょうか。
　仮に価額が不当であっても、そんなに大きな痛手にはならないですよね。
　そこで、**少ない金額だったら痛手がないので、検査役の調査は要らないことに
しました**（ただ少ない金額という趣旨の割には、500万円までOKと、結構大き
な金額になっていますね)。

 覚えましょう ・・・・・・・・・・・・・・・・・・・・・・・・・・・・・

　検査役の調査を省略できる場合②
　現物出資財産を給付する者に割り当てる株式の総数が発行済株式の
　総数の10分の1を超えない場合

　例えば、発行済株式総数5,000万株あるような会社にとってみれば、100万株
くらい大したことありません。全体の2%程です。
　そういう会社のために、もう1つ基準があります。

　それが、発行済株式総数の基準です。割り当てる株式の総数が**発行済株式総数
の10分の1までだったら、その企業にとってみればたかが知れているので、検
査役を呼ばなくてもいいとしました。**

覚えましょう

検査役の調査を省略できる場合③
現物出資財産のうち、市場価格のある有価証券について定められた
価額が当該有価証券の市場価格の相場を超えない場合

　例えば、大手上場企業の株式を現物出資で出資するというような場合、**仮に検査役を呼んでも、市場の株価を見るだけになります**。それなら、検査役を選任する必要はないでしょう。

覚えましょう

検査役の調査を省略できる場合④
現物出資財産が株式会社に対する弁済期が到来している金銭債権で
あって、当該金銭債権について定められた価額が当該金銭債権に係
る負債の帳簿価額を超えない場合

　会社が債務を弁済できないため、株式で弁済することになりました。この結果、Aの債権が株式へと変わります。

　つまり、株式と債権の交換をしているのです（デットエクイティスワップといいます）。

　この金銭債権、1,000万円あるということは、ウラが取れているのです。会社は会計帳簿を付けていて、いくら借りているかということは全部帳簿に載っています。しかも、チェックが入るのである程度信用性があります。

　この**会計帳簿で、債権が1,000万円であることはウラが取れるので、検査役**

の調査は不要としています。

検査役の調査を省略できる場合⑤
現物出資財産について定められた価額が相当であることについて弁護士等の証明（現物出資財産が不動産である場合にあっては、当該証明及び不動産鑑定士の鑑定評価）を受けた場合

弁護士・公認会計士等から証明をもらえば、検査役の調査を省略できます。

これは奥の手です。今までの①から④全てに該当しないけど、何とか検査役の調査を省略したいという場合は、弁護士に証明してもらうのです（ちなみにこの弁護士が証明したにもかかわらず、それが虚偽だった場合は、弁護士は後で賠償責任を負います）。

検査役の調査が省略できる場合を下記にまとめました。下記の部分を意識して覚えてください。

> 検査役の調査を省略できる場合
> ①500万円
> ②発行済株式総数の10分の1
> ③市場価格のある有価証券
> ④株式会社に対して有する弁済期が到来している金銭債権
> ⑤弁護士等の証明

では、次の節に行きましょう。

□ 募集株式の引受人の給付した現物出資財産の価額がこれについて募集事項として定められた価額に著しく不足する場合には、当該価額の決定に関する取締役会に議案を提案した取締役は、会社に対し、その不足額を支払う義務を負う（213Ⅰ③・212Ⅰ②）。しかし、当該現物出資財産の価額について、裁判所が選任した検査役の調査を経たときは、その不足額を支払う義務を負わない（213Ⅱ①・207Ⅱ）。

★現物出資の現実の値段が、決議で決めた値段と乖離している場合は、値段の決議をした取締役などは責任を負います。ただ、裁判所から選ばれた検査役のチェックが入った場合には、免責を受けます（検査役がチェックしていれば大丈夫と信頼した役員を保護する趣旨です）。

第6節 出資の履行等

Point

募集株式の引受人は、払込期日まで又は払込期間内に、それぞれの募集株式の払込金額の全額を払い込まなければならない

→ 募集株式の払込金額の払込みは、会社が定めた銀行等の払込取扱場所においてしなければならない

　この払込みは締切までに払う必要があり、しかも全額を払うことが必要です（分割払いはできません）。

　もし、払込期日までに払わないと、株式を買う権利を失います（民法のようにラストチャンスの催告などの手続はなく、払わないと即アウトです）。

　また、**会社が指定した銀行等で払わなければいけません**（会社の本社に行って払うことはできません）。株式会社の場合、払った金額によって株式数が変わるため、**いくら支払ったのかを明確にすべきなので、銀行等で支払って、跡を残すようにしなさい**としました。

では、持分会社ではどうでしょう。

持分会社では、いくら払っても取得する権利は同じです。だから**持分会社の場合は、銀行等に払うことを要求していません。**

BがA社から株式を買うということになり、2,000万円の債務を負担しました。

実は、BはA社に対して2,000万円の債権を持っていました。ここで、Bが「お互いの債権を相殺したい」と主張しました。

この主張は通りません。

会社は資金調達のために、募集株式発行の手続をとっているのに、**相殺されると資金調達ができません。**こういった会社の利益保護のために、**Bからの一方的な意思表示での相殺は認めないことにしました。**

━━ 問題を解いて確認しよう ━━

1 募集株式の発行に際して、現物出資財産を出資の目的とする旨を定め　　○
た場合において、現物出資財産を給付した募集株式の引受人が複数で
あり、その全員に割り当てる株式の総数が発行済株式の総数の10分の
１を超えないときは、当該現物出資財産の価額について、検査役の調
査を省略することができる。〔オリジナル〕

2 募集株式の発行に際して、現物出資財産を出資の目的とする旨を定め　　○
た場合において、当該現物出資財産について定められた価額の総額が
500万円であるときは、検査役の調査を省略することができる。
〔オリジナル〕

3 募集株式の引受人は、出資の履行をする債務と会社に対する債権とを　　○
相殺することができない。
〔23-28-イ改題（3-37-2、5-32-イ、11-32-ウ）〕

4 会社設立後の募集株式の発行においては、払込期日又は期間内に払込み　　○
がない場合には、株式引受人は、当然に失権する。〔11-35-エ改題〕

 2周目はここまで押さえよう

　一定の会社が報酬についての定款又は株主総会の決議による定めに従い、
株式を引き受ける者の募集をするときは、払込みを要しないものとされた。

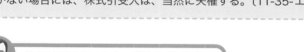

募集株式の発行（取締役の報酬）

株式

金融商品取引所に上場されている
株式を発行している株式会社

取締役・執行役
↓
金銭の払込み・財産の
給付を要しない

　近年、取締役の報酬にその会社の株式を与えることが多くの会社で行われ
ています。取締役としては、価値が上がっている自社の株式を手にいれるこ
とは経済的なメリットが大きく、また、取締役が株主になることによって、
株主の立場になって経営することが期待されているのです。
　ただ、今まで株式を報酬で与える場合の法制度がなかったため、今回、法
整備をしています。

具体的には、どのような会社でも認められるわけではなく、いわゆる上場している企業に限って認めます。**上場会社以外の株式会社の株式については、市場株価が存在しないため、妥当な金額を算定することが難しいためです。**

◆ 株主となる時期 ◆

	「払込期日」を定めた場合	「払込期間」を定めた場合	取締役の報酬等として株式の発行又は自己株式の処分をする場合
株主となる時期	払込期日	出資の履行をした日	割当日

　株主になる時期についても、改正が行われています。

　報酬として株式を受け取る場合には、払込みがないため、従来の「払込期日」「出資の履行をした日」に株主になるという条文が適用できません。

　改正法では、**募集事項で定めた割当日に株主になる**ことを規定しています。

第10章 株券・株主名簿

ここは、覚えるというより、イメージを持つこと、理解することが優先される分野です。
ただ、株券を発行する時期については正確な記憶が必要になるので、そこに注意して読み進めましょう。

　株式というのは、目に見えない権利、株券というのは紙です。

　この株券を株主に交付すると、株式と紙が合体します。株券というのは、紙の上に権利が載っているという状態の証券なのです。

◆ 株券の発行 ◆

原則	株券を発行しない（214）
例外	株券を発行するためには、定款でその旨を定めなければならない（214）

　株券自体は発行しないのが原則で、発行したければ定款に規定を設けることが必要です。

　この定め方に注意してください。

○	当会社の株式について、株券を発行する
✕	当会社のＡ種類株式についてのみ、株券を発行する（214括弧書）

　Ａ種類株式には株券を出すけれど、Ｂ種類株式には出さない、そんな定め方はできません。

　株券を発行すると決めた場合は、全ての種類で株券を出すことが要求されます。

覚えましょう

◆ 株券発行会社における株券の発行時期 ◆

原則	株式を発行した日以後遅滞なく、株券を発行することを要する（215Ⅰ）
例外	① 公開会社でない株券発行会社で、株主から請求がある時までは、株券を発行しないこととした場合（215Ⅳ） ② 株主が株券不所持の申出をした場合（217） ③ 単元未満株式に係る株券を発行しない旨を定款に定めた場合（189Ⅲ）

　株券を発行する旨の定めをおいた場合、**株式を発行したら、すぐに株券を発行するのが原則**です。ただ、例外的に出さなくていい場合がいくつかあります。

例外①について

　株券を何のために使うかというと、ほとんどが譲渡のときです。**譲渡以外に株券の使い道はありません。**

　公開会社でない会社は、株主が譲渡をしないので、株主からの請求があるまで出さなくていいよとしています。

例外②について

　株券を、「持ちたくない」と会社に言えます。

　株券は動産扱いとされています。そのため、**株券をなくして、誰かに拾われて売られたら、即時取得されてしまいます。**

　そこで、売る気がない人は、「自分は株券を持ちたくありません」と会社に主張します。

例外③について

単元未満の株式は売りづらいという話、覚えているでしょうか。売りづらいのであれば、株券を出さないっていう選択もありです。

以上が株券です。

株　主　名　簿

根本商事株式会社

住所	株主氏名又は名称	所有株数	株券番号	株式の種類	取得年月日
東京都千代田区丸の内○○○	三枝しょう商店	96,000		普通株式	2015年1月1日
埼玉県越谷市青柳○○○	佐々木ひろみ	34,000		剰余金配当優先株式	2024年3月1日
合計		130,000			

これは株主名簿で、株主の一覧表です。株主の名前だけでなく、持株数も載っています。

また、株券番号という欄があります。株券を出している場合に、その番号を記載する欄です。今回の例では、この部分が空欄になっています。つまり、株券を出してないのです。

このように、**株券を現実に出しているかどうかは、株主名簿で分かります**（商業登記の添付書類で出てきますので、意識しておいてください）。

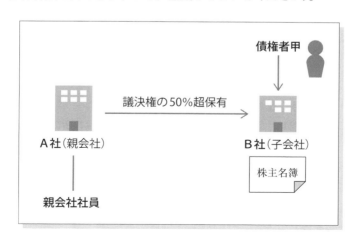

Ｂ社の株主名簿を誰が見ることができるのでしょうか。

　Ｂ社の株主はもちろん見ることができます。自分の分だけではなく、他人の分まで見ることができます。他の株主がどれだけ株式数を持っているのか、株主総会の前に見ておきたいのでしょう。

　また、**会社の債権者も株主名簿を見ることができます**。株主の構成によっては、この会社がこの後どうなるかわかりません（一般投資家だけなのか、投資会社ばかりが投資しているのかによって、会社の運命も変わってきます）。そのため、債権者も、今の株主名簿を見たいのです。

　親会社の下を見てください。親会社の社員、つまり親会社に投資した人です（社員というのは従業員という意味ではなく、親会社に投資した人です）。この方も見ることができるのです。

　ただ、親会社社員がどのような理由で見るのでしょう。

　この**親会社社員が見るときだけは、権利の濫用ではないか、裁判所の許可を要件にしています**。

裁判所 — 株主名簿を見ていいですよ。

　他の株主や債権者は許可なしで見られます。でも親会社社員だけは、許可がなければ、見られないのです。

> 閲覧できるヒト
> 株主・債権者・親会社社員
> ただし、親会社社員が閲覧するときは、裁判所の許可が要る

　会社法には、株主名簿以外にも、書類を閲覧するという制度が数多くあります。
　そして、上記の記載は、閲覧する制度の多くで採用されています。ぜひ早い段階で覚えておきましょう。

> 株式会社は、株主名簿をその本店に備え置かなければならない。
> なお、株主名簿管理人（123）を置いたときは、その営業所に備え置かなければならない（125）。

株主名簿は、会社の本店所在地に置いておく必要があります。名義書換えも本店所在地に行ってします。

ただ、上場している企業が、会社の本店所在地に株主名簿を置いておくと、名義書換えだけで、本店の機能が破たんしかねません……。

そこで、管理関係のノウハウを持っている信託会社等に頼むのです。信託会社等に頼み、そこに株主名簿を置いておくことができます。**株主名簿を本店に置かず、その信託会社に置いておく、この選ばれた信託会社のことを株主名簿管理人といいます。**

この場合は、株主名簿管理人のところに行って名義書換えをすることになります。

> **定款**
> 第20条　当会社の事業年度は、毎年4月1日
> 　　　　から翌年3月31日までとする。

事業年度というのは、その会社の1年だと思ってください。会社は1年をいつからいつまでにすることを決められます（4月1日から3月31日までを1年にするケースが多いですね）。

○○年3月31日　ここで、この会社の1年はおしまいになり、翌日から、新しい年度が始まります（この○○年3月31日、ここを事業年度末日と呼んだり、決算日と呼んだりします）。

　この日に会計帳簿を閉じて、その後に開かれる定時株主総会（1年に1回必ず開く総会です）、そこで、1年間の活動を報告します。
　「今年はこれだけ売上が上がりました。配当はこれくらいです」という感じで報告をするのです。

　決算セールって言葉を聞いたことがありませんか。あれは、3月31日までに何とか売上を伸ばして数字を上げたい、そういった商売手法です。

　上場企業の場合、この**3月31日を基準日**にしておくことが多いです。
　定時株主総会、これは大体6月末までに開くのですが、そのときの株主が予測できないので、3月31日に株主名簿に載っている人を株主総会に呼ぶことにしています。
　ただ、この株主名簿に載っている株主に知らせる必要があります。

　このような公告が必要になります。定時株主総会は1年に1回行うため、この新聞公告を、毎年やるのは、経費がかさんでしまいます。
　そこで、下のような定款規定を作っておきます。これにより、**毎年の公告が不要**になります。

```
                    定款

（基準日）
第18条　当会社は、毎事業年度末日の最終の
　　　株主名簿に記載又は記録された議決権を有
　　　する株主をもって、その事業年度に関する
　　　定時株主総会において権利を行使すること
　　　ができる株主とする。
```

基準日を定めた場合の手続		基準日の２週間前までに、当該基準日及び基準日株主が行使することができる権利の内容を公告しなければならない ※定款に基準日及び基準日株主が行使することができる権利を定めた場合は、公告は不要。
基準日後に株式を取得した者の取扱い	原則	基準日株主が行使することができる権利を行使することができない
	例外	基準日株主が行使することができる権利が株主総会又は種類株主総会における議決権である場合には、株式会社は、当該基準日後に株式を取得した者の全部又は一部を当該権利を行使することができる者と定めることができる

　もし、３月31日を基準日と設定した会社が５月１日に募集株式の発行し、新たな株主が生まれた場合、その株主は、次の定時株主総会に呼ばれますか。

　呼ばれないですよね。３月31日に、株主名簿に載っている人が呼ばれるため、この５月１日の人は呼ばれません。

　これは誰のための規定ですか。**世のため人のためではなく、会社の事務処理の便宜**です。それなら、**会社がOKを出せば、議決権を行使させてもいい**ですよね。

　このように、基準日以後の株主は、基本的に権利行使ができませんが、会社がOKを出している場合は、この株主は、権利行使することが認められます。

1	会社法上の公開会社でない株式会社及び公開会社ともに、株券を発行する旨の定款の定めがある場合であっても、株主の請求があるまでは、株券を発行することを要しない。〔17-34-ア改題〕	×
2	会社法上の公開会社である株券発行会社は、株式を発行した日以後遅滞なく、当該株式に係る株券を発行しなければならない。〔オリジナル〕	○
3	株式の併合をした会社法上の公開会社でない株券発行会社は、当該株券発行会社の株主から請求がある時までは、当該株式の併合をした株式に係る株券を発行しないことができる。〔オリジナル〕	○
4	株式会社は、定款で株主名簿管理人を定め、株主名簿に関する事務を行うことを委託することができる。〔23-28-エ改題〕	○
5	株式会社の親会社社員は、その権利を行使するために必要があるときは、裁判所の許可を得ることなく、当該株式会社の株主名簿について、閲覧又は謄写の請求をすることができる。〔オリジナル〕	×
6	株式会社は、基準日を定めて、当該基準日において株主名簿に記載されている株主を株主総会における議決権を行使することができる者と定めた場合であっても、当該基準日後に募集株式を発行したときは、当該基準日後にその株式を取得した者の全部を当該議決権を行使することができる者と定めることができる。〔27-28-イ〕	○

╭─ ×肢のヒトコト解説 ─╮

1 公開会社では、遅滞なく株券を発行する必要があります。

5 親会社社員が閲覧又は謄写の請求をするときは、裁判所の許可が必要です。

これで到達！ 合格ゾーン

☐ 株券の交付を受けた者は、悪意又は重大な過失があるときを除き、当該株券に係る株式についての権利を取得する（131Ⅱ）。〔令4-28-エ〕

★株主でない者から、株式の交付を受けた者は、民法の即時取得の適用を受けることがあり得ます。株券には、株式という権利が載っているため、それを取得できるのです（民法と違って、主観的要件が悪意又は重過失になっていることに注意してください）。

第11章 発行可能株式総数

ここで重要なのは、４倍ルールというものです。
これがどういうルールで、どういうときに課せられる
規制なのかをしっかりと覚えましょう（理解で止める
のではなく、４倍ルールが課せられる場面４つは覚え
ることをお勧めします）。

　発行可能株式総数というのは発行できる株式のＭＡＸの数です。発行可能株式
総数をオーバーして発行すると刑事罰を受けます（966）。

　「それならこの発行可能株式総数なくしたいなぁ」と考えるかもしれませんが、
会社法は、**株式会社は定款を変更して発行可能株式総数についての定めを廃止す
ることを禁じています**（113Ⅰ）。

　廃止することは禁じられていますが、一度決めた発行可能株式総数を増加する
こと、又は減少することはできます。

　減少する場合、変更後の発行可能株式総数は、当該定款の変更が効力を生じた
ときにおける発行済株式の総数を下ることはできません（113Ⅱ）。**今の発行済
株式総数より発行可能株式総数を減らしたらまずいだろうということです。**

　公開会社が、増加するときのルールが重要です。いわゆる４倍ルールという問
題です。

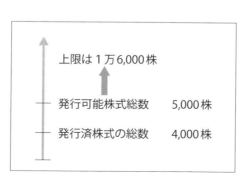

「発行可能株式総数　−　発行済株式総数」は1,000株です。この会社が公開会社の場合、1,000株は、役員たちで発行できます（裏を返せば、株主は、役員の手によって、持株比率を下げられるということを意味しています）。

発行可能株式総数
を増やそう。

株式会社

将来の持株比率が落ちてしまう。
むやみやたらに増やさないで！！

株主

今回、公開会社が発行可能株式総数を増やそうとしているとしましょう。

「発行可能株式総数を増やす→持株比率が下げられる危険＝役員によって勝手に持株比率を下げられる危険」が生じます。それを防ぐために発行可能株式総数に制限をかけました。

今の発行済株式総数の4倍まで、発行可能株式総数はそこまでしか増やせないという縛りをかけたのです。

今の発行済株式総数が4,000株の場合、4,000株×4で、発行可能株式総数は1万6,000株までしか増やせません。

このように、**「公開会社→役員が勝手に発行できる→歯止めをかけたい」**というところから作った制度が、**この4倍ルール**です。

この4倍ルール、どういうときに要求されるかを見ていきます。

 覚えましょう

4倍ルールが適用される場面①
公開会社が定款を変更して、発行可能株式総数を増やす場合（113Ⅲ①）

非公開会社の場合、募集株式の発行決議は株主総会の特別決議で行います。つまり役員たちの一存では決められないため、発行可能株式総数は歯止めをかける必要はありません。

非公開会社であれば、発行済株式総数が4,000株だけど、発行可能株式総数を5万株とすることも可能です。

覚えましょう・・・・・・・・・・・・・・・・・・・・・・・・・・・・・・・

4倍ルールが適用される場面②
公開会社でない株式会社が定款を変更して公開会社となる場合（113
Ⅲ②）

例えば、非公開会社で発行可能株式総数が5万株、発行済株式総数が4,000株という状態は、問題ありません。

ただこの会社が、この後、公開会社になった場合はどうでしょう（譲渡制限を廃止することによって、公開会社にできます）。この場合は、**公開会社なのに4倍を超えている状態になってしまいます。**

そのため、公開会社になるタイミングで発行可能株式総数を減らす、又は発行済株式総数を増やすことが必要になります。

覚えましょう・・・・・・・・・・・・・・・・・・・・・・・・・・・・・・・

4倍ルールが適用される場面③
株式併合の場面（180Ⅲ）

発行済株式総数が4,000株の会社が、4株を1株にするという株式の併合をすると、発行済株式総数は1,000株になります。ここでも4倍ルールの規制にかかります。

そのため、この場合、**株式併合のときに発行可能株式総数を変更する決議をして、発行可能株式総数を発行済株式総数の4倍以内におさめる必要があります。**

覚えましょう

4倍ルールが適用される場面④
設立の場面（37Ⅲ）

発行可能株式総数が1万株の公開会社を設立しようとする場合、設立の段階で少なくとも2,500株を発行する必要があります。

問題を解いて確認しよう

1	会社法上の公開会社でない株式会社が定款を変更して発行可能株式総数を増加する場合、変更後の発行可能株式総数は、当該定款の変更が効力を生じた時における発行済株式の総数の4倍を超えることができない。〔オリジナル〕	×
2	会社法上の公開会社でない株式会社が定款を変更して、会社法上の公開会社となる場合、当該定款の変更後の発行可能株式総数は、当該定款の変更が効力を生じた時における発行済株式の総数の4倍を超えることができる。〔オリジナル〕	×
3	株式会社は、定款を変更して発行可能株式総数についての定めを廃止することはできない。〔オリジナル〕	○

2周目はここまで押さえよう

◆ 発行可能株式総数に関する規制 ◆

	内容	可否
発行可能株式総数	① 発行可能株式総数を減少するときに、発行可能株式総数が発行済株式の総数を下回ること	✕（113Ⅱ）
	② 発行可能株式総数についての定めを廃止すること	✕（113Ⅰ）
発行可能種類株式総数	③ 発行可能種類株式総数を減少するときに、変更後の当該種類の株式の発行可能種類株式総数が当該種類の発行済株式の総数を下回ること	✕（114Ⅰ）
	④ 各種類の株式の発行可能種類株式総数の合計数が、発行可能株式総数を超えること	○
	⑤ 各種類の株式の発行可能種類株式総数の合計数が、発行可能株式総数を下回ること	○

　たとえば、発行済株式総数1000株の状態で、発行可能株式総数を300株にすることは認められません（上記の①）。

　また、発行可能株式総数をオーバーする株式発行をすると、刑事罰に課せられることを嫌って、会社が発行可能株式総数を廃止するという決議をしても、それも無効です（上記の②）。

　ちなみに、発行可能株式総数と似た概念に発行可能「種類」株式総数があります。A種類の発行可能株式総数、B種類の発行可能株式総数と思えばいいでしょう。これも発行可能株式総数と同じようなルールの制約がかかっています。

　ただ、注意するのは発行可能株式総数と発行可能種類株式総数の関係がルール化されていない点です。そのため、発行可能種類株式総数の合計が（A種類・B種類の合計）、発行可能株式総数と一致する必要はない（上回っても、下回ってもいい）のです（上記の③④⑤）。

☑ 1 株式会社は、定款を変更して発行可能株式総数についての　　○
　　定めを廃止することはできない。〔オリジナル〕

　2 A種類株式とB種類株式の2種類の種類株式を発行する旨　　○
　　を定めている株式会社が現にA種類株式を4万株発行して
　　いる場合において、A種類株式の発行可能種類株式総数を
　　6万株から3万株に減少させる旨の定款の変更をすること
　　はできない。〔18-30-ア〕

第12章 株式の共有

株式の共有という話です。ほとんどは株式を持っている者が死亡して、相続が起きた場面で問題になります。理解中心の学習で、問題は解けるところです。

X 100株 ──相続──→ A B

Xが死亡して、AとBが相続しました。

この場合100株が50株ずつABに行くというわけではありません。100株をAとBで共同所有する状態になります。

しかもこの共同所有する状態ですが、「**ABのうち、Aが権利を使います」ということを会社に連絡しないとABは権利行使ができません**（ちなみに、誰に定めるかは、いわゆる管理行為にあたるので、持分の過半数で決めることになります）。

これは会社の便宜のための規定です。**今までは、X1人だけを相手にしていればよかったのに、相続人が増えたら増えた分だけ相手しなければならないとなれば、会社は面倒**です。

そこで、誰か1人を選んで、その人だけに対応することにしたのです。

そして、権利を行使する者と定められた者は、単独で議決権を行使することができます。この「単独で」というのは「その人の独断で」と思って結構です。

株主総会の決議について、他の共有者の意見を聞いて決めるのではなく、自分の独断で議決権行使ができるのです（株主総会の議案ごとに、他の共有者全員から話を聞いていたらキリがありませんよね）。

1	共同相続人が株式を相続により共有するに至った場合において、共同相続人は、その全員の同意がなければ、当該株式についての権利を行使する者を定めることができない。〔26-28-ア〕	×
2	共同相続人が株式を相続により共有するに至った場合において、共同相続人が当該株式についての権利を行使する者一人を定め、その者の氏名を会社に通知したときは、その者は、ある事項について共同相続人の間に意見の相違があっても、自己の判断に基づき、株主総会において議決権を行使することができる。〔26-28-イ〕	○
3	共同相続人が株式を相続により共有するに至った場合において、共同相続人が当該株式についての権利を行使する者を定めていない場合において、共同相続人全員が株主総会における議決権を共同して行使するときは、会社の側からその議決権の行使を認めることができる。〔26-28-エ〕	○

×肢のヒトコト解説

1 管理行為にあたるため、過半数の同意で足ります。

これで到達! 合格ゾーン

共同相続人が準共有株主としての地位に基づいて株主総会の決議不存在確認の訴えを提起する場合、権利行使者としての指定を受けてその旨を会社に通知していないときは、特段の事情がない限り、原告適格を有しない（最判平2.12.4)。〔26-28-ウ〕

★会社に対し権利行使をする者を伝えていないため、訴訟でも権利行使することができないのです。

第13章 株式買取請求

この章は、会社法全般を学習してからでないと理解が全く進みません。
初学者の方は、この章を飛ばして進めてください。

Point

重大な決議
→ 反対する → でも可決される → 株式買取請求で保護

例えば、株式の譲渡制限の設定決議が行われたとします。

ある株主は、株式譲渡で儲けようと思っていたので、反対をしたのですが、賛成多数で可決されてしまいました。

この株主は、譲渡制限をしぶしぶ受け入れるしか方法はないのでしょうか。

もうやってられない、
自分の株式を買い取ってください。

株主

実は、この場合、上記のような株式買取請求をすることができます（株式を返し、金銭を要求するのです）。

ただ、どんな決議に対しても、この権利が行使できるわけではありません。

次のまとめを見てください。

◆ 株式買取請求をすることができる場合 ◆

①発行する全部の株式の内容として譲渡制限規定を設ける定款の変更をする場合
②ある種類の株式の内容として譲渡制限規定又は全部取得条項付種類株式に関する定めを設ける定款の変更をする場合
③株式会社が次に掲げる行為をする場合において、ある種類の株式を有する種類株主に損害を及ぼすおそれがあるとき
　i　株式の併合又は株式の分割
　ii　株式無償割当て
　iii　単元株式数についての定款の変更
　iv　募集株式発行（株主割当）
　v　募集新株予約権の発行（株主割当）
　vi　新株予約権無償割当て
④株式の併合をすることにより株式の数に1株に満たない端数が生ずる場合

⑤事業譲渡等をする場合
⑥吸収合併等（吸収合併・吸収分割・株式交換）をする場合
⑦新設合併等（新設合併・新設分割・株式移転）をする場合
⑧株式交付をする場合

　上記に株式買取請求ができる場合をまとめています。今後の学習で株式買取請求ができる、という記載をみたら、こちらに戻って確認をしてください。

　すべての決議で株式買取請求ができるわけではなく、重大な決議に限定しています。
　例えば、**全部取得条項を設定する決議に反対した場合は買取請求はできますが、全部取得条項で取得する決議に反対しても買取請求はできません。**

　また、事業譲渡や、企業再編に反対した場合は買取請求はできますが、
　資本減少決議に反対しても、買取請求はできません（会社の財政が危険なときに、買取請求をさせるのは酷、と考えましょう）。

　他にも、全部取得条項を設定する決議に反対した場合は買取請求はできますが、
取得条項を設定する決議に反対してもできません。これは、取得条項が全員の賛成を要件にしているため、「反対　→　可決」という要件を満たさないためです。

　上記の③を見てください。

A種類だけ株式分割
→　B種類が損害を受ける恐れがある
→　B種類の種類総会決議が必要
→　ただ、定款で排除することができる
→　定款で排除されていた場合は、買取請求ができる

　これは、募集株式発行の部分で説明していた部分の延長です（募集株式発行において種類株主総会決議が必要とされる場合、という部分で説明しています）。

　株式の分割をすることによって、ある種類が損害を受ける恐れがあるときは、種類総会決議が要求され、そこで種類株主は保護されます。
　ただ、上の図のように、定款で種類総会決議をしないことを定めることができます。
　その場合、

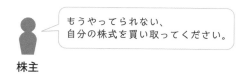

　買取請求をすることができます。買取請求という形で、株主を保護しようとしているのです。
　損害を受ける恐れだけでは買取請求はできず、**定款規定があるときに初めて、買取請求ができる**点に注意してください。

	原則	例外
買取請求できる株主	①当該株主総会に先立って当該行為に反対する旨を当該株式会社に通知し、かつ当該株主総会において反対した株主 ②当該株主総会において議決権を行使することができない株主	株主総会決議を要しない場合 →すべての株主
株式買取請求権の行使できる時期	効力発生日の20日前の日から効力発生日の前日までの間	新設合併消滅会社等 →通知又は公告をした日から20日以内
買取請求の効力発生時	効力発生日	新設合併消滅会社等 →設立会社の成立の日

買取請求をするには、基本「**事前に反対の意思を伝え、決議当日も反対の意思を示す**」ことが必要です（ただ、議決権がない株主は反対の意思を表明できないので、この要件はかかりません）。

ただ、略式手続などで決議をしない場合には、反対せずとも買取請求することが可能です。

そして、**買取請求はその手続の効力発生日に効力が生じます**。例えば、株式分割が3月20日に効力が生じるのであれば、その株式分割に反対して買取請求した株主の株式は3月20日に買い取られたことになります。

そのため、**効力発生日の前に買取請求をする必要があります**（20日という日数は覚えましょう）。

ただ、設立型の企業再編は、登記が入って効力が生じるので、起算点が「通知又は公告をした日から」と変わってきます。

1 種類株式発行会社が全部取得条項付種類株式の全部を取得する場合、反対株主は、株式買取請求をすることができない。〔オリジナル〕　○

2 株式会社が株式の分割をする場合において、株式買取請求をすることが認められるときがある。〔20-31-ウ〕　○

3 ある種類の株式の種類株主に損害を及ぼすおそれがあるときであっても、当該種類の株式の種類株主を構成員とする種類株主総会の決議を要しない旨の定款の定めがある種類株式発行会社が株式無償割当てをする場合において、ある種類の株式を有する種類株主に損害を及ぼすおそれがあるときは、反対株主は、株式会社に対し、自己の有する当該種類の株式を公正な価格で買い取ることを請求することができる。〔オリジナル〕　○

4 株式会社が、発行する全部の株式の内容として譲渡による当該株式の取得について当該株式会社の承認を要する旨の定めを設ける定款の変更をする場合、当該定款の変更に係る株主総会に先立って、当該定款の変更に反対する旨を当該株式会社に対し通知しなくても、当該株主総会において当該定款の変更に反対した株主は、当該株式会社に対し、自己の有する株式を公正価格で買い取ることを請求することができる。〔オリジナル〕　×

5 種類株式発行会社が、ある種類の株式の内容として、株式の譲渡制限に関する定めを設ける定款の変更をする場合、当該定款変更を決議する株主総会において議決権を行使することができない株主であっても、株式会社に対し、自己の有する株式を公正な価格で買い取ることを請求することができる。〔オリジナル〕　○

6 吸収合併消滅株式会社が吸収合併存続株式会社の特別支配会社であって、略式手続による吸収合併をする場合には、吸収合併存続株式会社の反対株主は、吸収合併存続株式会社に対し、自己の有する株式を公正な価格で買い取ることを請求することができない。〔オリジナル〕　×

7 株式買取請求をすることができる期間は、会社法上、14日間の場合と20日間の場合とがある。〔20-31-ア〕　×

8 株式買取請求に係る株式の買取りは、合併の消滅会社、株式交換完全子会社及び株式移転完全子会社の株主による株式買取請求の場合を除き、当該株式の代金の支払の時に、その効力を生ずる。〔20-31-オ〕　×

9 吸収合併存続株式会社が吸収合併消滅株式会社の特別支配会社である場合であっても、吸収合併消滅株式会社の反対株主は、吸収合併消滅株式会社に対し、自己の有する株式を公正な価格で買い取ることを請求することができる。〔30-34-イ〕　○

10 譲受会社が譲渡会社の特別支配株主であるいわゆる略式事業譲渡をする場合には、譲渡会社の株主は、当該譲渡会社に対し、自己の有する株式を公正な価格で買い取ることを請求することができない。 ✕

〔24-32-エ〕

---

4 事前に反対の意思を示す必要があります。

6 決議を行いませんが、買取請求をすることが可能です。

7 20日しかありません。

8 効力発生日に効力が生じます。

10 略式手続により、そもそも決議が省略される場合、株主は買取請求をすることができます（買取請求が、その株主の反対の意思表示になります）。

これで到達！　　　　合格ゾーン

株式会社が事業の重要な一部の譲渡により譲り渡す資産の帳簿価額が、当該株式会社の総資産額として法務省令で定める方法により算出される額の5分の1を超えない場合には、当該事業譲渡は、469条1項に規定する事業譲渡等には含まれないため（467Ⅰ参照）、株主は株式買取請求権を有しない。

〔21-33-エ〕

★そもそも事業の重要な「一部の」譲渡行為は、法律が規制している事業譲渡ではないため、株式買取請求権の保護も与えられていません。

株主総会において当該事業譲渡の承認と同時に会社の解散が決議されたときは、当該事業譲渡に反対した株主は、当該株式会社に対し、自己の有する株式を買い取ることを請求することはできない（469Ⅰ①・467Ⅰ①・471③）。

〔令3-32-ア〕

★解散後、株主は残余財産分配までは金銭等は受け取れません。そのため、事業譲渡という株式買取請求ができる事由があったとしても、解散している場合は、買取請求することはできません。

第3編 新株予約権

新株予約権とは、株式が買えるチケットのことです。

チケットを手にいれる場面、チケットを使う場面がメインテーマになっています。

～上手に活用すれば、とても便利で有効な手法です～

第1章 意義

まずは新株予約権という権利の全体像を見ていきます。
どういったことができる権利なのか、
なぜこういった権利を発行するのかを押さえていきましょう。

```
甲株式会社 ───────────────────────→ A
        ①甲株式会社がAに新株予約権を発行する
          →　Aは新株予約権者
        ←───────────────────────
        ②Aが甲株式会社に新株予約権を行使する
        ───────────────────────→
        ③甲株式会社がAに株式を発行又は移転する
          →　Aは株主
```

図①Aに新株予約権（株式を買えるチケット）を渡しています。このチケット、今回は「5万円払えば1株買えるよ」という内容としておきましょう（ちなみに、チケットをもらったAは、新株予約権者と呼ばれます）。

そのあと、5万円を払ってチケットを使いました（これが図②です）。

すると甲株式会社からAに株式を発行または移転して、Aが株主になります（図③）。ここでは、新規に株式を発行して渡してもいいし、自己株（金庫株）を金庫から持ち出して渡すことでも構いません。

これが新株予約権の流れです。

図①のチケットを発行する場面ですが、このチケットの発行自体、お金を払ってチケットを買うこともあれば、タダでチケットをもらえるという場合もあります。ちなみに、図②では原則としてお金を払います。

①～③のどこかのタイミングで資本金が増えます。

それは、②③の時点です。

資本金が増える要件というのは、お金が入ってきて、株式を発行することです。**だから③で自己株式を渡すのではなく、株式を発行すれば、要件をクリア**します。

一方、①で新株予約権を発行する場面はいくらお金が入ってきても、資本金は増えません（**株式を発行しているわけではない**からです）。

では、次にこの新株予約権がどのように使われるのかを説明します。

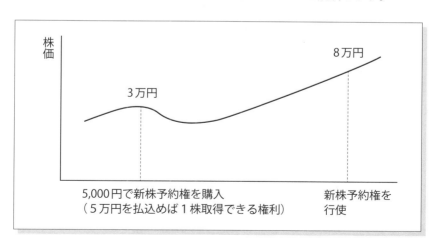

株価が3万円の時に、チケットを5,000円で買っています。このチケットは、

5万円払えば1株取得できるという内容でした。

このあと、株価がぐんぐん伸びて8万円になりました。

ここで新株予約権を使うと、今の株価が8万円であっても定められた内容通り、5万円払えば、1株取得できます。すると、5万5,000円払って今8万円の株価の株を手に入れたことになります。

このように、**新株予約権は、うまくいけば結構儲かる金融商品として利用され**ています。

ストックオプション

権利内容

①**新株予約権を取締役に無償で付与する**

②**1株につき7,000円の払込みをして新株予約権を行使することができる**

→ストックオプション行使時に株価が1株1万5,000円であれば、7,000円を払い込むことにより、時価1万5,000円の株式を購入できることになる

まさに、馬の鼻先にぶら下げる「ニンジン」です。

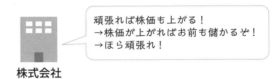

頑張れば株価も上がる！
→株価が上がればお前も儲かるぞ！
→ほら頑張れ！

株式会社

新株予約権の仕組みを使って、役員や従業員を頑張らせようとしているのです。こういったときの新株予約権を、俗にストックオプションと呼びます。

新株予約権という権利は、原則売ることができます。

では、このストックオプションの状態で、取締役に与えたチケットが売られていいと思いますか。

新株予約権は、取締役が持っているからこそ、「頑張れば株価が上がる→だから俺頑張ろう」となりますが、売られたら意味がありません。だからこの**ストックオプションの場合は、譲渡ができないように、譲渡制限を付けるのです。**

また、もしこの取締役が辞めた場合はどうでしょう。**辞めてしまえばもう頑張ってもらっても意味がないですよね**（というか、何を頑張るのでしょう）。

　取締役が辞めたら、会社はストックオプションで渡した新株予約権を回収したくなるわけです。そのため、**新株予約権に取得条項を付けて、これを巻き上げるということも認めている**のです。

　このように、新株予約権は金融商品という役割とストックオプション（従業員・役員を頑張らせるためのニンジン）として使われています。

第2章 新株予約権の発行・行使

出題のメインに行きます。会社法では特に新株予約権
の発行が多く出題されています（商業登記法では新株
予約権の行使が多く出題されています）。
募集株式発行と似ているところ、違うところを意識し
ながら読むようにしてください。

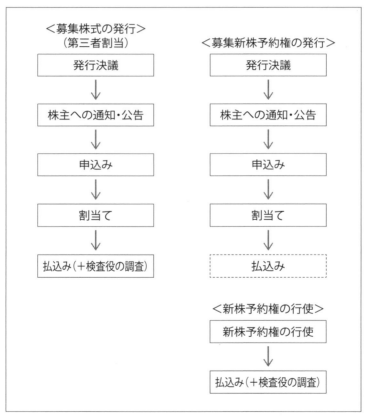

新株予約権を発行する場面と使う場面を見ていきます。図の左側が募集株式の
発行で、右側が新株予約権の発行と、新株予約権の行使です。

　募集株式の発行と新株予約権の発行を見比べると、違いが2点あります。

　1つは、払込みです。金融商品の場合は払込みを要しますが、ストックオプションの場合はタダで配ることが多いです。だから、払込み自体無いことがあります。

　もう1つ、払込みのところに、検査役の調査がありません。

> 検査役の調査が入るかの目安
> →　資本金が増加するか、で考える

　資本金が増える場合、検査役がやってきてチェックする、資本金が増えない場合はチェックをしない、と押さえておきましょう。

　募集株式の発行では、資本金が増えるので検査役のチェックが入りますが、**新株予約権の発行では、資本金が増えません**ので、チェックが入ってきません。

　ただ、**新株予約権の行使があれば、資本金が増えます**。もし、行使のときに現物出資がされていれば、検査役のチェックが入ります。

Point

募集新株予約権の発行

→　割当てのときに、効力が発生する

　新株予約権の発行の部分の**「割当て」の横に効力発生**と書いておいてください。募集株式の発行では、払込期日に効力が発生しますが、一方、新株予約権の発行は、払込みがない場合もあります。そのため、「割当て」のところで新株予約権が発生するのです。

Point

・新株予約権は譲渡ができる

・新株予約権の譲渡を制限できる

ちなみに、**新株予約権は譲渡する**こともできます。

　せっかく手に入れた新株予約権というチケットも、行使できなければ勿体ないところです。

　例えば、行使するための資金がたまらない方は、**新株予約権を譲渡することができる**のです。

　ただ、ストックオプションとして新株予約権を発行したのに、それが従業員以外に譲渡されたら、どうでしょう。

　従業員以外の方が、ストックオプションを持つことになり、意味がありませんね。

　こういったことを防ぎたい場合は、**新株予約権に譲渡制限を設定**しておけばいいのです。

　では、新株予約権の発行手続を細かく見ていきましょう。

　冒頭が発行決議です。ここでは、何を決める・どこが決める、この2つが論点になります。

　まずは何を決めるのかを見ましょう。ここでは、次の発行決議の議事録を使いながら説明します。

第2号議案　募集新株予約権の発行に関する件

議長は、第1回新株予約権を発行し、下記のとおり募集事項を定めたい旨を述べ、その可否を議場に諮ったところ、満場異議なく承認可決した。

記

（1）新株予約権の数

　　　20個

（2）新株予約権の目的たる株式の種類及び数又はその算定方法

　　　A種類株式　400株

（3）募集新株予約権の払込金額

　　　金2,000円

（4）新株予約権の行使に際して出資される財産の価額又はその算定方法

　　　金8,000円

（5）金銭以外の財産を各新株予約権の行使に際して出資する旨並びに内容及び価額

　　　証券取引所に上場されている有価証券であって、当該証券取引所の開設する市場における当該新株予約権の行使の前日の最終価格により算定して金8,000円相当するもの

（6）新株予約権の行使により株式を発行する場合における増加する資本金及び資本準備金に関する事項

　　　払込みに係る額の2分の1に当たる額は、資本準備金として計上する。

（7）譲渡による新株予約権の取得について会社の承認を要する旨

　　　新株予約権を譲渡により取得するには、株主総会の承認を要する。

（8）新株予約権の取得に関する事項

　　　当社が必要と認めたときは、取締役会または執行役が別途定める日に、当社は募集新株予約権を無償にて取得することができるものとする。

（9）新株予約権を行使することができる期間

　　　令和7年4月1日から令和12年3月31日まで

（10）割当日

　　　令和6年6月20日

（11）払込期日

　　　令和6年6月15日

（1）予約権の数は1個2個と数えます。

（2）「**目的たる株式：行使したらもらえる株式**」と覚えてください。

　このケースは新株予約権を20個使ったら、A種類株式を400株与えますよとしています（1個使ったら20株あげることになります）。

（3）これは、チケットをいくらで売るのかということです。今回は金融商品としての新株予約権のようです。

（4）ポイントは、「行使に際して」という言葉です。使うときにいくら払うのかという部分を決めています（結局チケットを買うときに2,000円払い、使うときには8,000円払うから、トータルで1万円払うことになります）。

（5）これも「行使に際して」という言葉がポイントです。行使のときに現物出資をする場合、それは発行の決議で決めておきます。

（6）**行使したときに資本金をどれだけ増やすのかということを決めておきます**（商業登記法で重要な箇所です）。

（7）これは発行決議の段階で付けられます。

（8）これが取得条項です。今回は取得条項のパターンとして取得日を決めるというパターンを選んでいるようです。

（9）これがチケットの使用期限です。

（10）この**割当日が、効力発生日**です。この日に新株予約権をもらいます。

（11）これが払込みの締切です。ただ、この払込みの締切自体は、決めなくても構いません。有償の場合でも決めなくても構いません。

　ちなみに決めなかった場合には、令和7年3月31日までに払う必要があります。行使期間の初日が令和7年4月1日、その前日の3月31日が払込みの締切となるのです。

　ここまでが、何を決めるかで、次は、どこが決めるか、という話に移ります。

　基本的にどこが決めるかは、募集株式の発行と同じです。違うところは、種類株主総会が必要な場面です。

　第三者割当で種類株主総会が必要な場面は、募集株式の発行と違います。

 覚えましょう

株主割当以外で種類株主総会決議が必要な場合	
募集株式の発行	募集新株予約権の発行
募集株式が譲渡制限株式である場合（199Ⅳ・200Ⅳ・324Ⅱ②）	募集新株予約権の目的である株式の種類の全部又は一部が譲渡制限株式であるとき（238Ⅳ・324Ⅱ③）

A種類株式（譲渡制限）	B種類株式

　A種類とB種類の株式があり、A種類株式には譲渡制限が付いていて、B種類株式には付いていません。

　ここで、会社は4パターンの新株予約権を考えているようです。

　パターン①新株予約権に譲渡制限が付いていて、使ったらA種類株式がもらえる。

　パターン②新株予約権に譲渡制限が付いていて、使ったらB種類株式がもらえる。

　パターン③新株予約権に譲渡制限が付いてなくて、使ったらA種類株式がもらえる。

　パターン④新株予約権に譲渡制限が付いてなくて、使ったらB種類株式がもらえる。

　ここで必要な種類株主総会の決議とは、いわゆる閉鎖的な村の話です。「村に別の人がやってくる。今の村人のOKがなければできないよ。」という話の種類株主総会の決議が必要な場合を指します。

　閉鎖的な村はA種類です。では、①から④のうち、A村の住民が、「別の人が入ってくる。持株比率が下がる」と嫌がるのはどれでしょうか。

　これは、①③ですね。**①③の新株予約権が出されれば、A種類株式の数が増える可能性があります**。そこで、この①と③を発行するときは、A種類株主総会の決議を経ないとできないと規定しています。

　結局は、**新株予約権自体に譲渡制限が付いているかどうかではなく、目的である株式に譲渡制限が付いているかどうかで決まる**のです。

　これ以外に、募集株式の発行と募集新株予約権の発行手続で違う点が次の図表です。

割当行為を決議で行う必要がある場合	
募集株式の発行	募集新株予約権の発行
募集株式が譲渡制限株式である場合 （204 Ⅱ・324 Ⅱ②）	①募集新株予約権の目的である株式の種類の全部又は一部が譲渡制限株式であるとき（243 Ⅱ） ②募集新株予約権が譲渡制限新株予約権である場合

本来割当て行為は決議をしないで可能です。例外として決議が必要になる場面が2つあります。

新株予約権自体に譲渡制限が付いていて、この新株予約権を右の人に渡しています。譲渡制限の付いた権利を譲渡しているので、会社の承認が必要になります。

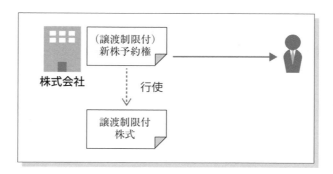

新株予約権自体に譲渡制限が付いているかどうかは問いません。ただ、新株予約権を使った結果、譲渡制限の付いた株式が手に入っています。

こういう新株予約権を譲渡するのは、将来、**譲渡制限になる株式の譲渡をしているのと同じ**なので、**会社の承認が必要になる**のです。

	募集株式の発行	募集新株予約権の発行
有償・無償の別	有償（199Ⅰ②）	無償も可（238Ⅰ②）

募集株式の発行は資本金が増えるので、有償になります。一方、新株予約権の発行の場合、まだ資本金が増えないので無料で配るというのはありです。

		募集株式の発行	募集新株予約権の発行
現物給付 現物出資	できる場合	発行決議で定めていれば可 （199Ⅰ③）	株式会社の承諾を得れば可 （246Ⅱ）
	検査役の調査	原則、必要（207）	不要

募集株式の発行の場合は、発行決議で決めていないと、後から現物出資ということはできません。

一方、募集新株予約権の発行は、**発行決議の段階に決めなくても構いません。**どこかのタイミングでOKをもらえばできます。

	募集株式の発行	募集新株予約権の発行
引受人・新株予約権者からの 相殺	不可（208Ⅲ）	株式会社の承諾を得れば可 （246Ⅱ）

これは資本金になるかどうかという違いです。「相殺されると財産が入ってこない→名目上資本金は増えるのに、中身が入らない→資本金を信頼した人を裏切る」となります。

そのため、**資本金が増えない新株予約権の発行なら、相殺しても構いません。**

	募集株式の発行	募集新株予約権の発行
自己株式（自己新株予約権） の処分	募集株式の発行と同一の規制 に服する（199Ⅰ）	特段の手続規制は存在しない

自己株式を売るには、「発行決議→通知→申込み→払込み」という募集株式の発行の手続をとらなければできません。

一方、自己新株予約権を持っている場合は、単純に売買契約だけで売ることができます。**募集新株予約権の発行手続を経る必要がないのです。**

以上が新株予約権の発行手続です。

◆ 新株予約権の行使 ◆

株主となる時期	新株予約権の行使の日（282 I）
自己新株予約権の行使	会社は自己新株予約権を行使することができない（280 VI）

次は、新株予約権を使う場面を見ていきます。

新株予約権者は、行使の時にお金を払う必要があります。そして、その行使期間が終わらなければ、株主となれます。募集株式の発行のように払込期日に、一斉に株主になるというルールではありません。

また、会社は自己新株予約権を使うことはできません。もし、会社が新株予約権を使えば、**会社が自己株式を取得し、自己株式が増えてしまうため認めていません。**

問題を解いて確認しよう

1	株式会社は、新株予約権を引き受ける者の募集をしようとする場合には、募集事項として、募集新株予約権と引換えに金銭の払込みを要しないこととする旨を定めることはできない。〔24-29-ア〕	×
2	新株予約権者が株式会社の承諾を得て募集新株予約権と引換えにする金銭の払込みに代えて金銭以外の財産を給付する場合には、裁判所の選任に係る検査役の調査を受ける必要はない。〔19-30-ア改題（令3-29-5）〕	○
3	募集新株予約権に係る新株予約権者は、株式会社の承諾を得て、当該募集新株予約権の払込金額の払込みに代えて、当該株式会社に対する債権をもって相殺することができる。〔24-29-オ〕	○
4	募集新株予約権の引受人は、募集新株予約権の払込金額の全額の払込みを待たず、割当日に募集新株予約権の新株予約権者となる。〔23-29-ウ〕	○
5	自己新株予約権の処分は、会社法所定の募集新株予約権の発行と同様の手続によらなければならない。〔23-29-エ〕	×

6　会社法上の公開会社である株式会社が新株予約権を引き受ける者の募　×
　　集をしようとする場合において、株主に新株予約権の割当てを受ける
　　権利を与えるときは、当該募集新株予約権の引受けの申込みの期日は、
　　株主総会の決議によって定めなければならない。〔24-29-イ〕

7　取締役会設置会社にあっては、発行をしようとする募集新株予約権の　○
　　目的である株式の一部が譲渡制限株式であるときは、募集新株予約権
　　の引受けの申込みをした者の中から募集新株予約権の割当てを受ける
　　者を定め、及びその者に割り当てる募集新株予約権の数を定める決定
　　は、取締役会の決議によらなければならない。〔24-29-エ〕

8　株式会社は、自己新株予約権付社債に付された新株予約権を行使する　×
　　ことができる。〔31-29-ウ〕

　　　　　　　　　　　　　×肢のヒトコト解説

1　新株予約権の発行は、無償でも可能です。

5　自己新株予約権の処分は、募集新株予約権の発行手続をせずに行うことがで
　　きます。

6　公開会社が株主割当で行う場合は、株主に不利益はないので、取締役会で募
　　集事項の決議（申込み期日などを決めること）ができます。

8　自己新株予約権は行使できません。

第3章 その他

主に新株予約権の譲渡について説明します。
譲渡の対抗要件、譲渡の制限について株式との違いを
意識しながら読み進めてください。

覚えましょう

	対第三者への対抗要件	対会社への対抗要件
新株予約権証券を発行していない場合	新株予約権原簿の名義書換	新株予約権原簿の名義書換
記名式新株予約権証券を発行している場合	新株予約権証券の占有	新株予約権原簿の名義書換
無記名式新株予約権証券を発行している場合	新株予約権証券の占有	新株予約権証券の占有

　新株予約権の譲渡をする時は、証券の交付が必要です（要物契約）。ただ、証券が出ていない場合は諾成契約となり、ここは株式の譲渡と同じです。

　ただ、対抗要件が若干違っていて、その部分を上の図表でまとめています。

　株式と同じように、第三者対抗要件は占有で、会社の対抗要件は名義書換です。

　しかし、名簿の名前が違います。新株予約権原簿という名前になっています。

　一番上の段を見てください。証券を発行していなければ、占有という手段が取れないので、一律名義書換になります。ここまでは株式譲渡と結論が同じで、ここから変わってきます。

　一方、一番下の段に無記名式新株予約権というのがあります。名前を書かない証券のことで、新株予約権原簿にも名前が載らないのです。

　投資はするけど、名前はばれたくないという人って結構いるんですよ。そういう人のために**証券は渡すけど、名前は会社に記録しない**ということができるのです。

このように、**無記名の場合は、新株予約権原簿に名前は書かれません**。そうなると、**対抗要件は証券の占有しかありえません。**

 **覚えましょう**

◆ 譲渡制限における株式と新株予約権の比較 ◆

	譲渡制限株式	譲渡制限新株予約権
定款の定め	必要 （107Ⅱ①・108Ⅱ④）	不要 （236Ⅰ⑥・238Ⅰ①）
発行後に譲渡制限を定めることの可否	定款変更により可	不可 ↓ 発行決議において 定めなければならない
不承認の場合の会社又は指定買取人による買取りの制度	ある （138・140）	なし

株式に譲渡制限を設定したい場合には、その内容を定款に書く必要があります。

一方、新株予約権の場合は譲渡制限を定めたとしても定款に書きません。なぜなら、**定款というのは、株主のルールです。新株予約権者はまだ株主ではありませんから、定款に書けない**んですよ。

また、株式の場合には、発行後に譲渡制限を付けることができます（定款変更の手続として、株主総会の特殊決議等を経ればいいのです）。

一方、新株予約権については、発行後に譲渡制限を付けることはできません。新株予約権の場合は、**新株予約権者が集まる総会がないので、集まって決めるということを想定していない**のです。

一番下の段を見てください。これは譲渡を認めないときは買い取ってくれという制度です。

「出資を回収したいから買い取ってくれ」、株式の場合はその制度がありますが、新株予約権の場合は、「新株予約権を買ったぐらいなら、そんなに投資額が大きくないだろう→だったら回収させる必要はない」ということから、認めていません。

どうしてもチケットを買ったお金を回収したければ、新株予約権を行使して株式を取得し、それを売りなさいと考えているようです。

――――― ヒトコト解説 ―――――

1　譲渡制限株式と違って、承認しない場合には会社が買い取らなければならない制度は設けられていません。

2　無記名式の場合は、名前等は記載できません。

◆ 新株予約権者が新株予約権買取請求権を行使することができる場合 ◆
（企業再編手続を除く）

新株予約権の買取請求を することができる場合〔22-33-イ〕	買取りを請求することが できる新株予約権
①　その発行する全部の株式の内容として譲渡制限規定を設ける定款の変更をする場合（118 I ①）	全部の新株予約権
②　ある種類の株式の内容として譲渡制限規定又は全部取得条項付種類株式に関する定めを設ける定款の変更をする場合（118 I ②）	当該種類の株式を目的とする新株予約権

　上記は、新株予約権の買取請求できる場合をまとめたものです。

　株式買取請求と異なり認められる場合が限定されています。

　新株予約権の行使の目的が普通の株式から、譲渡制限株式になる場合　や

　新株予約権の行使の目的が普通の株式から、全部取得条項付株式になる場合のみです。

　（どちらも新株予約権者にとっては不利益な内容で、かつ、新株予約権者はそもそも決議に参加できないという状況です。）

問題を解いて確認しよう

1 株式会社がある種類の株式の内容として譲渡による取得について当該株式会社の承認を要することについての定款の定めを設ける定款の変更をする場合、当該種類の株式を目的とする新株予約権の新株予約権者は、当該株式会社に対し、その新株予約権を公正な価格で買い取ることを請求することができる。〔22-33-ア〕　　　　　　　　　○

 2周目はここまで押さえよう

（効果）差止請求

株式会社
① 一定の行為をする
② 法令・定款違反状態

株主
③ 不利益を受ける

　たとえば、会社が募集株式発行手続をとっていましたが、それが法令に違反する内容でした。その結果、株主に迷惑が掛かる場合には、株主は「その行為はやめろ」と請求できます。これが差止請求と呼ばれる制度です。

	組織再編等の差止請求	募集株式の発行等の差止請求	募集新株予約権の発行の差止請求	新株予約権の行使の差止請求	株式の併合をやめることの請求
差止めの可否	○ ※簡易組織再編 →×	○	○	×	○

　会社が行う行為のすべてが止められるわけではありません。おおざっぱにいえば、企業再編、発行関係、株式併合をする場合には差止めの請求を認めています。

　新株予約権について補足すると、いったんでも新株予約権が発行されてしまえば、その後の新株予約権の行使が不都合であっても、差止めすることはできません（差止め請求は会社に対する行為です。新株予約権者に対してすることはできません）。

また企業再編であっても、いわゆる簡易手続に該当する場合には差止めができません。「あげるものが少ない→影響が小さい→決議はしない・買取りは認めない・差止めも認めない」ことになっているのです。

　ちなみに、これは株主が迷惑がかかることを止める制度なので、株主に差止請求権を認めています。新株予約権発行の差止めであっても、新株予約権者ではなく、株主に差止請求権が認められています。

> ✅ 1　募集新株予約権の発行が著しく不公正な方法により行われる場合において、株主が不利益を受けるおそれがあるときは、株主は、株式会社に対し、当該募集新株予約権の発行をやめることを請求することができる。〔24-29-ウ〕　○
>
> 2　募集新株予約権の発行が法令若しくは定款に違反する場合又は著しく不公正な方法により行われる場合において、株主及び新株予約権者が不利益を受けるおそれがあるときは、株主及び新株予約権者は、株式会社に対し、当該募集新株予約権の発行の差止めを求める訴えを提起することができる。〔令3-29-4〕　×
>
> 3　募集新株予約権を引き受けようとする者がその総数の引受けを行う契約を締結して当該募集新株予約権が発行された場合において、当該募集新株予約権の発行が法令又は定款に違反し、株主が不利益を受けるおそれがあるときは、株主は、当該募集新株予約権の新株予約権者に対し、会社法上、当該募集新株予約権の行使をやめることを請求することができる。〔30-29-エ〕　×
>
> 4　株主は、募集株式の発行が著しく不公正な方法により行われ、不利益を受けるおそれがあるときは、株式会社に対し、当該募集株式の発行をやめることを請求することができる。〔オリジナル〕　○
>
> 5　吸収合併が法令又は定款に違反し、吸収合併存続会社の株主が不利益を受けるおそれがあるときであっても、吸収合併存続会社の株主は、吸収合併存続会社に対し、当該吸収合併の差止めを請求することはできない。〔令4-34-4〕　×

☐ 株式会社の自己株式や自己新株予約権の保有期間については、会社法上の制限はないため、相当の時期に自己株式や自己新株予約権を処分することを要しない。〔29-29-4〕

> ★自己株式と異なり、自己新株予約権については条文の制限がほとんどありません。上記のように保有期間の制限はありません。

☐ 株式会社は、自己新株予約権を有償で取得する場合、その取得対価が分配可能額を超えてはならないという規制はない（461Ⅰ）。〔29-29-2〕

> ★ここも規制がない部分です。会社が新株予約権者から自己新株予約権を有償取得しても、株主に対する払戻しにはならないためです（新株予約権者は債権者にすぎません）。

毎年、2問は出題される頻出分野です。

どういった機関構成が許されるか、ということを学習した後、1つ1つの機関について学習していきます。

特に出題が多いのが、株主総会、取締役、監査役です。この3つの分野の学習には時間をかけるようにしましょう。

～会社の規模と公開会社かどうかで設置機関が決まります～

第1章 総説

ここから機関、役員関係を見ていきます。まずは、全てに共通するルールから学びます。
特に重要なのは、機関設計が義務となる場面です。
どういう場面で、どういう役員等が義務になるのかを理由付けとセットで覚えていきましょう。

295条（株主総会の権限）
1 株主総会は、会社法に規定されている事項及び株式会社の組織、運営、管理その他株式会社に関する一切の事項について決議をすることができる株式会社の必要的機関である。
2 前項の規定にかかわらず、取締役会設置会社においては、株主総会は、会社法に規定されている事項及び定款に定めた事項に限り決議することができる。

元々**株主総会は万能機関で、何でも決議できる会議体**です。

ただ、もし取締役会を設置し、しっかりとした経営組織をとったのであれば、

権限を大幅に取締役会にあげることにしたのです。

　「経営事項は全部そっちにやらせる、こちらは重要事項だけ決議するよ」こんな感覚です。

　では、その取締役会とはどんなことをするのでしょうか。

Point

取締役会とは、取締役の全員をもって構成され、その決議によって業務執行に関する会社の意思を決定し、かつ、取締役（指名委員会等設置会社にあっては、執行役及び取締役）の職務執行を監督することを権限とする機関である（362・416 I ②）

　大きく仕事は２つで、１つは**経営事項の決定**です。もう１つは、**取締役の職務執行の監督**です（代表取締役と限定していません）。

Point

代表取締役とは、指名委員会等設置会社以外の株式会社において、会社を代表し、業務を執行する機関である（47 I・363 I ①）
なお、取締役会の決議により、代表取締役以外の取締役を、代表権のない内部的な業務執行取締役とすることもできる（363 I ②）

　代表取締役の仕事は、内部の実行と外部の実行、２つの仕事があります。

　ただ、その全部を代表取締役がやるのは無理があるので、内部的な話については、取締役に任せることができます（多くの企業は取締役に何か仕事を任せています）。この任された取締役のことを業務執行取締役と呼びます。

　業務執行をするのは代表取締役だけではありません。取締役も業務執行をします。そのため、取締役会が見張るのは、業務を執行する取締役と代表取締役となるのです。

◆ 参考　機関設計のパターン ◆

非公開会社（大会社を除く）	
1	取締役
2	取締役　＋監査役
3	取締役　＋監査役　　　　＋会計監査人
4	取締役会　　　　　　　　＋会計参与（注）
5	取締役会＋監査役
6	取締役会＋監査役会
7	取締役会＋監査役　　　　＋会計監査人
8	取締役会＋監査役会　　　＋会計監査人
9	取締役会＋監査等委員会＋会計監査人
10	取締役会＋指名委員会等＋会計監査人

非公開会社＋大会社	
11	取締役　＋監査役　　　　＋会計監査人
12	取締役会＋監査役　　　　＋会計監査人
13	取締役会＋監査役会　　　＋会計監査人
14	取締役会＋監査等委員会＋会計監査人
15	取締役会＋指名委員会等＋会計監査人

公開会社（大会社を除く）	
16	取締役会＋監査役
17	取締役会＋監査役会
18	取締役会＋監査役　　　　＋会計監査人
19	取締役会＋監査役会　　　＋会計監査人
20	取締役会＋監査等委員会＋会計監査人
21	取締役会＋指名委員会等＋会計監査人

公開会社＋大会社	
22	取締役会＋監査役会　　　＋会計監査人
23	取締役会＋監査等委員会＋会計監査人
24	取締役会＋指名委員会等＋会計監査人

（注）会計参与は、これ以外の場合にもすべての機関構成の会社において設置可能である。

　上の図表には、機関設計のパターンが載っています。会社は色々な機関設計の
パターンを選べるようになっています。

　昔は規制が厳しく、株式会社になった以上は「取締役会は必ず置きなさい、監
査役も必ず置きなさい」としていました。そのため、取締役は3人以上、監査役
を1人以上用意しなければならず、**中小企業では、名ばかりの役員が多くなりま**

した。 名前だけ役員だけど、事実上仕事をしていない、こういう人が多くなったのです。

そこで会社法では、このような名ばかりの役員が出ないように、**実情に合わせた役員を選べばいいよとした**のです。

例えば、図表の1のように、取締役だけ置くということを認めています。中小企業のほとんどは、この仕組みだと思います。

ただ、自由に選べると言っておきながら、ある程度義務を課しています。例えば、公開会社には取締役会の設置を義務付けています。

どんな場合に、どういう役員が義務になるか、これは覚えないといけません。

図表に載っている機関設計のパターン、全部で24個を覚える必要はありませんが、これから見るルールは1つ1つ覚えてください。

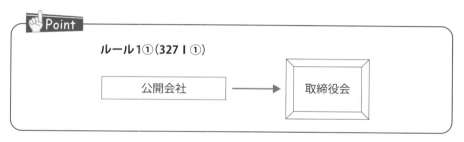

ルール1①（327Ⅰ①）

公開会社 → 取締役会

「左の会社は右の機関の設置が義務になる」そのように図を見ていってください。

例えば、上の図でいえば公開会社は取締役会の設置が義務になる、ということです。

公開会社というのは、株主がコロコロ変わります。すると、**株主は、自分達で役員たちを監視できません。**

お金を投資した以上、ちゃんとやっているかどうか監視したいはずです。ただ、株主自体はコロコロ変わるため、監視がうまくいかないのです。そこで**取締役会を義務化して、取締役会の仕事である、監督に期待することにした**のです。

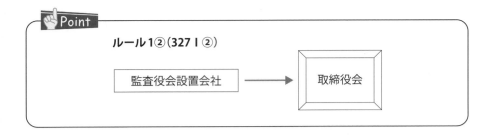

監査役会を置いているということは、監査役が3人以上必要になります。もし、この会社が取締役1人しかいなければ、わざわざ監査役会を置く意味がありません。

監査役会を置く以上は、3人以上取締役がいる取締役会、これくらいは置きなさいとしているのです。

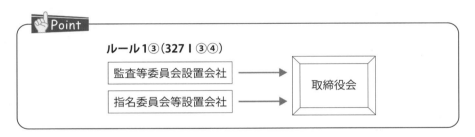

後で詳しくやりますが、委員会という制度は、取締役会の内部に作ります。そのため、**取締役会がなければ、その中に委員会を置きようがない**のです。

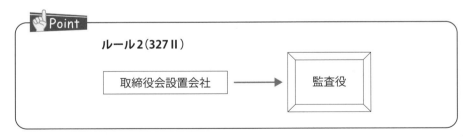

取締役会を置くと、取締役会は株主総会から大幅な権限をもらい、権限が集中します。

権限が集中すると、その組織は腐敗していきます（これはもう古今東西歴史が証明しています）。そこで、**見張りをする人を置きなさい**としたのです。

ただ、例外があります。

Point

公開会社でない会計参与設置会社の場合には、監査役は任意

取締役会を置く

→権限が集中して、腐敗を招くから、監視をしたい

→ただ今回は、公開会社でないため、株主は変わらない

→それなら株主だけで監視ができるだろう

→だったら監査役はいらないよ

という論法です。

ただ、問題は会計処理です。さすがに**株主は、会計のことは詳しく知らないことが多い**ため、会計処理については、会計参与を入れて、ちゃんとした書類を作りなさいとしたのです。

会計参与が義務化されるケースは、今回の場合だけです。これ以外の場面は、会計参与を置くか置かないかは自由です。

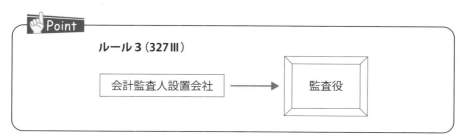

Point

ルール3（327Ⅲ）

| 会計監査人設置会社 | → | 監査役 |

会計監査人設置会社は監査役を置く義務があります。

この会計監査人というのは、外部機関です。外部から来ている人であるため、会社の実情をよくわかっていません。

そこで**会社の実情が分かっている監査役とタッグを組んで監査をすることを期待している**のです。

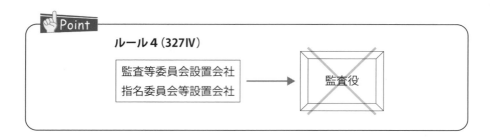

監査等委員会設置会社や指名委員会等設置会社、こういった会社は監査役を置けません。

この会社には監査委員、監査等委員のように厳しく見張る機関があります。これは、監査役よりかなり厳しく見張るのです。

厳しく見張る機関があるんだったら、それより弱い監査役を別途置く必要はないでしょう。

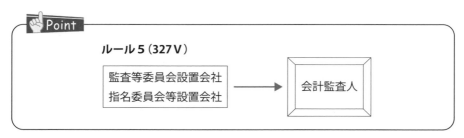

委員会という制度は、監視は厳しいのですが、その代わり、1人2人で物事を迅速に決められるようになっています。迅速に決めるのはいいのですが、その反面危険性もあります。

特にお金の使い込みが怖いので、お金のチェックだけは厳しくしておこうとして会計監査人を義務にしました。「**物事を少ない人数で決める→使い込みが怖い→会計監査人のチェック**」、と考えましょう。

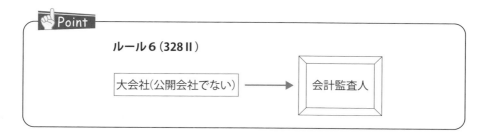

資本金の額が5億円以上、もしくは負債が200億円以上でつぶれていない、こういった**会社は取引相手が非常に多いため、会計監査人というプロを入れなさい**としました。

ただ、この大会社が公開会社になると、もっと義務が課せられます。

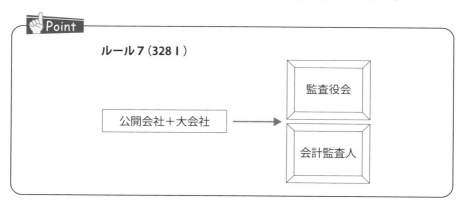

公開会社で大会社となった場合、監査役会まで要求されます。

上場企業は、ほぼ公開大会社です。

上場企業となれば、**利害を持っている株主の数、取引相手の数が非常に多いため、監視としてほぼ最強のものを用意してもらいます**。だから、監査役では足りずに監査役会を置くことと、会計監査人まで要求します。

ただ、公開会社＋大会社にはあと2パターン、許される機関設計があります。

公開会社＋大会社		
22	取締役会＋監査役会　　　＋会計監査人	
23	取締役会＋監査等委員会＋会計監査人	
24	取締役会＋指名委員会等＋会計監査人	

　上記のとおり、委員会を置くことで監査役会を置かないことが認められます。

　ほとんどの上場企業ができるのはこの３つだけです。24パターンすべてを覚えておく必要はありませんが、公開大会社が選べる３つは覚えておきましょう。

　株主総会及び取締役以外の機関を設ける場合は、それが任意であれ義務であれ、必ずその旨を定款に定めなければならない(326Ⅱ)。

　株主総会と取締役は、どの会社でも置きます。**それ以外の機関を置く場合は、定款規定が要ります。**

定款

当会社は取締役会を置く

　例えば、取締役会を置く場合にはこういった規定を置く必要があります。

　例えば公開会社であれば、取締役会を置く義務があります。置く義務があったとしても、定款には、書かなければいけません。**定款を見れば、この会社が株主総会、取締役以外にどんな機関を置いているかが分かるようにしたい**のです。

　機関設計のルールはここまでとします。

問題を解いて確認しよう

1	監査等委員会設置会社は、取締役会を置くことを要しない。〔オリジナル〕	×
2	監査役会設置会社は、取締役会を置かなければならない。〔オリジナル〕	○
3	監査等委員会設置会社は、会計監査人を置かなければならない。〔オリジナル〕	○
4	会社法上の公開会社（指名委員会等設置会社及び監査等委員会設置会社を除く）にあっては、監査役を置く旨の定款の定めを廃止して、会計参与を置く旨の定款の定めを設けることができない。〔オリジナル〕	○
5	大会社は、取締役会を置かなければならない。〔オリジナル〕	×
6	指名委員会等設置会社であっても、取締役会を置くことを要しない。〔オリジナル〕	×
7	会社法上の公開会社である監査等委員会設置会社は、監査役を置くことはできない。〔オリジナル〕	○
8	指名委員会等設置会社は、大会社である場合に限り、会計監査人を置かなければならない。〔オリジナル〕	×
9	会社法上の公開会社でない大会社は、取締役会を置かなければならない。〔28-30-ウ〕	×
10	大会社（清算株式会社を除く。）でない指名委員会等設置会社は、会計監査人を置かないことができる。〔28-30-イ〕	×

×肢のヒトコト解説

1　取締役会の中に委員会を設置するので、委員会設置会社には取締役会が必要になります。

5　大会社は会計規模が大きいので、会計監査人は要求されますが、取締役会は要求されていません。

6　取締役会の中に委員会を設置するので、委員会設置会社には取締役会が必要になります。

8　指名委員会等設置会社であれば、大会社かどうかを問わず会計監査人が必要です。

9　大会社であっても取締役会は義務になりません。

10　指名委員会等設置会社であれば、会計監査人が義務になります。

☐ 事業年度の途中に資本金の額に変動が生じても、その時点で大会社になったり大会社でなくなったりすることはなく、それぞれの事業年度末日において大会社に該当するか否かを判断し、当該事業年度に係る定時株主総会において、大会社又は大会社でない会社になることとなる。〔28-30-ア〕

★大会社とは、最終事業年度に係る貸借対照表に資本金として計上した額が5億円以上であること、又は最終事業年度に係る貸借対照表の負債の部に計上した額の合計額が200億円以上であることのいずれかに該当する株式会社を指します（2⑥）。通常の会社であれば、3月末に作成する貸借対照表の資本金、負債の金額で決まります。正確には、3月末に作成した貸借対照表は、その後の定時総会の承認で確定するので、結局、定時株主総会において、大会社又は大会社でない会社になります（期の途中で大会社になるということはありません）。

第2章　株主総会

令和7年本試験は
ここが狙われる！

これからは機関1つ1つを見ていきます。
まずは、株主総会です。
ここは、とにかく覚えることが多いところです。何か
理由があるのではないかと考える時間があれば、その
時間を暗記に使いましょう。とにかく図表になってい
る部分の暗記に努めましょう。

(1) 定時株主総会
　定時株主総会は計算書類の承認をするためのものであり（438 II）、毎事業年度
　の終了後一定の時期に招集することを要する(296 I)
(2) 臨時株主総会

　株主総会には2パターンあります。

（1）定時株主総会、これは1年に1回開く総会です。

　事業年度が終わった後に、その1年の報告というニュアンスの総会です。

（2）臨時株主総会、これは開きたいときにいつでも、何回でも開ける総会で
す。

　これから、この株主総会について説明をしていきます。

第1節　招集

　まずは招集の手続です。

　この招集手続（呼び出す手続）はかなり重要で、この**呼び出す手続を間違える
と、後で訴訟を起こされて、決議は取り消される危険があります**。だからこの呼
出し方には、会社関係者が非常に神経を尖らせています。

　この呼出し方を説明したいのですが、どうしても前提として必要な知識がある
ので、それを先に説明します。

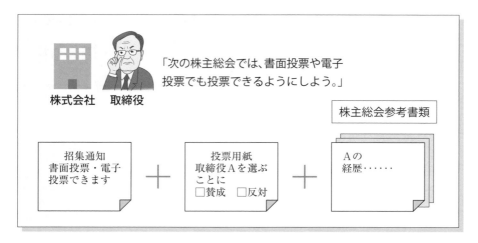

書面投票、電子投票という制度です。

　招集通知をする際に、今回は、「書面投票や電子投票できるようにしよう」と決めました。この場合、株主に、色んな書類を送る必要があります。

　上の図に載っているのが、株主に送る書類です。まずは招集通知を送りますが、そこに「書面投票・電子投票ができます」ということを書いて、それにプラスして投票用紙を付けておきます（「返信用はがき」のようなイメージです）。

　また、**株主総会参考書類も送る必要があります**。これは株主総会で説明する内容をあらかじめ紙にしたものです。

　株主総会に行けば、説明を聞いて、その場で判断できますが、株主総会に行かない株主は、この資料を読んで判断することになります。

　この株主総会参考書類が送られて、書面投票を選んだ株主は投票用紙にマークをして返します。電子投票を選んだ株主は、会社の専用サイトにアクセスをして、専用サイトでクリックして投票します。

　これが書面投票、電子投票制度のあらましです。

　では、招集手続を、1つ1つ見ていきましょう。

覚えましょう

◆ 招集手続の要否 ◆

原則	必要
例外	当該株主総会において議決権を有する株主の全員の同意があるときは、書面又は電磁的方法による議決権行使を認めた場合を除き、招集手続を省略することができる（300・298Ⅰ③④）

例外に注目してください。

株主全員

株主総会は、再来週の月曜ですよね。
分かっていますよ。

みんなが分かって同意があるのであれば、もはや招集の手続をする必要はありません。

ただ、書面投票・電子投票の場合は、必ず招集手続が必要です。

というのは、この場合先ほど見た**議決権行使書面**や、**株主総会参考書類を送る必要がある**からです。

◆ 株主総会の招集権者 ◆

原則	取締役（296Ⅲ）	
例外	株主	招集することができる場合
		① 株主総会の目的である事項及び招集の理由を示して、取締役に対し、株主総会の招集を請求した場合（297Ⅰ）
		② 請求後遅滞なく招集の手続が行われない場合、又は請求があった日から8週間以内の日を株主総会の日とする株主総会の招集通知が発せられない場合（297Ⅳ）
		③ 裁判所の許可を得た場合（297Ⅳ）

株主総会を招集するのは、取締役です。

ただ、株主が株主総会を招集できる場合があります。

例えば、会社が不祥事をしている場合に、株主が取締役を株主総会で解任したいと思っても、取締役が株主総会を招集してくれることは期待できないので、株

主が招集するのです。

この場合、一定の手続を踏む必要があります。具体的には、「①開催しろと請求する→②会社が開催しない→③裁判所の許可をもらう」、こういったことが必要です。

招集した後になって要件をクリアしていない、そんなことが分かったら大変です。**大多数に迷惑をかけているのに、要件をクリアしていないのではまずいので、裁判所が要件を満たしているかのチェックをする**ことにしています。

ここでいう要件は、株主の持株数です。
この権利は、1株でできる権利ではありません。もし権利行使ができるとなれば、嫌がらせも含めて、かなり多くの人がやってしまう危険があります。

> 総株主の議決権の100分の3以上の議決権を6か月前から引き続き有する株主が297条の権利を有する。
> ※公開会社でない場合は「6か月」という要件はない（297Ⅱ）。

公開会社は、持株数として総株主の議決権の100分の3が要ります。しかも、**「昨日買って今日権利行使をする」ということを防ぐために**、6か月間、その会社の株式を持っていない人には認めません。

一方、この6か月という要件、非公開会社ではこの縛りがありません。
非公開会社に縛りがない理由は結構きついので、「**非公開会社→6か月いらない**」と覚えてしまってください。

覚えましょう

◆ 株主総会の招集通知の発送時期（299 I）◆

公開会社	株主総会の日の2週間前まで	
非公開会社	書面投票又は電子投票を採用	株主総会の日の2週間前まで
	書面投票又は電子投票を不採用	株主総会の日の1週間前まで →取締役会設置会社でない場合は、定款でさらに短縮することができる（299 I 括弧書）

　今度は招集通知の発送時期です。公開会社は2週間前までに、非公開会社では1週間前までに招集をかける必要があります。

　非公開会社ということは、**株主のメンバーはいつも同じです**。つまり**去年発送したところに送ればいい**のです。だったら、**公開会社ほど、時間をかける必要はありません**。

　一方、公開会社では、毎年株主が変わる（送り先が変わる）ので、2週間空けなさいとしています。

　そして、非公開会社でも取締役会を置かない会社の発送時期はさらに短くできます。

手続の厳格さの順
公開会社　＞　非公開会社　＞　非取締役会設置会社

　この発想は、他でも使いますので、ぜひ意識しておいてください。

　この2週間云々なのですが、1つだけ例外があります。**書面投票・電子投票を採用した場合**は、必ず2週間空ける必要があります。

　この書面投票・電子投票を採用した場合というのは、株主総会参考書類が送られますが、これはかなり分厚い資料になります。これを読み込むのは大変だろう

ということから、**読み込むために２週間はとってあげなさい**としています。

◆ 株主総会の招集通知の方法 ◆

		書面又は電磁的方法により通知する必要性
取締役会設置会社		○ （299 Ⅱ ② · Ⅲ）
取締役会設置会社でない株式会社	原則	×
	書面又は電磁的方法による議決権行使を認める場合	○ （299 Ⅱ ① · Ⅲ）

取締役会設置会社は紙で送るか、データで送るか、必ず形に残るもので送る必要があります。一方、**取締役会を置かない会社**になると、**制限がなくなり、口頭や電話でもＯＫ**です（**取締役会設置会社より、取締役会を置かない会社の方が手続が緩くなります**）。

ただし、**書面又は電子投票の場合**では、**株主総会参考書類を送る必要がある**ので、**必ず紙やデータで、それらを送る必要があります。**

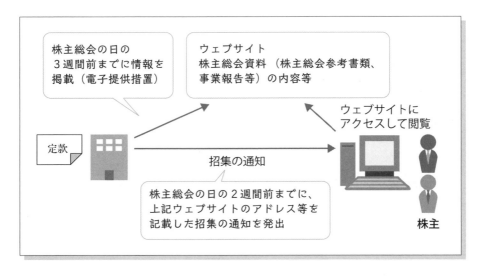

本来、株主総会の招集通知には数多くの資料を「紙」で印刷し、送付する必要があります。ただ、経費がかさんでしまう、という会社の実情を踏まえて、電子提供制度というものができました。

　これは、本来送付する資料のデータをウェブサイトに掲げるだけで、紙で印刷したものを送付しなくていいとするものです（招集通知自体は送付します。資料を送付しないだけです）。

　この場合、ウェブサイトへのアップは３週間前に行い、**招集通知は必ず２週間前に**行うことが要求されます。

　ちなみに、この制度はどんな会社でもできるわけではなく、「当社は電子提供措置がとれる」という**定款規定がある会社のみ採用**できます（そして、**採用していることは登記事項**になっています）。

問題を解いて確認しよう

1　株主総会に出席しない株主が書面によって議決権を行使することができる旨を定めた場合、議決権を有する株主の全員の同意があっても、株主総会の招集手続を省略することはできない。〔オリジナル〕　　　　○

2　株主総会に出席しない株主が書面又は電磁的方法によって議決権を行使することができる旨を定めた場合を除き、株主の全員の同意があれば、株主総会の招集手続を省略することができる。〔オリジナル〕　　　　○

3　会社法上の公開会社でない取締役会設置会社において、会社法所定の要件を満たす株主が取締役に対して株主総会の招集を請求した場合において、その請求があった日から８週間以内の日を株主総会の日とする株主総会の招集の通知が発せられないときは、当該株主は、裁判所の許可を得て、株主総会を招集することができる。〔25-30-ア〕　　　　○

4　会社法上の公開会社でない取締役会設置会社において、株主総会に出席しない株主が書面又は電磁的方法によって議決権を行使することができることとする旨を定めたときを除き、取締役は、定款に別段の定めがない場合にあっては株主総会の日の１週間前までに、１週間を下回る期間を定款で定めた場合にあってはその期間前までに、それぞれ株主に対して株主総会の招集通知を発しなければならない。

〔20-32-イ（25-30-イ）〕　　　　×

5	会社法上の公開会社でない株式会社において、株主総会に出席しない株主が書面又は電磁的方法によって議決権を行使することができる旨を定めていない場合であっても、株主総会の招集の通知は、株主総会の日の2週間前までに株主に対して発しなければならない。〔令4-30-イ改題〕	×
6	取締役会設置会社における株主総会の招集通知は、書面又は電磁的方法によってしなければならない。〔63-32-4（11-34-イ、25-30-ウ）〕	○
7	会社法上の公開会社でない取締役会設置会社においては、株主総会に出席しない株主が書面又は電磁的方法によって議決権を行使することができる旨を定めた場合を除き、株主総会の招集の通知を、口頭又は電話により行うことができる。〔オリジナル〕	×
8	取締役会設置会社以外の株式会社における株主総会の招集通知は、電話や口頭によりすることができる場合がある。〔オリジナル〕	○

―――― ×肢のヒトコト解説 ――――

4 取締役会設置会社では、1週間より短縮することはできません。

5 非公開会社では、原則1週間の期間を設ければ足ります。

7 取締役会設置会社では、口頭で招集することはできません。

　2周目はここまで押さえよう

	書面による議決権の行使	電磁的方法による議決権の行使
可否	取締役（株主が株主総会を招集するときは当該株主）が定めた場合に限り、できる	取締役（株主が株主総会を招集するときは当該株主）が定めた場合に限り、できる
	＜例外＞議決権を行使できる株主の数が1,000人以上の会社では、原則として定めることを要する	
招集通知に際して提供するもの　原則	株主総会参考書類及び議決権行使書面を交付	株主総会参考書類を交付
招集通知に際して提供するもの　例外	招集通知を電磁的方法により発するとき → 電磁的方法により提供できる	

　先ほど説明した「書面による議決権の行使、電磁的方法による議決権の行使」を深堀りします。

　まず、この手続は、会社が採用するかどうか任意に決めることができるのが原則です。

　ただ、議決権を行使できる株主の数が1,000人以上の会社の場合には「書面による議決権の行使」を採用する義務があります。

（大きな会社では採用する義務がある、ぐらいにしておきましょう。）

　ただ、そこで採用する義務は「書面による議決権の行使」であって、「電磁的方法による議決権の行使」ではありません。

　「電磁的方法による議決権の行使」の場合、ネット上で投票できるシステムの構築など会社に対する負担が大きいので義務にしていないのです。

　次に、これを採用した場合には、招集通知に株主総会参考書類や、議決権行使書面という紙を交付するのが原則です。

　ただ、招集通知をそもそもメールなどで行っている会社の場合には、紙ではなくPDFなどのデータで送信することも認められています。

☑1	会社法上の公開会社でない取締役会設置会社において、株主総会に出席しない株主が書面によって議決権を行使することができることとする旨を取締役会の決議により取締役が定めた場合において、書面により株主総会の招集通知を発するときは、その株主の数にかかわらず、その通知に際し、株主に株主総会参考書類及び議決権行使書面を交付しなければならない。〔20-32-オ（25-30-エ）〕	○
2	株主総会に出席しない株主が書面によって議決権を行使することができることとする旨を定めた場合、株主の承諾を得て株主総会の招集の通知を電磁的方法により通知するときであっても、取締役は、その承諾をした株主に対し、議決権行使書面に記載すべき事項を電磁的方法により提供することができない。〔オリジナル〕	×

3　株主総会に出席しない株主が電磁的方法によって議決権を行使することができることを定めた場合において、取締役が、電磁的方法により株主総会の招集通知を発するときは、株主からの請求があったときを除き、株主総会参考書類に記載すべき事項を電磁的方法により提供することができる。〔オリジナル〕　○

4　株主総会において議決権を行使することができる株主の数が1000人以上である株式会社においては、株主総会を招集する場合には、当該株主総会に出席しない株主が電磁的方法によって議決権を行使することができる旨を定めなければならない。〔31-30-イ〕　×

【招集通知のイメージ】

株主各位

令和○年○月○日
株式会社○○○○

第○回定時株主総会招集のご通知

　拝啓　株主の皆様におかれましては益々ご清祥のこととお慶び申し上げます。

　さて、弊社第○回定時株主総会を下記のとおり開催いたしますことをここにご通知いたします。万障お繰り合わせの上、ご出席いただけますようお願い申し上げます。

　なお、本議案中には、定足数の出席を要とする議案がございますので、当日ご欠席の場合は、お手数ながら同封の委任状に必要事項をご記入、押印の上、ご返送くださいますようお願い申し上げます。

敬　具

記

1．日　時　令和○年○月○日（○曜日）　午前○時より
2．場　所　○○ホテル　会議室
3．議　題
　　一　第○期営業報告書の件
　　二　中長期経営方針の件
　　三　取締役任期満了による選任の件
4．議　案
　　三について、以下のものを取締役の候補者とする
　　・　田中三郎
　　・　鈴木一郎
　　・　山田まさる

以　上

　招集通知を紙で送る場合、こんな内容のものを送付しています。上記の紙の中

に、議題・議案という言葉が載っています。

Point

議題：テーマ

議案：具体案

取締役を選ぶというのが議題で、具体的に誰にするのかというのが議案にあたります。

こういった議題・議案を決めるのは取締役です。そのため、**取締役に不都合な内容は決めない**でしょう。そこで、株主から、議題なり議案を増やせと請求できるようにしています。

	議題の追加を請求する権利 （303）	議案の要領の通知を請求する権利（305）	議案を提出する権利 （304）
内容	一定の事項を会議の目的とすることを請求する	会議の目的事項について自己の議案の要領を株主に通知することを請求する	会議の目的事項につき議案を提出する

議題の追加を請求する権利というのは、「取締役の選任をテーマにしろ」と請求する権利です。

そして、残る2つは「取締役としてAを選任せよ」と議案を請求する権利です。この2つの違いは、**株主総会前に言うか、株主総会中に言うかにあります。**

例えば、Aが取締役になりたいとします。株主総会の招集通知が来て、議題として取締役選任の件と書いてあるけど、自分の名前が議案に載ってない。その際、株主総会前に「私も候補者として議案に入れろ、そしてそれを株主に事前に伝えなさい」と請求することもできるし、株主総会の最中に、「私も議案の中に入れてくれ」と請求することもできます。

これらの権利ですが、それを行使するための持株要件が違います。

	議題の追加を請求する権利（303）	議案の要領の通知を請求する権利（305）	議案を提出する権利（304）
非公開会社かつ非取締役会設置会社（303 Ⅰ）	単独株主権		単独株主権
非公開会社かつ取締役会設置会社（303 Ⅲ）	総株主の議決権の100分の1以上の議決権又は300個以上の議決権を有する株主		
公開会社かつ取締役会設置会社（303 Ⅱ）	総株主の議決権の100分の1以上の議決権又は300個以上の議決権を6か月前から引き続き有する株主		

　議案を提出する件に関しては、**当日に持株数のチェックなんてすることは難し**いので、単独株主権にしています。

　一方、図表の左2つは、すべての会社で単独株主権というわけではありません。
　例えば、公開会社で取締役会設置会社は、6か月の保有期間が必要ですが、持株の議決権数は総議決権の100分の1を有していればいいですし、単純に300個持っているだけでも認めます。
　ぜひ、自分の知っている上場企業の発行済株式総数を調べてみてください。
　その議決権の100分の1は相当な数になり、一般の投資家では集めきれません。そこで300個あったら、たとえ100分の1に足りなくても認めるよとしています。

　そして、これが非公開会社になると、**6か月という縛りが取れます。**さらに非**公開会社で取締役会非設置になると、もっと緩くなり、単独株主権になります。**

問題を解いて確認しよう

1　会社法上の公開会社において、総株主の議決権の100分の１以上の議決権を６か月前から引き続き有している株主は、取締役に対し、株主総会の日の８週間前までに、株主総会の目的である事項につき当該株主が提出しようとする議案の要領を株主に通知することを請求することができる。〔オリジナル〕　　○

2　会社法上の公開会社において、株主が株主総会の目的である事項につき議案を提出する場合、当該株主は、６か月前から引き続き株式を有していなければ当該権利を行使することができない。〔オリジナル〕　　×

- - - - - - - - - - **×肢のヒトコト解説** - - - - - - - - - -

2　当日に議案を提出する場合は、保有期間の制限もない単独株主権です。

◆ 一株一議決権の原則と例外 ◆

原則	議決権の数は、原則として１株につき１個である（308 Ⅰ本文）
例外	議決権を有しない場合 ① 議決権制限株式（108 Ⅰ③） ② 自己株式（308 Ⅱ） ③ 相互保有株式（308 Ⅰ括弧書） ④ 基準日後に株式を取得した株主（124） ⑤ 単元未満株主（308 Ⅰ但書）
	公開会社でない株式会社において、株主総会における議決権に関する事項について、株主ごとに異なる取扱いを行う旨を定款で定めた場合（109 Ⅱ）

　１株持っていれば議決権が１個あります。ただ、株式を持っていても議決権がない場合というのは結構あります。

　上の図表に、今まで説明した内容が載っていますので、１つ１つ読んで確認しておいてください。

　③については、ここで説明します。

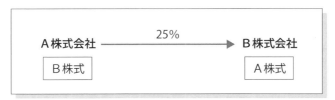

Ａ会社がＢ会社の株式を25％以上握っている状態です。**25％以上握ると、Ｂ会社はＡ会社の言いなりになる危険がある**のです。

　株主総会の普通決議の要件を分数で言うと、過半数の過半数だから、４分の１になります。そして役員の選任は、普通決議でできます。
　つまり、Ａ会社は、Ｂ会社の役員を選任できる可能性があります。
　すると、Ｂ会社の役員は、Ａ会社の言いなりで動く可能性があります（**解任できるほどの株式数を持っている人には逆らえない**でしょう）。

　ここで、Ａ会社が今の状態を悪用するおそれがあります。
　具体的には、Ａ会社がＢ会社に命じて、Ｂ会社が持つ株式の議決権を自分の意のままに使おうとするのです。

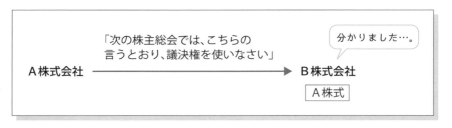

　これは、「Ａ会社」が、Ｂ会社の役員に命じて「Ａ株式を使っている」状態になっています。**「会社が、自分の会社の議決権を使っている」ことになるので、許すべきではありません。**

　そこで、**Ｂ会社が持っているＡ会社の株式には議決権がない**としました。

　ちなみに、Ａ会社が持っているＢ会社の株式は問題なく議決権があります。Ａ会社は、Ｂ会社の議決権25％持っている大株主ですからね。

　25％、握られている方は議決権がない

このように覚えておきましょう。

―――――――――― 問題を解いて確認しよう ――――――――――

1	相互に相手会社の総株主の議決権の４分の１以上の議決権を保有しあっている会社は、それぞれの株主総会における議決権を有しない。〔5-28-4（15-31-エ）〕	○
2	株主は、自己を取締役に選任する株主総会決議であっても、議決権を行使することができる。〔5-28-5（11-33-ア）〕	○
3	会社は、その親会社又は子会社の株式について議決権を行使することができない。〔5-28-3（12-28-ウ）〕	×

――――――――――　×肢のヒトコト解説　――――――――――

3　親会社の株式を持っていても、議決権行使をすることはできません。一方、子会社の株式については、権利行使ができます。

 覚えましょう

◆ 議決権の代理行使・議決権の不統一行使（313）◆

	議決権の代理行使	議決権の不統一行使
可否	できる（310 I 前段）	できる（313 I ）
制限	①　会社は、株主総会に出席できる代理人の数を制限することができる（310 V） ②　代理人の資格を当該会社の株主に限る旨の定款の規定は有効（最判昭43.11.1）	会社は、株主が他人のために株式を有する者でないときは、不統一行使を拒むことができる（313 III）
手続	株主又は代理人は原則として、代理権を証明する書面を会社に提出しなければならない（310 I 後段）	取締役会設置会社においては、株主は、会日の３日前までに、不統一行使をする旨及びその理由を通知しなければならない（313 II ）

　株主総会に出席できない場合は、どうやって議決権を使えばいいのでしょうか。
　以前、説明した書面投票・電子投票がありますが、それ以外にもいくつかあります。

誰かに代理を頼んで議決権を使ってもらう、代理行使というものが認められています。

　ただ、代理人だからといって**何人も来られると困ります**。例えば、株主1人の代理人が56人（株主総会の準備上の問題も生じます）来られても困ります。もう1つ、**怖いお兄さんを代理人にされてしまうと株主総会が荒れてしまいます**。なので、人（資格）を制限するという定款規定ができます。

　ただ、このように人数、**資格については制限できますが、代理行使自体を禁止するということはできません**。

　もう1つが議決権の不統一行使というもので、これは「預けた」場合の話です。

　例えば、BがAに議決権を50個預けていました。その後、株主総会である決議がされることになり、Bは「俺は反対で決議したい」とAに頼んでいました。ただAは、その決議に賛成だったのです。

　この場合、Aが持っている議決権は賛成して、預かったBの議決権については、反対するという形で、議決権を統一しないで使うことが議決権の不統一行使というものです。

　こういった**預かったという事情**があれば、「**50株賛成、50株反対**」という不統一で議決権を使うことができます。

　ただ、そういった事情がない場合はどうでしょう。例えば、気持ちの半分が賛成で、気持ちの半分が反対だから、持っている議決権のうち50個賛成、50個反対、というのは認められるのでしょうか。

　これは会社が、「この人、大丈夫かな」と心配になれば、その権利行使は拒否することができます。

　最後に手続面ですが、この不統一行使をする場合、決議の時にいきなり言われても困るので、「議決権の不統一行使をしたい」ということを３日前に伝える必要があります。

　ただ、伝える必要があるのは、取締役会設置会社だけです。**非取締役会設置会社となれば手続は緩くなるので、３日前に伝える必要はありません。**

問題を解いて確認しよう

1	株式会社の定款に、株主の議決権行使の代理人資格を株主に限る旨の定めを設けることはできない。〔オリジナル〕	×
2	会社法上の公開会社でない取締役会設置会社において、株主が議決権を統一しないで行使する場合においては、当該株主は、株主総会の日の３日前までに、会社に対してその有する議決権を統一しないで行使する旨及びその理由を通知しなければならない。〔20-32-ウ〕	○
3	100個の議決権を有する甲社の株主が監査役の選任に関する議案につき、そのうち60個を賛成に、40個を反対に行使しようとする場合、当該株主は、株主総会の日の３日前までに、甲社に対してその有する議決権を統一しないで行使する旨及びその理由を通知しなければならない（甲株式会社は監査役会設置会社であるとする）。〔21-29-ア〕	○
4	他人のために株式を有する者でない株主は、その有する議決権を統一しないで行使することができない。〔31-30-オ〕	×
5	会社は、定款の定めがある場合でも、株主でない者が株主の代理人として議決権を行使することを拒むことはできない。〔59-33-ウ（7-31-エ）〕	×
6	株主総会において議決権を行使する株主の代理人の資格を当該株式会社の株主に制限する旨の定款の定めは無効である。〔31-30-ウ〕	×

×肢のヒトコト解説

1　　資格を制限することは許されます。

4　　会社は拒むことができるのであって、会社が認めることはできます。

5,6　定款で、株主に限定することができます。

普通決議、特別決議等の復習をしていきましょう。

> 株主総会の決議は、定款に別段の定めがある場合を除き，議決権を行使することができる株主の議決権の過半数を有する株主が出席し（定足数）、出席した当該株主の議決権の過半数をもって行われる（309Ⅰ）。

この普通決議が成立するかを考えてみましょう。

A	100個	ＢＣが出席して、Ｂが賛成した
B	2個	→決議成立？
C	1個	

上記の事例ですが、定款の規定次第では普通決議が成立します。

（通常の定款例）

定款

当会社の株主総会の普通決議は、<u>議決権を行使することができる株主の議決権の過半数を有する株主が出席した上で</u>、その出席した株主の議決権の過半数をもって行う。

（定足数を排除した定款例）

定款

当会社の株主総会の普通決議は、法令に別段の定めがある場合を除いて出席した株主の議決権の過半数をもって行う。

右の定款規定ですが、これは、何人出席しようが関係ない、とにかく出席した株主の過半数が賛成すれば、決議は通るとしています。このように、**普通決議というのは、「定足数自体を無し」にすることができる**のです。

もし、定足数を無しにすれば、前記の事例の普通決議は成立することになります。

ただ、すべての普通決議が、定足数を無しにできるというわけではありません。

次の定款例を見てください。

（役員の選任の場合）

定款

当会社の株主総会の普通決議は、議決権を行
使することができる株主の議決権の3分の1
以上の議決権を有する株主が出席した上で、
その出席した株主の議決権の過半数をもって
行う。

役員の選任を、少数の議決権でできる事態は避けるべきでしょう。そこで、**役員の選任に関しては、定足数は3分の1までしか下げられない**としています。

次は特別決議を見ていきます。

309条2項に掲げられている株主総会決議は、議決権を行使することができる株主の議決権の過半数（3分の1以上の割合を定款で定めた場合には、その割合以上）を有する株主が出席し（定足数）、出席した当該株主の議決権の3分の2（これを上回る割合を定款で定めた場合にあっては、その割合）以上に当たる多数をもって行われる（309 Ⅱ）。

定足数をどれだけ下げられるか意識して読んでみてください。これも3分の1までなのです。

Point

普通決議	定足数　0もOK
役員選任	定足数を1/3まで下げられる
特別決議	定足数を1/3まで下げられる

株主総会を開くというのは、なかなか大変です。各企業が託児所を用意したり、コンサートを開いたり、場合によっては新しい商品が見られますよと、あの手こ

の手を使って株主を呼ぶのですが、それでも集まりは悪いものです。

そこで、定足数を無しにしたいところですが、**重大な決議に関しては、定足数無しはまずいだろうということで**、普通決議であっても、役員の選任については、3分の1までしか下げられないとし、また、特別決議は元々重大事項だから、3分の1までしか下げられないとしているのです。

> 309条3項に掲げられている株主総会（種類株式発行会社の株主総会を除く。）の決議は、議決権を行使することができる株主の半数以上（これを上回る割合を定款で定めた場合には、その割合以上）であって、当該株主の議決権の3分の2（これを上回る割合を定款で定めた場合には、その割合）以上に当たる多数をもって行われる（309Ⅲ）。

上記は、譲渡制限を設定するような場合の特殊決議の要件が掲載されています。特殊決議には他にもパターンがあります。

> 109条2項の規定による定款の定めを設け、又は変更（廃止するものを除く。）する株主総会の決議は、総株主の半数以上（これを上回る割合を定款で定めた場合には、その割合以上）であって、総株主の議決権の4分の3（これを上回る割合を定款で定めた場合には、その割合）以上に当たる多数をもって行われる（309Ⅳ）。

これはいわゆる株主差別を作るときの定款変更です。

「株主Aには議決権がない」「株主Bには多く剰余金をあげる」このように、株主ごとに差をつけるという定款変更は、普通決議でも特別決議でもなく、特殊決議という扱いですが、通常の特殊決議と分数が異なっていることに注目してください。

 覚えましょう

◆ 株主総会決議の省略 ◆

	株主総会決議の省略（319Ⅰ）
要件	①総会の目的である事項について取締役又は株主から提案があった場合において ②当該事項につき議決権を行使できるすべての株主が、当該提案につき、書面又は電磁的記録によって、同意の意思表示をしたこと
効果	当該提案を可決する株主総会決議があったものとみなされる

株主総会を開く前に株主に、

こういう決議をするんだけど，賛成します？

株式会社

と調査するのが通常です。

　事前の調査をしたところ、株主のみんなが賛成するということが分かりました。ここで、**わざわざ株主総会を開くのは馬鹿らしい**です。

　事前に聞いたらみんながOKしている。
　→だったら、決議があったとみなす。
　→よって、わざわざ株主総会を開かなくていい。

　このように決議を省略することを認めています（みなし決議と呼ばれます）。

―――― 問題を解いて確認しよう ――――

1　取締役が株主総会の目的である事項について提案をした場合において、　　○
　当該提案につき議決権を行使することができる株主の全員が書面により同意の意思表示をしたときは、当該提案を可決する旨の株主総会の決議があったものとみなされる。〔オリジナル〕

第3節 決議の瑕疵

　決議に瑕疵（ミス）があった場合の処理です。これは、そのミスの大きさによって結論が大分違います。
　まずは、決議のミスの度合いが小さい場合から説明しましょう。

決議がある　＋　小さな瑕疵がある状態

→　有効

→　決議取消しの訴えをして、取消しの判決を得る

　ミスの度合いが小さいのであれば、その決議はとりあえず有効とします。その後、納得できない人は決議取消しの訴えを起こして、取消判決があれば、無効になります。

　逆に、誰も訴えなければ有効のままです。

　一方、決議の瑕疵が大きいと、次のような処理になります。

決議がある　＋　大きな瑕疵がある状態

→　無効

→　決議無効確認の訴えをして、既判力をつける

　大きな瑕疵があれば、そもそも決議は無効、**訴えずとも無効となります**。そして、既判力を付けたい（法的に決まりの状態のことです）のであれば、訴えを起こせばいいとしています。

　では、どういった瑕疵が決議取消しの訴えになり、どういった瑕疵が決議無効確認の訴えになるかを見ましょう。

招集手続が違法な場合　→　決議取消しの訴え

　招集手続のミスがあった。例えば**招集期間が２週間なかった場合、瑕疵は小さ**いと扱って、そこで行われた決議は有効にします。

　この瑕疵は許せない人が、訴えて無効にすればいいのです。

決議の内容が法令に違反する場合　→　決議無効確認の訴え

決議の内容が法令に違反する場合です。例えば、これからうちの会社は、麻薬の販売をやろうじゃないかという決議が通った場合です。

これは**法律に違反している状態で、瑕疵は大きい**です。このような法律違反の決議は当然に無効です。

決議の内容が定款に違反する場合　→　決議取消しの訴え

例えば、「当会社の取締役は日本人から選ぶ」と定款に決めていたのに、今回外国人を選んだような場合、瑕疵は小さいです（決議内容が法律に違反した場合と異なります）。

そのため、とりあえず有効にしておいて、それで文句があるなら訴えて無効にすればいいのです。

> 特別利害関係人の議決権行使　＋　不当な決議がされた場合
> 　→　決議取消しの訴え

例えば、Aを取締役の候補にしました。このA自身が株主だった場合に、Aは議決権を使っていいのでしょうか。

原則は、使ってOKです。**元々は自分のお金で手に入れた議決権**なので、**自分のために使ったって、何の問題もありません**。

A自身のために議決権を使う、それは一般論として、認めます。

ただ、その議決権行使の**結果が不当過ぎる場合**には、**後で取消しができる**として、事後的な救済をできる余地を残しています。

1	株主総会の決議の内容が法令又は定款に違反する場合には、その決議は、無効である。〔16-30-3〕	×
2	決議の内容が法令に違反する場合であっても、その決議は決議取消しの判決が確定しない限り有効である。〔6-35-5〕	×
3	株主総会の決議について特別な利害関係を有する株主が、議決権を行使することによって著しく不当な決議がされたときは、取締役は決議取消しの訴えを提起することができる。〔6-35-1〕	○

×肢のヒトコト解説

1 決議内容が、定款に違反するレベルであれば有効です。

2 決議内容が、法令に違反すれば直ちに無効になります。

これで到達！ 合格ゾーン

□ 株主は、自己に関する招集手続に瑕疵がなくとも、他の株主に対する招集手続に瑕疵があるときは、株主総会決議取消しの訴えを提起することができる（最判昭42.9.28）。〔22-34-オ〕

★自分の招集通知に問題がなかったが、「大株主のAさんに招集通知がなかったから、取り消せ」という訴えは認められます。他人への招集通知の不備ですが、取消しによりすべての株主に影響がでるためです。

□ 株主総会決議取消しの訴えは、当該決議の日から3か月以内に提起しなければならない（831 I）。そして、瑕疵ある決議の効力を早期に明確化するという趣旨から、同期間内に提起された訴訟において、期間経過後に新たな取消事由を追加主張することはできない（最判昭51.12.24）。〔22-34-イ〕

★株主総会決議取消しの効力には遡及効があり、多くの人に迷惑をかけることから、提訴期間を3か月と短くしています。そのため、3か月以内に訴えたとしても、3か月後に「招集通知を理由に取消しの訴えを起こしましたが、○○も理由にしたいです」と追加することは認めません（これを認めたら、次々に取消事由が追加、いつまでたっても訴訟が終わらなくなるからです）。

～会社でパワーを持つ取締役は、法律で厳格に規制されます～

第3章 取締役

ここから、会社の経営者である取締役を見ていきます。
① どういう人がなれないのか
② いつ退任するのか
③ 欠員が生じたらどうするのか
このあたりが、重要な部分となります。

第1節 欠格事由

 **Point**

取締役になれない人

① 法人

② 犯罪者

会社法は、取締役になれない人をルール化しています（これを欠格事由といいます）。ここに書いてある人を選べば、決議内容が法令に違反するので、その決議は当然に無効になります。

まずは、法人はNGです。**法人には、手足がないために仕事ができない**からです。

Point

欠格事由に該当しないもの

① 成年被後見人、被保佐人（但し、保護者の関与がなければ、取締役に就任できない）

② 未成年者（親権者の同意が必要）

③ 破産者

成年被後見人・被保佐人であることは欠格事由ではないため、取締役に選任することはできます。

　ただ、**取締役になるには慎重な判断が必要です**（取締役が、違法行為等の不始末をすると個人賠償責任を負う場合があります）。

　そこで、**選任されても保護者の関与がなければ、取締役になれないことにしました**。

　具体的には、下記のようなルールを設けています。
・成年被後見人が取締役に就任するには、その成年後見人が、成年被後見人に代わって就任の承諾をしなければならない。
・被保佐人が取締役に就任するには、その保佐人の同意を要する。

　また、同様に未成年者も欠格事由になっていないので、未成年者を取締役に選任することも可能です（親権者の同意が必要になります）。

　ちなみに、**破産した人も欠格事由ではありません**。昔は欠格事由だったのですが、「**一度失敗した人でも再チャレンジできるようにしたい**」という要望から欠格事由から外したのです。

　331条には他に3号、4号があるのですが、ここは条文ではなく図表で理解しましょう。

 覚えましょう

	会社法関連の罪による （331 I ③）	他の罪による （331 I ④）
刑の種類の限定	無	有（禁錮以上）
執行猶予中の者	含む	含まない
刑の執行の終了・失効後 欠格事由に該当する期間	2年を経過するまで	終了又は失効日まで

犯罪をすると、欠格事由になることがあります。ただ、犯罪のタイプによって処理がだいぶ違います。

図表の右側から説明します。

刑務所に入っていると仕事ができないから欠格事由

例えば、**罰金50万円という判決を受けたとしても、刑務所には入らないため、**仕事ができます。だから、罰金刑では欠格事由にはあたりません。
「懲役3年執行猶予2年」という判決を受けた場合、これも刑務所に入りませんので、欠格事由にはなりません。
また、懲役3年の実刑判決を受けて、3年間の刑期を終えて刑務所から出ました。ここで刑期を終えたところで、欠格事由が外れて取締役になることが可能になります。

一方、会社法関連の犯罪をした場合は（例えば発行可能株式総数オーバーで株式を発行すると、刑事罰を受けます）、処理が異なります。

欠格事由
会社法関連の犯罪者は、厳しくみる。

会社法関連の犯罪をした場合は、受けた刑罰が罰金刑であったとしても、欠格事由にあたり、また執行猶予中でも欠格事由です。
そして、刑務所から出ても、2年間の反省期間が要求され、2年間は欠格事由のままなのです。
このように会社法関連の犯罪については厳しく処理するのが会社法の立場です。

```
┌─────────────────────────────────────────────┐
│                   定款                        │
│                                              │
│  第16条（取締役及び監査役の資格）              │
│   当会社の取締役及び監査役は株主の中から選任する。│
└─────────────────────────────────────────────┘
```

　定款で取締役の資格を制限する、例えば「当会社の取締役は日本人に限る。」という縛りをかけることは、一般的にOKです。

　ただし、上記のような定款例、**株主の中から選びますよという縛り方についてはできる会社と、できない会社があります**（この縛りがあると、どんなに有能な方がいても、株主でなければ、取締役として選べないことになります）。

	公開会社	非公開会社
取締役、監査役及び執行役を株主に限定できるか否か（331Ⅱ・335Ⅰ・402Ⅴ）	できない	できる

　公開会社では、広く人材を集めるべきだという観点から、このような定めを認めていません。一方、公開会社でなければ、これは元々広く人材を集めるなんて要請はないので、上記のような定款の定めは認められます。

─────────── 問題を解いて確認しよう ───────────

1	未成年者は、取締役に就任することについて法定代理人の同意を得た場合であっても、取締役となることができない。〔22-29-ウ〕	×
2	破産手続開始の決定を受けた者は、復権を得ない限り、取締役となることができない。〔22-29-ア〕	×
3	持分会社は、当該持分会社の社員から取締役として職務を行うべき者を選任し、株式会社にその者の氏名及び住所を通知した場合であっても、当該株式会社の取締役となることができない。〔22-29-エ〕	○
4	会社法上の特別背任罪を犯し懲役に処せられた者は、取締役に就任しようとする日の３年前にその刑の執行を終えた場合であっても、取締役となることができない。〔22-29-オ〕	×

5　会社法上の公開会社でない株式会社において、取締役が株主でなけれ　〇
　　ばならない旨を定款で定めている場合には、株主でない者は、取締役
　　となることができない。〔22-29-イ（令4-31-ア）〕

6　成年被後見人は、株式会社の取締役となることができる。〔オリジナル〕　〇

───────── ✕肢のヒトコト解説 ─────────

1　未成年者は欠格事由ではありません。

2　破産者は欠格事由ではありません。

4　２年を経過しているので、欠格事由が外れています。

第2節　取締役の選任

(1) 選任機関

　覚えましょう

◆ 取締役の選任 ◆

決議機関	原則	株主総会（329 I ）
	例外	取締役の選任に関する種類株式が発行されているときは、その種類株主を構成員とする種類株主総会（108 I ⑨）
決議要件		定款に別段の定めがない限り、普通決議（341・347 I II） ただし、定足数は、定款をもってしても、議決権を行使することができる株主の議決権の３分の１未満に下すことができない（341・347 I II）

取締役は、基本的には株主総会で選任します。

ただ例外として、いわゆる選解任種類株式というものを出している場合は、全て種類株主総会で選任することになります。

ただ、選任の仕方には「累積投票制度」という特殊なやり方が認められています。

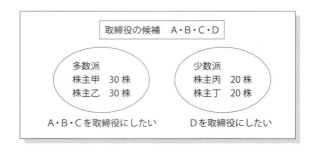

　株主の中で、甲乙派閥と丙丁派閥という派閥がありました。彼らは取締役ＡＢ
Ｃを選びたい・Ｄを選びたいと対立しています。

　通常通り選んだ場合、ＡＢＣが毎回選任されるでしょう。多数派が過半数を占
めているので、多数派のＡＢＣが選ばれてしまい、少数派は毎回負けてしまうん
ですよ。

　こういった場合、少数派は、累積投票でやってくれと請求することができます。
　累積投票でやってくれと請求すると、議決権の数が変わります。具体的には、
「株式数×選任人数」になるのです。

　例えば、丙さんは20株持っていますが、今回３人選ぶので、20×３＝60票
を持つことになるのです。このように各々の持っている「議決権の数×選任人
数」とし、あとはそれをＡＢＣＤ、どのように振り分けてもいいのです。

```
投票結果の一例
A   150票（甲90票・乙60票）  ⇒  当選
B    30票（      乙30票）  ⇒  当選
C     0票           ⇒  落選
D   120票（丙60票・丁60票）  ⇒  当選
```

　このように振分けがあった場合、多い順から選んでいきます（過半数あるかど
うかは問いません）。

　その結果、Ｄさんが選ばれます。このように**少数派の経営の意思を反映する、
そのために作っている制度が、この累積投票という制度**です。

株主総会の目的である事項が二人以上の取締役（監査等委員会設置会社にあっては、監査等委員である取締役又はそれ以外の取締役。）の選任である場合には、株主は、定款に別段の定めがあるときを除き、株式会社に対し、累積投票により取締役を選任することを会社に対して請求することができる(342)。

細かい点を説明します。

累積投票を請求されると、手続が面倒なため、もともと**「当会社では累積投票制度はやりません」と定めておくことができます。**これが上記の条文の「定款に別段の定めがあるときを除き」という部分です。

そして、**累積投票は、取締役の選任にしか使えません。元々は経営についての意思を反映するという制度である**ため、経営者である取締役の選任の場合のみ認めています。

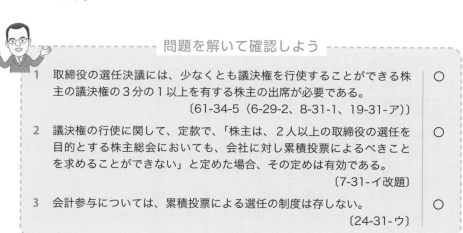

問題を解いて確認しよう

1	取締役の選任決議には、少なくとも議決権を行使することができる株主の議決権の3分の1以上を有する株主の出席が必要である。〔61-34-5（6-29-2、8-31-1、19-31-ア）〕	○
2	議決権の行使に関して、定款で、「株主は、2人以上の取締役の選任を目的とする株主総会においても、会社に対し累積投票によるべきことを求めることができない」と定めた場合、その定めは有効である。〔7-31-イ改題〕	○
3	会計参与については、累積投票による選任の制度は存しない。〔24-31-ウ〕	○

(2) 委任契約

株主総会の普通決議によりＡが選任されました。この選任決議があっても、それだけでは、Ａは取締役になりません。

　取締役になると義務が課せられることになります。**一方的に選任されただけでＡが義務を負ってしまうのは、私的自治の原則に反します。**

　そこでいくら選ばれたとしても、Ａが「自分がやるよ」と言わない限りは、Ａは取締役にならないのです。

　選任決議があって、Ａが承諾した場合、Ａと会社との間では委任の契約が成立することになります。つまり、「選任決議が申込み」「自分がやるよという承諾というのが、その申込みに対する承諾」となって、委任契約が成立すると扱っているのです。委任契約ということは、お互いに解除権を持っています。

第3節　取締役の退任

次に取締役が退任する場面を見ていきましょう。

 覚えましょう ．．

取締役の退任事由
①辞任（330、民651Ⅰ）
②株主総会決議による解任（339Ⅰ）
③少数株主による役員解任の訴えによる解任（854）

　①②③これが民法的にいうと、委任契約の解除にあたるところです。

　辞任というのは、役員からの解除権の行使、解任というのは、これは会社からの解除権の行使を指します。この解任については少し細かい論点があります。

◆ **決議要件** ◆

原則	普通決議
累積投票で選任された取締役の解任	特別決議
監査等委員である取締役の解任	特別決議

基本的に選ぶのは普通決議なので、クビにするのも普通決議です。

ただ、先ほど見た累積投票は違います。もし普通決議でクビにできるとしたら、**せっかく少数派の保護のために、累積投票制度で選任できても、すぐに多数派により解任決議が成立してしまいます。**

これでは累積投票制度を作った趣旨が台無しになるので、できるだけクビを切られないよう、特別決議にしているのです。

少数株主による役員解任の訴えによる解任
①役員が職務の執行に関し不正の行為又は法令若しくは定款に違反する重大な
　事実があったにもかかわらず、
　　↓
②当該役員を解任する旨の議案が株主総会において否決された場合
　　↓
株主は訴えることができる

取締役が何か法令違反等の悪さをしています（図の①です）。株主がそれに気付いて、株主総会で解任決議を提案したのですが、おそらく大株主が手を回して、解任決議を否決しています（図の②です）。

このように、**悪さをしているんだけど株主総会で否決されたという場合は、裁判所に訴えることができます。**

ここでのポイントは、一度は株主総会で解任決議の多数決を行うという点です。会社内部での自浄作用がうまく行かない場合に、裁判所に訴えることができるのです。

ではその他の退任事由を見ていきます。

> **取締役の退任事由**
> ④ 死亡（330、民653①）
> ⑤ 破産手続開始の決定（330、民653②）
> ⑥ 後見開始の審判を受けたこと（330、民653③）
> ⑦ 任期満了（332）
> ⑧ 欠格事由該当（331Ⅰ）
> ⑨ 定款所定の資格の喪失（定年など）

④⑤⑥　これは、委任契約が終了する場面です。頼まれた方が死亡する、破産手続開始決定を受ける、後見開始の審判を受けると、委任契約は終了することになります。

⑧　例えば、取締役が、犯罪をして実刑判決を受ければ、欠格事由にあたります。

⑨　定年制をとっているような場合で、定年がきた場合がこれにあたります。

この中で一番重要なのが、⑦任期満了というものです。

取締役の任期
選任後2年以内に終了する事業年度のうち最終のものに関する定時株主総会の終結の時まで。ただし、定款又は株主総会決議によって短縮することができる（332Ⅰ）。

取締役の任期の基本は2年、つまり、2年ごとに株主総会の審判を受けることにしています。

長くやらせると権力は腐敗します。だから上限を作って、腐敗しないようにしているのです。その趣旨からすると、短くするのは問題がないということになります。

次に、退任する時期を細かくみましょう。これは2年経った時ではなく、定時総会が終結した時になっています。

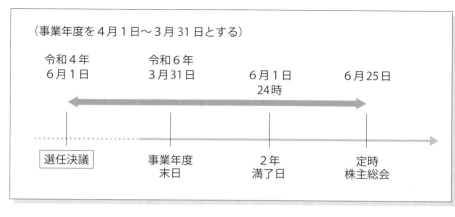

令和４年６月１日に選ばれているのですが、彼が辞めるのは、２年後の令和６年の６月１日ではありません。

令和６年の３月末に決算期を迎えて、そのあと経理の確認をし、成績発表を６月の定時株主総会でやります。その**定時株主総会が終わるタイミングで退任する**のです。

これは、定時株主総会まで残って説明しなさいということなのです。

定時株主総会では、「なんでこうなっているんだ、このプロジェクトやったのは誰だ。説明してもらおう」というような話も出るでしょう。

その時に、

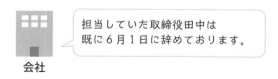

これじゃまずいので、**定時株主総会まで残ってもらって、そこで説明をしてもらおう**、これが定時株主総会で退任するという趣旨です。

非公開会社（監査等委員会設置会社及び指名委員会等設置会社を除く。）は、定款によって、選任後10年以内に終了する事業年度のうち最終のものに関する定時株主総会の終結の時まで伸長することができる（332 II）。

非公開会社は2年の法定任期を10年まで伸ばすことができます。

非公開会社ということは、**株主が変わりません。そのため、選び直したとして
も、どうせ同じ人を選ぶことになる**でしょう。そのため、10年まで伸ばすこと
を認めています。

ただ、非公開会社は自動的に10年になるのではなく、定款の規定で伸ばすと
決めた場合に10年まで伸ばすことができるということに注意をしてください。

 覚えましょう ･･････････････････････

任期が満了する定款変更
次に掲げる定款の変更をした場合（332 Ⅶ）
①監査等委員会又は指名委員会等を置く旨の定款の変更
②監査等委員会又は指名委員会等を置く旨の定款の定めを廃止する定
　款の変更
③その発行する株式の全部の内容として譲渡による当該株式の取得に
　ついて当該株式会社の承認を要する旨の定款の定めを廃止する定款
　の変更（監査等委員会設置会社及び指名委員会等設置会社がするも
　のを除く）

定款変更することによって、役員の任期が満了してしまう、そんなものが3つ
あります。

①について

委員会を置くという定款変更をすると、今の取締役がみんな退任します。

委員会を置くと、役員は毎年改選になります（後に説明します）。そこで**この
タイミングで1回全員辞めさせて、毎年、改選にしよう**ということです。

②について

委員会を設置している会社と、そうでない場合では取締役の仕事内容が違いま
す。

一般的には、取締役の仕事は、業務の意思決定と監督です。これが委員会設置
になると、少ない人数で物事を決めるので、取締役の仕事から意思決定がなくな
り、監督だけになるのです。

仕事が監督だけだと思って、取締役になったにもかかわらず、これからは意思決定をしろと仕事が増えるのは酷なので、委員会設置を廃止する場合、役員は退任することにしました。

③について

これは**公開会社になる場合に退任する**ということを意味しています。

今、非公開会社ということはおそらく定款で任期を10年まで伸ばしています。**これが非公開会社から公開会社になれば、この10年の任期が維持できません。**そのため、任期が維持できないから退任してもらうことにしました。

この趣旨がわかると、「非公開会社であって委員会設置会社」が公開会社になった場合どうかが分かります。

委員会設置という場合は、毎年改選します。それが**公開会社になったとしても、毎年改選なのは変わりません。**だから公開会社になっても退任することにはなりません。

また、公開会社が非公開会社になった場合はどうでしょう。

公開会社の任期は２年、非公開会社の任期は10年まで伸ばせます。つまり、**今の２年の任期が維持できる**ため、退任させる必要はありません。

1 監査等委員会設置会社以外の株式会社において、取締役の解任は、累積投票により選任された取締役を除き、株主総会の特別決議を要しない。〔60-29-2（元-32-ウ,15-33-2）〕　　　　　　　　　　　○

2 監査等委員会設置会社を除く株式会社において、累積投票によって選任された取締役の解任及び監査役の解任を株主総会の決議によって行う場合には、いずれも特別決議によって行う。
〔19-31-イ（26-30-ウ）〕　　　　○

3 取締役会設置会社（監査等委員会設置会社及び指名委員会等設置会社を除く。）である甲株式会社の取締役Ａが法令に違反する行為（以下「本件行為」という。）をし、これによって、著しい損害が生ずるおそれが甲社に発生した場合において、会社法所定の要件を満たす株主は、Ａを解任する旨の議案が株主総会において否決された場合でなくても、裁判所の許可を得て、訴えをもってＡの解任を請求することができる。
〔25-31-イ〕　　　　×

4 監査等委員会を置く旨の定款の変更をした場合であっても、取締役の任期は、当該定款の変更の効力が生じた時に満了しない。〔オリジナル〕　　　　×

5 監査役設置会社が指名委員会等を置く旨の定款の変更をした場合には、取締役及び監査役の任期は、当該定款の変更の効力が生じた時に満了する。〔26-30-イ〕　　　　○

6 指名委員会等設置会社の取締役の任期は、選任後１年以内に終了する事業年度のうち最終のものに関する定時総会の終結の時までである。
〔15-34-オ〕　　　　○

7 監査等委員会設置会社において、監査等委員でない取締役の任期は、原則として、選任後２年以内に終了する事業年度のうち最終のものに関する定時株主総会の終結の時までである。〔オリジナル〕　　　　×

--- ×肢のヒトコト解説 ---

3 解任する議案が株主総会で否決されないと、解任の訴えを請求することはできません。

4 委員会設置になると、取締役の任期は満了します。

7 選任後２年ではなく、１年です。

第4節 取締役の欠員の場合の処置

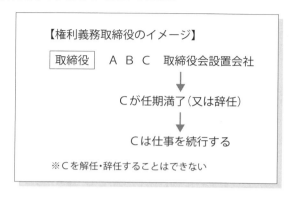

【権利義務取締役のイメージ】

取締役　ＡＢＣ　取締役会設置会社

↓

Ｃが任期満了（又は辞任）

↓

Ｃは仕事を続行する

※Ｃを解任・辞任することはできない

取締役会設置会社では、取締役が３人以上必要です。

ここでＣが任期満了（辞任）しました。３人以上必要なのに、２人になってしまい、１人足りない状態になるのです（欠員といいます）。

本来欠員が生じたのであれば、株主総会を招集して、新しい取締役を選ぶべきです。ただ、**そう簡単に株主総会を招集して開くことはできません。**

後釜が来るまで、
仕事を続けなさい！

えー…。

六法　→　縛りつける　権利義務取締役Ｃ

そこで、後任者が選ばれるまで、法律で縛り付けて、仕事を続けてもらうことにしました。**任期満了（辞任）したのに、取締役の権利・義務を続けてもらうのです。**

こういったＣを権利義務取締役と呼びます。

このＣは、任期満了（辞任）によって委任契約自体はなくなりますが、仕事を続けることになり、登記簿にも役員として残ります。

ちなみにこの権利義務取締役になれば、Ｃは辞任・解任はできません。**法が縛**

り付けている以上、**お互いの意思で、解除することはできないの**です。

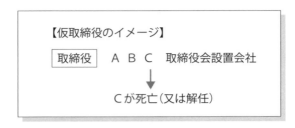

　先ほどは、Cが任期満了（辞任）のケースでしたが、今度はCが、死んでしまった（クビになってしまった）という場合です。

　この場合も欠員が生じます。では、権利義務として縛り付けられるかというと、それも無理なのです。

　死んだ人に仕事してくれと言っても無理です。また解任というのは、大抵、悪いことをした場合にされます。そのため、そんな**死んだ人や悪さをした人に続けてもらうのもまずい**のです。

　この場合は、裁判所に行き、ピンチヒッターを選んでもらいます。このピンチヒッターのことを、仮取締役と呼びます。

　権利義務取締役になるケース、退任する原因を覚えておいてください（商業登記法で重要になります）。**権利義務になるのは、退任する理由が、辞任や任期満了の場合だけ**なのです。

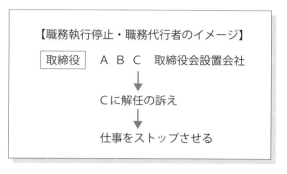

【職務執行停止・職務代行者のイメージ】

取締役　Ａ　Ｂ　Ｃ　取締役会設置会社
↓
Ｃに解任の訴え

仕事をストップさせる

　Ｃが何か悪さをしたため、解任の訴えを起こされたようです。ただ、訴えを起こしてもそう簡単に判決が出るわけではありません。そのためこの**Ｃが、最後にまた悪さをする危険があります**。

　そこで、**訴訟前や訴訟中に、仮処分という迅速な手続をとって、とりあえず仕事自体をやめてもらうことができます**。Ｃは取締役としては残りますが、仕事自体ストップしてもらうのです（**これを職務執行停止といいます**）。

　ただこれにより、**取締役として仕事をしている人が、２人になってしまいます**。そこで、職務執行停止と共に、**裁判所に職務代行者という人を選んでもらい、その人に仕事をやってもらうことができるのです**。

職務代行者
→　後釜が来るまでの、暫定の人
→　常務しかできない

　この職務代行者は暫定的な機関と扱われているため、職務範囲が狭くなっています。

　権利義務取締役や、仮取締役は、普通の取締役と同じだけの権限を持ちますが、この職務代行者だけは、常務しかできないのです。

　常務というのは、通常業務と思ってください。例えば定時株主総会、これは通常業務ですが、臨時株主総会になると、これは通常業務とは言えません。こうい

った通常業務ではないものは、暫定的な職務代行者にはやらせないことにしているのです。

第5節 競業避止義務及び利益相反取引

(1) 競業避止義務

Yパン（株）
関東エリア中心

取締役A

関西でパンの販売をやろう（個人的に）。

競業避止義務、これは、**会社と業務を競い合うなというルール**です。

例えば、あるパン屋さんのメーカーがありました。このパン屋さんは、関東エリアでしか仕事をしてこなかったのです。

そこで取締役の1人が、関西でやれば儲かるんじゃないかと考えて、自分で会社を立ち上げ、関西でも同じようなパン屋をやる、これを認めていいのでしょうか。

　このYパン（株）が、関西エリアでも商売しようと市場調査をしていました。この状態で、取締役の1人が独自に会社を立ち上げて、関西で同じようなパンを売れば、**Yパン（株）の利益を役員個人が奪うという事態になりかねません。これは取締役として、許される行動ではありません。**

　そこで、規制をかけることにしたのです。**会社と同じ業務をやりたければ、事前に会社の承認をとれとしたのです。**

　このYパン（株）というのが、役員が独自にやるってことを認めるか認めないかといえば、今のケースではおそらく認めないでしょう。

　例えばこの役員が個人的なお金を使って、ラゴスで、同じようなパンを売りたいといったらどうでしょう。

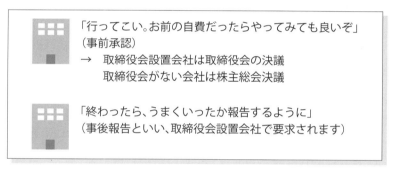

　このように、承認する（＋事後報告を要求する）こともあります。

(2) 利益相反取引

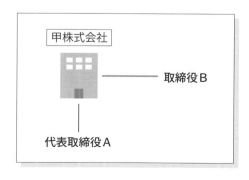

会社と役員が契約をする、これには危険性があります。

会社の代わりに交渉に来るのは代表取締役です。代表取締役Aと取締役Bが交渉することになりますが、**代表取締役と取締役は仲間**です。

すると、**取締役が有利、会社が不利になるような契約を作りかねません。**

そこで、「やりたければ、事前に承認をとりなさい」という規制をかけています。これが利益相反という規制です。

（また、取締役会設置会社では事後報告も要求されます。事前開示・事後報告の仕組みは先ほど説明した競業取引の場合と同様です）

◆ 利益相反取引（承認決議を要するか）◆

承認を要するもの	①会社からの財産の譲受 ②会社からの金銭の貸付を受けること ③会社に対して利息付きで金銭を貸し付けること
	→取締役会設置会社は取締役会の決議 　取締役会がない会社は株主総会決議で承認決議がいる
承認を要しないもの	①会社が取締役から何らの負担のない贈与を受けること ②会社に対する無利息・無担保の金銭貸付 ③普通取引約款による行為（ex. 運送契約、保険契約、預金契約など） ④取締役が株主全員の同意を得て、会社から財産を譲り受けること

取締役と会社が契約することを直接取引と呼びます。この直接取引に該当する場合にも、会社の承認を要するものと要しないものがあります。図表の下の段の承認を要しないものを見てください。

①② やっていることは、会社と役員で贈与契約・金銭消費貸借契約です。ただ、これをしても、**会社が不利益になることはありません。**そのため、会社と取締役との契約ですが、会社の承認なしにできます。

③ 契約のやり方が、全部定型化しています。誰が契約しても、例えば5キログラムならいくら、というのは決まっています。**誰がやっても契約内容が決まっている場合、これも危険性がない**ので、OKです。

④ 会社の所有者というのは、株主です。だったらその**所有者がいいよと言っているなら問題ありません。**

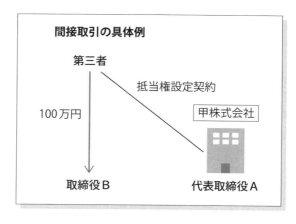

もう1つのパターン、間接取引、**これは担保権の設定の場面と考えれば結構で
す。**

不動産登記法のときに触れた内容どおりですが、**債務者が役員（取締役B）で
設定者が会社**だったら、利益相反取引に該当します。

この場合も、取締役会設置会社は取締役会の決議、取締役会がない会社は株主
総会決議で承認決議が必要になります。

問題を解いて確認しよう

1	取締役会設置会社でない株式会社の取締役が自己のために当該株式会社の事業の部類に属する取引をしようとするときは、株主総会においてその承認を受けなければならない。〔18-33-オ〕	○
2	取締役会設置会社の取締役の競業行為の承認は、株主総会の決議によることを要しない。〔6-30-オ改題〕	○
3	取締役会設置会社であるA株式会社の代表取締役たるXが、A株式会社に対して無利息かつ無担保で金銭の貸付けをしようとする場合には、Xは、A株式会社の取締役会の承認を受けることを要しない。〔24-30-エ〕	○
4	取締役会設置会社である甲会社の取締役Aが、第三者Bの代理人として同社と売買契約を締結するには、取締役会の承認を受けることを要しない。〔6-31-ウ〕	×

5 取締役会設置会社である会社と取締役との間の取引であっても、普通取引約款による運送契約又は預金契約については、取締役会の承認を受けることを要しない。〔60-36-1〕　○

6 取締役会設置会社であるA株式会社の代表取締役たるXが、自己のためにA株式会社と取引をしようとする場合には、XがA株式会社の発行済株式の全部を有するときであっても、XはA株式会社の取締役会の承認を受けなければならない。〔24-30-ウ〕　×

7 教授：　指名委員会等設置会社以外の取締役会設置会社が取締役に対して金銭を貸し付けた後にとらなければならない手続については、どのような規律がありますか。
学生：　当該貸付けにつき取締役会の承認を受けたか否かにかかわらず、当該取締役会設置会社を代表した取締役及び当該貸付けを受けた取締役は、その取引後、遅滞なく、その取引についての重要な事実を取締役会に報告しなければなりません。〔30-30-オ〕　○

──(×肢のヒトコト解説)──

4　取締役Aは自分の会社と契約しています。取締役A個人が会社と契約する場合だけでなく、取締役Aが代理人として会社と契約する場合も承認決議が必要です。

6　これは株主全員が同意していると考えて、承認決議は不要となります。

これで到達！　　合格ゾーン

□ 取締役会設置会社であるA株式会社の代表取締役たるXが、自己のためにA株式会社と取引をしようとする場合には、XがA社の発行済株式の全部を有するときであっても、XはA社の取締役会の承認を受ける必要はない（最判昭45.8.20）。〔24-30-ウ〕

★取締役が会社の全株式を所有しており、会社の営業が実質上取締役の個人経営である場合には、会社（上記の例では株主Xの所有物です）と取締役Xの間に実質的な利益相反の関係になっていないのです。

☐ A及びC両会社の代表取締役である者Xが、A会社を代表して、C会社の債務の保証をすることは、株式会社が取締役以外の者との間において株式会社と当該取締役との利益が相反する取引として、取締役会の承認を受けることを要する（最判昭45.4.23）。〔24-30-オ〕

★債務者と保証人が会社の場合には、債務者の部分をその代表取締役と置き換えます（不動産登記でも同じような処理がありました）。本件は、A会社が、自社の取締役Xの債務を保証することになるので、利益相反となります。

2周目はここまで押さえよう

◆ 承認決議がない場合 ◆

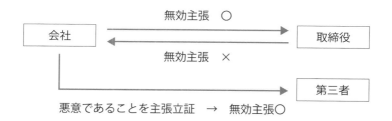

　例えば、取締役の債務を担保するために会社不動産に抵当権を設定することになりました。これは利益相反に該当する行為ですが、会社は承認決議を取らずに契約をしてしまいました。

　この場合、その契約は無効になりますが、それを主張できるのは会社です。
　利益を受ける張本人である取締役が「承認決議がないから無効だ」と主張することはできません。

　また、会社が無効を主張できるといっても、債権者（抵当権者）に対してはできない場合があります。
　もともと債権者は、「契約できた」という期待を持っているため、無効にするのはその人に不意打ちを与えてしまいます。
　そのため、利益相反の当事者でない人に無効主張するには、「利益相反であること」について悪意であることを会社が主張できた場合に限るとしています。

☑ 1 取締役会設置会社であるＡ株式会社の代表取締役たるＸが、取締役会の承認を受けることなくＡ株式会社を代表して債権者Ｂに対する自己の債務の引受けをした場合には、Ａ株式会社は、取締役会の承認の欠缺についてＢが悪意であるかどうかを問わず、Ｂに対し、当該債務の引受けの無効を主張することができる。〔24-30-イ〕　　×

2 取締役会設置会社であるＡ株式会社の代表取締役たるＸが、取締役会の承認を受けることなく自己のためにＡ株式会社と取引をした場合であっても、Ｘは、Ａ株式会社に対し、取締役会の承認の欠缺を理由として当該取引の無効を主張することができない。〔24-30-ア〕　　○

第6節 報酬に関する規制

役員の報酬額をいくらにするのかは、どの機関で決めるべきでしょう。

経営内容と考えれば、取締役が決めるべき内容となりますが、それでは

取締役は、自分の報酬を自分で決められる（不当に高くする）

対立している監査役の報酬は、不当に低くする

という危険性があります。

そこで、会社は「定款・株主総会で決議すること」というルールを作ることによって、**取締役の独断で決めさせない**ことにしています。

株主総会で報酬を決める場合、その株主総会に提出する議案は取締役が作ります。この「**議案を提出した取締役は、株主総会において、当該事項を相当とする理由を説明しなければならない（361 Ⅳ）**」というルールを作って、透明性を確保するようにしています。

次に報酬についての横断整理の図表を入れておきます。学習が進んできましたら、図表でまとめてください。

◆ 報酬等に関する横断整理 ◆

	報酬を定める方法	全員の報酬の総額は定めてあるが、各役員の具体的な報酬等について定款の定め又は株主総会決議がない場合
取締役 清算人 （361・482Ⅳ） （注1）	定款に定めがない場合にあっては、株主総会決議により定める（注2）	取締役会の決定にゆだねることもできる （最判昭60.3.26）（注3）
会計参与 （379） （注1）	定款にその額を定めていないときは、株主総会決議により報酬等を定める	会計参与の協議によって定める
監査役 （387）		監査役の協議によって定める
監査等委員である 各取締役 （361Ⅲ）	定款にその額を定めていないときは、株主総会決議により報酬等を定める	監査等委員である取締役の協議によって定める
会計監査人 仮会計監査人 （399）	取締役は、会計監査人又は一時会計監査人の職務を行うべき者の報酬等を定める場合には、監査役（監査役が2人以上ある場合にあっては、その過半数）の同意を得なければならない ・監査役会設置会社では監査役会の同意 ・監査等委員会設置会社では監査等委員会の同意 ・指名委員会等設置会社では監査委員会の同意が必要	

（注1）指名委員会等設置会社にあっては、執行役及び取締役（会計参与設置会社にあっては、執行役、取締役及び会計参与）の個人別の報酬等の内容の決定権限は、報酬委員会にある（404Ⅲ）。
　　　もし、執行役が指名委員会等設置会社の支配人その他の使用人を兼ねているときは、当該支配人その他の使用人の報酬等の内容についても、報酬委員会が決定する（404Ⅲ）。
（注2）取締役の報酬等を定める議案を株主総会に提出した取締役は、当該株主総会において、当該事項を相当とする理由を説明しなければならない（361Ⅳ）。
（注3）次に掲げる株式会社の取締役会は、取締役の個人別の報酬等の内容についての決定に関する方針として法務省令で定める事項を決定しなければならない（361Ⅶ）。
　　　・監査役会設置会社（公開会社であり、かつ、大会社であるものに限る。）であって、金融商品取引法24条1項の規定によりその発行する株式について有価証券報告書を内閣総理大臣に提出しなければならないもの
　　　・監査等委員会設置会社

第4章 取締役会

ここでは取締役が集まる会議体、取締役会を見ていきます。手続面がよく問われるので暗記がメインになります。
そして、最後では特別取締役という制度を学びます。ここは、制度趣旨から理解することを心がけましょう。

第1節 取締役会の招集

◆ 取締役会の招集権者 ◆

原則	各取締役
例外1 （特定の取締役）	定款又は取締役会決議により、特定の取締役のみを招集権者とすることもできる（366Ⅰ） ただ、招集権者が特定されている場合であっても、それ以外の取締役は招集権者に対し、取締役会の目的である事項を示して、取締役会の招集を**請求することができる**（366Ⅱ）
例外2 （株主）	取締役会設置会社の株主は、取締役が取締役会設置会社の目的の範囲外の行為その他法令若しくは定款に違反する行為をし、又はこれらの行為をするおそれがあると認めるときは、取締役会の目的である事項を示して、取締役会の招集を取締役（招集権者が定められている場合は招集権者）に対し、**請求することができる**（367Ⅰ・Ⅱ）
例外3 （監査役）	監査役は、取締役が不正の行為をし、若しくは当該行為をするおそれがあると認めるとき、又は法令若しくは定款に違反する事実若しくは著しく不当な事実があると認めるときにおいて、その旨を取締役会に報告する必要があると認めるときは、取締役（招集権者が定められている場合は招集権者）に対し、取締役会の招集を**請求することができる**（383Ⅱ）
例外4 （監査等委員会設置会社）	招集権者の定めがある場合であっても、監査等委員会が選定する監査等委員は、取締役会を**招集することができる**（399の14）
例外5 （指名委員会等設置会社）	招集権者の定めがある場合であっても、指名委員会等がその委員の中から選定する者は、取締役会を**招集することができる**（417Ⅰ）

　取締役会を招集するのは、原則は取締役個人です。1人1人が招集することができます。

<**例外１**>

　個人１人１人やると、**みんながあっちこっちで招集するということが起きる**ので、大きな会社では定款で、社長だけが招集するというように限定をかけています。

　でも、社長だけに限定してしまうと、**社長が自分の都合の悪い時は取締役会を開かないといった事態も生じます**。そこで例外も用意して、他の取締役も招集を請求できることにしました。

<**例外２、３**>

　取締役が悪さをしているおそれがある場合、

株主

取締役Ａが悪さをしている可能性があるから、取締役会を開いて事情を聴いて！

という感じで取締役会の招集を請求できます。

　ただ、これができるのは、基本は監査役です。監査役や監視する機関がない場合のみ株主が請求できます（監査役などがいる場合は、そちらに任せろという趣旨です）。

　そして、注意すべきなのは、株主や監査役が行う場合でも

「私の権限で、取締役会を開きます」と招集することはできず、

「取締役会を開きなさい」と請求することが必要な点です（これで無視すれば、招集することができます）。

　まずは、正規の手続で招集することを期待して、それでも開催されないときに、初めて招集できるとしています。

<**例外４、５**>

　委員会の場合、委員会の選定する委員１人１人が招集できます。今までの例外と違い「招集を請求できる」（招集しろと請求する）ではなく、**自分の権限で「招集する」という点がポイント**です。

◆ 取締役会の招集手続 ◆

招集通知の発送期間	取締役会の日の1週間前までに各取締役（監査役が出席権限を有する場合は各取締役及び各監査役）に対し、招集通知を発しなければならない（368Ⅰ）
	定款でこの期間を短縮することができる（368Ⅰ括弧書）
招集の方法	口頭（電話を含む）でも書面でもよい。（注）
招集手続の省略	取締役（監査役設置会社にあっては、取締役及び監査役）全員が同意した場合は、招集手続を省略することができる（368Ⅱ）

（注）通知には議題を示すことを要しない（299Ⅳ・298Ⅰ②と比較）。

招集通知の発送期間

株主総会の招集期間はどれくらいでしたか。これは、公開会社が2週間、非公開会社が1週間、取締役会を置かない会社はさらに短縮OKでした。

取締役会は招集期間は1週間、さらに短縮ができるとなっています。

招集の方法

これは、口頭でも構いません。

そして（注）を見てください。議題等を提示しなくてもいいのです。議題など提示がなくても、いきなり当日その場で判断しなさいと言われるのです。

取締役は経営をするプロとして、選ばれているため、テーマがなく呼ばれても、当日判断しなさいってことなのです。

このような手続になっていますが、こういう招集手続は絶対要るというわけではないのです。

招集手続の省略

出席をする人がみんな賛成すれば、招集手続をしなくていいよとしています。

出席する人は、取締役だけでなく、監査役も入ります。監査役は、取締役会のお目付け役として出席します。

そのため、**取締役と監査役全員の同意があれば、招集手続をとらずに開催できます**（もちろん監査役設置会社でなければ、監査役の同意は要りません）。

1 監査役を置く取締役会設置会社で、かつ、監査役の監査の範囲を会計に関するものに限定する旨の定款の定めがある会社の代表取締役が法令又は定款に違反する行為をした場合、各株主は、取締役会を招集する権限を有する取締役に対し、代表取締役の解職を目的として、取締役会の招集を請求することができる。〔20-33-ア〕　　　　　○

2 監査役の監査の範囲が会計に関するものに限定されている場合における取締役会設置会社の株主は、取締役が当該会社の目的の範囲外の行為その他法令若しくは定款に違反する行為をし、又はこれらの行為をするおそれがあると認めるときは、取締役会の招集を請求することができる。〔18-35-ウ〕　　　　　○

3 監査役設置会社である取締役会設置会社において、監査役は、取締役が不正の行為をするおそれがあると認めるときは、直ちに、取締役会を招集することができる。〔29-30-オ〕　　　　　×

4 招集通知は、取締役会については口頭ですることでも足りる。
〔11-34-イ改題〕　　　　　○

5 会社法上の公開会社でない会社、監査等委員会設置会社及び指名委員会等設置会社を除く株式会社において、取締役及び監査役の全員の同意があるときは、招集の手続を経ないで取締役会を開催することができる。〔63-36-2（22-30-ウ）〕　　　　　○

------- ×肢のヒトコト解説 -------

3 まずは招集を請求することができます。いきなり招集はできません。

第2節 取締役会決議

 覚えましょう

定足数	取締役会の決議を有効に行うためには、議決に加わることができる取締役の過半数の出席を要する（369 I 前段） 定款で加重することは可能だが、軽減することはできない（369 I 前段括弧書）
決議要件	出席した取締役の過半数の賛成を要する（369 I 後段） 定款で加重することはできるが、軽減することはできない（369 I 後段括弧書）

　過半数が出席して、過半数の賛成が要るのですが、これは誰の過半数なのでしょう。これは**取締役の過半数**です。

　監査役には出席する権限はあります。でも、監査役が来ていないからといって、定足数をクリアできないわけではありません。

　また、監査役は出席しますが、賛成反対の意思表示をすることはできず、あくまでもお目付け役として参加するだけなことに注意をしてください。**監査役は、経営者ではなく、監視として参加しているという理解がいいでしょう。**

（例題）
令和6年6月20日取締役会を開催し、「株式分割の決議」をした。
決議が成立したか否かを判断せよ。

（現存する役員）　　　　　　取締役　A　B　C　D　E　F
　　　　　　　　　　　　　　監査役　G　H　I

（取締役会に出席した役員）　取締役　A　B　C　D
　　　　　　　　　　　　　　監査役　G　H

（決議に賛成した役員）　　　取締役　A　B　C

繰り返しますが、監査役には出席する権限がありますが、そこはカウントしま

せん。そのため、取締役の過半数というのは、ＡＢＣＤＥＦ６人の過半数となり、４人の出席が必要になります。

　すると今回４人が出席していて、かつ、その過半数が賛成しているので、決議は成立しています。

　ちなみに、決議要件のルールは定款で変えられます。ただし「取締役の３分の１が出席すればいい」「出席の４分の１が賛成すればいい」というような**軽くする方向では変えられません**。

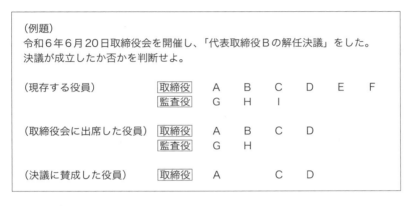

（例題）
令和６年６月20日取締役会を開催し、「代表取締役Ｂの解任決議」をした。
決議が成立したか否かを判断せよ。

（現存する役員）	取締役	Ａ	Ｂ	Ｃ	Ｄ	Ｅ	Ｆ
	監査役	Ｇ	Ｈ	Ｉ			
（取締役会に出席した役員）	取締役	Ａ	Ｂ	Ｃ	Ｄ		
	監査役	Ｇ	Ｈ				
（決議に賛成した役員）	取締役	Ａ		Ｃ	Ｄ		

　このケース、Ｂ自身は議決権が使えません。自分の解任について決議している場合、

君は利害が強いから、一票を入れさせないよ。

とされ、そのＢには議決権を認めないのです（**特別利害関係人には議決権はありません**）。

　この場合、処理としては、「Ｂは世の中にいないんだ」と思って、**Ｂを隠して処理してみてください**。

　Ｂを隠せば、取締役の人数は５人です。その５人の過半数だから、３人出席してればいいんですよ。

　今回３人出席しているから定足数はクリアし、そのうちの３人とも賛成してい

ますから、賛成数もクリアしています。

これで到達！　　合格ゾーン

☐ 株式会社の取締役会の定足数は、開会時に充足されただけでは足りず、討議・議決の全過程を通じて維持されるべきであり、議決時にこれを欠くに至った場合には、当該決議は無効である（最判昭41.8.26）。

★取締役会において、取締役が協議と意見の交換により、取締役の英知が結集されて、結論が出されることが期待されているためです。

　このように、Bの解任決議をする場合は、Bは特別利害関係人となるため、議決権を認めません。Bのことを決めるすべての議案が特別利害関係になって、議決権がなくなるわけではありません。

▶Point

特別利害関係があると扱われる場合
① 代表取締役解職決議の際の当該代表取締役たる取締役
② 利益相反取引・競業取引承認決議の際の当該取引をする取締役

　特別利害関係があることをもって、議決権を行使できない議案はこの2つだけです。これ以外であれば、議決権が認められ、例えば**Bを代表取締役として選定する決議では、Bに議決権が認められます。**

◆ 取締役会と株主総会の議決権の比較 ◆

	取締役会	株主総会
特別利害関係人がいる場合の効果	特別利害関係人は議決権を行使することができない（369Ⅱ）	特別利害関係人であっても議決権を行使することができ、それによって著しく不当な決議がされた場合には決議取消しの訴えの原因となるにすぎない（831Ⅰ③）
代理行使	認められない	認められている（310）

　株主総会ではその特別利害関係人である株主に議決権があるのですが、取締役

会では利害関係のある取締役に議決権がありません。

　取締役というのは、プロとして選ばれてます。自分のことが決議されているのであれば、身を引くべきなのです。

　次に、代理人を使っていいかというと、これも結論が異なってきます。取締役は**経営のプロとして株主から選ばれているのですから、取締役会に別人を行かせるのは、株主の意思に反します。**

 覚えましょう

◆ 決議の省略（みなし決議）の要件の比較 ◆

株主総会決議の省略（319 I）	取締役会決議の省略（370）
①取締役又は株主が株主総会の目的である事項について提案 ②①の提案につき議決権を行使することができる株主の全員が書面又は電磁的記録により同意	①取締役が取締役会の決議の目的である事項について提案 ②①の提案につき取締役（当該事項について議決に加わることができるものに限る）の全員が書面又は電磁的記録により同意 ③監査役設置会社にあっては、監査役が当該提案について異議を述べていないこと ④定款規定があること

　みなし決議というのは、株主総会にもありますし、取締役会にもあります。ただ要件が若干違います。

　事前にみんなの賛成があるという点は同じなのですが、**取締役会では、監査役が文句を言っている場合はできません。**

　また、**取締役会でみなし決議ができるという定款規定がないとできません。**このみなし決議になった場合には、集まって会議をしません。株主としてみれば、**役員には集まって経営内容は話し合って決めてもらいたいと思って選んでいます。**そこで、定款規定で「みなし決議をしていいよ」という授権がなければ、みなし決議はできないとしているのです。

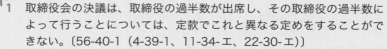

問題を解いて確認しよう

1	取締役会の決議は、取締役の過半数が出席し、その取締役の過半数によって行うことについては、定款でこれと異なる定めをすることができない。〔56-40-1（4-39-1、11-34-エ、22-30-エ）〕	×
2	やむを得ない理由により取締役会に出席できない取締役は、代理人により議決権を行使することができる。〔3-38-2（11-34-ウ）〕	×
3	代表取締役の解任に関する取締役会の決議において、その対象となっている取締役は、当該決議につき議決権を行使することができる。〔オリジナル〕	×

ヒトコト解説

1 定款で加重することが可能です。

2 取締役は信頼されて選ばれているため、代理人を立てることはできません。

3 代表取締役の解任議案では、その代表取締役は特別利害関係を持っているため議決権はありません。

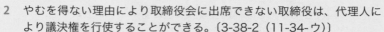

2周目はここまで押さえよう

◆ 報告の省略 ◆

	株主総会への報告の省略 （320）	取締役会への報告の省略 （372）
どのような要件を満たすと報告を省略することができるのか	① 株主の全員に対して報告すべき事項を通知 ② 株主総会に報告することを要しないことにつき株主の全員が同意	取締役（監査役設置会社にあっては、取締役及び監査役）の全員に対して報告すべき事項を通知
補足	———	3か月に1回の職務執行状況の報告は省略することができない

　会議で伝える内容を、出席者に事前に伝えておけば、会議で報告したと扱えます（わざわざ会議を開く必要はありません）。

　ただ、株主総会では伝えるだけでは足りず、株主から「会議を開かなくていい」という同意をもらう必要があります。

また、取締役会は３か月に１回の報告する義務があるのですが、これは事前に伝えていたとしても省略はできません。この報告は、３か月間の反省会の意味もあり、全員で集まって話し合うべきだからです。

> ☑ 1　監査役設置会社である取締役会設置会社において、代表取締役は、３か月に１回以上、自己の職務の執行の状況を取締役会に報告しなければならず、当該報告については、取締役及び監査役の全員に対して取締役会に報告すべき事項を通知することによって省略することができない。
>
> 〔29-30-ア〕　　　　　　〇

◆ 取締役会議事録と株主総会議事録との比較 ◆

		取締役会議事録（369・371）		株主総会議事録（318）	
署名又は記名押印の義務者		① 出席取締役 ② 出席監査役		署名又は記名押印の義務はない	
備置	本店	10年間		10年間	
	支店	×		５年間	
閲覧・謄写等		請求権者	裁判所の許可	請求権者	裁判所の許可
		① 株主	△（注）	① 株主	×
		② 親会社社員	〇	② 親会社社員	〇
		③ 債権者	〇	③ 債権者	×

（注）監査役設置会社又は委員会設置会社においては、裁判所の許可を要する（会371Ⅲ）。

　会社法は、「会議を開催→議事録という形式で記録に残す→閲覧できるようする」という規制を多くの会議体に要求しています。

　株主総会があった場合は、その議事録を本店と支店において、それを一定の者に閲覧を認めています。また、閲覧できる人は、以前説明した基本形どおり「**株主・債権者・親会社社員、ただし、親会社社員が閲覧するときは、裁判所の許可が要る**」になっています（株主名簿の閲覧請求権者を復習してください）。

　一方、**取締役会の議事録は閉鎖的、見せない方向で作られています**。これは、その会議において企業秘密について話し合われている可能性も高く、広く第三者

に見せるべき内容ではないためです。

　そのため、**支店にはおかない、基本裁判所の許可がなければ閲覧請求できない**
としています（もし、監査役設置会社・委員会設置会社でもなければ株主しか見
れる人がいないので、許可なしで見れるようにしています）。

　ちなみに、議事録には出席者に対して署名・記名義務を課すことがあります。
取締役会は取締役・監査役が出席するので、彼らが署名・記名等をします。
　一方、株主総会には株主が出席しますので、彼ら全員の署名・記名・・という
のは無理なので、会社法では条文で規制をしていません。

----- 問題を解いて確認しよう -----

1	会計参与は、計算書類の承認をする取締役会に出席しなければならず、取締役会の議事録が書面をもって作成されているときは、出席した会計参与は、これに署名し、又は記名押印しなければならない。〔29-30-エ〕	×
2	監査役会設置会社の債権者が当該監査役会設置会社の株主総会の議事録の閲覧又は謄写の請求をするには、裁判所の許可を得ることを要しない。〔令5-31-ア〕	○
3	監査役会設置会社の親会社社員が当該監査役会設置会社の株主総会の議事録の閲覧又は謄写の請求をするには、裁判所の許可を得ることを要する。〔令5-31-イ〕	○
4	監査役会設置会社の債権者が当該監査役会設置会社の取締役会の議事録の閲覧又は謄写の請求をするには、裁判所の許可を得ることを要しない。〔令5-31-ウ〕	×
5	監査役会設置会社の親会社社員が当該監査役会設置会社の取締役会の議事録の閲覧又は謄写の請求をするには、裁判所の許可を得ることを要する。〔令5-31-エ〕	○

----- ×肢のヒトコト解説 -----

1　会計参与には記名押印義務はありません。

4　債権者が閲覧するには許可が必要です。

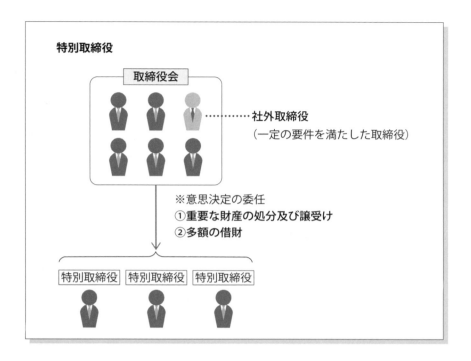

特別取締役

取締役会

………… 社外取締役
（一定の要件を満たした取締役）

※意思決定の委任
①重要な財産の処分及び譲受け
②多額の借財

特別取締役　特別取締役　特別取締役

　これは「役員の人数が多い→迅速に物事が決められない」というような事態に
採用する制度です。
　具体的には、取締役会で３人以上を選んで、そこに権限を投げるのです。

　具体的には取締役会で、特別取締役というものを３人以上選び、取締役会がそ
の取締役たちに「重要な財産の処分及び譲受け、多額の借財については、君達で
迅速に決めてくれ」と頼みます。これが特別取締役という制度です。
　ただこれはどんな会社でも採用できるわけではなく、次の３つの要件が必要で
す。

覚えましょう

①取締役会設置会社（指名委員会等設置会社を除く）であること
②取締役の数が６人以上であること
③取締役のうち１人以上が社外取締役であること

①取締役会設置会社であることが必要です。そして、この制度は指名委員会等設置会社との併用ができません。

　委員会というのも、少ない人数で物事を決める制度です。その**少ない人数で物事を決める制度は、併用ができない**のです。

②６人以上というのは、「人数が多いため、取締役会で決議が取りづらい」という事情に該当する要件です。

③**外部の人間を見張りとして役員にしなさいとしています**。この外部の人間というのが、社外取締役です。

　この外部の人間は、１人だけいれば結構です。**しかも、その人を特別取締役の中に入れる必要はありません**。ただ単に外部を入れて、監督できればいいのです。

　では、何をもって外部というのでしょうか。

> 当該株式会社又はその子会社の
> 業務執行取締役若しくは執行役又は支配人その他の使用人でなく、
> かつ、
> その就任の前10年間当該株式会社又はその子会社の業務執行取締役等であったことがないこと

　まずは、いわゆる**従業員という経歴がある場合はダメ**です（上記の使用人に当たります）。

　また、業務をやっている、**お仕事を実行する立場にいる人も社内側になります**。
　従業員はダメ、実行する立場にいてもダメ、しかも、これが自分の会社だけじゃなくて、子会社でもそういうことがあったらだめなのです。

　ただ、この経歴だったらずっと社内側の人間という訳ではありません。**10年以上前であればもう社内側の状態がなくなり、社外の人と扱われます**（社外の要件は他にも多数あります）。

最後になりますが、この特別取締役制度というのは、取締役会の一存で決められます。つまり、**定款規定なくして、取締役会の一存で採用できる制度**なのです。

問題を解いて確認しよう

1　特別取締役による取締役会ですることができる決議は、重要な財産の　　○
　処分及び譲受け並びに多額の借財に関することに限られる。
〔オリジナル〕

2　特別取締役による議決の定めがある場合、特別取締役のうち一人以上　　×
　は社外取締役でなければならない。〔オリジナル〕

3　監査役設置会社である取締役会設置会社において、重要な財産の処分　　×
　若しくは譲受け又は多額の借財についての取締役会の決議について、
　特別取締役による議決をもって行うことができる旨は、定款で定める
　ことを要する。〔29-30-イ改題〕

×肢のヒトコト解説

2　社外取締役は必要ですが、その人を特別取締役にする必要はありません。

3　取締役会が特別取締役の制度を採用します。定款で定めることを要しません。

これで到達！　合格ゾーン

☐ 特別取締役の互選によって定められた者は、特別取締役による取締役会の決議後、遅滞なく、当該決議の内容を特別取締役以外の取締役に報告しなければならない（373Ⅲ）。これに対して、監査役に対する決議内容の報告義務はない。
〔29-30-ウ〕

★特別取締役で決議をした場合、「こういう決議をしました」という連絡を他の取締役に対して行います。ただ、監査役に対しては行いません。もともと、監査役には業務財産調査権が認められており、特別取締役による取締役会に自ら出席することもできるためです。

このテーマで出てきた社外取締役は、以下の場面で設置が義務になっています（下記の②は後に説明します）。

① 特別取締役制度を採用した場合

② 委員会制度（指名委員会等設置会社・監査等委員会設置会社）を採用した場合

③ 監査役会設置会社（公開会社であり、かつ、大会社であるものに限る。）であって金融商品取引法第24条第１項の規定によりその発行する株式について有価証券報告書を内閣総理大臣に提出しなければならないもの

③は、**上場している企業**と考えておけば結構です。上場企業では、投資家からの強い要望から、社外取締役による監視が義務化されたのです。

問題を解いて確認しよう

| 1 | 会社法上の公開会社であり、かつ、大会社である監査役会設置会社は、社外取締役を置かなければならない。〔28-30-オ改題〕 | × |

ヒトコト解説

1　その発行する株式について有価証券報告書の提出義務を負うものでなければ、社外取締役の義務は課せられません。

~大きな会社は取締役会で選ばれますが、違うケースもあります~

第5章 会社の代表機関

代表取締役を学ぶ部分です。
会社法というよりは次の商業登記法のための重要な前
提知識になります。
誰が代表取締役になるのかは、必ずスラスラといえる
ようにしておきましょう。

◆ 業務執行を行うもの ◆

	指名委員会等設置会社	指名委員会等設置会社でない取締役会設置会社	非取締役会設置会社
対内的側面	執行役 (418)	代表取締役 業務担当取締役 (363Ⅰ各号)	取締役 (348ⅠⅡ)
対外的側面	代表執行役 (420Ⅲ)	代表取締役 (362Ⅲ・47Ⅰ)	取締役 (349Ⅰ)

　会社の対内的側面の実行、対外的側面の実行を誰がするのでしょうか。
　3つのパターンがあります。

　「指名委員会等設置会社でない取締役会設置会社」では、対内的側面も対外的側面も代表取締役が行います。ただ、**代表取締役がすべてやるのはきついので、対内的側面だけは、取締役に投げることができます**。その取締役を、業務担当取締役もしくは業務執行取締役と呼びます（ちなみに、これによってその取締役は社外性がなくなります）。

　一方、非取締役会設置会社は、対内的側面も、対外的側面も取締役の時点でできてしまいます。**非取締役会設置会社は、「取締役＝代表取締役」が基本になる**のです。
　では、誰が代表取締役になるかを見ていきましょう。

◆ 代表取締役となる者 ◆

		代表取締役となる者	就任承諾の要否
取締役会を置かない会社（349）	代表取締役を選任してない場合	各取締役	
	選任がある場合	①定款に代表取締役として氏名を記載された者	×
		②株主総会の決議によって選任された者	×
		③定款規定に基づく取締役の互選で選ばれた者	○
取締役会設置会社（362Ⅲ）		④取締役会の決議で選定したもの	○

　まずは、取締役会を置かない会社から見ていきましょう。取締役会を置かない会社では、誰も選ばなければ、**各取締役が、代表取締役になります。各自代表取締役とか、各自代表といいます。**取締役がＡＢＣで誰も選んでいなければ、みんなが代表取締役ということです。

　一方、代表取締役をあえて選ぶことも可能です。選び方が3つあります。

> ①定款に「第3条　代表取締役は田中とする」と具体的に規定する。
> ②株主総会で「代表取締役を田中とする」と選任決議する（これは普通決議になります）。
> ③定款に「当社の代表取締役は取締役の互選で選任する」という規定がある状態で、取締役が話し合って「代表取締役は田中とする」と決める。

　代表取締役をあまり変えたくないという会社は①で代表取締役を決め、ある程度変えたいという会社は②で代表取締役を選びます。

　もっと変えやすくしたいなと考えた会社は③を選びます。定款に「当会社は、

取締役の互選で代表取締役を選ぶ」と決めておけば、あとは取締役の話し合いで代表取締役を選べるようになります。

次に取締役会設置会社がどうなるかを見ていきます。

362条（取締役会の権限等）
3　取締役会は、取締役の中から代表取締役を選定しなければならない。

取締役会設置会社では、代表取締役を選ぶ義務があります。取締役会を置かない会社のように、**代表取締役を選ばないという選択肢がありません**。

次は、図表の一番右、就任承諾の要否というところを見ていきます。
例えば一番下の取締役会設置会社は○となっています。**これは選ばれても、就任承諾しなければ代表取締役にはならないよ**ということです。

一方、×と載っているところもあります。これは、選ばれた時点で代表取締役になります。就任承諾が要らないということです。つまり、**選任されれば「嫌だ」と言っても、自動的に代表取締役になる**ということです。

取締役になった時点でいろんな義務が発生しますが、代表取締役独自の義務というのは会社法にはありません。
そういった立場を会社の所有者である株主が選んだ場合は、選ばれた人は、拒否ができないのです。

一番偉い株主が選んでいる、かつ、代表取締役自体には義務性もないから拒否ができないのです（①②というのは、株主が、選んでいることに気付くでしょうか）。
一方、**役員が決めた場合、役員同士が代表権を押し付け合っているという危険もあるので、選ばれても拒否ができる**としています。この場合は就任承諾がなければ、代表取締役とはなりません（③④がこれにあたります）。

1	取締役会設置会社でない株式会社の定款で定めた取締役の員数が1名であるときは、代表取締役となる。〔18-33-ア改題〕	○
2	取締役会設置会社以外の株式会社は、株主総会の決議によって、取締役の中から代表取締役を定めることができる。〔オリジナル〕	○

これで到達！　　　合格ゾーン

☐ 会社法上の公開会社でない取締役会設置会社においては、取締役会の決議によるほか株主総会の決議によっても代表取締役を選定することができる旨の定款の定めは、有効である（最決平29.2.21）。〔令5-28-イ〕

★取締役会の決議によるほか株主総会の決議によっても代表取締役を定めることができる旨を定款に定めたとしても、取締役会ができることは変わらず、取締役会の権限が否定されないため有効と解釈されています。

☐ 代表取締役の権限に加えた制限は、善意の第三者に対抗することはできない（349Ⅴ）。また、これらの制限については登記することができない。

★代表取締役であればありとあらゆる行為の代表ができると周りは信用します。そのため、「当社の代表取締役が2,000万以上の取引をすることはできない」など制限を加えても、この規制を知らずに3,000万の取引をした人に対して、会社は上記の制限を主張することはできません。

第6章 会計参与

取締役と共同して、計算書類を作る会計参与を学びます。多く出題されるところではないので、欠格事由・お仕事・任期を押さえたら次の節にいきましょう。

覚えましょう

会計参与の資格
① 公認会計士　② 監査法人　③ 税理士　④ 税理士法人

会計参与は、取締役と共同して計算書類を作るプロです。

そのため、会計に関する専門知識がある資格者（税理士・公認会計士）だけに限定しています。

監査法人というのは、公認会計士が法人化したもので、税理士法人というのは税理士が法人化したものです。

取締役と違って、法人が許されるという点に気を付けてください。

覚えましょう

会計参与の欠格事由
株式会社又はその子会社の取締役、監査役、若しくは執行役又は支配人その他の使用人

会計参与は外部機関です。例えば社内の従業員で税理士資格を持っている人がいたとしても、会計参与とはなれません（欠格事由は、これ以外にもあるのですが、まずこちらに載っているものを押さえてください）。

Point

会計参与のお仕事（代表的なもの）

① 計算書類等の取締役（執行役）との共同作成（374 Ⅰ・Ⅵ）

② 計算書類等の備置き等（378 Ⅰ）＊登記事項

　会計参与のお仕事、基本的には２つです。

　会計参与は会社と一緒に計算書類を作り、会社は、その計算書類を残しておきます。

　ただ、その会社が計算書類を紛失する危険があります。紛失する危険があるというところから、会計参与の事務所に、別途置いておきなさいとしました。

　そして、**書類を置いた場所が登記事項になっています。**税理士の事務所（特に複数の事務所を有している場合）のうち、どこの事務所に置いているかを登記簿に載せることにしているのです。

 Point

会計参与が任期満了する定款変更

会計参与を置く旨の定款の定めを廃止する定款変更（334 Ⅱ）

　会計参与の任期は、基本は取締役と同じです。取締役とタッグを組むというところから、**任期は、取締役と同じルール**にしています。

　１つだけ取締役と違うルールがあります。それが上のポイントです。

　株主総会と、取締役以外を置きたい場合は、定款に記載が必要でした。その定款の記載を削除すれば会計参与は退任することになります（取締役にはなかった制度です。なお、取締役を置くことは必須なので、取締役の設置を廃止することはできません）。

1	取締役会設置会社以外の株式会社において、会計参与の任期は、原則として、選任後4年以内に終了する事業年度のうち最終のものに関する定時株主総会の終結の時までである。〔オリジナル〕	×
2	株式会社の取締役は、その親会社の会計参与となることができる。〔24-31-イ〕	×

ヒトコト解説

1 任期は取締役と同じなので、2年です。

2 子会社の取締役は、親会社の会計参与の欠格事由です。

第7章　監査役

ここは取締役と同じぐらい出題されるところです。

取締役と似ているところもあれば、違うところもあるのでそこは意識しましょう。

また、監査できる内容を限定した場合の処理も重要です。どういう仕事ができなくなるのかを覚えていきましょう。

監査役の欠格事由

① 法人

② 会社法関連の罪を犯し、刑に処せられ、その執行を終わり、又はその執行を受けることがなくなった日から2年を経過しない者

③ その他の犯罪を犯し、禁錮以上の刑に処せられ、その執行を終わるまで又はその執行を受けることがなくなるまでの者（刑の執行猶予中の者を除く。）

監査役の欠格事由は、取締役と全く同じです。

監査役の選任では、兼任禁止という論点があります。次の図を見てください。

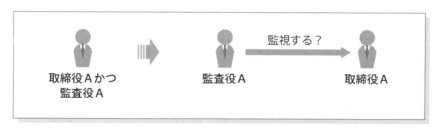

　監査役は自分の会社の取締役がちゃんとやってるかを調査します。でもその監査役が、取締役でもあったら、自分で自分のことを調査することになります。**自分で自分のことを監査させても、手を抜くでしょうね。**

　こういったことから、**取締役と監査役の兼任を認めていない**のです。

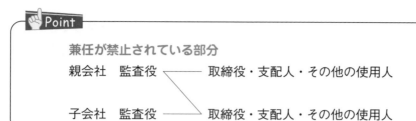

兼任が禁止されている部分

親会社　監査役 ――――― 取締役・支配人・その他の使用人

子会社　監査役 ――――― 取締役・支配人・その他の使用人

　監査役はその会社の取締役と兼任できないだけでなく、**子会社の取締役と兼任することもできません。**

　監査役には子会社調査権というのがあります。そこで、子会社の役員と兼任してしまうとやはり自己監査の危険が生じるので、子会社の取締役と兼ねることも禁じています。

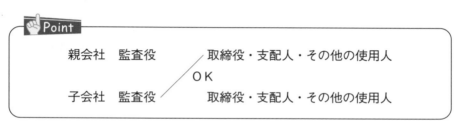

親会社　監査役　　　　　　取締役・支配人・その他の使用人
　　　　　　　　　　　　OK
子会社　監査役　　　　　　取締役・支配人・その他の使用人

　ただ、監査役は、**親会社の取締役を兼ねることはできます。監査役には親会社調査権というものがない**からです。

　本当はもっと細かくなっているのですが、現時点ではこれぐらいにしておいてください。

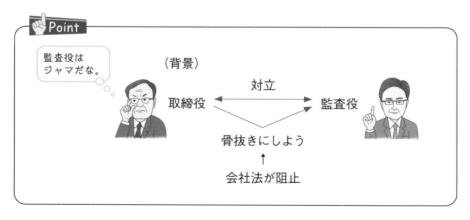

　取締役と監査役は、いわば敵同士です。そのため、取締役は、監査役制度を骨抜きにしようとします。

　取締役が監査役制度を骨抜きにしようとすることを会社法が止めようとしています。その止めようとするところを、いくつか見ていきましょう。

　監査役の選任手続です。

　選び方の順番としては、取締役が監査役を誰にするかの人事案を作り、株主総会に提出し、株主総会で決議をするとなっています。

　そして、株主総会に提出する人事案を作るのは取締役会です。すると**取締役は、自分たちの言いなりになる人だけを、株主総会に提出する可能性があります。**

　これはまずいので、**人事案について監査役のＯＫを要求しています**（図の左から３つ目を見てください）。監査役の過半数がＯＫをしないと人事案は、株主総会に出せないのです。

　次に図の右から２つ目を見てください。
　監査役が株主総会に行って、意見を言えるようにしています。

今回議案に出ている誰々は取締役とズブズブの関係ですよ。だから選ばないほうがいいですよ。

監査役

　などと意見を言うことができるのです。

他にもあります。図の一番左を見てください。骨抜きにする方法として、いつまでたっても、監査役の議案を作らないということもあるのですね。

そこで、**監査役の方で早く議案を作れと請求できる**ようにしています。

1	取締役は、監査役がある場合において、監査役の選任に関する議案を株主総会に提出するには、監査役の意見を聴かなければならないが、その同意を得る必要はない。〔19-31-ウ〕	×
2	取締役は、監査役会設置会社以外の監査役設置会社において、監査役の選任に関する議案を株主総会に提出するには、監査役が二人以上ある場合にあっては、その全員の同意を得なければならない。〔30-31-イ〕	×
3	監査役会は、取締役に対し、監査役の選任を株主総会の目的とすること又は監査役の選任に関する議案を株主総会に提出することを請求することができる。〔オリジナル〕	○

×肢のヒトコト解説

1 監査役の同意が必要です。

2 全員の同意ではなく、過半数の同意で足ります。

2周目はここまで押さえよう

◆ 意見陳述権 ◆

	監査役	会計監査人	会計参与
選任についての意見陳述権	○ (345 I・IV)	○ (345 I・V)	○ (345 I)
解任についての意見陳述権	○ (345 I・IV)	○ (345 I・V)	○ (345 I)
辞任についての意見陳述権	○ (345 I・IV)	○ (345 I・V)	○ (345 I)

　選任について意見が言えるという話は、監査役に限ったわけではなく「監査役・会計監査人・会計参与」に共通します。彼らは、監視する役員等であり、どうしても立場が弱くなりがちになるので、それを保護しようとしているのです。

　また、選任だけでなく解任する場面、辞任する場面でも意見が言えます。「今回辞任することになりましが、これは取締役の〇〇さんに強要されているのです」など言えるようにしています。

✓ 1　会計参与は、株主総会において、会計参与の解任について　　　○
　　　意見を述べることができる。〔令3-30-ア〕

　 2　監査役会設置会社の監査役は、株主総会において、取締役　　　×
　　　の選任について監査役会の意見を述べることができる。
　　　　　　　　　　　　　　　　　　　　　　　　　　　〔28-31-ウ〕

 覚えましょう

◆ 監査役会設置会社の監査役と、監査役会設置会社でない会社の監査役 ◆

	監査役会設置会社	監査役会設置会社でない会社の監査役
員数	3名以上（335 Ⅲ）	1名以上
社外監査役	半数以上必要（335 Ⅲ）	
常勤監査役	監査役の互選で選定しなければならない（390 Ⅲ）	不要

　監査役設置会社では、監査役は基本は1人以上選べばよいし、社外の人を選ぶ必要もありません。また、常勤の人（常にいる人）も選ぶ必要もありません。

　ただ、監査役会設置会社では話が変わります。監査役会は**会議体なので、員数としては3人以上が必要**となり、また社外性のある人を、**半数置きなさいとしています**（過半数でないところに注意）。そして、話し合って少なくとも誰か1人常勤の人を決めなさいとしています。

1	監査役を置く取締役会設置会社で、かつ、監査役の監査の範囲を会計に関するものに限定する旨の定款の定めのない会社における監査役は、二人以上でなければならず、かつ、その中から常勤の監査役を互選しなければならない。〔16-31-ア〕	×
2	監査役会を構成する監査役は、3人以上であって、そのうち半数以上が社外監査役でなければならない。〔オリジナル〕	○
3	監査役会は、監査役の中から常勤の監査役を選定しなければならない。〔オリジナル〕	○

───[×肢のヒトコト解説]───

1 監査役会設置会社でなければ、人数の縛りはありませんし、常勤の監査役も要求されません。

 2周目はここまで押さえよう

◆ 会議体の比較 ◆

	取締役会	特別取締役による取締役会	監査役会
招集権者の限定	可 （366Ⅰ但書）	不 可 （373Ⅳ・366Ⅰ）	不 可 （391）
招集手続の省略	あり （368Ⅱ） 取締役（監査役設置会社にあっては、取締役及び監査役）の同意が必要	あり （373Ⅱ・368Ⅱ） 各特別取締役（監査役設置会社では、特別取締役及び監査役）の同意が必要	あり （392Ⅱ） 監査役全員の同意が必要
決議要件	取締役の過半数が出席し、その過半数 （369Ⅰ）	特別取締役の過半数が出席し、その過半数（373Ⅰ）	監査役の過半数 （393Ⅰ）
決議の省略	あり （370）	な し （373Ⅳ）	規定なし
報告の省略	あり （372）	あり （372）	あり （395）

| 招集権者の限定 |

これは人数が多くなりがちな、取締役会のみに認められています。

| 招集手続の省略 |

全員の同意があれば、招集手続がいらないという点はすべての会議体で認められます。誰の同意がいるかを意識してみてください。

| 決議要件 |

決議は原則として、定足数・賛成数の２つをカウントしますが、監査役会だけは異なります。この会議は定足数がなく賛成数だけでカウントします。

| 決議の省略 |

株主の集まる会議体、取締役会、清算人会、社債権者集会のみと覚えてください。

（監査役会は、監査役が集まって情報共有することを目的にしているので、認められていません。）

| 報告の省略 |

すべての会議体で認められている制度です。全員に内容を通知をしておけば、伝えるためだけの会議は不要となります。

1 株式会社の監査役会において招集をすべき監査役を定めたときは、その監査役以外の監査役は、監査役会を招集することができない。〔10-34-1、30-31-エ〕　×

2 監査役会については、定款で書面決議による決議の省略を可能とすることはできない。〔22-30-イ〕　○

3 監査役会は、監査役の全員の同意があっても、招集の手続を経ることなく開催することができない。〔22-30-ウ〕　×

4 監査役会における議決の要件は、定款で定めることにより加重することができない。〔22-30-エ〕　○

◆ 監査役の任期 ◆

原則	選任後4年以内に終了する事業年度のうち最終のものに関する定時株主総会の終結の時まで（336Ⅰ）
非公開会社	定款によって、任期を選任後10年以内に終了する事業年度のうち最終のものに関する定時株主総会の終結の時まで伸長することができる（336Ⅱ）
補欠規定	定款によって、任期の満了前に退任した監査役の補欠として選任された監査役の任期を退任した監査役の任期の満了する時までとすることができる（336Ⅲ）
任期が満了する定款変更	①監査役を置く旨の定款の定めを廃止する定款の変更（336Ⅳ①） ②監査等委員会又は指名委員会等を置く旨の定款の変更（336Ⅳ②） ③監査役の監査の範囲を会計に関するものに限定する旨の定款の定めを廃止する定款の変更（336Ⅳ③） ④その発行する全部の株式の内容として譲渡による当該株式の取得について当該株式会社の承認を要する旨の定款の定めを廃止する定款の変更（336Ⅳ④）

監査役の任期は4年で、この年数は短縮ができません。

取締役の任期は2年で、しかもこの2年は、定款又は株主総会決議で短くできました。

しかし、短縮のルールを監査役の方にも適用したら、取締役は議案を作って、できるだけ短い任期にするでしょう。**取締役が短い任期の議案を作らないようにするため、監査役の任期を法で固定化した**のです。

非公開会社は、10年まで伸ばせるというのは取締役と同じです。

補欠規定というのがありますが、詳しくは商業登記法で説明します。

最後、図表の任期が満了する定款変更のところを見ましょう。

① 監査役制度を廃止するとなれば、監査役も退任することになります。

② 委員会は監査役を置けませんから、委員会を置くとなれば、監査役は退任することになります。

④ 非公開会社から公開会社になる定款変更です。ここも取締役と同じです。

取締役と違う点があります。委員会を廃止する定款変更が載っていないのです。

監査役については、「監査役がいて委員会制度になっている→委員会をやめる」
という状態はありえないからです。

◆ 決議要件 ◆

監査役の解任	特別決議
監査等委員である取締役の解任	特別決議

監査役は選任は普通決議ですが、解任は特別決議です。

取締役は監査役が嫌いなので、**監査役の解任議案を出しやすいため、できるだ**
け監査役の首が切られないようにするため、特別決議としています（そして、ほ
ぼ監査役と同じ機能をする監査等委員である取締役も特別決議により解任として
います）。

✊**Point**

監査役の権限

原則：会計監査及び業務監査の双方の権限を有する（381）

例外：監査役の権限を会計監査に限定する旨を定款で定めることができる
（389Ⅰ）

監査役の仕事は、原則、業務監査と会計監査の2つです。

会計監査というのは、まさに会計上のチェックです。

次に、業務監査ですが、これは「今この経営をしていいのか」と「今増資をし
てもいいのか」といった妥当性のチェックではなく、法律のチェックです。

法令順守なんて言葉を聞いたことがある人も多いんじゃないでしょうか。**会社**
がちゃんと法律を守っているのかをチェックすること、これが業務監査です。

ただ、会社法の内容が分かっている人を見つけて役員に置きなさいというのは、
中小企業にはかなり酷な要請です。

そこで、「当会社の監査役には業務監査はやらせません」「会計監査だけやって

もらいます」とゆるめることを認めたのです。

> 定款
>
> ○条　当会社の監査役の監査は、会計に関するものに
> 　　　限定する

　ただ、どんな会社でも上記のように、緩めるわけではありません。次の①②③、すべてをクリアしている会社だけが、緩める定款規定を置けます。

 覚えましょう ‥‥‥‥‥‥‥‥‥‥‥‥‥‥‥‥‥

　以下の要件をすべて満たす会社は、監査役の権限を会計監査に限定する旨を定款で定めることができる（389 Ⅰ）
　① 非公開会社であること
　② 監査役会を設置していない会社であること
　③ 会計監査人を設置していない会社であること

要件①について

　「公開会社→株主がコロコロ変わる→監査役にちゃんと見張ってもらいたい」ということから、公開会社では会計監査に限定することはできません。

要件②について

　監査役会設置会社を置いた場合、監査役は３人以上になります。**会計監査に限定している人を３人以上も置く必要はない**だろうということで、監査役会設置会社もこういう定款規定は設けることができないとしました。

要件③について

　会計監査人というのは、会計の監査ですよね。監査役のお仕事を会計に限定したら、**完全に仕事がかぶっちゃうんです**よ。完全にかぶる役職を２つも置いておく必要はないため、会計監査人設置会社も、会計監査に限定できないとしました。

覚えましょう

監査役設置会社の定義（２⑨）
監査役を置く株式会社（その監査役の監査の範囲を会計に関するものに限定する旨の定款の定めがあるものを除く。）又はこの法律の規定により監査役を置かなければならない株式会社をいう。

　これは非常に面倒なところです。**監査役を置いていれば、監査役設置会社と言いたいのですが、実はそうではないのです。**

○…監査役設置会社　　×…監査役設置会社ではない

会計監査権と業務監査権のある監査役がいる会社	○
会計監査権しかない監査役がいる会社	×
監査役がいない会社	×

　監査役がいて、なおかつ業務監査権限まであることまで要求されます。
　監査役を置いていても、その**監査役が業務監査権限まで持っていないと監査役設置会社と呼ばれない**のです。

覚えましょう

監査役の監査の範囲を会計に関するものに限定する旨の定款の定めを廃止する定款の変更（336 Ⅳ③）
→　監査役の任期が満了する

　監査役の任期の図表をもう１度見てください（その図表の任期満了する定款変更③に該当する部分です）。

Point

監査役の監査の範囲

（今）会計監査のみ → （これから）業務監査＋会計監査 → 監査役は退任する

このような定款変更をする場合、今いる監査役は任期満了退任します。

今の監査役の仕事が会計監査だけなのですが、前記のような定款変更をすることにより、その監査役の業務は会計監査と業務監査の2つになりました。

監査役

> 会計監査だけでいいから監査役になったんだ。
> 業務監査までやるなんて聞いてないよ！

新たな業務が付与されるので、今いる監査役には一旦は辞めてもらい、選び直すことにしたのです。

問題を解いて確認しよう

1	監査役の監査の範囲を会計に関するものに限定する旨の定款の定めを廃止する定款の変更をした場合には、取締役及び監査役の任期は、当該定款の変更の効力が生じた時に満了する。〔26-30-ア〕	×
2	監査役の監査の範囲を会計に関するものに限定されている監査役の、監査の範囲を会計に関するものに限定する旨の定款の定めを廃止する定款の変更をした場合、当該監査役の任期は、当該定款の変更の効力が生じた時に満了する。〔オリジナル〕	○
3	監査役の監査の範囲が会計に関するものに限定されている監査役の任期を、定款によって、選任後10年以内に終了する事業年度のうち最終のものに関する定時株主総会の終結の時まで伸長することができない。〔18-35-イ改題〕	×
4	会社法上の公開会社でない株式会社は、大会社であっても、定款によって、その監査役の監査の範囲を会計に関するものに限定することができる。〔18-35-ア〕	×

×肢のヒトコト解説

1 監査役の任期は満了しますが、取締役の任期は満了しません。

3 会計限定がされているため、この会社は非公開会社と分かります。非公開会社であれば、10年まで任期を伸長できます。

4 大会社は会計監査人を置かなければならないため、監査範囲を会計限定することができません。

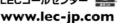

LEC 司法書士

公式 **X**

&

YouTube チャンネル

LEC司法書士公式アカウントでは、
最新の司法書士試験情報やお知らせ、イベント情報など、
司法書士試験に関する様々なお役立ちコンテンツを発信していきます。
ぜひチャンネル登録＆フォローをよろしくお願いします。

● 公式 **X**（旧Twitter）
https://twitter.com/LECshihoushoshi

● 公式 **YouTube**チャンネル
https://www.youtube.com/@LEC-shoshi

	監査役設置会社の監査役 （監査役会設置会社を除く）	会計監査のみに権限が 限定されている監査役
取締役会に対する 権利義務	● 取締役会への出席・意見陳述義務 （383 I） ● 取締役会の招集請求権（383 II）	なし（389 VII）

　監査役は何ができるか、これは監査の範囲を会計に限定しているかどうかで、大分違います。

　例えば、監査役は取締役会に出席して意見が言えますが、**業務監査（法律チェック）をするためのもの**です。だから、会計監査しかお仕事ができない監査役はできないのです。

　また、監査役は取締役会を招集して、取締役などに事情聴取することができます。**これも業務チェックのための権限**なので、会計限定されている監査役には認めません。

	監査役設置会社の監査役 （監査役会設置会社を除く）	会計監査のみに権限が 限定されている監査役
取締役の報告義務	会社に著しい損害を及ぼす事実を発見したときは、直ちに監査役に報告する義務を負う（357 I）	会社に著しい損害を及ぼす事実を発見したときは、直ちに株主に報告する義務を負う（357 I）

　取締役は、他の取締役が悪さをしているのを見つけたら、監査役にチクることができます。

取締役A が悪さをする可能性があるから止めてください。

取締役B　　　　　　　　　　　　　　　　　　　　監査役

　これにより、監査役に悪さをする役員を止めてもらうのです（差止請求権という権利を行使してもらうのです）。

　この差止請求権というのは、法律チェックなので、会計に限定されている人はできません。

　その場合、取締役は、**株主にチクる**のです。

　株主に報告して、差止請求をしてもらいます。

	監査役設置会社の監査役 （監査役会設置会社を除く）	会計監査のみに権限が 限定されている監査役
各種の訴え提起権	あり（828Ⅱ）	なし
会社と取締役間の訴えの代表権	あり（386）	なし（389Ⅶ）

　通常の監査役であれば訴えはできますが、会計だけの業務の者にはそういった
法律知識が無いため、その権限を認めていません。

385条（監査役による取締役の行為の差止め）
1　監査役は、取締役が監査役設置会社の目的の範囲外の行為その他法令若しくは
　定款に違反する行為をし、又はこれらの行為をするおそれがある場合において、
　当該行為によって当該監査役設置会社に著しい損害が生ずるおそれがあるとき
　は、当該取締役に対し、当該行為をやめることを請求することができる。

　法令・定款違反をしようとしている場合は、監査役はそれを止める権限を持っ
ています。これは業務監査をしている監査役にあって、会計限定の監査役にはあ
りません。

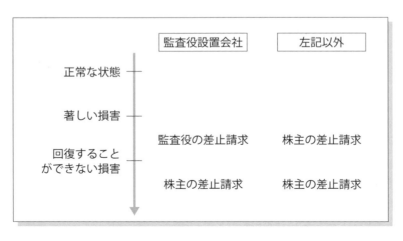

　法令・定款に違反する行為だけでは差止めをすることはできず、「**会社に損害が出そう**」**ということが必要**です。

　その損害のレベルには、著しい損害と回復することができない損害の2つがあります（もちろん、回復することができない損害の方が深刻です）。

　監査役設置会社の場合は、著しい損害のレベルで監査役は止めることができます。そして、株主にも差止請求権がありますが、「回復することができない」そのレベルまでいくと、やっと差止請求が認められます。

　一方、監査役設置会社以外の場合、この場合、監査役は差止めができないため、株主は著しい損害のレベルから差止請求ができるようになっているのです。

> 監査役がいたらそっちに任せなさい
> いなかったときは、株主が出てきていいよ

というニュアンスで押さえましょう。

問題を解いて確認しよう

1	監査役の監査の範囲を会計に関するものに限定する旨の定款の定めがある株式会社の監査役に対しては取締役会の招集の通知を発することを要しない。〔31-31-イ〕	○
2	取締役が法令又は定款に違反する行為をし、これにより会社に回復することができない損害を生ずるおそれがある場合には、6か月前から引き続き株式を有する会社法上の公開会社の株主は、会社のため取締役に対しその行為をやめるべきことを請求することができる。〔4-29-4（7-30-4、9-31）〕	○
3	株主による取締役の行為の差止請求権の行使については、監査役の監査の範囲が会計に関するものに限定されているか否かによって、その要件が異なることはない。〔18-35-エ〕	×

4 監査役を置く取締役会設置会社で、かつ、監査役の監査の範囲を会計 ×
に関するものに限定する旨の定款の定めがある会社の代表取締役が法
令又は定款に違反する行為をした場合、代表取締役の行為により会社
に著しい損害が生ずるおそれがあるときは、監査役は、代表取締役に
対し、当該行為をやめることを請求することができる。〔20-33-オ〕

×肢のヒトコト解説

3 監査役設置会社かどうかで、「著しい損害」のレベルでできるか、「回復する
ことができない損害」のレベルでできるかが異なります。
4 監査範囲を限定されていると、その監査役は違法行為の差止請求をすること
はできません。

 2周目はここまで押さえよう

取締役が、株式会社に著しい損害を及ぼすおそれのある事実があることを
発見した場合、報告義務が課せられています。

論点は、取締役がそれをどこに報告するのかという点です。

取締役の報告先
監査等委員会 → 監査役会 → 監査役（監査役設置会社の場合） → 株主
　　ない　　　　　　ない　　　　　　　　　　　　　　　　　ない

優先順位が決まっています。監査する機関に報告して、監査してもらうこ
とになります（内容は業務監査であるため、会計に限定されているとできま
せん）。

監査する機関が全くなければ、最後は株主に報告することになります。

◆ 報告先の横断整理 ◆

報告義務者	報告先（注）	報告義務者	報告先（注）
会計参与 (375)	① 監査等委員会又は監査委員会 ② 監査役会 ③ 監査役 ④ 株　主	監査役 (382)	① 取締役会 ② 取締役
会計監査人 (397)	① 監査等委員会又は監査委員会 ② 監査役会 ③ 監査役	監査等委員 (399の4)	取締役会
取締役 (357)	① 監査等委員会 ② 監査役会 ③ 監査役 ④ 株　主	監査委員 (406)	取締役会
執行役 (419 Ⅰ)	監査委員		

（注）報告先の番号は、①があれば①に報告、①がなければ②に報告、…というように、報
告先とされる機関の優先順位を表す。

　どこに報告するのかを横断整理した図表です。基本は左側で、不正行為を
見つけた場合は監査役の方に報告します。
　一方、その監査役が不正を見つけた場合には、取締役の方に報告します。

☑1　監査役を置く取締役会設置会社で、かつ、監査役の監査の
　　　範囲を会計に関するものに限定する旨の定款の定めがある
　　　会社の代表取締役が法令又は定款に違反する行為をした場
　　　合、代表取締役の行為により会社に著しい損害が生ずるお
　　　それがあるときは、これを発見した取締役は、直ちに、そ
　　　の事実を株主に報告しなければならない。〔20-33-エ〕　　○

　　2　取締役会設置会社（監査等委員会設置会社及び指名委員会
　　　等設置会社を除く。）である甲株式会社の取締役Ａが法令に
　　　違反する行為をし、これによって、著しい損害が生ずるお
　　　それが甲株式会社に発生した場合に関して、甲株式会社が
　　　監査役設置会社でない場合においては、取締役Ｂは、本件
　　　行為により甲株式会社に著しい損害が生ずるおそれがある
　　　ことを発見したときは、直ちに、これを株主に報告しなけ
　　　ればならない。〔25-31-ウ〕　　○

3	監査等委員会設置会社において、取締役は、当該株式会社に著しい損害を及ぼすおそれのある事実があることを発見したときは、直ちに、当該事実を株主に報告しなければならない。〔オリジナル〕	×
4	指名委員会等設置会社において、会計参与は、その職務を行うに際して、取締役の職務の執行に関し不正の行為があることを発見したときは、遅滞なく、これを取締役会に報告しなければならない。〔オリジナル〕	×
5	監査役会設置会社においては、会計監査人は、その職務を行うに際して取締役の職務の執行に関し不正の行為又は法令若しくは定款に違反する重大な事実があることを発見したときは、遅滞なく、これを監査役会に報告しなければならない。〔令2-30-ウ〕	○
6	取締役会設置会社以外の監査役設置会社において、監査役は、取締役が不正の行為をするおそれがあると認めるときは、遅滞なく、その旨を取締役に報告しなければならない。〔オリジナル〕	○

◆ 訴えにおける会社の代表 ◆

		会社と取締役との間の訴えの場合	会社と監査役との間の訴えの場合
監査役設置会社		監査役（386Ⅰ①）	代表取締役
監査役設置会社でない株式会社	取締役会設置会社	① 代表取締役（349Ⅳ） ② 株主総会で定めた者（353） ③ 取締役会で定めた者（364）	
	取締役会設置会社でない株式会社	① 代表取締役（349Ⅳ） ② 株主総会で定めた者（353）	

　会社が役員を訴える場合、代表取締役が会社を代表します。会社が取締役を訴える場合でも、代表取締役が会社を代表するのは少々問題です。

　取締役と代表取締役は仲間関係なので、訴訟がヤラセになる可能性があるからです。

　この場合、取締役と敵対関係にある監査役が会社を代表するのが基本となります（ただ、監査役設置会社でなければ他のものになります）。

　一方、会社が監査役を訴える場合は、上記のようなやらせの危険はないので、原則通り、代表取締役が監査役と訴訟します。

✓ 1	取締役会設置会社でない株式会社が取締役に対して訴えを提起する場合には、株主総会において当該株式会社を代表する者を定めなければならない。〔18-33-エ〕	×
2	監査役設置会社が会計監査人であった者に対し訴えを提起する場合には、その訴えについては、監査役がその監査役設置会社を代表する。〔30-31-オ〕	×

～最後に決算書をチェックする会計監査人は、独立した存在です～

第8章 会計監査人

ここでは、会計をチェックする会計監査人を見ていきます。
今までの取締役・監査役・会計参与と結論が異なるところが多くあるので、そこを押さえることが重要です。

329条（選任）
　役員（取締役、会計参与及び監査役をいう。以下この節、第371条第4項及び第394条第3項において同じ。）及び会計監査人は、株主総会の決議によって選任する。

330条（株式会社と役員等との関係）
　株式会社と役員及び会計監査人との関係は、委任に関する規定に従う。

　条文から、会計監査人は役員じゃないというのがわかります（そのため、会計監査「人」という肩書になっています。会計監査「役」ではありません）。このように**役員扱いをされないことから、今までと結論が違うところがいくつかあります**。

 覚えましょう

◆ 会計監査人の選任 ◆

決議機関	株主総会（329Ⅰ）
決議要件	定款に別段の定めがない限り、普通決議（309Ⅰ） ※　会計監査人は役員ではないため、341条の適用がない

> **341条　（役員の選任及び解任の株主総会の決議）**
> 　第309条第１項の規定にかかわらず、役員を選任し、又は解任する株主総会の決議は、議決権を行使することができる株主の議決権の過半数（３分の１以上の割合を定款で定めた場合にあっては、その割合以上）を有する株主が出席し、出席した当該株主の議決権の過半数（これを上回る割合を定款で定めた場合にあっては、その割合以上）をもって行わなければならない。

　341条は「役員」を選任する条文であるため、会計監査人には適用がありません。そのため、会計監査人には341条は使わず、309条の通常の普通決議の条文を使うため、**定足数はゼロまで下げることができます**。

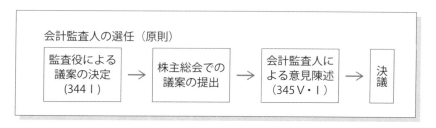

　監査役の人事案は、取締役が作って、株主総会に出しました。
　一方、会計監査人の人事案を作るのは、監査役です。**タッグを組む監査役が人事案を作ることにしています**。
　監査役が議案を作るので、監査役の選任のときのように、監査役の同意や監査役の議案提出請求を認める必要はありません。

　会計監査人の任期は、選任後１年以内に終了する事業年度のうち最終のものに関する定時株主総会の終結時までである（338Ⅰ）。

　しかし、その定時株主総会において別段の決議がされなかったときは、当該株主総会において再任されたものとみなされる（338Ⅱ）。

　監査法人と企業は癒着をするという歴史があります（俗にいう粉飾決算というものです）。こういったことから、会計監査人は毎年任期が切れるようにしています。
　ただ、**毎年改選にすると、会社の負担も重いだろう**ということから、何も決め

ていなければ、**自動的に選び直したという扱いにしています**（これを自動再任といったりします）。

 **覚えましょう**

◆ 会計監査人の解任 ◆

株主総会による解任	決議機関	株主総会（339Ⅰ）
	決議要件	定款に別段の定めがない限り、普通決議（309Ⅰ） ※会計監査人は役員ではないため、341条の適用がない
監査機関による解任	要件	会計監査人に以下に掲げる事由があるとき ①職務上の義務に違反し、又は職務を怠ったとき ②会計監査人としてふさわしくない非行があったとき ③心身の故障のため、職務の執行に支障があり、又はこれに堪えないとき
	決議要件	● 監査役全員の同意（340Ⅱ） ● 監査役会における監査役の全員一致（340Ⅳ） ● 監査等委員会設置会社では監査等委員の全員の一致（340Ⅴ） ● 指名委員会等設置会社では監査委員の全員の一致（340Ⅵ）

　会計監査人は、株主総会で解任ができます。決議要件は普通決議で、しかも341条の適用がありませんので、定足数をなくすこともできます。

　そして、**会計監査人は監査役でも首が切れる**のです。

　上の図表に解任の要件が載っていますが、単純にいえば「会計監査人としてダメダメ」という状態です（細かく覚えなくていいですからね）。

　その場合、タッグを組んでいる監査役でクビにします。ただ全員の同意がいるという点に注意してください。

	役員	会計監査人
仮役員の選任	裁判所	監査役
権利義務の制度	あり	なし

　仮役員を選ぶのは裁判所ですが、**仮会計監査人を選ぶのは監査役で、裁判所ではありません**。

　会計監査人の仕事のほとんどは、決算監査「３月末から６月の定時株主総会まで」です。

　もし、**裁判所が仮会計監査人を選ぶ仕組みにしていたら、裁判所が忙しいため、上記の期間に間に合わないおそれがあります**。そのため、会社側に選ばせることにしますが、取締役の息がかかった人がならないよう、タッグを組んでいる監査役に選ばせることにしたのです。

　これと連鎖するのが権利義務のルールです。つまり**欠員が生じれば、監査役で、迅速に欠員の補充ができる**ため、任期満了又は辞任した人を権利義務という形で、縛り付ける必要はないのです。

問題を解いて確認しよう

1　株主総会に提出する会計監査人の選任に関する議案の内容については、指名委員会等設置会社にあっては監査委員会が、それ以外の会社（監査等委員会設置会社を除く。）にあっては監査役又は監査役会が、その決定権限を有する。〔16-32-オ〕　○

2　会計監査人の選任は、株主総会の決議によることを要しない。〔6-30-ウ〕　×

3　会計監査人は、株主総会において解任され、株主総会以外の機関によって解任されることはない。〔16-32-ア〕　×

4　監査役会設置会社においては、会計監査人が職務上の義務に違反したときは、監査役の過半数をもって行う監査役会の決議により、その会計監査人を解任することができる。〔19-31-オ〕　×

×肢のヒトコト解説

2　株主総会で選任します。

3　監査役（会）で解任できる場合があります。

4　監査役の全員の同意が必要です。

~業務執行から人事と報酬と監査を分離させて経営する新たな形~

第9章 指名委員会等設置会社

指名委員会等設置会社、これはもともとはなかった制度で、後々になって改正で作った制度です。
なぜこういう制度が必要になったのか、その趣旨から制度の仕組みを理解するようにしましょう。

今までは、取締役が代表取締役を監査するという仕組みになっています。
ただ、これが**事実上、機能していません**でした。

それは、代表取締役が人事権と報酬決定権を握っているからです。**人事と報酬を握っている者に対して、「あんたおかしい」なんてことは言えません。**

代表取締役を見張るのは取締役会の仕事ですが、これが事実上機能してないため、委員会という制度を作りました。

指名委員会	報酬委員会	監査委員会
株主総会に提出する取締役及び会計参与の選任・解任に関する議案の内容の決定（404Ⅰ）	執行役・取締役・会計参与の個人別の報酬等の内容の決定（404Ⅲ前段）	①職務の執行の監査（404Ⅱ①） ②株主総会に提出する会計監査人の選任・解任・不再任に関する議案の内容の決定（404Ⅱ②）

どれか1つだけ選ぶということはできず、3つを必ず置く必要があります。

仕事を比較していきましょう。
指名委員会、これは株主総会に出す人事案を決めるところです。

x

報酬委員会、この委員会が報酬を決めます（株主総会に報酬案を提出して株主に決めてもらうのではなく、報酬委員会が報酬を決められます）。

監査委員会は、監査することと、あと会計監査人の選解任議案を作ることが主な仕事です。

このような3つの委員会をつくる必要があります。3つ作るので、この会社の名前のことを指名委員会「等」設置会社と呼ぶのです。

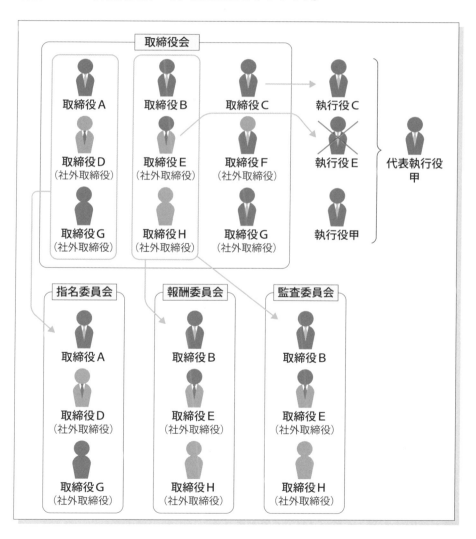

右上にいる代表執行役、それがこの会社のトップになります（代表取締役はいません）。

　そして、トップから離れたところに3つの委員会があることに気付くでしょうか。

　トップから、人事権と報酬決定権を離しています。代表執行役は、人事権と報酬決定権を持っていない状態にしているのです。

　これにより、取締役はトップを監視しやすくなります。これが指名委員会等設置会社が狙っている状況です。

　各委員会のメンバーの3人は、取締役会から連れてきています。

　取締役会は、取締役を各委員会に派遣しているという感じです。

　そして、委員会のメンバーですが、社内の人間だけで固めることができません。**委員会のメンバーには、社外取締役を過半数入れることが要求されています。**

　つまり、社外取締役から評価されないと、取締役として選任議案を出してくれないし、報酬も上がらないということになります。**いくら社長の息子だろうが会長の息子だろうが、外部の者からの評価を受けないと、選ばれないし、給料も上がらないのです。**

　他にも特色があります。図の中の取締役BEHは、委員を兼任しています。

　原則として、**委員の兼任が認められています。**そのため、委員会設置の取締役の人数は最低3人いれば構いません（みんな兼任させればいいのですから）。

　ここまで見ていると、会社にとって厳しい制度だと思います。

　厳しいだけの仕組みでは、誰もこの制度を採用してくれません。そこで**この制度を採用すると、大きなメリットを与える**ようにしたのです。

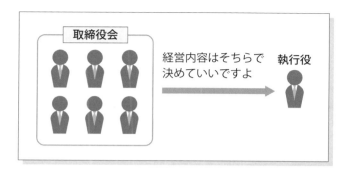

置會社

第4編　機関　◆　第9章　指名委員会等設置会社

　指名委員会制度は、監視を非常に厳しくしていますが、**その見返りとして取締役会は、この執行役に大幅に権限移譲ができるようにしています。**

　「募集株式の発行は君たちだけで独断で決めていいよ」このような感じで、色んな権限を付与できます（取締役会の仕事を、かなり広範囲に執行役に委任できます）。

　委任された内容を決めるのが執行役で、その実行については内部のことは執行役で、外部の実行するのは代表執行役、いわゆるＣＥＯと呼ばれる人が行います。

　ちなみに、取締役を執行役に選ぶことはできますし、取締役とは関係ない人を執行役に選ぶこともできます（外部からも選べるし、取締役からも選べるということです）。

　ただ、先ほどの図の中の執行役Ｅに×が付いているのに気付いたでしょうか。このＥは、監査委員にいます。

　基本、**取締役と執行役を兼ねることはできます。ただし、その取締役が監査委員になっていると、Ｅは、自己監査になってしまうので禁じています。**

> 執行役の任期は、定款で短縮された場合を除いて、選任後1年以内に終了する事業年度のうち最終のものに関する定時株主総会の終結後最初に招集される取締役会の終結の時までである（402Ⅶ）。

> 指名委員会等設置会社の取締役の任期は、定款又は株主総会の決議によって短縮された場合を除き、選任後1年以内に終了する事業年度のうち最終のものに関する定時株主総会の終結の時までである（332Ⅵ・Ⅰ）。

執行役の権限が非常に強いので、任期は１年縛りにしています。

そして、それを選ぶ取締役についても連帯責任として毎年退任するとしています。

一定の重要事項は執行役に委任することはできない(416Ⅳ各号)。
以下、主なものを挙げる。
　①取締役及び執行役の競業及び利益相反取引の承認(365Ⅰ・356Ⅰ・419Ⅱ)
　②委員の選定及び解職(400Ⅱ・401Ⅰ)
　③執行役の選任及び解任(402Ⅱ・403Ⅰ)
　④代表執行役の選定及び解職(420Ⅰ・Ⅱ)

基本的には、取締役会は執行役に権限を移譲できるのですが、ただ、委任できないものがいくつかあります。代表的なものだけ４つ、覚えてください。

①は、業務の経営ではなく監督です。**業務の意思決定は委任できますが、監督機能までは委任できません**。

②③④を見てください。**人事関係は任せることはできません**。指名委員会や取締役会でやるべきなのです。

以上が平成14年に導入した指名委員会等設置会社（平成26年改正前は委員会設置会社といっていた）というもので、当時、**全く流行らなかった制度**です。

問題を解いて確認しよう

1	執行役の選任は、指名委員会の決定によって行う。〔23-31-イ〕	×
2	指名委員会等設置会社の取締役会を組織する取締役の過半数は、社外取締役でなければならない。〔15-34-イ〕	×
3	指名委員会等設置会社の指名委員会は、株主総会に提出する取締役の選任及び解任に関する議案の内容を決定する権限を有する。〔15-34-ウ〕	○
4	指名委員会等設置会社の取締役が受ける個人別の報酬の内容は報酬委員会が決定し、執行役が受ける個人別の報酬の内容は取締役会が決定する。〔15-34-エ〕	×

5　株主総会に提出する会計監査人の選任及び解任並びに会計監査人を再任しないことに関する議案の内容の決定は、株主が株主総会の招集を請求する場合を除き、監査役会設置会社においては監査役会が、指名委員会等設置会社においては監査委員会が、それぞれ行わなければならない。〔20-34-エ〕　　○

6　監査委員である指名委員会等設置会社の取締役は、当該指名委員会等設置会社の執行役を兼ねることができる。〔オリジナル〕　　×

------------------(×肢のヒトコト解説)------------------

1　執行役は、取締役会が選任します。

2　委員会のメンバーの過半数は社外取締役である必要はあります。ただ、取締役トータルの過半数まで社外取締役を要求している訳ではありません。

4　執行役の報酬も報酬委員会が決定します。

6　監査委員と執行役の兼任はできません。

第10章　監査等委員会設置会社

先ほどの指名委員会等という制度が流行らなかったので、平成26年改正で作った制度です。
下記の図と説明で、どうしてはやらなかったのか、そしてどういう仕組みの委員会を作ったのかを理解していきましょう。

監査役会 設置会社	監査等委員 会設置会社	指名委員会 等設置会社
	監査等委員会	監査委員会 指名委員会 報酬委員会

　監査等委員会設置会社、これは平成26年改正で作った制度です。

　上図の3つ、これらは上場企業が採用できる制度です。

　一番左が監査役会設置会社、ここには社外監査役が必要になります。一方、指名委員会等設置会社にも社外取締役が必要になります。上場企業が選べたのは、この指名委員会等設置会社と、監査役会設置会社だけだったのです。

　ただ、90%が監査役会設置会社でした。

　指名委員会等設置会社には、権限移譲ができるというメリットはありますが、それ以上に**人事と報酬を外部の者に握られる、これが相当嫌がられた**のです。「外部（よそ）の者に、うちの企業のことはわからない」という感じで人事と報酬を握られるのを多くの企業が拒みました。

　その結果、ほとんどの上場企業が監査役会設置会社を選択しました。その結果、企業の不祥事が止められなかったのです。

不祥事のときに叫ばれたのが、**社外性のある人が取締役にいないという点**です。

監査役会設置会社は社外監査役がいます。ただ監査役なので、取締役会の決議権限はありません。決議権限がないので、**取締役会が暴走すれば、止められない**のです。

そこで、何とかして社外取締役を導入してもらいたいのですが、指名委員会等設置会社はなかなかみんな選んでくれません。そこで**平成26年改正で、選択しやすい機関設計として監査等委員会設置会社**というものを作りました。

六法　人事と報酬決定権を握られるのが嫌なら、もうその2つは入れなくていい、1つだけでいいから導入して！

という感じです。

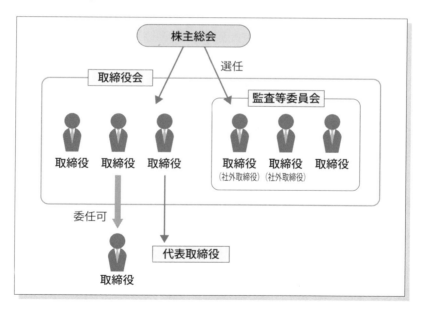

この会社、トップの名前は代表取締役で変わりません。

そして、取締役会の内部に監査等委員会を作り、株主総会がダイレクトにこの

委員を選ぶ仕組みです。

先ほどの指名委員会等設置会社の場合とは違って、**株主総会で選ぶ時点で、監査等委員の取締役かを区別して選ばれる**のです（指名委員会等設置会社では、株主総会で取締役を選び、取締役会が委員の資格を上乗せしました）。

そして、指名委員会等設置会社と同じく権限の委譲ができます。権限移譲されたことを取締役が決めて、取締役・代表取締役が実行する仕組みになっています。

少し細かいことをいうと、**委員会の名前が、監査「等」委員会となっています。**
監査委員会ではないのです。これは、監査委員より権限が若干広いため、監査「等」を行う委員会ということで、監査等委員会という名前にしたのです。どこまで権限が広いかは、学習初期段階では無視していいでしょう。

では、この委託について、1つ細かい話をしていきます。
この委託は条件付きです。指名委員会等設置会社は、人事と報酬決定権をトップから奪っているから委託ができるというロジックでした。一方、**この会社は、人事と報酬決定権はいまだ代表取締役に残っているため、無条件では委託を認めていません。**

> 監査等委員会設置会社の取締役の過半数が社外取締役である場合には、当該監査等委員会設置会社の取締役会は、その決議によって、重要な業務執行の決定を取締役に委任することができる。

条件は、社外取締役を過半数置くことです。
監査等委員会は、委員会の内部に社外取締役を過半数要求します。ただ、それだけでは委託はできません。
前記の図では取締役は6人いますので、過半数の4人を社外取締役にしないと委託ができないのです。

この条件は結構きついです。この**社外取締役というのは、なかなか、なり手が見つからない**のです。社外性がある人で、有能で、責任をとってくれる社外取締

役なんて、なかなか見つかりません。

このままだと、やっぱりこの制度が使われなくなります。そこで、別の条件でも権限委譲ができるようにしました。

> 監査等委員会設置会社は、取締役会の決議によって、重要な業務執行の決定の全部又は一部を取締役に委任することができる旨を定款で定めることができ（399の13Ⅵ）、その旨は登記事項である（911Ⅲ㉒ハ）。

定款規定があれば、委託していいよとしました。

とにかくこの制度を選択してもらって、社外取締役を投入してもらいたい。そのため、**定款があれば委託ができると立法して、権限移譲のハードルを思いっきり下げたのです。**

> 監査等委員である取締役以外の取締役の任期は選任後1年（監査等委員である取締役は選任後2年（短縮不可））以内に終了する事業年度のうち最終のものに関する定時株主総会の終結の時まで（332Ⅲ・Ⅳ・Ⅰ）。

普通の取締役の任期は2年、監査役の任期は4年。見張り役には倍の任期を要求しています。

そのため、監査等委員会では見張られる取締役の任期が1年なので、見張る方の監査等委員の取締役の任期は2年としました。

問題を解いて確認しよう

1 監査等委員会設置会社において、株主総会の決議による取締役の選任は、監査等委員である取締役以外の取締役に限られる。〔オリジナル〕　×

2 監査等委員会設置会社の取締役会は、取締役の過半数が社外取締役である場合、その決議によって、重要な財産の処分の決定を取締役に委任することができる。〔オリジナル〕　○

×肢のヒトコト解説

1 監査等委員である取締役も、株主総会で選任します。

監査等委員である取締役 以外の取締役	監査等委員である取締役
人事に ついて　　報酬に 意見　　　ついての 　　　　　意見	人事に ついて　　報酬に 意見　　　ついての 　　　　　意見
監査等委員会が選定する 監査等委員（361Ⅵ）	監査等委員である取締役

監査等委員は、指名委員会等設置会社と異なる権限を持っています。

それは、人事・報酬について意見が言える点にあります。監査等委員会設置会社には、報酬委員、指名委員に該当する制度がないため、その一翼を担ってもらうため、監査等委員が人事・報酬決定に関与できるようにしているのです。

ただ、これができるのは監査等委員全員ではなく、そこから選ばれた委員のみとなっています。

ちなみに、監査等委員である取締役自身の人事、報酬決定については、監査役と同様、自分たちが意見を言えるようになっています（これは、監査等委員全員ができる権限となっています）。

✓ 1　監査等委員は、監査等委員会により選定されていなくても、　　　×
　　株主総会において、監査等委員である取締役以外の取締役
　　の選任若しくは解任又は辞任について意見を述べることが
　　できる。〔令3-31-イ〕

　 2　監査等委員である取締役は、監査等委員会により選定され　　　○
　　ていなくても、株主総会において、監査等委員である取締
　　役の報酬等について意見を述べることができる。
　　　　　　　　　　　　　　　　　　　　　　　　〔令3-31-オ〕

第11章 役員等その他の者の行為の規制

> ここは、役員の個人賠償責任の話です。ざっくり言えば、会社に対する債務不履行責任、あと、第三者に対する不法行為責任があります。
> どういう責任が発生するのかという部分も重要ですが、それ以上に責任を軽くできる仕組みが多く出題されます。

第1節 役員等と会社との関係

423条（役員等の株式会社に対する損害賠償責任）
1 取締役、会計参与、監査役、執行役又は会計監査人（以下この節において「役員等」という。）は、その任務を怠ったときは、株式会社に対し、これによって生じた損害を賠償する責任を負う。

条文、2か所マークをしてください。「**任務を怠った**」と、「**損害**」の部分です。単純にいえば「仕事をさぼる」、そして「損害」が出るということが要件です。

これに加えて、**故意・過失**も要件と言われています。

要件をざっくり言えば、任務の懈怠がある、損害が出る、故意・過失がある、この3つになります。

ただこれはちょっとずつ修正されています。

423条（役員等の株式会社に対する損害賠償責任）
2 取締役又は執行役が第356条第1項（第419条第2項において準用する場合を含む。以下この項において同じ。）の規定に違反して第356条第1項第1号の取引をしたときは、当該取引によって取締役、執行役又は第三者が得た利益の額は、前項の損害の額と推定する。

356条1項1号というのは競業取引です。

そして、ポイントは「違反して」という言葉です。これは承認決議を経ていないことを意味しています。

　承認を経ずに競業取引をした場合は、損害を推定すると規定しているのです。推定ですから、役員に証明責任を押し付けることができるのです。

　「任務の懈怠がある、損害が出る、故意・過失」の３つ要件がありますが、**承認がない競業取引は、会社で損害部分は立証しなくていい**ことになります。

423条（役員等の株式会社に対する損害賠償責任）
3　第356条第１項第２号又は第３号（これらの規定を第419条第２項において準用する場合を含む。）の取引によって株式会社に損害が生じたときは、次に掲げる取締役又は執行役は、その任務を怠ったものと推定する。

　356条１項２号または３号、これは利益相反です。利益相反の場合は、任務を怠ったことを推定してくれます。しかも、２項と違って、「違反して」という言葉がないのです。

　つまり、**利益相反取引については、承認があろうがなかろうが、任務懈怠を推定します。利益相反の承認を全く当てにしていない**のです。

俺と会社の売買、認めてくれよ！

利益相反取引
をする取締役

ＯＫ！　ただ、今度は俺が利益相反取引をやるから、そのときは承認してくれよ。

他の取締役

　それぐらいの感覚で承認していることが多いようです。そこから、利益相反取引の承認は全く当てにせず、承認があろうがなかろうが推定規定を働かせているのです。

428条（取締役が自己のためにした取引に関する特則）
1　第356条第１項第２号（第419条第２項において準用する場合を含む。）の取引（自己のためにした取引に限る。）をした取締役又は執行役の第423条第１項の責任は、任務を怠ったことが当該取締役又は執行役の責めに帰することができない事由によるものであることをもって免れることができない。

　ポイントは、「自己のためにした取引に限る」という点です。利益相反にも、自分が役員をする会社のために動いた利益相反と、自分の懐を暖めるための利益相反があります。**自分の懐を暖めるための利益相反取引については、法はもっと厳しい態度をとっています。**

　故意過失は要件にせずに、**故意過失があろうがなかろうが責任追及ができることにしています。**利益相反取引でも自己のためのものについては、一番厳しい態度をとっています。

責任免除の要件	役員等の任務懈怠責任を免除するためには、総株主の同意を要する（424）
責任軽減	会社法では、役員等の会社に対する責任の免除の要件が厳しすぎるという観点から、役員等の賠償責任の一部免除を認めている（425～427）。さらに、違反につきその者が善意かつ無重過失であることが必要とされる（425Ⅰ柱書・426Ⅰ・427Ⅰ）

　上図で見た任務懈怠の責任を免除するには、株主全員の同意が必要です。全員の同意が必要なため、1人でも嫌がれば責任の免除はできません。

　そこでもう1つ制度を作りました。責任の減額というものです。これは、損害額が多額になったとしても、一定額まで減額（代表取締役であれば報酬の約6年分）ができるのです。

　この減額の制度は、いくつかあります。

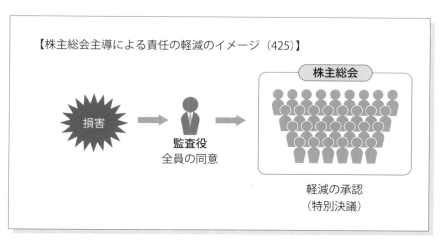

【株主総会主導による責任の軽減のイメージ（425）】

株主総会

損害　→　監査役　全員の同意　→

軽減の承認
（特別決議）

株主総会主導による責任軽減というものです。

「損害が出る→監査役のＯＫをもらう→株主総会に出す→株主総会で特別決議が経る」ここまで手続を踏めば、軽減できるという制度です。

ただ、株主がＯＫしないことが予想できます。

会社に損害が出たために株価が下がったとします。役員が減額してくれなんて言っても、

いやいやいや、株価が落ちてこっちは大迷惑したんだ。減額なんて認めないぞ。

株主

と否決することもあるでしょう。

そこで、**取締役会で減額するという制度**を作りました。

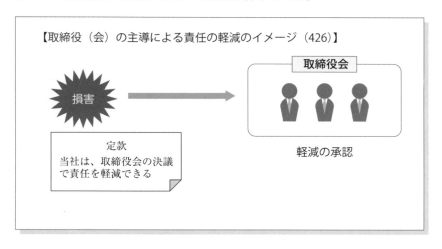

【取締役（会）の主導による責任の軽減のイメージ（426）】

取締役会

損害

定款
当社は、取締役会の決議
で責任を軽減できる

軽減の承認

これは、損害を取締役（会）で減額ができる制度です。ただし、定款規定や監査役等がいないとできません。

契約

**業務執行を
しない役員等**　**株式会社**　損害

→自動的に減額
（427）

　これは、事前に契約を結んでおくと、損害があったときに自動的に減額される制度です（決議をして減額ではなく、自動的に減額されます）。

　これが**責任限定契約という制度**です。

　これは、**業務を執行しない役員等に認められます**（取締役（業務執行取締役等を除く）・監査役・会計参与・会計監査人）。

　そして、この制度を導入するには定款の定めが必要ですし、その定めが登記簿に載ります。

　以上の3つの制度を、図表でまとめました。

 覚えましょう

◆ 役員等の任務懈怠責任の一部免除 ◆

| | 株主総会による
免除（425） | 取締役等による
免除（426） | 責任限定契約
（427） |
|---|---|---|---|
| 対象者 | 役員等
● 取締役・執行役
● 監査役
● 会計参与
● 会計監査人 | 役員等
● 取締役・執行役
● 監査役
● 会計参与
● 会計監査人 | 非業務執行取締役等
● 取締役
　（業務執行取締役等を除く）
● 監査役
● 会計参与
● 会計監査人 |
| 定款の
定め | 不　要 | 必　要 | 必　要 |
| 登記 | されない | される | される |
| 定款規定を
置くための
要件 | | ● 監査役設置会社（取締役が2人以上ある場合に限る。）
● 監査等委員会設置会社
又は
指名委員会等設置会社 | |

「定款の定め」と「登記」というところを見てください。

425条

株主総会による免除は、定款の定めは要らないし、登記もされません。どんな会社でもできます。

426条・427条

この2つを行うには定款の定めが要るし、そしてこの制度を採用していることを登記で公示します。

次に、「定款規定を置くための要件」を見てください。

426条だけ限定をかけていて、**監査する役員を要求しています**。監査役設置会社か、委員会関係を置いていることが条件になっているのです。

そして、**監査役設置会社といっているので、業務監査権までないと、この要件をクリアしません**。

取締役が2人以上ある場合に限ると言っています。つまり**取締役会設置を要件としていないのです**（取締役会を要求していたら絶対3人要りますから、2人以上が要件になるわけがないのです）。

問題を解いて確認しよう

1	取締役会設置会社において、取締役が自己のために株式会社との間で利益相反取引をした場合、事前に当該行為について取締役会の承認を得ていたときは、当該株式会社に損害が生じたとしても、当該株式会社に対して損害を賠償する責任を負うことはない。〔オリジナル〕	×
2	取締役会設置会社である株式会社A社の代表取締役Bは、A社から財産を譲り受け、これによりA社に損害を与えたときは、その譲渡につきあらかじめA社の取締役会の承認を得ていたとしても、A社の損害を賠償する責任を負う。〔14-30-オ〕	○
3	取締役会設置会社である甲会社の取締役Aは、自己と同社との間の売買について取締役会の承認を受けていたとしても、その売買によって同社に損害が生じたときは、同社に対し無過失の損害賠償責任を負う。〔6-31-エ〕	○

4	自己のために取締役会設置会社から貸付けを受けた取締役が当該貸付けにつき会社法第423条第1項の責任を負う場合、当該責任については、株主総会の決議又は総株主の同意によっても免除することができない。〔30-30-エ改題〕	×
5	監査役の監査の範囲が会計に関するものに限定されている場合における取締役会設置会社においては、取締役に対する任務懈怠に基づく損害賠償請求権について、取締役会決議により、その一部を免除することはできない。〔18-35-オ〕	○
6	定款に監査役の監査の範囲を会計に関するものに限定する旨の定めがある株式会社は、取締役の株式会社に対する損害賠償責任を取締役の過半数の一致により免除することができる旨を定款で定めることができない。〔オリジナル〕	○
7	株式会社は、会社に対する責任を限定する契約を非業務執行取締役と締結することができる旨を定款で定めることができる。〔オリジナル〕	○

×肢のヒトコト解説

1　利益相反取引において承認決議があったとしても、これは責任の場面では全く評価されません。

4　自己のためにする利益相反であっても、総株主の同意があれば、免除は可能です。

第2節　役員等と第三者との関係

　今度は第三者に対する不法行為責任です。不法行為の要件が民法と若干違います。**趣旨は、「役員に厳しく」**です。

429条（役員等の第三者に対する損害賠償責任）

1　役員等がその職務を行うについて悪意又は重大な過失があったときは、当該役員等は、これによって第三者に生じた損害を賠償する責任を負う。

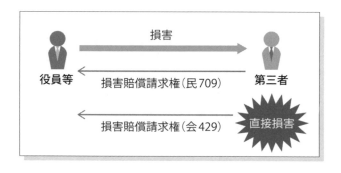

役員等が、第三者に損害を加えました。

この役員に重過失があった場合、損害賠償債権が2本発生します。1本が民法709条、もう1本が会社法429条です。

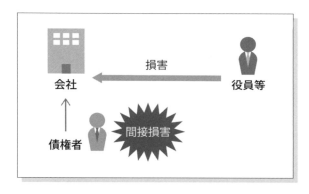

「会社に損害を与えた→その結果、会社の資産状態が悪くなる→債権者が債権を回収できなくなる」こういうのを、**間接損害**と言います。

429条は「役員等に厳しい」立場なので、こういったところまで責任を負わせることにしています。

423条（役員等の株式会社に対する損害賠償責任）
1　取締役、会計参与、監査役、執行役又は会計監査人（以下この節において「役員等」という。）は、その任務を怠ったときは、株式会社に対し、これによって生じた損害を賠償する責任を負う。

最後になりますが、この章で説明した「債務不履行責任（423）」「不法行為責任（429）」を誰が負うかを見ましょう。

条文は取締役と限定しておらず、役員等としています。

具体的には取締役に限らず、会計参与、監査役、執行役又は会計監査人まで責任を負うことを規定しています。

──────── 問題を解いて確認しよう ────────

1　株式会社の取締役Ａが、株主の権利の行使に関し、会社の計算において、財産上の利益をＢに供与した場合、Ｂに財産上の利益を供与するについてＡに悪意又は重大な過失があったときは、Ａは、第三者に対しても損害賠償の責任を負う。〔10-33-イ〕　　　　　　　　　〇

2　会計参与がその職務を行うことについて重大な過失があったときは、当該会計参与は、これによって第三者に生じた損害を賠償する責任を負う。〔オリジナル〕　　　　　　　　　　　　　　　　　　　　　　　　〇

第5編 株式会社の計算等

ここはお金に関するルールを見ていきますが、株式会社が作る書類関係の話と資本金等の話が中心になります。

特に資本金の部分は、次の商業登記法でも重要な論点が多いので、増える場面・減少する場面、そしてその手続を押さえましょう。

〜会計上の書類の総称が「計算書類」といいます。そして、「貸借対照表」はその中の１つです〜

第1章 計算書類等

① どういう書類を作るか
② どの機関からチェックを受けるのか
③ どの書類について株主総会で承認決議を得るのか
④ どの書類を、どこまで公告するのか
こういったことを、会社が作る書類関係のルールを見ていきます。

①会計帳簿（432 I ）
②貸借対照表（435 I ・II ）
③損益計算書（435 II ）
④法務省令で定めるもの（435 II ）
　（株主資本等変動計算書及び個別注記表）
⑤事業報告（435 II ）
⑥附属明細書（435 II ）

｝計算書類（435 II ）

事業報告

これは**1年間にやった事業内容のレポート**です。「こういう部門を立ち上げました」「こういった商売を始めました」、「○○に店舗を作りました」、そういったものをまとめた報告書のことをいいます。

会計帳簿

これは日々の帳簿のことをいい、仕訳帳とか元帳とも呼びます。

この日々の帳簿を作った上で、事業年度末日になったら、前記の計算書類を作ります。

損益計算書

その**1年間の売上と経費を記載する書類**です。会計帳簿を見ながら売上、経費を記載します。

例えば、「売上が1,000万円、経費が3,000万円」だったら、今年は赤字ということです。一方、「売上が1,000万円、経費が600万円」だったら今年は黒字となりますね。このように、1年間が赤字だったのか黒字だったのかを示すのがこの損益計算書です。

貸借対照表

貸借対照表

（資産の部）		（負債の部）	
流動資産	×××	**流動負債**	×××
現金預金	×××	支払手形	×××
受取手形	×××	買掛金	×××
売掛金	×××	未払費用	×××
製品	×××	未払法人税等	×××
仕掛品	×××	その他	×××
材料	×××		
その他	×××	**固定負債**	×××
		社債	×××
固定資産	×××	長期借入金	×××
		退職給付引当金	×××
有形固定資産			
建物及び構築物	×××		
機械及び装置	×××	負債合計	×××
工具・器具及び備品	×××		
土地	×××	（純資産の部）	
無形固定資産		株主資本	
のれん	×××	資本金	×××
ソフトウェア	×××	株式申込証拠金	×××
投資その他の資産		資本剰余金	×××
関係会社株式	×××	利益剰余金	×××
投資有価証券	×××	自己株式	△×××
長期貸付金	×××	自己株式申込証拠金	×××
繰延資産		評価・換算差額等	
開業費	×××	その他有価証券評価差額金	×××
		繰延ヘッジ損益	×××
		土地再評価差額金	×××
		為替換算調整勘定	×××
		新株予約権	×××
		純資産合計	×××
資産合計	×××	負債・純資産合計	×××

　この書類は、左側と右側に大きく分かれます。右側が仕入れたお金を指しています。左側が、今それがどんな形に化けているかが書かれています。

　「右で仕入れた金が、左で今どんな形に化けているか」、それを表すのが、貸借対照表です。

具体的には、右側は負債と純資産の部に分かれています。負債というのはまさに借金です。純資産というのは、会社自身のお金（投資家による投資）とイメージしておきましょう。

この書類を見ることによって、
① **借金がどれくらいあるのか**
② **自己資金としてどれくらい集めているのか**
③ **集めたお金が、どんな財産になって残っているか**
が分かるのです。

以上の書類は、作成段階から色々な規制を課せられています。

事業年度末日（大抵の会社は 3 月 31 日）が到来すると、会社は今まで 1 年間つけていた会計帳簿を閉じます。

そして、その会計帳簿などを元に計算書類を作成し、また事業報告書を作ります。

それを株主総会に提出して株主のOKをもらい、会社に置いて見れるようにし、さらに公告でも見られるようにしておきます。

この手続を 1 つ 1 つ細かく見ていきましょう。

◆ 計算書類等の監査 ◆

	計算書類 その附属明細書	事業報告 その附属明細書
監査役設置会社	監査役の監査を受ける（436 Ⅰ）	
会計監査人 設置会社	以下の者の監査を受ける（436 Ⅱ ①） ● 監査役 ● 会計監査人	以下の者の監査を受ける（436 Ⅱ ②） ● 監査役
取締役会 設置会社	取締役会の承認が必要 （上記の監査を要する場合は、当該監査を受けたものが承認の対象となる） （436 Ⅲ）	

　計算書類等の監査ですが、その会社の機関設計によってチェックをする機関が異なります。

　監査役設置会社は、計算書類、事業報告両方とも監査役のチェックを受けます。

　次に、会計監査人設置会社は、監査役と会計監査人が計算書類をチェックしますが、事業報告に関しては、会計監査人のチェックは入りません。**事業報告というのは、まさにやった事業内容の報告なので、会計担当の会計監査人のテリトリーではない**のです。

　ちなみに、取締役会設置会社の場合は、取締役会がこの書類を再チェックするようになっています。

定時株主総会における承認・報告	計算書類→承認決議が必要（438 Ⅱ） 事業報告→報告のみでよい（438 Ⅲ）

　この後行われる定時株主総会では、承認をもらった計算書類と事業報告を株主の前に出します。

　「損益計算書を見てください。今期はこれだけ黒字が出ました！」といった業績発表をするのです。

　その上で、計算書類については、株主から「この内容でいいですよ」という承認をもらう必要があるのです（普通決議で行います）。

　会社経営者が、自分の保身のために「会計上の必要書類を不正に書き換える」ことが古今東西行われています。そこで、株主によるチェックも要求することにしたのです。

一方、事業報告について承認決議は要らず、報告するだけで構いません。「おかしい、認めないぞ」という話にはなりません。**その名のとおり「報告」するだけの書類だからです**（１年の事業に文句があれば、それは役員の解任決議等で主張することです）。

◆ 貸借対照表等の公告（440）◆

	公告方法が官報又は日刊新聞紙	公告方法が電子公告
大会社	貸借対照表及び損益計算書の要旨を公告	貸借対照表及び損益計算書の全文を公告
大会社でない株式会社	貸借対照表の要旨を公告	貸借対照表の全文を公告

次は公告です。この公告、「何を公告するか」「どこまで載せるか」という２つの論点があります。

「何を見せるか」は、大会社かどうかで変わってきます。
大会社であれば、貸借対照表だけなく、損益計算書まで見せる必要があります。一方、**大会社以外の会社であれば、貸借対照表だけを公告すればよい**となっています。

「どこまで見せるか」は、公告をする媒体で変わってきます。
公告方法という用語がありますが、これはその会社の株主への情報伝達手段です。「株主のみなさん、株券提供公告をすることになったら、○○新聞に載せますよ」と知らせる手段のことです。

```
┌─────────────────┐      ┌─────────────────┐
│      定款       │      │      定款       │
│                 │      │                 │
│ 当社の公告は、日本経済 │      │ 当社の公告は、電子公告 │
│ 新聞に掲載する。   │      │ にて行う。       │
└─────────────────┘      └─────────────────┘
```

これは定款に書いておくのが一般的です。具体的には、新聞媒体で公告をするか、ネット媒体で公告をするかに分かれます。新聞には国の新聞である官報と民間が作る日刊新聞紙があります。

新聞媒体の場合は、経費もかかるため、「**全部載せなくていい、要旨だけ載せ
ればいい**」としていますが、ネット媒体であった場合は、「**掲載料などがかかる
わけじゃないので、全文載せなさい**」としています。

◆ 計算書類等の備置き及び閲覧等（442）（臨時計算書類を除く）◆

		非取締役会設置会社	取締役会設置会社
備置の対象		各事業年度に係る　①　**計算書類**　　②　**事業報告**　　③　**①、②の附属明細書**	
備置場所（注）	本店	定時株主総会の**1週間前の日から5年間**	定時株主総会の**2週間前の日から5年間**
	支店	定時株主総会の**1週間前の日から3年間**	定時株主総会の**2週間前の日から3年間**
閲覧等		・　**株主**　　・　**債権者**　　・　**親会社社員**（裁判所の許可必要）	

（注）　計算書類等が電磁的記録で作成されている場合であって、支店にて閲覧等に応じることを可能と
　　　するための措置をとっているときは、支店に備え置く必要はない（442Ⅱ但書・施規227③）。

　これまでの手続を取った書類を、一定の場所に備え置いて、「見せてほしい」
と求めるものへ見せる手続を説明します。

　公告と比べて費用等がかからないことから、「**できるだけ広く見せる**」方向の
規定になっています。

　備え置く書類は、計算書類だけでなく事業報告もその対象になります。

　公告では貸借対照表だけいい場合もありますが、備置きは計算書類全般（貸借
対照表・損益計算書他）が要求されます。

　また、**事業報告は公告をする必要はありませんが、備え置いて閲覧請求に応じ
る必要はあります**。

　そして、それらの書類は本店だけでなく、支店にも備え置いて閲覧請求に応じ
る必要があります（データで作られている場合には、支店には備置きがいらなく
なる場合もあります）。

　ちなみに、備置きをする年数等はあとあと覚えていきましょう。

　そして、閲覧できる人は、以前説明した基本形どおり「**株主・債権者・親会社**

社員、ただし、親会社社員が閲覧するときは、裁判所の許可が要る」のとおりに
なっています（株主名簿の閲覧請求権者を復習してください）。

問題を解いて確認しよう

1	会計監査人設置会社においては、各事業年度に係る計算書類及び事業報告並びにこれらの附属明細書は、会計監査人の監査を受けなければならない。〔21-30-イ〕	×
2	監査役会設置会社において、取締役は、取締役会の承認を受けて定時株主総会に提出され、又は提供された事業報告の内容を定時株主総会に報告しなければならない。〔21-30-エ〕	○
3	大会社でない株式会社においては、法務省令で定める方法により、定時株主総会の終結後遅滞なく、貸借対照表を公告しなければならない。 ※有価証券報告書を内閣総理大臣に提出しなければならない株式会社ではないものとする。〔オリジナル〕	○
4	株式会社は、定時株主総会の終結後遅滞なく、計算書類及び事業報告を公告しなければならない。〔令4-32-オ〕	×
5	株式会社の計算書類等が書面をもって作成されている場合、株式会社の親会社社員は、当該株式会社の営業時間内は、いつでも、その請求の理由を明らかにして、当該株式会社の計算書類の謄本の交付の請求をすることができる。〔21-30-ア〕	×
6	計算書類が書面をもって作成されているときは、株主及び債権者は、株式会社の営業時間内は、いつでも、当該株式会社の定めた費用を支払って当該書面の謄本の交付の請求をすることができる。 〔令4-32-エ（21-30-ア、オ）〕	○
7	株式会社は、計算書類及び事業報告並びにこれらの附属明細書を、法定の期間、その本店に備え置かなければならない。〔令4-32-ウ〕	○

×肢のヒトコト解説

1 事業報告を会計監査人に監査させる必要はありません。

4 事業報告の公告は不要です。

5 親会社社員の閲覧請求権は、いつでもできるわけではなく、裁判所の許可が必要になります。

ここでは会社に入ってくる資金について勉強します（特に資本金の知識が重要です）。
まずは、会社に入ってきた資金の分類から見ていきましょう。

ここを本当に理解するには会計の知識が必要になります。
本書では、会計の知識が全くない方を対象に「イメージで伝える」ことを目的にしています。
そのため、会計に詳しい方は「それは言いすぎじゃない」と思うところが多々あると思いますが、お許しください…。

イメージ

　会社には、出資されたお金を入れる棚が3タイプあります。資本金を入れる棚、準備金の棚、剰余金の棚と3つあって、それぞれ何のためにある棚なのか（誰のための棚なのか）が違います（もちろん、棚というのはイメージであって実際にはこういった桐たんすを置いている訳ではありませんよ）。

資本金は、**債権者の債権回収のためにプールしておく資金**で、債権者はこのお金を当てにしています。

次に準備金というのは、**資本金に欠損（穴）が生じたときに穴埋めのためにキープしておく資金**です。ここも、債権者が当てにしています。

出資金をこれらに入れた上で、余ったものは一番下の棚、剰余金に入れられます。ここに入ったものは、株主に配当します。だから**ここは株主のもの**なのです。

では、この3つを詳しく見ていきましょう。

第1節 資本金

> 株式会社の資本金の額は、会社法に別段の規定がない限り、設立又は株式の発行に際して株主となる者が会社に対して払込み又は給付した財産の額である(445Ⅰ)。

 覚えましょう

資本金が増加する場合
①募集株式の発行（計規14）
②新株予約権の行使があった場合（計規17）
③取得条項付新株予約権の取得と引き換えに行う株式の交付があった場合（計規18）
④吸収合併存続株式会社、吸収分割承継株式会社、株式交換完全親株式会社となる組織再編を行った場合（計規35 〜 39）
⑤準備金の額を減少し、資本金の額を増加する場合（448Ⅰ②、計規25Ⅰ①）
⑥剰余金に係る額を減少し、資本金の額を増加する場合（450Ⅰ、計規25Ⅰ②）

資本金が増えるルールと資本金が増加するケースを6つ載せています。「**株式を発行して、財産が入る**」、これが、**資本金が増えるルール**でした。

募集株式発行をすると、会社は株式を発行して、会社に対して財産が入ってきます。新株予約権の行使があった場合も同様です。

一方、新株予約権を発行しても、株式を発行することはないため、資本金は増加しません。

（この後の内容は、商業登記法で詳しく説明するので、学習初期段階では軽く見るぐらいにしましょう。）

次に、新株予約権を会社が取得して、株式を発行した場合には資本金は増加します（上記③にあたります）。新株予約権という財産が入ってきて、株式を発行しているためです。

例外になるのが前記の⑤⑥です。これは会社の中にある準備金、剰余金を資本金に振り替えているだけなのですが、例外として資本は増加します。

問題を解いて確認しよう

1	取得請求権付株式であって、取得対価が他の株式であるものについて、株主が株式会社に取得を請求した場合、資本金の額が増減する原因となる。〔6-28-イ〕	×
2	株式会社が募集新株予約権の発行手続により新株予約権を発行した場合には、資本金の額は増加しない。〔19-32-イ〕	○
3	取得条項付株式の取得と引換えに他の種類の株式を新たに発行する場合には、当該株式会社の資本金の額が増加するが、取得条項付新株予約権の取得と引換えに株式を新たに発行する場合には、当該株式会社の資本金の額は増加しない。〔19-30-エ〕	×
4	貸借対照表の純資産の部内における各項目の計数の変動に関して、資本準備金又は利益準備金の一方を減少させ、その分について資本金の項目を増加させることができる。〔12-31-ア〕	○

×肢のヒトコト解説

1　会社が自社株を取得しても、財産的な価値がないので資本金は増加しません。

3　会社が自社株を取得しても、財産的な価値がないので資本金は増加しませんが、新株予約権を取得した場合には資本金は増加します。

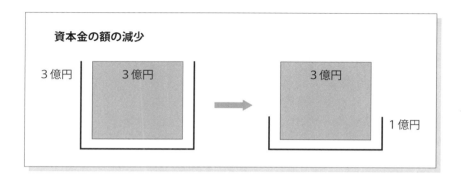

資本金の額の減少をする話に移ります。

　資本金の額が３億円で、中身も３億円ある状態で、資本金のメモリを１億円まで下げるとします。資本金のメモリを１億円まで下げれば、２億円分余りますが、これは「剰余金に持っていく」「準備金に持っていく」ということができます。剰余金や準備金を増やしたい、これが資本金を減少する理由の１つです。

　ただ、このような資本金の減少は、役員の一存ではできません。利害を持つ人がいるのです。

株主

資本金が下がって、会社規模が小さくなるのは困る。

　３億円の会社だと思って投資したのに、資本金を１億円にまで下げれば会社規模が当初の３分の１になる、**資本金の額の減少は会社の規模縮小になるので、株主は、勝手にやってもらいたくないと考えるでしょう。**

　そこで会社法は、**資本金の額を減少するには、株主総会特別決議を要求しました。**

債権者

資本金が３億円あるから取引したんだ！

　債権者は、資本金が３億円だと思って取引に入ったのに、それが勝手に１億円にされては、裏切られたと思うでしょう。そこで、資本金の減少をするには、債

権者のOKをもらう必要があります。これが債権者保護手続というものです。

　資本金の額の減少をするには、株主総会特別決議と債権者保護手続、この2つの手続が必要になります。

覚えましょう

◆ 資本金の額の減少をするための決議 ◆

原則	株主総会の特別決議 （447 I ・309 II ⑧）
例外①	定時株主総会の普通決議 （309 II ⑨）
	欠損填補にあてる場合
例外②	取締役の決定 （取締役会設置会社にあっては、取締役会決議、447 III）
	株式の発行と同時であり、資本金の額が減少しない場合

　資本金の額の減少をするには、株主総会特別決議が必要ですが、例外が2つあります。

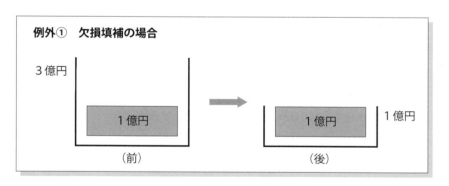

例外①　欠損填補の場合

3億円

1億円

（前）

1億円

1億円

（後）

　資本金が3億円で中身が1億円であれば、2億分円の穴が開いている状態です。この穴は、準備金で何とかすべきですが、準備金がなければ、資本金を減らす方法で穴を無くすことになります。

　資本金のメモリを1億円まで下げれば、穴はなくなります。これが欠損填補というものです。

この場合、会社規模自体は３億円の会社から、１億円の会社へと小さくなりますが、株主にもメリットがあります。

翌年から配当が見込めるのです。

資本減少する前の状態で、会社が２億円利益を出したとしても、それは配当に回せずに、穴埋めに使われます。

一方、資本減少した後、２億円の利益が出れば、これは、剰余金となって配当に回せます。

このように、配当に回せる金額が多くなるといったメリットがあるため、特別決議までは要らない、**株主にメリットがあるから、普通決議でいいと**しました。

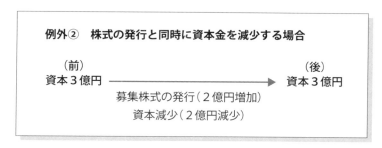

例外②　株式の発行と同時に資本金を減少する場合

（前）
資本３億円 ————————→ （後）
　　　　　募集株式の発行（２億円増加）　　資本３億円
　　　　　資本減少（２億円減少）

お金は入れたいんだけど、資本金の拘束を受けたくない場合に使う技です。

会社が募集株式の発行をして、２億円分資金調達をすると、２億円分資本金のメモリが上がってしまいます（どんなに上げたくなくても、１億円は上げることになります）。

「お金は入ってくるけど全く拘束を受けたくない」そういう場合は、**一緒に資本減少手続**を取ります。

上記の図のような募集株式の発行（２億円）＋資本金の減少（２億円）をすると、資本は上がるけど、直ぐにメモリが下がるということになり、入ってきたお金には、全くの拘束がかからなくなるようになります。

会社規模はどうなっていますか。

変わってないのですよ。「会社規模が小さくなるから、株主に嫌がられる→株主総会特別決議」という理屈であれば、このような資本金の額の減少をしても、

会社規模が変わっていないので、**これは株主の意思を聞く必要はない**でしょう。

　具体的には、**取締役の決定（取締役会設置会社にあっては、取締役会決議）で資本減少を決める**ことができます。

　債権者保護手続は、「資本金の額の減少をしますよ。文句があれば来てください」と伝えて、その上で、「文句を言ってきた人に対応する」、この2つから成り立っています。

　まずは伝え方ですが、パターンがいくつかあります。

> 官報の公告　＋　催告

　官報という国の新聞で伝えて、さらに催告（1人1人に手紙などで知らせること）をする、これが基本系となります。

　ただこの催告というのが、経費と時間をくいます。そこで催告の省略も認めています。

官報の公告　＋　定款の公告方法　日刊新聞で公告する　→　催告は不要	
官報の公告　＋　定款の公告方法　電子公告で公告する　→　催告は不要	

　官報に加えて、会社の公告方法で公告する、**2つの媒体で公告をすれば、催告をしなくていい**としたのです。ポイントは2つの媒体ということです。

> 官報の公告　＋　定款の公告方法　官報で公告する　→　催告は必要

　会社の公告する媒体が官報だった場合は、これは、**官報プラス官報では２つの媒体になっていない**ので、催告の省略ができません。

異議を述べた債権者がいる場合の対応（原則）	会社はその債権者に弁済し、相当の担保を供するか、弁済目的に相当の財産を信託することになる（449Ⅴ本文）。
異議を述べた債権者がいる場合の対応（例外）	異議を述べた債権者がいた場合であっても、資本金の額の減少をしてもその債権者を害するおそれがないときは、会社は弁済等をすることを要しない（449Ⅴ但書）。

　次は文句を言ってきた人にどう対応するかを見ていきましょう。
　文句を言ってきた人へは、弁済か、担保を立てるか信託するかで対応します（弁済期が来ている債権は弁済、弁済期が来ていない債権に対しては、担保を立てるか信託をすることになります）。

　実は**この対応をしなくていい場合があります**。例外の部分を見てください。
　例えば、資本金を100億円から99億円にする場合に、たった10万円の債権者は害されるのでしょうか。
　被害はおそらく無いですよね。
　資本金の額は減少するけど財務状態が良い場合、弁済などの対応をとる必要はありません。

　また、文句を言ってきた債権者が、実は既に抵当権を持っているというような場合はどうでしょう。**抵当権という担保を持っていれば**、資本金の額が減少されても**回収できます**ね。

　この２つの例のように、**資本金の額を減少しても債権者を害しないような場合は、弁済等をする必要はない**のです。

1 株式会社は、定時株主総会において減少する資本金の額が、定時株主総会の日における欠損の額として法務省令で定める方法により算定される額を超えないときは、株主総会の普通決議によって、資本金の額を減少することができる。〔オリジナル〕　　　　　　　　　　　　　○

2 取締役会設置会社の計算等に関し、株式会社が資本金の額の減少と同時に株式の発行をする場合において、当該資本金の額の減少の効力が生ずる日後の資本金の額が当該日前の資本金の額を下回らないときは、当該資本金の額の減少は、取締役会の決議によってすることができる。〔29-32-ウ〕　　　　　　　　　　　　　　　　　　　　　　　○

3 株式会社においては、資本金の額を減少する場合には、欠損のてん補を目的とする場合であっても、債権者の異議手続を執らなければならない。〔22-32-イ〕　　　　　　　　　　　　　　　　　　　　　　　　　　○

4 資本金の額を減少する場合、会社の債権者が異議を述べたときは、当該債権者を害しない場合を除いて、会社は弁済をし、若しくは相当の担保を提供し、又は債権者に弁済を受けさせる目的で信託会社等に相当の財産を信託しなければならない。〔オリジナル〕　　　　　　　　　○

5 株式会社が定時株主総会の決議によって資本金の額を減少する場合において、減少する資本金の額が欠損の額を超えないときは、当該株式会社の債権者は、当該株式会社に対し、当該資本金の額の減少について異議を述べることができない。〔25-33-イ〕　　　　　　　　　　　　×

×肢のヒトコト解説

5 欠損の填補になる場合、株主総会は普通決議で足ります。ただ、その場合でも債権者保護手続は必要です（資本金の額の減少の手続では、債権者保護手続は絶対に必要と思ってください）。

第2節　準備金

準備金には、欠損填補と組入れの２つの使い道があります。

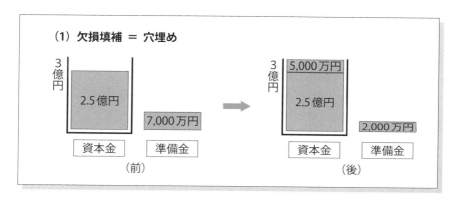

（1）欠損填補　＝　穴埋め

資本金を３億円としているのですが、中身が2.5億円という状態で穴が空いています。そこで、準備金を投入するのです。

上図の右側を見てください。

資本金が３億円、そして、中身がちゃんと３億円ある状態になります。これが本来の使い道である欠損填補（穴埋め）です。

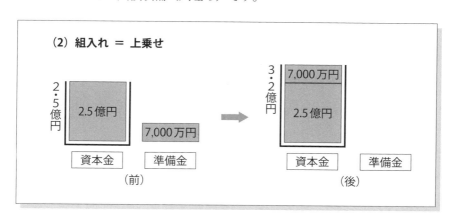

（2）組入れ　＝　上乗せ

資本金が2.5億円で、中身が2.5億円ある状態で会社が資本金を３億円以上に

しなくてはいけない事態になりました（例えば、３億円以上ないと、ある事業へ参入ができないとか、３億円以上ないと入札ができないような場合です）。

　ただ、投資家から投資が募れないような場合には、**余っている準備金を上乗せする**のです。このようにして資本金を増やすということもできます。

　これは、今までやった**資本金を増やすルールの例外**になっています。
　「お金が入ってきて株式を発行する」これが資本金があがるルールですが、本事例では、お金が入ってきていません。タンスの中身を入れ変えているだけなのに、資本金が増やせるのです。
　以下、資本金が増加する場合の一部を再掲します。

 覚えましょう

　⑤準備金の額を減少し、資本金の額を増加する場合（448Ⅰ②、計規25Ⅰ①）
　⑥剰余金に係る額を減少し、資本金の額を増加する場合（450Ⅰ、計規25Ⅰ②）

　この⑤⑥は例外になります。この上乗せができるのは、準備金だけでなく、剰余金も可能です（詳しくは商業登記法で触れていきます）。

　準備金を資本金に上乗せする話をしましたが、準備金を剰余金に持っていくということも可能です。基本的に**３つの棚は移動ができる**と思ってください（資本金から準備金、準備金から資本金、準備金から剰余金、剰余金から資本金というように移動ができます）。

　この準備金の使い方は、今説明したとおりですが、**使う時は、準備金の減少という手続をとる必要があります。**

◆ 資本金の額の減少・準備金の額の減少の横断整理 ◆

		資本金の額の減少	準備金の額の減少
決議要件	原則	株主総会の特別決議 （447 Ⅰ・309 Ⅱ ⑨）	株主総会の普通決議 （448 Ⅰ・309 Ⅰ）
	例外①	定時株主総会の普通決議 （309 Ⅱ ⑨）	
		欠損填補にあてる場合	
	例外②	取締役の決定 （取締役会設置会社にあっては、取締役会決議、447 Ⅲ）	取締役の決定 （取締役会設置会社にあっては、取締役会決議、448 Ⅲ）
		株式の発行と同時であり、資本金の額が減少しない場合	株式の発行と同時であり、準備金の額が減少しないとき
債権者保護	手続	常に必要	原則　必　要
			例外　①減少するすべてを資本金として計上する場合（449 Ⅰ） ②定時株主総会における欠損填補のための減少の場合（449 Ⅰ但書）

　左が資本金の額の減少で、先ほど説明したことがまとまっています。

　右が準備金の額の減少で、準備金を使いたい場合は、この手続を経る必要があります。

　必要な手続は「決議＋債権者保護手続」なのですが、決議要件が資本金の額の減少とは異なります。

　原則は、株主総会の普通決議です。

　資本金は、会社規模を表します。そのため、会社規模を小さくするには、株主の大多数の賛成が必要です。ただ、**準備金は、会社規模ではありません**。そのため、準備金を減らす時は、普通決議で足りるとしています。

　また、決議要件の例外②を見てください。これは左と同じになっています。募集株式の発行時に、準備金を増やせました。**準備金を増えた分だけ減らすのであれば準備金の額は従前と変わらない**ので、株主の意思を聴く必要はないのです。

　債権者保護手続は原則必要です。**準備金も債権者が当てにしていますから、これが減るとなれば、債権者は文句をいいたいところ**です。

ただ、文句がいえない場合が2つほどあります。

例外①

債権者保護手続不要	債権者保護手続必要
準備金　1,000万円 資本金　2,000万円	準備金　1,000万円 資本金　2,000万円
↓　準備金1,000万円減少	↓　準備金1,000万円減少
準備金　　　0万円 資本金　3,000万円	準備金　　　0万円 資本金　2,600万円

例えば、準備金を1,000万円減少して、その1,000万円を全部資本金に投入し、資本金を3,000万円にした場合、資本金が増えるので、債権者は怒りません。

一方、準備金を1,000万円減少して、資本金には600万円持っていき、400万円は剰余金に持っていく場合はどうでしょう。剰余金に持っていくということは、株主への配当がされ、会社からお金が出ていってしまいます。

これは債権者が怒ります。

以上から、**減らす分を全部資本金に持っていく場合は、債権者は怒らないので、債権者保護手続は不要というルール**にしたのです。

例外②

準備金を欠損の填補で使うという場合です。欠損填補で使うのは、**本来の使い方なので、債権者が怒るわけがありません。**そのため、債権者保護手続を要求しません。

ただし、**欠損の金額は、貸借対照表等を見ないと正確には把握できませんので、貸借対照表の承認手続をする定時株主総会に限定しています。**

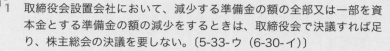

1	取締役会設置会社において、減少する準備金の額の全部又は一部を資本金とする準備金の額の減少をするときは、取締役会で決議すれば足り、株主総会の決議を要しない。〔5-33-ウ（6-30-イ）〕	×
2	資本金の額を減少するには株主総会の決議が必要であるが、資本準備金の額の減少については、取締役会設置会社にあっては取締役会の決議により行うことができる。〔18-28-ウ〕	×
3	資本金の額を減少するには債権者保護手続をとる必要があるが、資本準備金の額の減少については債権者保護手続をとる必要がない場合がある。〔18-28-ア〕	○
4	株式会社が準備金の額を減少する場合において、減少する準備金の額の全部を資本金とするときは、当該株式会社の債権者は、当該準備金の額の減少について異議を述べることはできない。〔オリジナル〕	○

───── ×肢のヒトコト解説 ─────

1,2　準備金の減少は、原則として株主総会の決議が必要です。この肢は、決議要件の例外の状況になっていません。

第5編　株式会社の計算等 ◆ 第2章　資本金・準備金・剰余金

第3節 剰余金

覚えましょう

◆ 剰余金の配当の決定機関 ◆

	決議機関	要件
原則	株主総会普通決議 （454 Ⅰ・309 Ⅰ）	
例外 ①	株主総会特別決議 （454 Ⅳ・309 Ⅱ⑩）	ⅰ　配当財産が金銭以外の財産であるとき（現物配当） ⅱ　株主に対して454条4項1号の金銭分配請求権を与えないこととする場合
例外 ②	取締役会決議 （454 Ⅴ）	定款の規定に基づき、一事業年度の途中において一回に限り、金銭による剰余金の配当を行う場合（中間配当）
例外 ③	取締役会決議 （459 Ⅰ④・Ⅱ）	ⅰ　会計監査人設置会社であること ⅱ　監査役会設置会社・監査等委員会設置会社・指名委員会等設置会社であること ⅲ　取締役（監査等委員会設置会社にあっては、監査等委員である取締役以外の取締役）の任期の末日が選任後1年以内に終了する事業年度のうち最終のものに関する定時株主総会の終結の日後の日ではないこと ⅳ　定款に取締役会が定める旨の規定を置いたこと ⅴ　配当財産が金銭以外の財産であり、かつ株主に対して金銭分配請求権を与えない場合以外の場合であること

剰余金の配当手続を、どこで決議するのかが載っています。

原則は株主総会普通決議です。ポイントは、株主総会と書いてあるところで、**定時株主総会に限定していない**ということ、また、1年に1回だけと限定されてもいないので、**年に何回でも、財源さえあれば配当すること**が許されている点です。

例外①

財務状況は良い、ただ、現金がないという会社があります。そういう会社は自社製品を配当するということを考えます。

ただ、株主の中には

株主　自分はお金が欲しいんだ！

という方もいるでしょう。その場合は、お金をよこせと請求できます。それが金銭分配請求権という権利です。**現物配当のときには、原則、金銭分配請求権が認められています。**

ただ、配当の決議で、

株式会社　金銭分配請求は認めない！

と決めることも許されます。このときは、株主総会の特別決議が必要となります。**お金でもらえない場合は、特別決議が必要になる**のです（だから、先ほどのような金銭分配請求権を認めるケースでは普通決議になります）。

例外②

　通常３月末に決算をしますが、それだけでなく半年に１回のところで中間決算、中間報告をする会社もあります。

　その際に、余りがあれば、取締役会の決議によって配当することもできます。こういうのを、中間配当といいます。

　ただ、３つほど注意してほしい点があります。

　まず、**定款規定が必須**です。次に、取締役会の決議によって一事業年度中に**１回**しかできません。なおかつ配当は**金銭**しかできません。

例外③

　会社によっては、「うちは何回でも取締役会でやりたい」「現物の配当も取締役会でできるようにしたい」という会社もあるでしょう。

その場合は、この例外③を使います。一定の要件をクリアしていれば、取締役会で何回でも決議ができます。

　ただ、要件がかなり厳しくなっています。
要件ⅰ・ⅱ
　監視する役員等がいることを条件にしています（ちなみに、上場企業で要求されている機関設計と同様の要件になっています）。

要件ⅲ
　役員を毎年改選させることを要求しています。
　配当について株主総会決議をしないため、株主は配当について文句は言えません。ただ、配当が少なければ、株主だって不満を持ちます。
　この場合、役員の改選決議で意思を表すのです。

配当が少ない。これは今の役員が悪いんだ、今の役員は誰も再選させないぞ！

株主

という感じです。

　「配当についての決議に参加できない代わりに、役員の改選で株主の意思を反映する」そう思ってください。

要件ⅳ
　定款に「当会社は取締役会で配当を決議する」旨の規定が必要です。つまり、**株主からの授権が必要**なのです。

要件ⅴ
　現物配当をすることもできますが、その場合は金銭分配請求権を与えないとはできません。金銭分配請求権を与えない現物配当をしたければ、株主総会の特別決議をとる必要があります。

問題を解いて確認しよう

1	株式会社は、分配可能額の範囲内であれば、一事業年度中に何度でも、剰余金の配当をすることができる。〔オリジナル〕	○
2	会計監査人設置会社以外の株式会社が剰余金の配当をする場合、その配当財産が金銭以外の財産であり、かつ、株主に対して金銭分配請求権を与えるときは、株主総会の普通決議により、剰余金の配当をすることができる。〔オリジナル〕	○
3	株式会社が剰余金の配当をしようとする場合において、配当財産が金銭以外の財産であるときは、株主に対して金銭分配請求権を与えなければならない。〔オリジナル〕	×
4	会計監査人を設置していない株式会社であっても、定款で定めることにより、取締役会の決議によって剰余金の配当をすることができる場合がある。〔19-32-エ〕	○
5	指名委員会等設置会社は、配当財産を金銭以外の財産とし、かつ、株主に対して金銭分配請求権を与えないこととする旨を取締役会が定めることができることを内容とする定款の定めを設けることができる。〔31-32-ア〕	×

×肢のヒトコト解説

3　金銭分配請求権を認めないことも可能です（その場合は、特別決議になります）。

5　一定の会社は剰余金配当の権限を取締役会に移譲できますが、金銭分配請求権を与えない現物配当をする権限まで与えることはできません。

2周目はここまで押さえよう

◆ 剰余金配当の実質的要件 ◆

実質的要件	剰余金を配当するには、分配可能額が存在しなければならない（461 I ⑧）
例外	いわゆる人的分割をする場合にあっては、財源規制が課されない（792・812）
注意点	株式会社の純資産額が300万円を下回る場合には、剰余金の配当をすることはできない（458）

剰余金の配当をするには、文字通り「剰余」の財産がなければできません。この剰余のことを分配可能額と呼びます。

　いくら決議がされても、**分配可能額という剰余がなければ配当しようがない**、ということです。

　ただ、いくら剰余があったとしても、純資産額による縛りがあります。

　純資産額については、先ほど見た、貸借対照表の右下の部分に掲載があるので確認してください（資産から負債を引いた金額のことを指します）。

　この**純資産額が300万円を下回っているような会社には、いくら剰余金があっても配当を認めません**（この300万円という数値は、昔の有限会社の最低資本金とされている金額でした。この程度ない会社には、配当という行為はさせないのでしょう）。

　ちなみに、前記の**財源規制ですが、会社分割における人的分割では要求されません**（ここは、会社分割が終わってから読んでください）。

　人的分割をやりやすくするために、財源があってもなくても人的分割としての配当を認めているのです（その代わり、債権者保護手続が要求されています）。

✓ 1　株式会社が新設分割をする場合において、新設分割株式会社が新設分割設立株式会社の成立の日に新設分割設立株式会社の株式のみを配当財産とする剰余金の配当をするときは、当該株式の帳簿価額の総額は、当該成立の日における新設分割株式会社の分配可能額を超えてはならない。　　×
　　　〔23-32-イ、令2-34-ウ〕

2　株式会社は、当該株式会社の純資産額が300万円を下回るときは、原則として、剰余金の配当をすることができない。　　○
　　　〔オリジナル〕

3　株式会社においては、純資産額が300万円以上であっても、資本金の額が300万円以上でない限り、剰余金の配当をすることはできない。〔22-32-エ〕　　×

◆ 分配可能額を超えてする剰余金の配当等 ◆

	論点		結論
分配可能額 1,000万円	責任を 負う者	金銭等の交付を受けた者	○
		当該行為に関する職務を 行った業務執行者	○
配当　3,000万円	支払義務 の金額	交付された金銭等の額	○
		交付された金銭等の額－分 配可能額	×
交付を 受けた者　職務を行った 業務執行者	総株主の同 意があった 場合	支払い義務全額の免除する こと	×
		分配可能額を限度として支 払義務を免除すること	○

　分配可能額を超えて配当することを、違法配当といいます。これは、経営陣が営業成績を偽装して、利益がでているように見せかけようとして起こる現象です。

　この場合、配当を受けたものは返金する義務がありますが、配当を行った人も責任を負います（通常は、会社は配当を行った人に全額請求する傾向があります。交付を受けた者1人1人から返却を受けるのは面倒だからです）。

　ちなみに、上記の図の場合、責任の金額は配当された3,000万全額になります。分配可能額を超えた部分（2,000万）ではありません。違法配当については、会社法はかなり厳しい立場をとっていると考えるといいでしょう。

　また、総株主の同意があっても全額免除にならないのも特徴的です。総株主の同意があっても、責任額が3,000万から2,000万に減額されるだけなのです。

☑ 1	会社が取得条項付株式を取得する場合において、一定の事由が生じた日における分配可能額を超えて当該株式の取得と引換えに財産の交付をしたときは、当該財産の交付に関する職務を行った取締役又は執行役は、当該会社に対し、交付した財産の帳簿価額に相当する金銭を支払う義務を負う。〔20-30-イ〕	× （170 Ⅴ）

2 　株式会社が、剰余金の配当により、株主に対し分配可　　×
能額を超える額の金銭を交付した場合には、当該剰余
金の配当に関する職務を行った業務執行取締役は、当
該株式会社に対し、当該金銭の額から分配可能額を控
除した額の金銭を支払う義務を負う。〔23-32-エ〕

3 　株式会社が分配可能額を超えて剰余金の配当をした場　　×
合において当該剰余金の配当に関する職務を行った業
務執行者が当該株式会社に対して負う金銭支払義務は、
総株主の同意があるときは、その全額を免除すること
ができる。〔31-32-イ〕

これで到達！　　　　　　合格ゾーン

剰余金の配当をする場合には、株式会社は、資本準備金と利益準備金の合計額
が資本金の額の4分の1に達するまで、当該剰余金の配当により減少する剰余
金の額に10分の1を乗じて得た額を資本準備金又は利益準備金として計上し
なければならない（445Ⅳ）。

★「外部にお金を出すのであれば、貯金をしてほしい」という趣旨で、配当す
る金額に合わせて準備金への貯金が要求されています。ただ、例えば資本金
が1,000万の会社が準備金を250万まで計上していれば、もう貯金は要求
されません。

会社分割をする場合において、分割会社が承継会社・設立会社から交付された
株式（持分）を剰余金の配当として分割会社の株主に分配するときは、上記の
積立義務の規定は適用されない（792②・758⑧ロ）。

★この積立義務のルールは債権者の利益を考えた規定です。いわゆる人的分割
に相当する会社分割をする場合は、債権者保護手続が取られるので、それで
十分と考えられました。

☐ 剰余金の配当に関する事項を取締役会が定めることができる旨を定款で定めた場合、更に剰余金の配当に関する事項を株主総会の決議によっては定めない旨を定款で定めることができる（460Ⅰ）。〔23-32-オ〕

> ★本来は株主総会で決議するところ、定款で定めれば「株主総会でも、取締役会でも決議できる」ようになり、更に「取締役会でしか定めない」まで定めることができます。

　会社は、自分が行っている事業を譲渡することができます。事業を譲渡するというのは、その事業を行うための必要な一切合切を譲渡することを意味します。例えば、せんべいの製造業を譲渡する場合は、その工場・土地・ノウハウ等のすべてを譲渡することになります。

〜事業を譲渡するときは株主のきちんとした承諾が必要となります〜

ここでの出題のポイントは、どういうときに「特別決議」が要求されるか、という点です。
譲「渡」する場合と譲「受」ける場合で分けて覚えていきましょう。

覚えましょう

	株主総会決議
① 事業の全部の譲渡	必要
② 事業の重要な一部の譲渡	（467 Ⅰ①・②
③ 子会社の株式又は持分の全部又は一部の譲渡	②の2・③・309 Ⅱ⑪）
④ 事業の全部の譲受け	
⑤ 事業の重要な一部の譲受け	不要

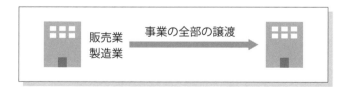

①事業の全部の譲渡

　「事業の全部を譲渡するには、**株主総会の特別決議が必要**」つまり、**株主に無**

断で勝手にできないようにしています。

　こういった事業譲渡を会社が行ったら、株主はどう思うのでしょうか。

株主

> 事業が全部なくなったら、
> 来期から収益が出ないじゃないか！

　そこで、会社法では事業の全部を売る場合、株主からのOKをもらいなさいとしたのです。

　このように、株主に不利益になるような事業の全部の譲渡をするには特別決議を要求しました。これが図表の①です。

　特別決議は、他にも要求されることがあります。

②事業の重要な一部の譲渡

　ある会社にいくつかの事業部門があり、一番売上の高い事業部門を勝手に売却されたら、株主は困ります。

　ただ、その会社の主力部門でなければ、そこまで株主の保護を考慮する必要はありません。

　そこで、事業の「重要な」一部の譲渡をする場合には承認決議がいるとしました。

　重要というのは、総資産の5分の1を意味します。つまり、**総資産の5分の1を超える売却になる場合は、特別決議がいる**ということです。

④事業の全部の譲受け　⑤事業の重要な一部の譲受け

　これは、事業をもらう場合を指しています。

　「事業を勝手に売るんじゃない」という趣旨であれば勝手にもらうのは別に問題ないはずです。

　ただ、**事業の全部をもらう場合は、特別決議を要求**しました。なぜなら、**事業の全部をもらうということは、その会社を合併で飲み込むのと変わらない**からです。

③子会社の株式又は持分の全部又は一部の譲渡

次の図を使って、図表の③を説明します。

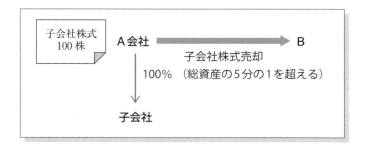

Aという会社が、子会社を持っていて、100％出資をしている状態です。
この**子会社株式を勝手に譲渡することができない場合**があります。

例えば、株式の全部を売る場合です。株式の全部を売ってしまえば、子会社が、
A会社のグループから外れてしまいます。

子会社の業績をあてにしてA会社の株式を買っている株主もいます。そういっ
た株主にとって、役員たちの一存で子会社がグループから外れるのは何とか阻止
したいところです。

この場合も、特別決議がなければ子会社株式の譲渡を認めないことにしました。

**株式譲渡して、議決権の過半数割れをした場合はグループ企業から抜けるので、
その場合は、事前に特別決議を要求することにしました。**

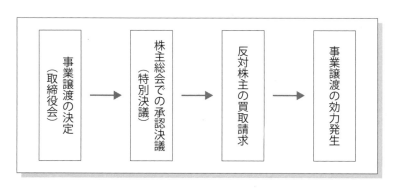

上図は事業譲渡等の手続の流れになっています。

　まずは、取締役会によって事業譲渡することを決めて、株主総会の承認決議をとります。

　ただ人によっては、

あの部門がなくなるなら、
投資した目的がなくなった。

株主

と感じる人もいるでしょう。

　会社法は、こういう人に株式買取請求権を認めています。

　そして、ここまでクリアすると、**事業譲渡をしていい状態になり、やっと1つ1つの売却手続に入ります**。事業譲渡の効力が生じたとしても、これはあくまでも売却手続に入れるようになるだけで、**承認決議の時点では、まだ財産権の移転などの効果は生じていません**（ちなみに事業譲渡の承認に係る株主総会を経ずに、事業を売却した場合はもちろん無効です）。

――――――― 問題を解いて確認しよう ―――――――

1	事業の重要な一部の譲渡の場合には、譲受会社においては株主総会の特別決議が必要であるが、譲渡会社においては株主総会の特別決議は必要ない。〔9-30-1（5-35-ア、8-31-5）〕	×
2	譲渡会社が株主総会の決議によって事業譲渡に係る契約の承認を受けなければならないにもかかわらず、事前又は事後のいずれにおいても株主総会の承認の手続をしていない場合には、当該事業譲渡に係る契約は、無効である。〔24-32-オ〕	〇

―――――――[×肢のヒトコト解説]―――――――

1 　譲渡会社では特別決議が必要ですが、譲り受ける方では、特別決議は不要です。

株式会社は、その事業の全部を賃貸するとの契約を締結する場合には、その効力発生日の前日までに、株主総会の決議によって、その承認を受けなければならない（467 I ④）。〔令3-32-イ〕

★事業を譲渡するだけでなく、事業自体を他人にレンタルすることができます。経営主体が変わるのは事業譲渡と変わらないため、事業譲渡と同じ規制がかかります。

2周目はここまで押さえよう

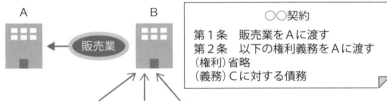

○○契約
第1条　販売業をAに渡す
第2条　以下の権利義務をAに渡す
（権利）省略
（義務）Cに対する債務

債権者C　債権者D　債権者E

　Bは持っている事業をAに渡すことになりました。これを、事業譲渡で行うか、会社分割で行うかで、効果・要件が全く異なります。

　会社分割で行って、会社分割の効果が生じると下記のようになります。

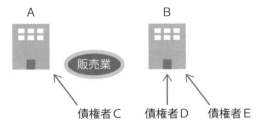

債権者C　　債権者D　　債権者E

　会社分割によって、契約書で定めた権利・義務について承継が生じます。契約書に定めた権利は当然にAに移り、契約書で定めたCへの債務も当然にAに引き継がれます（Cにしてみれば、勝手な債務引受になっているため、債権者保護手続が必要になります）。

　このような絶大な効果があるため、会社分割を行うには様々な手続（事前開示・事後開示・債権者保護手続…）が要求されているのです。

　では次に、事業譲渡でおこなった場合の権利関係を見てみましょう。

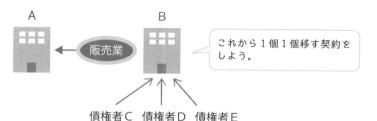

権利変動は何も起きません。

　事業譲渡をした場合、B会社から権利義務は移らず、B会社には「移す義務」のようなものが生じます。

　あとは、財産１つごと契約を交わして（土地であれば譲渡契約、債権であれば債権譲渡契約、債務であれば債務引受契約）、契約通りに権利移転させるのです。

　このように、事業譲渡だけでは権利変動がないため、事前開示・事後開示・債権者保護手続のような手続は要求されません。

　ちなみに、債権者Cの債務について、免責的債務引受が行われます。免責的債務引受にはCの意思が要件となるため、Cが嫌だと言えば引き受けはできません（これで、債権者の保護は図れます）。

　また、権利義務の承継が自動的に行われないため、事業譲渡をしても事業譲渡をした旨は登記されません（会社分割をした場合には、財産の包括承継があったことを登記することと比較してください）。

☑ 1　事業譲渡をする株式会社は、事業譲渡の効力が生ずる日から６か月間、事業譲渡に係る契約の内容等を記載し、又は記録した書面又は電磁的記録を当該株式会社の本店に備え置かなければならない。〔24-32-イ〕　　×

2 事業の譲渡をする株式会社は、当該事業を構成する債務を　○
  事業の譲受けをする株式会社に移転させるためには、個別
  にその債権者の同意を得なければならない。
  〔21-33-ア改題〕

3 株式会社の事業により生じた債務につき事業譲渡によって　○
  免責的債務引受けをする場合には、債権者の同意を得なけ
  ればならない。〔24-32-ア〕

4 事業の全部の譲渡の場合には、譲渡会社においても譲受会　○
  社においても、事業譲渡に異議を述べた会社債権者に対し
  て弁済等を行う手続は設けられていない。
  〔9-30-3（25-33-ア、26-34-エ）〕

5 譲渡会社は、その本店の所在地において事業譲渡による変　○
  更の登記をする必要はないが、吸収分割会社は、その本店
  の所在地において吸収分割による変更の登記をしなければ
  ならない。〔26-34-オ〕

◆ 会社分割と事業譲渡の違い ◆

	事業譲渡・譲受け	吸収分割
自己株式の承継	事業の全部の譲受けの場合は可（155⑩）	可（155⑫・758③）
新株予約権の承継	不　可	可（758Ⅴ・759Ⅴ）
株主の保護	株主総会の特別決議（467Ⅰ）	株主総会の特別決議（783・795）
会社債権者の保護	な　し	債権者保護手続（789・799）
事前・事後開示〔24-32-イ〕	な　し	あり（782・794・791・801）
無効主張の訴えの可否	右記のような制限なし	吸収分割の無効は、訴えをもってのみ主張することができる（828Ⅰ⑨）
手続終了後の登記申請	登記をする必要がない	登記をする必要がある（923）

　会社分割と事業譲渡との間で違う点をまとめたものです。ここまで、説明
していない部分を次に記載します。

自己株式の承継

　事業を全部譲り受ける場合には、その事業の中に入っている自己株式を承継することになりますが、一部譲受の場合は、そこを除いて承継することができます。一方、会社分割は包括承継が自動的に生じてしまうため、自己株式があっても拒否できません。

新株予約権の承継

　会社分割の場合、新株予約権の承継という手法で予約権を引き継ぐことができますが、事業譲渡にはこういった制度はありません。

無効主張の訴えの可否

　会社分割のような、多くの財産が自動的に権利承継されてしまうものは、訴訟を起こさないと無効にできません。一方、1つ1つの財産ずつ移転させる事業譲渡には訴訟の制度は設けていません。

✓ 1　子会社は、他の株式会社の事業の一部を譲り受ける場合には、当該他の株式会社の有する親会社の株式を譲り受けて取得することはできないが、他の株式会社の事業の一部を吸収分割により承継する場合には、当該他の株式会社から親会社の株式を承継して取得することができる。　　　　〇

〔21-33-ウ〕

2　株式会社の事業の全部の譲渡の無効及び吸収分割の無効は、いずれも、訴えをもってのみ主張することができる。　　　　×

〔21-33-オ〕

第7編 設立

ここでは、会社をゼロから作る手続を見ていきます。

毎年、必ず1問（しかも一番初めの問題）出題されるほど、重要な分野です。

～会社は一人で作れますが、ちゃんと登記しなければなりません～

第1章 手続の概略

細かい論点に入る前に、手続の大枠をつかむことが大切です。
そして、常に「自分はどの手続の、どういった論点を学んでいるのか」を意識するようにしましょう。

```
①  定款の作成（26）
        ↓
②  社員の確定・出資の履行（32 等）
        ↓
③  機関の具備（38 等）
        ↓
④  設立登記（49）
```

　会社を作るまでの手続は、大きく4つから成っています。

　まずはルールを作る。その後にお金を集め（払ってくれる人を決め、払ってもらう）、その後、役員を決めていきます。

　「ルールを決める→お金を集める→動かす人を決める」というところまでいっ

たら、最後は、設立登記、いわゆる会社の戸籍を作ることになります。これで会社が出来上がります（**登記が効力要件**ということです）。

そして、会社が出来上がった後に営業準備に入ります。店舗を借りたり、雇用契約を結んだりするのです。

 覚えましょう

◆ 発起人 ◆

資格	制限なし→　自然人でも法人でもよい（27⑤参照）。
員数	制限なし→　１名で足りる。
株式引受け	すべての発起人は、それぞれ設立時発行株式を１株以上引き受けなければならない（25Ⅱ）。

会社設立の手続をする人、これを発起人と呼びます。

発起人は、自然人でも、法人でも構いません。法人は、取締役にはなれませんが、**発起人は法人でも可能**です。

例えば、会社が子会社を作る場合を考えてください。その場合、その会社が発起人となって会社を立ち上げる手続をするでしょう。そのため、会社だって発起人になれるとしたのです。

次に人数ですが、昔は、７人いないとできないとしていました。すると、私みたいに友達がいない人は、会社が立ち上げられなくなります。そういったところから、今は１名でいいとしています（**起業をしやすくした**ということです）。

最後に、株式の引受けですが、25条２項は、結局**「発起人は１株以上買いなさい」ということを要求している**のです。つまり、発起人が株主になることを要求しているのです。

発起人

自分もこの会社の株主になるんだな…。
だったら、ちゃんと設立手続をしよう…。

こうなることを期待して、会社法では、発起人は1株以上買いなさいとルール化したのです。

問題を解いて確認しよう

1	発起人は、7人以上であることを要する。〔6-34-ア〕	×
2	未成年者は、発起人となることができない。〔24-27-エ〕	×
3	営利を目的としない法人も、発起人となることができる。〔26-27-ア〕	○
4	Aが合同会社である場合には、D社の発起人となることができない。〔21-27-5〕	×
5	各発起人は、株式会社の設立に際し、設立時発行株式を一株以上引き受けなければならない。〔オリジナル（18-32-ア、22-27-ア、24-27-ウ）〕	○

×肢のヒトコト解説

1 発起人は、1人いれば構いません。

2 誰でも発起人になれます。

4 法人も発起人になれます。

 覚えましょう

発起設立	設立時発行株式の全部を、発起人が引き受ける方法（25Ⅰ①）
募集設立	設立時発行株式の一部を発起人が引き受け、残部を他から募集する方法（25Ⅰ②）

設立手続は大きく分けて2つあり、誰が株式を買うかで分かれています。

発起人だけで株式の全部を買う場合が発起設立、一方、一般投資家にも投資を募ろうとする場合は、募集設立となります。

　この２つの手続は、途中までは同じになっています。

第2章 定款の作成

ここでは、会社を立ち上げるときに定款には何を記載する必要があるかということを学習した後、変態設立事項の処理を見ていきます。
変態設立事項があると検査役の調査の要否を検討することになります。
なお、募集株式の発行手続と比べながら学習するのが効率的です。

> 定款は、発起人が法定されている一定の事項を記載又は記録し、書面で作成する場合には各発起人がこれに署名又は記名押印しなければならず（26Ⅰ）、電磁的記録をもって作成する場合には、電子署名をしなければならない（26Ⅱ、施規225）。

　定款は発起人が作ることが要求されています（署名捺印をするということは、結局はその人が作ったことを意味します）。

　定款は発起人全員で作っているので、もし作った定款を変える場合は、発起人全員の同意が必要となります。

> 定款は、公証人の認証を受けなければ効力を生じない（30Ⅰ）。

　公証人の認証、これは公証人のチェックです。定款にはチェックを入れなきゃいけませんよとしています。

　ただ、実はチェックよりも重要なことがあって、それは**公証役場に内容を保存する**ことなのです。

　後々になって、

投資をしようと思った時に見た定款と違う、
定款を勝手に変えたんじゃないか。

投資家

と、疑いを持たれたら、公証役場に行くのです。公証役場には、認証を受けた時点の定款が残っているので、それと見比べることで、勝手に変えたかどうかが分かります。

このように、**後々勝手に改ざんしたかどうかをチェックするために、公証人の認証という制度があります。**

ちなみに**会社成立後に定款を変更しても、公証人の認証は要りません。**

もし、会社成立後に定款を変えたければ、特別決議が必要です。**特別決議をしたかどうかは、株主総会の議事録を見ればわかります**ので、会社成立後の定款変更では、公証人の認証を受ける必要はないのです。

絶対的記載事項
①目的（27 ①）
②商号（27 ②）
③本店の所在地（27 ③）
④設立に際して出資される財産の価額又はその最低額（27 ④）
⑤発起人の氏名又は名称及び住所（27 ⑤）

絶対的記載事項とは、定款に書くことが絶対とされていることで、ここに載っている①〜⑤のどれか1つでも書かなければ、**定款はすべて無効になります。**

では、その絶対的記載事項を細かく見ましょう。
①目的　その会社の事業内容を指し、会社はこの事業内容の範囲内で権利能力を持ちます。
②商号　その会社の呼び名、自然人の名前に該当します。
③本店の所在地　「所在地」と書いてあるのがポイントです。

> **Point**
>
> | 所在地 | → | 東京都中野区 |
> |---|---|---|
> | 所在場所 | → | 東京都中野区中野一丁目1番1号 |

　最小行政区画まで決めていればOKで、この時点で具体的な場所まではまだ決めなくて構いません。というのも、設立手続を始めた時点では、まだ、**本店がどこになるかが確定していない場合もある**ので、最小行政区画でいいよとしているのです。

　ただし、設立登記を入れるタイミングでは、場所まで決めておく必要があります。

　④　どれだけ出資を集めるかという部分です。この金額が集まらなければ、設立手続にミスがあることになります。

　前記の①～⑤が絶対的記載事項ですが、**この中に発行可能株式総数が載ってないということに気付いたでしょうか。**

> **Point**
>
> 発行可能株式総数は、原始定款作成時に定めることを要しない
> →　しかし、原始定款に定めなかった場合は株式会社が成立するまでに、定めなければならない（37Ⅰ・95・98）
> →　株式会社成立までには必ず定めなければならないため、発行可能株式総数も定款の絶対的記載事項である

　原始定款というのは、公証役場に持っていく段階の定款と思ってください。この段階では、発行可能株式総数を決めておかなくていいのです。これは、**会社設立時に、どれだけ株式が買われるか分からないため、**

> どれだけ買われるかが分かってから、
> 発行可能株式総数を決めたい。

会社
（設立中）

という会社側の要望があるためです。

そこで発行可能株式総数自体は、「設立までにギリギリで決めればいいよ、定款には書かなくていい」としたのです。

ただ、**設立登記を申請する前には決めておく必要がある**ので注意してください。

国の新聞のことを官報といい、それ以外は②の日刊新聞紙というものになります。そして、③電子公告というのは、ネットで知らせるということです。

会社は、株主への伝達手段を上の①～③から決めておくことができます。

定款

当社の公告は、日本経済新聞に掲載してする。

例えば、この会社が、株券提供公告をするような場合は、日経新聞に載せることになります。

定款

当社の公告は、電子公告にて行う。

電子公告、ネットの公告をする場合も定款に記載します。

ただ、**定款にはＵＲＬまで書く必要はありません**。ＵＲＬまで定款に記載することを要求すると、ＵＲＬが変わる度に、定款変更が必要になってしまうため、定款には電子公告にするよ、ということだけ決めておけばいいとしたのです。

```
┌─────────────────────────────┐
│            定款              │
│                             │
│   （公告についての記載なし）      │    →  「官報」扱い
└─────────────────────────────┘
```

　定款に、公告方法を書かなかったという場合ですが、公告をする方法は絶対的記載事項ではないから、**この定款は無効ではありません。**

　ただ、この場合、公告方法が「なし」ではなく、**強制的に「官報」**になります。

　以上が定款を作るという場面の話です。

―――――――――― 問題を解いて確認しよう ――――――――――

1 株式会社を設立するには、発起人が定款を作成し、その全員がこれに署名し、又は記名押印しなければならない。〔19-28-ア改題〕 　○

2 株式会社の設立時に作成した定款は、公証人の認証を受けなければ、定款として効力を有しない。〔61-35-1（6-34-イ）〕 　○

3 A、B及びCが発起設立の方法によってD株式会社の設立を企図している場合において、D株式会社が会社法上の公開会社でない場合には、公証人の認証を受けたD株式会社の定款に発行可能株式総数の定めがないときであっても、D株式会社の成立の時までに当該定款を変更して発行可能株式総数の定めを設ける必要はない。〔21-27-2〕 　×

4 発行可能株式総数を定めていない定款について公証人の認証を受けた後、株式会社の成立前に定款を変更してこれを定めたときは、改めて変更後の定款について公証人の認証を受けることを要しない。〔24-27-オ〕 　○

――――――――― ×肢のヒトコト解説 ―――――――――

3 設立までには発行可能株式総数を決める義務があります。

2周目はここまで押さえよう

◆設立時における発行可能株式総数の決定◆（注1）

<table>
<tr><th></th><th>発起設立</th><th>募集設立</th></tr>
<tr><td>決定すべき時期
変更可能な時期</td><td colspan="2">会社成立時（設立登記の申請時）まで</td></tr>
<tr><td>原始定款に定めていない場合の決定方法</td><td rowspan="2">発起人全員の同意
（37 Ⅰ Ⅱ）</td><td rowspan="2">発起人全員の同意
（37 Ⅰ Ⅱ）（注2）
創立総会の決議（98）</td></tr>
<tr><td>原始定款に定めた場合の変更の手続</td></tr>
</table>

（注１）設立時発行株式の総数は、発行可能株式総数の４分の１を下ることができない。ただし、設立しようとする株式会社が公開会社でない場合は、この限りでない(37 Ⅲ)。

（注２）発起人は、設立時募集株式の払込期日又は払込期間初日のうち最も早い日以後は、定款の変更をすることができない(95)。

発行可能株式総数は、原始定款で決めず、あとから決められるという論点を掘り下げていきます。

まず、あとから決める方法ですが、発起人全員の同意が原則になります。そもそも定款で決めるべきことだったので、定款を決める要件である発起人全員の同意を要求したのです。

ただ、募集設立の場合には例外があります。募集設立では一般投資家が投資しているため、彼らの意思を無視できません。

そのため、設立時募集株式の払込期日のあとは、一般投資家が投資している可能性があるため、発起人の意思だけでは決めさせません。一般投資家も集まった創立総会決議で定めることになります。

そして、発行可能株式総数には数の縛りが付くことがあります。公開会社では４倍ルールの適用を受けるため、設立時の発行済株式総数の４倍以内に収める必要があるのです。

☑ 1　募集設立の場合において、設立時募集株式と引換えにする金銭の払込みの期日又はその期間の初日のうち最も早い日以後に、定款で定められた発行可能株式総数についての定款の変更をするときは、発起人及び設立時募集株式の引受人の全員の同意によらなければならない。〔30-27-ウ〕　×

2	募集設立において、発行可能株式総数を定款で定めていない場合、株式会社の成立の前であれば、いつでも、発起人全員の同意によって、定款を変更して発行可能株式総数の定めを設けることができる。〔オリジナル〕	×
3	発起設立の場合において、発起人が株式会社の成立の時までに公証人の認証を受けた定款を変更して発行可能株式総数の定めを設けるには、発起人の過半数の同意を得れば足りる。〔31-27-オ〕	×
4	設立時発行株式の総数は、発行可能株式総数の4分の1以上でなければならない。〔6-34-エ〕	×

◆ 定款の備置・閲覧（会社31・102Ⅰ）◆

	備置場所	閲覧等請求権者	閲覧できる時期
設立前	発起人が定めた場所	① 発起人 ② 設立時募集株式の引受人	発起人が定めた時間内は、いつでも
設立後	本店及び支店	① 株主 ② 債権者 ③ 親会社社員（裁判所の許可が必要）	営業時間内は、いつでも

　設立後であれば、本店と支店に備え置きますが、設立段階ではまだ本店・支店は確定していません。そのため、発起人が定めた場所に備え置けばよいとしています。

　また、設立後は債権者が閲覧請求できますが、設立段階では、債権者はまだ存在しないため、株主になる可能性がある者だけに閲覧請求を認めています。

✓1	発起人は、会社の成立までの間、定款を発起人が定めた場所に備え置かなければならない。〔19-28-ウ〕	○
2	発起人は、定款を発起人が定めた場所に備え置かなければならず、設立時募集株式の引受人は、設立時募集株式の払込金額の払込みを行う前であっても、発起人が定めた時間内は、いつでも、当該定款の閲覧の請求をすることができる。〔29-27-エ〕	○

◆ 変態設立事項 ◆

内容	①現物出資（28①） ：金銭以外の財産（事業を含む）をもってする出資のこと ②財産引受け（28②） ：会社の成立を条件として会社の成立後に財産を譲り受ける 　旨を設立中に約すること ③発起人の受ける報酬その他の特別の利益（28③） ④株式会社の負担する設立に関する費用（28④）

変態、と聞くと「危ない」という感覚を持つのは自分だけでしょうか。

ニュアンスは似ていて、変態設立事項とは、**会社が赤字になりかねない「危険な約束」のこと**を指します。

例えば、どんなものがあるのか見ていきましょう。

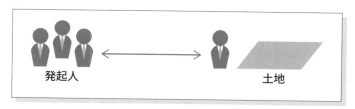

発起人　　　　　　　　　　　　土地

左側が発起人、右側が土地を持っている人で、発起人たちがこの土地を欲しがったので、交渉したようです。

発起人が「会社成立後に使いたいので、今のうちに買っておきたいと考えています。1,000万円で売ってくれませんか」と申し込んだところ、

右の人が「いいですよ。1,000万円で売りますよ」と承諾したようです。

これを財産引受けと言います。**設立後に使う財産を設立中に買うことと思ってください**。これには、危険性があります。

1,000万円ください。

会社　　　　　　　　　　　100万円の価値

会社が出来上がった後、この土地には100万円の価値しかなかったことが判明しました。つまり、発起人たちは資産評価に失敗したのです。

　ここで、1,000万円の代金請求が認められると、会社は設立時からいきなり900万円の赤字を抱えることになります。

　このように、**設立時から赤字になる、こんな危険があるものを変態設立事項と呼び、規制をかけることにしました。**

　今の図は、土地をお金で買った場合です。一方、土地を株で買うこともできます。「土地をもらう代わりに株を渡す」ということ、つまり、現物出資です（**土地をお金で買うのが財産引受け、土地を株で買うのが現物出資です**）。

　これも資産評価に失敗すれば、赤字になるので規制をかけます。

　次に報酬を発起人に決めさせるとどうなるでしょうか。

　自分の報酬を自分で決めていいとなれば、相当高い報酬にしかねません。それによって、出来上がった会社の財産が食いつぶされるかもしれません。これも、会社を赤字にする危険があることから、規制をかけることにしています。

　設立の経費のことを設立費用と呼びます。

　何でもかんでも経費の請求ができると、無駄遣いなどされる危険があるため、これも規制をかけることにしたのです。

◆ 定款の記載を要しない設立費用 ◆

① 定款の認証の手数料（28④）〔平31-27-ア〕
② 定款に係る印紙税（施規5①）
③ 設立時発行株式と引換えにする金銭の払込みの取扱いをした銀行等に支払うべき手数料及び報酬（施規5②）〔令4-27-ウ〕
④ 会社法33条3項の規定により決定された検査役の報酬（施規5③）〔令3-27-ア〕
⑤ 株式会社の設立の登記の登録免許税（施規5④）

　設立手続には、様々な費用がかかりますが、すべてについて定款に記載する必要はありません。

　上記に記載されている費用は、**誰がやっても金額が変わらない（客観的に決まり切っている）**ため、定款への記載（及び検査役の調査）は不要と解されています。

変態設立事項がある場合	定款に記載し、検査役の調査を受けることが必要
現物出資に関する制限	発起人のみすることができる

　「定款に書いて、証拠として跡を残しなさい」、かつ「それが妥当なのかを検査役にチェックしてもらいなさい」、変態設立事項を行うには、こういう2つの規制を課しました。

　そして、現物出資に関しては、発起人しかできないとしました。変態設立事項の中で、一番危険なのは、現物出資だと言われています。そこで、これは**責任が取れる立場である発起人しかできない**としたのです。

　これが規制の内容です。

　次に、この検査役のチェックを受ける場合の手続の流れを説明しましょう。

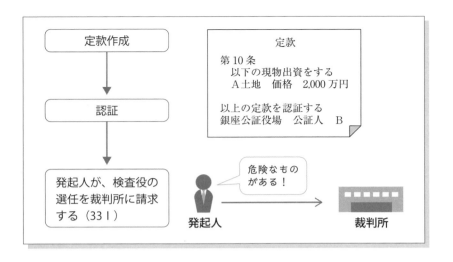

　もし現物出資をしたければ、定款に記載する必要があります。つまり、定款を作った時点で、危険なものがあることが分かっているので、認証を受けた時点で、検査役の調査を請求することを要求しました。

　ここで覚えて欲しい論点は、誰が検査役の調査を請求するか、ということです。それは**発起人です**。まだ**この時点では取締役はいませんので、発起人が検査役の調査を請求します**。

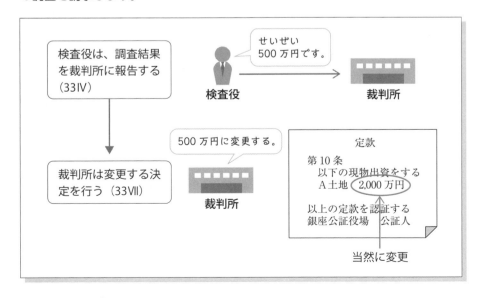

その後、検査役が内容を調べて、裁判所に報告をします。その報告に合わせて、裁判所は決定を出します。

上図のような決定を下すと、**定款自体には2,000万円と書いていますが、法律上はもう500万円に変わったという扱い**になります。

ここで、この土地を出資した人が、「500万円でしか評価されないのなら、出資したくない」と思うことがありえます。

そこで、出資者は現物出資を取り消すことができるようにしました。

ただこのままでは、定款がウソになってしまいます（現物出資をやめているのに、定款に現物出資の旨が残っているのです）。そのため、定款の変更が必要になります。

もともと定款自体は発起人の全員で作っています。そのため、**定款を変更するには発起人の全員の同意が必要**になるのです。

◆ 現物出資・財産引受けをするときの規則 ◆

原則	裁判所の選任する検査役の調査を受けることが要求されている（33 I）。
例外	検査役の調査が不要な場合 ① 現物出資財産等について定款に記載され、又は記録された価額の総額が、500万円を超えない場合（33Ⅹ①） ② 現物出資財産等のうち、市場価格のある有価証券について定款に記載され、又は記録された価額が当該有価証券の市場価格の相場を超えない場合（33Ⅹ②、施規6） ③ 現物出資財産等について定款に記載され、又は記録された価額が相当であることについて弁護士、弁護士法人、弁護士・外国法事務弁護士共同法人、公認会計士、監査法人、税理士、又は税理士法人の証明を受けた場合（現物出資財産等が、不動産のときは、不動産鑑定士の鑑定評価も必要）（33Ⅹ③）

　この検査役の調査ですが、現物出資や財産引受けでは省略できる場合があります。

①②③

　どこかで見たことがないでしょうか。募集株式の発行時と同じルールが載っているのです。ただ、募集株式の発行で認めているのに、設立で認めていないのが、2つあります。

　1つは、「会社に対する金銭債権を出資する場合には検査役の調査が省略できる」というルールです。大体、**まだ会社が出来上がっていませんから、会社に対する金銭債権はあるわけない**のです。

　それともう1つが、「引受人に割り当てる株式の総数が発行済株式総数の10分の1を超えなければ検査役の調査を省略できる」というルールです。**まだ会社が出来上がっていませんから、発行済株式総数という概念がありません。**

　ここは、設立時の検査役の調査を省略できる場合を3つ覚えるというよりも、募集株式の発行で省略できるケースを思い出して、そこから2つ落とすという感覚で押さえましょう。

1 会社設立の際にする現物出資は、発起設立・募集設立を問わず、発起人に限り定款に記載又は記録のある場合にのみすることができる。〔60-30-1改題（元-29-ア、元-29-イ、8-27-2）〕　○

2 株式会社の設立に際して金銭以外の財産を出資する者がある場合には、定款に当該財産を記載しなければならない。〔19-28-エ改題〕　○

3 株式会社（種類株式発行会社を除く）の設立において、定款に、現物出資をする者の氏名又は名称、現物出資の目的財産及びその価額並びにその者に対して割り当てる設立時発行株式の数に関する定めがない場合には、発起人は、その議決権の過半数をもって、これらの事項を決定することができる。〔25-27-イ〕　×

4 裁判所は、検査役の報告に基づき、現物出資に関する定款の定めを不当と認めたときは、それに変更を加える決定をしなければならない。〔元-29-オ（17-28-イ、23-27-イ）〕　○

5 発起人は、裁判所の決定により変態設立事項の全部又は一部が変更された場合には、当該決定の確定後1週間以内に限り、その設立時発行株式の引受けに係る意思表示を取り消すことができる。〔オリジナル〕　○

6 株式会社を設立する場合において、成立後の株式会社が定款の認証の手数料を負担するには、その額を定款に記載し、又は記録しておかなければならない。〔31-27-ア〕　×

7 株式会社を設立する場合に、検査役の報酬は、発起人が作成する定款に記載しなければ、その効力を生じない。〔令3-27-ア〕　×

×肢のヒトコト解説

3 現物出資に関する事項は、定款に記載し、又は記録しなければ、その効力を生じません。

6,7 客観的に価額が決まっているため、定款に記載する必要はありません。

定款に記載又は記録のない財産引受けは無効であり、会社成立後に株主総会の特別決議をもってこれを承認したとしても、有効となることはない（最判昭28.12.3）。〔13-30-エ〕

> ★会社法28条は「定款に記載し、又は記録しなければ、その効力を生じない。」と規定します。定款に記載がなければ、無効となり、無効は追認できないのが私法の原則です。

 2周目はここまで押さえよう

定款	
現物出資　甲土地　その価額 2,000万円	
財産引受　乙建物　その価額　　400万円	

甲土地につき弁護士の証明あり
→　乙建物は少額財産 ×
→　検査役の調査が必要

　上記のように定款で、現物出資・財産引受がありました。そして、甲土地については弁護士の証明があり、検査役の調査は不要です。

　残った乙建物は400万円で、500万円に達していません。

　それでも、この乙建物は少額財産という扱いを受けません。33条10号には、現物出資財産等について定款に記載された価額の総額が500万円を超えない場合には検査役の調査は不要と規定されています。

　調査が省略できるのは、
　定款に記載された総額が500万円を超えない場合　であって、
　検査役の対象になる価額の総額が500万円を超えない場合ではありません。

　本事例では、定款に記載された金額の総額は2,400万円であるため、上記の要件をクリアしていないので、少額財産にはあたらないことになります。

☑ 1　発起設立の場合において、現物出資の目的財産である甲土地について定款に記載された価額が2,000万円であって、財産引受けの目的財産である乙建物について定款に記載された価額が400万円であるときは、甲土地について定款に記載された価額が相当であることについて、監査法人の証明及び不動産鑑定士の鑑定評価を受けたときであっても、発起人は、乙建物に関する定款の記載事項を調査させるため、裁判所に対し、検査役の選任の申立てをしなければならない。〔30-27-イ〕　　○

第3章　出資の履行

令和7年本試験は
ここが狙われる！

ここでは資金を集める場面を見ていきます。
特に発行条件を決めるところが重要です。「何を決めるのか」「どういった決議要件で決めるのか」を意識して覚えるようにしてください。

まず全体像を押さえましょう。4つのブロックになっています。

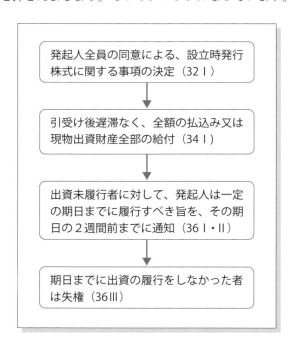

発起人全員の同意による、設立時発行株式に関する事項の決定（32 I）

↓

引受け後遅滞なく、全額の払込み又は現物出資財産全部の給付（34 I）

↓

出資未履行者に対して、発起人は一定の期日までに履行すべき旨を、その期日の2週間前までに通知（36 I・II）

↓

期日までに出資の履行をしなかった者は失権（36III）

　まずは「どんな条件で、どれぐらい発行するか」を決め、その後に払ってもらう、又は現物出資を給付してもらう。

　ここで、払わない発起人がいた場合は、その発起人に対してラストチャンスを与えます。ラストチャンスを与えたにもかかわらず払わなければ、もう株主になれません（これを失権といいます）。

ここでのポイントは、**発起人にはラストチャンスを与える**という点です。

 覚えましょう

◆ 株式に関する事項の決定 ◆

	設立時発行株式に関する事項の決定 （32 Ⅰ）	設立時募集株式に関する事項の決定 （58 Ⅱ）
定める 事項	①発起人が割当てを受ける設立時発行株式の数 ②①と引換えに払い込む金銭の額 ③成立後の株式の資本金及び資本準備金の額に関する事項	①設立時募集株式の数 （設立しようとする株式会社が種類株式発行会社である場合にあっては、その種類及び種類ごとの数） ②設立時募集株式の払込金額（設立時募集株式1株と引換えに払い込む金銭の額をいう） ③設立時募集株式と引換えにする金銭の払込みの期日又はその期間（払込期日又は払込期間）
定める 方法	・定款 ・発起人の全員の同意	・発起人の全員の同意

発行条件を決めるという部分ですが、発行条件には2タイプあります。

図表の左側は、発起人に対する発行条件、右側は、一般投資家用の発行条件で決めるべきことが載っています。

発起人への発行条件で決めるべきことは「**数、額、資本金**」の3つです。そして、これを定款に**ダイレクトに書いておくか、もしくは発起人全員の同意で決めることが必要**です。

Point

発起人への発行条件
数・額・資本金は、定款か発起人全員の同意で決める

と覚えておいてください。

本試験では、

金銭の額は、発起人の過半数で決められる。

→×

という感じで出題されます。

　一方の一般投資家用の発行条件では、数と額だけでなく、**払込期日まで決めます**。一般投資家に対しては、初めから締切日を決めておくのです。そしてこの日まで払わなければ一発でアウトです（ラストチャンスはありません）。

ラストチャンスを与えるのか。
→　仲間である発起人にはラストチャンスを与えるが、
　　一般投資家にはラストチャンスを与えない

こういう方向性で理解しておきましょう。

問題を解いて確認しよう

1	設立時発行株式の数は、発起設立の場合には、発起人の全員の同意によって定めるが、募集設立の場合には、創立総会の決議によって定める。〔22-27-ウ〕	×
2	定款の作成後に、設立時発行株式と引換えに払い込む金銭の額を定めるには、発起人が数人あるときは、その過半数の同意を得なければならない。〔14-28-ウ〕	×
3	募集設立における発起人のうち出資の履行をしていない者がある場合において、当該発起人に対し、期日を定め、当該期日までに出資の履行をしなければならない旨の通知がされたときは、当該期日までに出資の履行をしなかった発起人は、株主となる権利を失う。〔20-28-オ〕	○
4	株式会社（種類株式発行会社を除く。）の募集設立の場合において、設立時募集株式の引受人のうち払込期日に払込金額の全額の払込みをしていない者があるときは、発起人は、当該引受人に対し、別に定めた期日までに当該払込みをしなければならない旨を通知しなければならず、その通知を受けた当該引受人は、その期日までに当該払込みをしないときは、当該払込みをすることにより設立時募集株式の株主となる権利を失う。〔25-27-エ〕	×

×肢のヒトコト解説

1,2　発起設立、募集設立問わず、定款に規定がない限り、発起人全員の同意です。

4　一般投資家の方にはラストチャンスを与えません。

第4章　機関の具備

資金が集まったところで、会社を動かす役員を決めていきます。
ここは頻繁に出題されるので「どういった要件で選任するか」は、瞬時に言えるようにしてください。

覚えましょう

◆ 設立時役員等の選任方法 ◆

	設立時取締役	設立時監査役	設立時会計参与	設立時会計監査人
発起設立	①1株1議決権の原則に従い、発起人の議決権の過半数（40 Ⅰ Ⅱ） ②定款による直接選任（38Ⅳ） →　出資の履行が完了した時に選任されたものとみなす。			
募集設立	①創立総会の決議（88 Ⅰ） （②定款による直接選任も可）			

　設立後であれば、役員は株主総会の普通決議で決めます。普通決議の要件は、議決権の過半数出席、出席した議決権の過半数の賛成です。**その過半数の賛成の部分が現れているのが40条1項です。**

　ただ、株主総会の過半数というのは議決権の過半数なので、**設立時点でも議決権の過半数の賛成を要求しています。**

定款

5条「当会社の設立時取締役は、田中太郎・斉藤五郎とする」

　もう1つの決め方が、**定款に設立時点の取締役を書いておくことです。**

　定款は、発起人の全員で作ります。つまり、定款で取締役等を決めれば、**議決権の過半数の賛成どころか、全部の賛成になっています**（この場合、出資の履行

が完了して議決権が生まれた段階で選任されたと扱われます）。

　一方、募集設立では選任方法が異なります。

　「取締役・監査役・会計参与・会計監査人」は、設立後であれば、株主総会で選びます。つまり、株主たちが選ぶべき役員等です。募集設立の場合、株主になるのは、発起人と一般投資家なので、役員等を発起人だけで決めるべきではありません。

　創立総会というのは、一般投資家まで集めて行う総会です（後で説明します）。この創立総会で上記の役員等を選任します。

 覚えましょう

◆ 設立時代表取締役等の選定及び解職（発起設立・募集設立共通）◆

	設立時代表取締役	設立時委員 設立時執行役 設立時代表執行役
取締役会 設置会社	設立時取締役の過半数 （47 Ⅲ）	設立時取締役の過半数 （48 Ⅲ）

　上の図表の論点は、まずは取締役会設置会社のみで考えてください（取締役会非設置会社についてはいろんな説がありますので、学習初期段階では無視してください）。
　設立後であれば、代表取締役等は取締役会で決める人たちです。だから、**設立段階でも取締役に決めさせるべきなので、設立時取締役の過半数で決めます。**

　ここで、「取締役会で決議する」と言わないようにしてください。**取締役会は、設立時点にはない機関だからです**（取締役会は業務執行の決定と業務執行の監督

をする機関なので、会社が出来上がってから登場する会議体です。設立途中には存在しないのです）。

1	設立時取締役は、発起設立の場合には、発起人の全員の同意によって選任されるが、募集設立の場合には、創立総会の決議によって選任される。〔22-27-エ（令4-27-ア）〕	×
2	募集設立の場合、設立時取締役は、発起人の議決権の過半数により選任する。〔8-27-5改題（17-28-オ）〕	×
3	設立しようとする株式会社が会計監査人設置会社である場合、設立時会計監査人の選任は、発起設立においては発起人の議決権の過半数、募集設立においては創立総会で決定する。〔オリジナル〕	○
4	発起設立の方法によって株式会社を設立する場合において、定款で設立時取締役を定めたときは、当該設立時取締役として定められた者は、当該定款につき公証人の認証を受けた時に、設立時取締役に選任されたものとみなされる。〔29-27-イ〕	×
5	設立しようとする会社が取締役会設置会社（指名委員会等設置会社を除く。）である場合には、設立時取締役は、その過半数をもって設立時代表取締役を選定しなければならない。〔23-27-エ〕	○

───── ✕肢のヒトコト解説 ─────

1 発起設立の場合、発起人の議決権の過半数で足ります。

2 創立総会の決議で選任します。

4 認証を受けたときではなく、出資の履行が完了した時に選任されたものとみなされます。

これで到達！　　合格ゾーン

☐ 設立しようとする株式会社が監査等委員会設置会社である場合にあっては、設立時監査等委員である設立時取締役を設立時代表取締役に選定することはできない（47Ⅰ括弧書）。

> ★監査等委員は取締役の身分を持っていますが、監査等委員を代表取締役に選
> 定できません。自分で自分を見張ることができない（自己監査の禁止）を徹
> 底するためです。

☐ 発起設立の場合には、発起人は、株式会社の成立の時までの間、その選任した
設立時役員等を解任することができる（42）。そして、設立時監査役を解任す
る場合には、発起人の議決権の3分の2以上に当たる多数をもって決定する
（43Ⅰ括弧書）。〔25-27-ウ〕

> ★監査役の解任を設立後に行う場合には、特別決議で行います。特別決議は議
> 決権の過半数が出席し、その3分の2の賛成で行いますが、この要素（3分
> の2）は設立時にも表れています。

設立時の調査等

発起人

「会社を作ったのでチェックしてください」→

取締役　監査役
「ちゃんと作っているのかなあ…」

　発起人が会社を作り上げます。そして、取締役に「僕たち会社を作ったよ、会
社設立後の経営をしてね」とバトンタッチをします。

　たぶん、取締役は思うでしょう。

　「この人たち、ちゃんと作ったのかな……」

　そこで**取締役（及び監査役）は、発起人たちがしっかりと作ったかを調査する**
ことにしています。これを設立調査と呼びます。

調査事項（46Ⅰ・93Ⅰ）
① 現物出資財産等について検査役の調査を要しない場合（33Ⅹ①②）において、定款に
　記載又は記録された当該財産の価額の相当性
② 現物出資財産等について弁護士等の証明を受けた場合（33Ⅹ③）においての、当該証
　明の相当性
③ 出資の履行が完了していること
④ ①から③に掲げる事項のほか、株式会社の設立手続が法令又は定款に違反していない
　こと

まず、何を調査するのかから説明しましょう。

①②はほぼ同じ内容で、**現物出資があったにもかかわらず、検査役の調査が入らなかった場合**を指しています。検査役が入らなかった場合、その分は取締役が調査するということです。

他にも、③は**出資が終わっていること**、④は**法令違反がない**ということを調査することを求められています。

通知・報告先	
どういうときに	誰に
法令若しくは定款に違反し、又は不当な事項があると認めるとき	発起人（46Ⅱ）

この調査をした結果、「法令若しくは定款に違反し、又は不当な事項があると認めるときに」（**おかしなことがあったとき**）、「発起人に対して通知する」（**会社を作った人に「おかしいですよ」と伝える**）としています。

逆にいえば、おかしな点がなければ、調査をしても通知をする必要はありません。

この設立調査をした後に、設立登記をすれば会社が出来上がります。

これで到達！　合格ゾーン

☐ 発起設立により設立しようとする株式会社が指名委員会等設置会社である場合、設立時取締役は、設立に関する一定の事項についての調査を終了したときはその旨を設立時代表執行役に通知しなければならない（46Ⅲ・Ⅱ）。

★**不当なことがなくても通知する必要があります。会社を運営する代表執行役に、取締役が現状を報告するというイメージがいいでしょう。**

覚えましょう

設立時取締役等の業務
①代表取締役・設立時委員・執行役・代表執行役の選任・解任
②設立調査
③登記申請

　設立時点のお仕事は発起人が行います。設立時取締役には、仕事がないのですが、3つだけ仕事があります。

　この上記の**3つの仕事は丸暗記をしてください。**そして、上記の3点以外は、発起人の仕事と判断してください。

　例えば、**設立時点で特別取締役を選ぶのは、設立時取締役の仕事に載っていないので発起人の仕事と判断する**のです。

問題を解いて確認しよう

1	弁護士の証明を受けたことにより当該証明を受けた現物出資財産に係る定款の記載事項について検査役の調査が不要となる場合、設立時取締役及び設立時監査役は、当該証明が相当であることを調査しなければならない。〔オリジナル〕	○
2	発起設立の場合において、設立時取締役及び設立時監査役は、設立に関する調査を終了した場合であっても、当該調査事項について法令若しくは定款に違反し、又は不当な事項があると認めるときを除き、発起人に通知することを要しない。〔オリジナル〕	○
3	発起設立の場合において、設立時取締役は、会社の設立手続を調査した結果、当該手続が法令又は定款に違反していないものと認める場合であっても、調査結果を発起人に通知しなければならない。〔オリジナル〕	×

×肢のヒトコト解説

3　法令又は定款に違反していなければ、発起人に通知する必要はありません。

~株式を募集したりする大きな会社の設立は、いろいろ複雑です~

第5章 募集による設立

ここからは、募集設立について触れていきます。ただ、「定款作成→発起人に対する発行条件を決める→発起人が払う」という点までは共通なので割愛します。
募集設立は、この後「一般投資家が出資する→創立総会を開く」という手続が必要になります。

募集設立　特有の手続（一部）

① 設立時発行株式の残部の募集（57）

↓

② 設立時募集株式の引受けの申込み及び割当て（59・60）

↓

③ 出資の履行（63）

ここからは募集設立特有の手続を見ていきます。
① 発起人がある程度株を買い、一般投資家に募集をかける。
② 一般投資家が申し込む、そして、会社が割当てをする。
③ その後、割り当てられた者が払い込む。

ちなみに、たとえば１００株欲しいと申し込んだとしても、会社は１００株を割り当てる必要はありません。相手はまだ株主ではないので、平等など考えずに会社は自由に割り当てる株式数を決めて、その数を伝えるだけでいいのです。

また、発起人が、設立時募集株式の割当てを受けることも可能です。極論、発起人が設立時募集株式の全てを引き受けることも認められています。

この払込みですが、証明の問題があります。

払込金保管証明書
当行で、今、1,000万円保管
しています。

銀行

　これは、銀行が「当行で今1,000万円保管しています」という証明書です。この保管証明書は、その後に行う設立登記の添付書類となっていて、これがなければ登記申請ができません。

　そのため、この**保管証明書が出るまで、お金が使えない**（出資があっても銀行からの証明書がもらえないと使えない）ことを意味します。

　しかも、この証明書、銀行は簡単には出しません。

　この証明書を出したら、銀行は問答無用で1,000万円を払う義務があります（実はこのお金預かっていなかったんだ、とかいう言い訳は後から通らないのです）。

　そこで銀行としてみれば、この保管証明書を出してくれと言われたら、間違いがないように調査のための時間を要求します。5営業日とか、下手すると8営業日ぐらいかかるそうなんですよ。

　保管証明書が出るまでお金が使えない、しかも、その保管証明書が銀行からすぐに出ない、これが**起業の障害と言われていました**。

　そこで、18年会社法改正で抜本的に変えたのです。

	昔	平成18年以降
募集設立	保管証明書	保管証明書
発起設立	保管証明書	×
募集株式の発行	保管証明書	×

　昔は募集設立・発起設立・募集株式の発行、すべてにおいて保管証明書を要求していました。ただ、**現在は、募集設立の場合にだけ保管証明書を要求しています**。

なぜ、募集設立だけに保管証明書を要求しているのかというと、２つの要素があります。

　１つは、**一般投資家がいるということ**、もう１つは**まだ会社の実態がないということ**です。

　発起設立は内輪だけでやっています。仲間内だけでやっているので、こんな厳格な証明を取らなくていいだろうとしています。

　また、募集株式の発行は、会社が設立した後の行為なので、会社が存在しています。だから、もししくじった場合は、投資家は会社に責任を追及すればいいのです。

　一方、募集設立は、会社を作っている段階です。頓挫しても、会社の実態がないから、責任追及しづらいのです。そこで、せめて**銀行に対して責任追及ができるよう、保管証明書を要求した**のです。

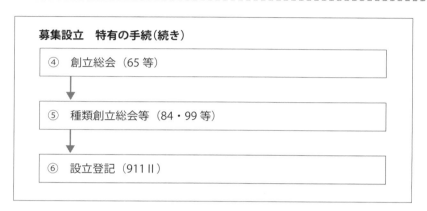

1　会社が自由に決められます。

2　設立時募集株式の割当て先には、特に制限はなく発起人に割り当てても構いません。

4　発起設立の場合には、募集設立とちがい、保管証明書を要求されていません。そのため、銀行に対して責任追及できません。

募集設立　特有の手続(続き)

④　創立総会（65 等）

↓

⑤　種類創立総会等（84・99 等）

↓

⑥　設立登記（911Ⅱ）

　この後行うのが、④創立総会というものです（場合によっては、その後、⑤種類創立総会を開くこともあります）。

　発起人、一般投資家、株を買った人みんなが集まって、設立するための最後の会議を行います。具体的に何をするのかを見ましょう。

◆ 創立総会の権限 ◆

通則	会社法に規定する事項及び株式会社の設立の廃止、創立総会の終結その他株式会社の設立に関する事項に限り、決議をすることができる(66)
詳細	①　設立に関する事項の報告を発起人から受けること(87Ⅰ) ②　発起人から調査書類の提出又は提供を受けること(87Ⅱ) ③　設立時取締役、設立時会計参与、設立時監査役又は設立時会計監査人の選任及び解任をすること(88Ⅰ・91) ④　設立時取締役（設立しようとする会社が監査役設置会社である場合にあっては、設立時取締役及び設立時監査役）による設立手続の調査報告(93Ⅱ)を受けること

　まず、発起人が一般投資家に対し、「自分たちはちゃんとやったよ」と報告し、そのことについて書類を見せます（上記図表の①②）。

自分たちは会社を作りました。
ちゃんと作ってますよ。

自分で行った手続を、
自分でちゃんとやったと
言われても…。

発起人　　募集株式の
　　　　　引受人

ただ、こんなこと言われても、一般投資家は納得しません。

そこでその後、創立総会で役員等を選任して（前記図表の③）、選ばれた取締役等は設立調査をします。**取締役等が第三者の目で設立調査をする**のです。

そして彼らが創立総会で調査結果を報告することになっています（前記図表の④）。

 覚えましょう

◆ 設立調査の比較 ◆

	調査事項（46Ⅰ・93Ⅰ）	通知・報告先	
		どういうときに	誰に
発起設立	① 現物出資財産等について検査役の調査を要しない場合（33Ⅹ①②）において、定款に記載又は記録された当該財産の価額の相当性 ② 現物出資財産等について弁護士等の証明を受けた場合（33Ⅹ③）においての、当該証明の相当性 ③ 出資の履行が完了していること ④ ①から③に掲げる事項のほか、株式会社の設立手続が法令又は定款に違反していないこと	法令若しくは定款に違反し、又は不当な事項があると認めるとき	発起人（46Ⅱ）
募集設立	① 現物出資財産等について検査役の調査を要しない場合（33Ⅹ①②）において、定款に記載又は記録された当該財産の価額の相当性 ② 現物出資財産等について弁護士等の証明を受けた場合（33Ⅹ③）においての、当該証明の相当性 ③ 発起人による出資の履行及び63条1項の規定による払込みが完了していること ④ ①から③に掲げる事項のほか、株式会社の設立の手続が法令又は定款に違反していないこと	調査が終わったら必ず（不当と認める事項がなくとも）	創立総会（93Ⅱ）

募集設立の調査事項は、発起設立とほぼ同じと思っていいです。表現が若干違いますが、その違いはあまりこだわらないでください。

ただ、通知・報告先の結論が異なります。

発起設立の場合は、不当なことがあった時に発起人に対して通知しますが、募集設立の場合は、**不当なことがあろうがなかろうが、創立総会で一般投資家に必ず伝えなさい**としています。一般投資家は、発起人の報告だけでは信用できないので、**第三者の目で見た結果を必ず伝えなさいとしている**のです。

◆ 創立総会の決議要件 ◆

発行する全部の株式の内容として譲渡制限規定を設ける定款の変更	創立総会において議決権を行使することができる設立時株主の半数以上であって、当該設立時株主の議決権の3分の2以上に当たる多数（73Ⅱ）
発行する全部の株式の内容として取得条項付株式についての定款の定めを設け、又は変更する場合（廃止を除く。）	設立時株主全員の同意（73Ⅲ）

これは「原始定款には、譲渡制限や取得条項について書いてなかったが、創立総会の時点になって、取得条項や譲渡制限が設定したくなったので、定款変更をする」という場合の話です。これは、設立後と同じように、譲渡制限は特殊決議、取得条項は全員の同意になります。

では上記以外の決議をする時の、決議要件を見ましょう。

73条（創立総会の決議）
　創立総会の決議は、当該創立総会において議決権を行使することができる設立時株主の議決権の過半数であって、出席した当該設立時株主の議決権の3分の2以上に当たる多数をもって行う。

創立総会の決議は、賛成数だけで判断します。

まず、**総議決権の過半数の賛成は絶対に必要**です。そして、**出席の議決権数の3分の2も必要**です。

次の場合において、創立総会の決議要件を満たしたといえるかどうか。
設立時に発行する株式の総数　5,000株
設立時株主の構成
A　2,000株　　　B　1,000株　　　C　500株
D　　500株　　　E　　500株　　　F　500株

問①　Aを除く全員が出席し、BCDEが賛成した場合

総議決権数の過半数は、2,501です。出席の議決権の3分の2は2,000です。
結局は、2,501個の議決権の賛成が必要ということになります。
この事例ではBCDEの賛成で、2,500個の議決権しか賛成していないので、決議は不成立です。

問②　設立時株主全員が出席し、A及びBが賛成した場合

総議決権の過半数は2,501、出席の3分の2は、3,334になります。
今回、必要な数は3,334個の議決権です（多い方が必要になるのです）。
AとB2人の賛成では、3,000にしかならないので、この事例も決議は不成立です。

最後になりますが、この決議要件は、株主総会の特別決議の要件とのひっかけが多いので、比較しておきましょう。

	定足数	表決数
株主総会の特別決議	過半数が出席して	出席した議決権の3分の2の賛成
創立総会の決議		総議決権の過半数　かつ 出席の議決権数の3分の2の賛成

創立総会の決議では、定足数という概念はなく（ここでのひっかけが多い）、賛成数の基準しかありません。

ちなみに、特別決議は過半数が出席して、その3分の2が賛成すれば通るので、極論6分の2の賛成があれば通ります。

一方、創立総会の決議は、総議決権の過半数は絶対に要求されます（あとは、出席の３分の２がそれより多いかどうかで決まります）。特別決議より重い決議要件（過半数は絶対に必要）が課されていることに気づくでしょうか。

これで到達！　合格ゾーン

☐ 発行する全部の株式の内容として譲渡制限規定についての定款の定めを設ける場合
→ 創立総会において議決権を行使することができる設立時株主の半数以上であって、当該設立時株主の議決権の３分の２以上に当たる多数が必要（73Ⅱ）。

☐ 発行する全部の株式の内容として取得条項付株式についての定款の定めを設ける場合
→ 設立時株主全員の同意が必要（73Ⅲ）。

★定款にもともと、譲渡制限株式・取得条項が載っていなかったのですが、創立総会の場になって、譲渡制限株式・取得条項を設定したい場合の決議要件です。設立後の決議要件と同じになっています。

◆ 創立総会で決議することができる事項 ◆

原則	招集通知に記載又は記録された事項に限られる（73Ⅳ本文）
例外	① 定款の変更 ② 設立の廃止（73Ⅳ但書）

創立総会では、事前に「○○を決議します」という招集通知に記載された内容を決議します。

言い換えれば、事前に通知していないことを、当日になって決議することはできないのが原則です。

ただ、「○○の定款を変更しないと、設立ができないことが判明した」というような場合には、急遽決議をすることが可能です。

また、「頑張って資金調達をしたのですが、目標金額に達しないので設立を止めます」という決議も事前告知なしで可能です（ギリギリまで頑張ったが駄目だった場合を想定したルールと思われます）。

これで到達！ 合格ゾーン

☐ 創立総会において、変態設立事項を変更する定款の変更の決議をした場合には、当該創立総会においてその変更に反対した設立時株主は、当該決議後2週間以内に限り、その設立時発行株式の引受けに係る意思表示を取り消すことができる（97・28各号）。

> ★たとえば、発起人の報酬を増額する定款変更が行われた場合、反対した株主は「もう出資を止めます」という意思表示ができます。実質は、反対株主の株式買取請求権と同じです。

問題を解いて確認しよう

1	創立総会において設立時取締役を選任するには、すべての設立時株主の議決権の過半数を有する設立時株主が出席し、出席した設立時株主の議決権の過半数をもって行わなければならない。〔15-29-イ〕	×
2	募集設立により設立しようとする会社が、その発行する全部の株式の内容として譲渡による当該株式の取得について当該会社の承認を要する旨の定款の定めを設ける定款の変更を行うには、設立時株主全員の同意を得なければならない。〔20-28-エ（23-27-オ）〕	×
3	募集設立における設立時取締役は、その選任後、会社の設立の手続を調査した結果、その手続が法令又は定款に違反していないものと認める場合であっても、その調査結果を創立総会に報告しなければならない。〔20-28-ア〕	○
4	創立総会においては、招集の通知に、会議の目的たる事項として定款変更が記載又は記録されなくても、その決議をすることができる。〔61-35-5（26-27-エ）〕	○
5	創立総会においては、その招集通知に設立の廃止の議題の記載又は記録がない場合でも、設立の廃止の決議をすることができる。〔15-29-ウ（26-27-エ）〕	○

---- ×肢のヒトコト解説 ----

1 賛成数は、出席の過半数ではなく、3分の2が必要です。

2 特殊決議で足り、全員の同意までは不要です。

第6章 設立関与者の責任

設立の頻出論点の1つです。
どういうときに責任を負うかという点も出題されますが、それ以上に「どういったときに責任から回避できるか」という部分が問われます。

◆ 設立関与者の責任 ◆

	責任が発生する要件	責任を負う者	責任を免れる場合
任務懈怠責任 （53Ⅰ）	任務を怠ったことによって成立後の会社に損害を与えたこと	発起人 設立時取締役 設立時監査役	総株主の同意があれば、免除可（55）
対第三者責任 （53Ⅱ）	悪意又は重大な過失があったことによって第三者に損害を与えたこと	発起人 設立時取締役 設立時監査役	総株主の同意があっても免除不可（55参照）

設立手続に失敗があった場合、誰が責任を取るかという話です。

上の2つが基本系です。「任務懈怠というのが、債務不履行」「対第三者というのが、不法行為」とイメージしておきましょう。

任務懈怠責任というのは、仕事をさぼったせいで、損害が生じた場合は賠償責任を負うことを指します。**責任を負うのは、お仕事をする発起人、取締役、監査役**です（これらの者以外は、設立手続では仕事をしないので責任も発生しません）。

ただ、この役員たちに対し損害賠償債権を持つのは会社なので、会社の所有者である**株主全員が、「もう払わなくていいよ」という免除をすることができます**（上記の図表の「責任を免れる場合」の部分です）。

次に、対第三者責任ですが、故意または重過失が要件で、責任を負う者は任務懈怠責任と同じです（**重過失という点に注意**してください）。

そして、このケースでは**総株主の同意があっても免除はできません**。

被害を受けたのは第三者です。設立中の会社が損害賠償債権を持っているのではなく、**第三者が損害賠償債権を持っている**ため、「いいよ、その第三者に賠償金払わなくていいよ」なんて言えるわけがありません。

	責任が発生する要件	責任を負う者
会社不成立の場合の責任 (56)	株式会社が成立しなかったとき	発起人

これは、「会社設立が失敗して、不成立になった場合」の出資金を返金する責任です。

これは無過失責任です。設立に失敗すれば、落ち度があろうがなかろうが、出資金の返還義務が生じます（残っていればいいのですが、使い込んでいた場合に問題になります）。

この返金義務を負うのは発起人です。**出資を預かったのは発起人なので、その発起人に返還する義務が生じます**。

> **52条（出資された財産等の価額が不足する場合の責任）**
> 1　株式会社の成立の時における現物出資財産等の価額が当該現物出資財産等について定款に記載され、又は記録された価額（定款の変更があった場合にあっては、変更後の価額）に著しく不足するときは、発起人及び設立時取締役は、当該株式会社に対し、連帯して、当該不足額を支払う義務を負う。
> 2　前項の規定にかかわらず、次に掲げる場合には、発起人（第28条第1号の財産を給付した者又は同条第2号の財産の譲渡人を除く。第2号において同じ。）及び設立時取締役は、現物出資財産等について同項の義務を負わない。
> ①　第28条第1号又は第2号に掲げる事項について第33条第2項の検査役の調査を経た場合
> ②　当該発起人又は設立時取締役がその職務を行うについて注意を怠らなかったことを証明した場合

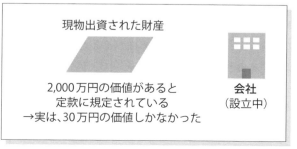

現物出資された財産

2,000万円の価値があると
定款に規定されている
→実は、30万円の価値しかなかった

会社
（設立中）

これは、設立後に現物出資の値段が、初めの予想より大幅に低かった場合に発生する責任です。

　この場合、**発起人と設立時取締役が責任をとります**。

　まずは**現物出資をすることを認めた発起人に責任をとらせます**（現物出資をする場合は定款の規定を置くことが必要で、その定款を作るのは発起人なので、現物出資をするかどうかは発起人が決めています）。

　また、**取締役は設立調査をしているにもかかわらず、その調査で見抜けなかったのはダメでしょう**、ということで責任を負わせています。

　ただ、この要件を満たしても、責任から逃げられるケースが2つあります。

①現物出資財産等の定款の定めについて、検査役の調査を受けた場合

取締役・発起人

国から来た検査役がOK出したんだから、見逃してくれよ……。

②当該発起人又は設立時取締役が、その職務を行うについて注意を怠らなかったことを証明した場合

取締役・発起人

十分注意して、やったんだから見逃してくれよ……。

👆 **Point**

・現物出資財産等の当事者である発起人は、①②の事由があるとしても、責任を負わなければならない（52Ⅱ柱書括弧書）
・募集設立の場合においては、②の事由があるとしても発起人及び設立時取締役は責任を負わなければならない（103Ⅰ）

LEC東京リーガルマインド　令和7年版　根本正次のリアル実況中継
司法書士 合格ゾーンテキスト 6 会社法・商法

裁判所に選任された
検査役がＯＫしたんだから、
見逃してくれよ…。

現物出資をした張本人は
見逃がしません！

十分注意したんだから、
見逃してくれよ…。

会社法

現物出資をした発起人

現物出資をしている張本人は①②があっても逃げられません。**張本人は検査役のチェックが入ろうが、落ち度がないことを証明しようが、逃げられません。**

一般投資家がかわいそう
だから、見逃しません！

十分注意したんだから、
見逃してくれよ…。

会社法

発起人・取締役

　そして、募集設立の場合については、仮に②の事由があったとしても逃げられません。

　落ち度がなかったという発起人・取締役を保護すべきか、それとも、一般投資家を保護すべきかを考えることになります。**一般投資家を巻き込んだ以上、落ち度がなかったというぐらいじゃ逃がしてはいけない**ということで、「一般投資家を保護しよう、発起人・取締役は責任を負いなさい」としているのです。

	責任を負う者	責任を免れる場合		
		総株主の同意があった場合	注意を怠らなかったことを証明した場合	その他
財産価額てん補責任（52）	発起人設立時取締役	○	○（注1）	検査役の調査を受けた場合（注2）
	価額の証明を行った弁護士等	規定なし	○（令2-27-イ）	規定なし

（注1）募集設立の場合においては、発起人及び設立時取締役は責任を負わなければならない（103 I）
　　　　現物出資財産等の当事者である発起人は、責任を負わなければならない（52 II柱書括弧書）
（注2）現物出資財産等の当事者である発起人は、責任を負わなければならない（52 II柱書括弧書）

不足額を払う義務は、発起人・設立時取締役だけではなく、「価額の証明を行った弁護士等」も負います。「この金額で大丈夫」と証明したにもかかわらず、実際には金額が不足していたので責任を取ってもらうのです。

ただ、「自分はこの物件を相当調べています。自分が気づけなくても落ち度はないはずです」ということを証明できれば、責任を免れます。

問題を解いて確認しよう

1　検査役の調査を経た場合を除き、現物出資の目的財産の価額が定款に記載された価額に著しく不足しているときに発起人が会社に対して当該不足額を支払う義務は、発起設立の場合には、当該発起人がその職務を行うについて注意を怠らなかったことを証明すれば、当該発起人が現物出資をした者でない限り、免れることができるが、募集設立の場合には、当該発起人がその職務を行うについて注意を怠らなかったことを証明したとしても、免れることができない。
〔22-27-オ（15-30-4）〕　○

2　募集設立における発起人は、会社の成立の時における現物出資財産等の価額が定款に記載された価額に著しく不足する場合であっても、当該発起人がその職務を行うについて注意を怠らなかったことを証明すれば、不足額を支払う義務を免れる。
〔20-28-イ（21-27-4、令2-27-ア）〕　×

3　発起設立において、株式会社の成立の時における現物出資財産の価額が、定款に記載された価額に著しく不足する場合、当該財産を給付した者以外の発起人は、その職務を行うについて注意を怠らなかったことを証明したときであっても、当該不足額を支払う義務を負う。
〔オリジナル〕　×

4　発起人は、会社の設立に関して第三者に損害を与えた場合であっても、無過失であるときは、その第三者に対して損害を賠償する義務を負わない。〔15-30-5〕　○

5　発起人の会社に対する責任は、総株主の同意がなければ、免除することができない。〔57-34-イ（21-27-4）〕　○

6　株式会社の成立の時における現物出資財産の価額が当該現物出資財産について定款に記載された価額に著しく不足する場合には、定款に記載された価額が相当であることについて証明をした弁護士は、当該証明をするについて注意を怠らなかったことを証明したときを除き、当該不足額を支払う義務を負う。〔令2-27-イ〕　○

✕肢のヒトコト解説

2 　募集設立の場合は、注意を怠らなくても責任から逃げられません。

3 　発起設立の場合で、現物出資した発起人以外であれば、注意を怠っていない
　　ことを証明できれば、責任から逃げられます。

これで到達！ 合格ゾーン

☐ 募集設立において、当該募集の広告その他当該募集に関する書面又は電磁的記
録に自己の氏名又は名称及び株式会社の設立を賛助する旨を記載し、又は記録
することを承諾した者（発起人を除く。）は、発起人とみなす（103 Ⅳ）。

〔26-27-ウ〕

> ★法律上、発起人と扱われるのは定款に署名捺印した者のみとなっています。
> 定款には発起人と記載されていなくても「自分は発起人です。みなさん、投
> 資してください」と広告した者は、疑似発起人と呼ばれ、発起人と同一の責
> 任を負います。たとえば、会社が設立できなかった場合、出資金の返還義務
> を負うことになります。

☐ 発起人がその引き受けた設立時発行株式につきその出資に係る金銭の払込みを
仮装した場合には、当該発起人は、株式会社に対し、払込みを仮装した出資に
係る金銭の全額の支払をする義務を負う（52の２Ⅰ①・34Ⅰ）。この点、当
該義務は、総株主の同意がなければ、免除することができない（55）。

〔令2-27-ウ〕

> ★「A君、出資をしたことにしてくれないか」と発起人が頼んでところ、Aが
> 承諾し、出資があったかのような書類が作られました。出資があったかのよ
> うに見えても、実際に払われていない、こういった状態は仮装払込という扱
> いを受け、この話を持ち込んだ発起人だけでなく、Aも支払い義務を負いま
> す。発起人の責任は総株主の同意がなければ免除されません。

 覚えましょう

◆ 公証人の認証を受けた定款を変更することができる場合 ◆

	定款を変更することができる場合
発起設立	① 変態設立事項についての裁判所の変更決定があった場合（33ⅦⅧⅨ） ② 発行可能株式総数の定めを設け、又は変更する場合（37ⅠⅡ）のみに限定されている
募集設立	③ 上記①②の場合のほか、創立総会の決議により定款の変更が可能（96）

　原則として、認証を受けた定款を変えることはできません。認証制度は、あとあとコソコソと定款を変えてもらいたくないために作った制度だからです。

　そのため、コソコソではなく、**公明正大であれば変更して構わない**ことになります。
　例えば、裁判所の決定によって変更した場合は、**裁判所の決定に基づく**のだから問題はありません（図表①）。

　また、創立総会の決議があれば、定款変更は可能です。これは、**総会の決議で堂々と変えている**からです（図表③）。

　そして、発行可能株式総数を変えることも許されます。発起設立の場合は、発行可能株式総数は発起人の話し合いで変える、まさに仲間内だけでコソコソ変える内容になっています。
　ただ、ここは、「**発行可能株式総数は原始定款で決めず、後で決めていいよ**」**と条文で決めた以上、しょうがありません**（コソコソ変えることができる、数少ない例外と思ってください）。

　変えられるのはこの３つだけです。
　そして、ここで**変更ができるというのは、今一度、定款についての認証が要らない（再認証が要らない）**ことを指します。
　逆に、上の３つ以外の理由で変える場合は、もう一回、認証を受け直す必要が

あります（認証を受け直すということは、そこで認証の手数料がかかることになります）。

以上、設立手続はすべて終了です。

問題を解いて確認しよう

1　A、B及びCが発起設立の方法によってD株式会社の設立を企図している場合において、D株式会社の定款について公証人の認証を受けた後、Bから金銭の出資に代えてBの所有する不動産を出資したい旨の要請があったときは、D株式会社の発起人全員の同意をもって当該定款を変更し、Bの出資に係る財産を当該不動産に変更することができる。〔21-27-1〕　　×

2　発起設立において、定款で発行可能株式総数を定めている場合、発起人は、公証人の認証後であっても、株式会社の成立の前であれば、発起人全員の同意によって、当該発行可能株式総数を変更することができる。〔オリジナル〕　　○

3　創立総会において、定款を変更する旨の決議をした場合には、再度、変更後の定款について、公証人の認証を受けなければならない。
〔オリジナル〕　　×

×肢のヒトコト解説

1　変更ができる場合のどれにも該当しません。

3　創立総会決議で定款を変更した場合、再認証をとる必要はありません。

ここでは会社のたたみ方を学びます。

会社法での出題は多くありませんが、商業登記法での出題が多いところです。

～解散や清算は、寂しくても粛々と手続をしなければなりません～

第1章 **全体像**

> まずは解散をしてから、会社がなくなるまでの全体像を見ていきます。権利能力がどうなるのか、という点に注目してください。

解散と清算という場面、これは会社をたたむ場面です。

ある時点で解散事由が発生します。例えば、株主総会の特別決議です。

もうこの会社、
儲からないからやめようよ。

株主

こういうことを決議すると、解散という状態になります。

ただ、すぐになくなるわけではありません。**終わりの始まりとなるだけです。**
ここから、清算手続が開始されます。

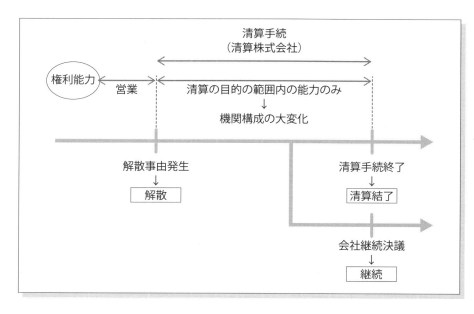

　今まで会社は数多くの権利や義務を持ちました。**会社がなくなる以上、この権利義務をすべて無にすることが必要になる**のです。**この権利義務をすべて無にする手続を清算といいます。**

　そして、解散すると、**清算目的の範囲に権利能力が限定されます。**

　そのため、**役員たちの構成が大変化します。**もう**営業活動をしないため、営業活動をする役員は要らなくなる**からです。

　そして、権利義務がすべてなくなり、株主総会で承認決議をとると清算結了という状態になります。この状態になると会社はなくなります。

　ただ、解散した場合は、清算結了までまっしぐら、というわけでもないのです。

やっぱり、
会社もう1回やり直そう。

株主

会社を続けることを決議することができます。

この決議をとれば、営業ができる状態に戻せます。これが継続です。

第2章 どんなときに解散状態になるのか

会社が解散する原因を見ていきます。
特に、株主の意思で解散する場合とみなし解散が重要です。

 覚えましょう ....

株式会社の解散原因
①定款で定めた存続期間の満了（471①）
②定款で定めた解散の事由の発生（471②）
③株主総会の特別決議（471③・309Ⅱ⑪）
④合併（合併により当該株式会社が消滅する場合に限る）（471④）
⑤破産手続開始の決定（471⑤）
⑥824条1項又は833条1項の規定による解散を命ずる裁判（471⑥）
⑦休眠会社のみなし解散（472）

会社が解散状態に入る場面が7つあります。

①定款で定めた存続期間の満了（471①）

②定款で定めた解散の事由の発生（471②）

　定款で「うちは50年経ったら解散するよ」とか、「うちは復興事業がすべて終わったら解散する」と決めておくことができ、その事由が起こると解散します（実例は少ないです）。

③株主総会の特別決議（471③・309Ⅱ⑪）

　これが一般的です。会社をやめたくなったときには、株主総会の特別決議をとって解散します。

④合併（合併により当該株式会社が消滅する場合に限る）（471④）

合併で会社がなくなるという場面です。Ａ会社がＢ会社をのみ込む場合、Ｂ会社は解散扱いになります。

⑤破産手続開始の決定（471⑤）

破産をすればもう営業活動ができないので、ここで解散状態になります。

⑥824条1項又は833条1項の規定による解散を命ずる裁判（471⑥）

これは会社が公益を害するようなことをしていた場合は、「解散しろ」と訴えることができる制度です。

⑦休眠会社のみなし解散（472）

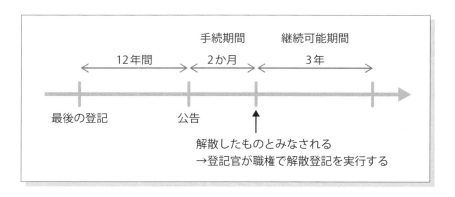

最後の登記から12年間、全く登記をしないと

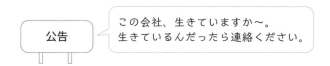

と公告がされます。ここで、連絡がなければ、**2か月経った時点で、解散扱いになる**のです（ただ、ここですぐに会社がなくなるわけではありません。ここから**3年間はまだ継続が可能**です）。

なぜ、12年間という数字が出てくるのかといいますと、**これは役員の任期からきています。**

もともと役員は、取締役が2年、監査役が4年です。

2年経ったり4年経ったりすれば、登記所に申請が必要になります（仮に同じ人が役員を続行していても、同じ人を選びましたと申請する必要があります）。

そのため、もし**12年間もあれば、取締役は6回、監査役は3回以上登記しているはず**なのです。それをやってないと

登記官

> 登記簿はあるけど
> 実質は活動していないんだな。

と判断されるのです。

一般的に、起業して、2年以内に90％が倒産・廃業すると言われています。廃業した時に行政的な手続をとる会社もあれば、全く手続をとらずに放置している会社も結構あります。

そういった会社を、このみなし解散制度を使って解散させ、登記簿をなくしていくことにしているのです。

 覚えましょう

◆ 株式会社の継続の可否 ◆

解散原因	株主総会特別決議による継続の可否	継続することができる時期
①定款で定めた存続期間の満了 ②定款で定めた解散事由の発生 ③株主総会の特別決議 （471①～③）	可 （473）	清算が結了するまで （473）
④休眠会社のみなし解散（472）		解散したものとみなされた後3年以内（473）
⑤上記以外の事由による解散 （471④～⑥）	不可	

会社の継続は、株主総会の特別決議で行います。ただ、継続できるかどうかは、どんな事由で解散したかによります。

①②③の理由で解散した場合は、特別決議で継続ができます。

この①②③は、いわば株主の意思によって解散したと言えます。**株主の意思で解散したのであれば、株主の意思で継続する**ことができるのです。

他にも継続できるケースが④みなし解散の場合です。

これら以外の解散理由では継続ができません。何故できないかを考えるよりも、継続できるケースを覚えた方が早いでしょう。

問題を解いて確認しよう

1	株式会社が合併をするとその当事会社の少なくとも一方は解散する。〔17-32-1改題（21-34-ア）〕	○
2	株式会社に関する登記が最後にあった日から12年を経過した場合、当該株式会社は、その時をもって解散したものとみなされる。〔オリジナル〕	×
3	最後の登記をした日から12年を経過している株式会社は、法務大臣が当該株式会社に対し、2か月以内に法務省令で定めるところにより、その本店の所在地を管轄する登記所に事業を廃止していない旨の届出をすべき旨を官報に公告した場合において、その届出をしないときは、当該期間内に当該株式会社に関する登記がされたときを除き、その2か月の期間の満了の時に、解散したものとみなされる。〔オリジナル〕	○
4	株式会社が定款で定めた存続期間の満了によって解散した場合、当該株式会社は、清算が結了するまでの間、株主総会の普通決議によって、当該株式会社を継続することができる。〔オリジナル〕	×

×肢のヒトコト解説

2 12年経過後、公告をした後に解散します。

4 継続をするには特別決議が必要です。

~解散させられても、早くしっかり手続すれば継続できます~

令和7年本試験は
ここが狙われる！

ここでは解散した会社ができること、できないことを
学んでいきます。会社法での出題は少ないのですが、
商業登記法での頻出論点です。

覚えましょう

◆ 清算株式会社の権利能力 ◆

	可否
①本店移転	○ (482 III ② ・ 489 VI ④)
②剰余金の配当 ③自己株式の有償取得	× (509 I ①②)
④資本金の額の減少 ⑤準備金・剰余金の額の減少による資本金の 　額の増加	× (509 I ②)
⑥株式・社債の発行	○

　これは清算状態になってもできること、できないことをまとめた図表です。

　清算状態になればもう営業はしないため、営業を前提にした行為はできなくな
ります。

　①本店移転　○

清算手続だけなら、
立地にこだわらなくてもいいな。

　本店を移転するというのは営業行為だからできないのではないか、と思うとこ
ろですが、本店は解散後も残ります。

清算の指示はその本店から行うのです。

そのため、営業中は立地のいいところで行いたいけど、清算中は安いテナントに移りたいという要望があるので、本店移転を認めています。

②③剰余金の配当、自己株式の有償取得　×

株主は出資金を返金してもらいたいし、債権者は債権を回収したいのですが、どちらを優先するのでしょうか。

これは債権者です。**株主は、債権者への弁済が終わって、余りがあればもらえるようになっています**（これが残余財産分配です）。

このルールの脱法を防ぐために、株主は残余財産分配まで、会社からお金をもらってはいけないとしています（**債権者への弁済の前に、会社資金をすべて配当で株主にあげたら大変**です）。

そして、自己株の有償取得もだめです。自己株式を有償で取得するというのは、会社が自己株を取得して、株主にお金を渡します。**このお金を渡すところがまずい**のです。

④⑤資本金の額の減少、準備金・剰余金の額の減少による資本金の額の増加　×

資本金は、会社の営業規模を指します。

その営業規模の変更は、営業期間中であればやる意味がありますが、**解散して営業をしないのであれば、営業規模の変更を認める必要はありません**。

⑥株式・社債の発行　○

解散した会社も資金調達をすることは可能です。清算手続にお金が必要になったら、株式や社債を発行して資金を集めます（大抵は、その会社を作った親会社が資金投入します）。

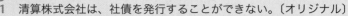

1	清算株式会社は、社債を発行することができない。〔オリジナル〕	×
2	清算株式会社は、資本金の額の減少をすることはできない。〔オリジナル〕	○
3	清算株式会社は、その株主に対し、剰余金の配当をすることができない。〔31-32-オ〕	○

×肢のヒトコト解説

1 解散後も資金調達をすることは許されます。

第4章 清算会社が置ける機関

解散後は営業をしないため、営業を前提する機関が置けなくなります。
ここでは、どういう機関を置くことができるのか、そして、どういうときには設置する義務があるのかを学びます。
特に、誰が清算人になるのかという部分は重要です。

Point

> 清算株式会社においては、株主総会、監査役及び監査役会は清算開始前のまま存続するが、取締役はその地位を失い、取締役会設置会社においては、取締役会はなくなり、清算人及び清算人会がこれに代わる

　取締役、取締役会、営業機関であるものは、解散によってなくなります。
　その代わりになるのが清算人、清算人会で、ここが会社を動かし、清算手続を行っていきます。

 覚えましょう

清算人となるもの
①定款に定めがあるときは、定款で定める者（478 I ②）
②株主総会で清算人を選任したときは、その者（478 I ③）
③定款に定めがなく、株主総会においても清算人を選任しなかったときは、解散時の取締役（478 I ①）
④上記①〜③により清算人となる者がないときは、利害関係人の申立てにより裁判所に選任された者（478 II）

　次に、清算人は、誰がなるのかについてのルールを見ていきます。

定款で決めている人がいれば、その人がやればいいのです（清算人となるもの①）。そして、株主総会の決議で選ぶこともできます（これは普通決議でできます）（清算人となるもの②）。

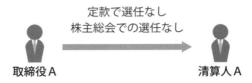

　そして、①も②もなければ、**今いる取締役が強制的に清算人としてスライド**させられ、今の取締役たちが清算人として仕事をすることになります（清算人となるもの③**法定清算人**と呼びます）。

　そして、定款で決めてない、株主総会でも選んでない。今の取締役はみんな死んでいる、こういう非常事態の場合は、裁判所に選んでもらうことになります（清算人となるもの④）。

👆**Point**

株主総会で清算人を選任する場合の注意点
- この場合の選任決議においては、その定足数は定款をもって総株主の議決権の３分の１未満に下すことができる（491による341の不準用）
- 累積投票は認められていない（491による342の不準用）

　株主総会で選ぶ場面の注意点が２つほどあります。
　１つが、定足数を３分の１以下に下げられます。清算人は、清算手続をとることしかできないため、**権力者ではありません。そのため、少数の者で清算人を決めて構わない**のです。
　もう１つが累積投票制度、これは少数派閥の経営の意思を反映する制度ですが、**清算中は経営しないのですから、少数派閥のことを考慮する必要なんてありません**。そのため、清算人の選任を累積投票で行うことは認められていません。

1　株式会社が破産手続開始の決定と同時に破産手続廃止の決定を受けた場合において、残余財産があるときは、清算人の選任に関する定款の定め又は株主総会の決議がない限り、利害関係人は、裁判所に清算人の選任を求めることができる。〔17-33-ウ〕　○

2　清算株式会社は、清算人の選任に係る株主総会の決議の定足数を、議決権を行使することができる株主の議決権の３分の１未満に下す旨を定款で定めることができない。〔オリジナル〕　×

----- ×肢のヒトコト解説 -----

2　清算人の選任決議では、３分の１未満に下すことができます。

 覚えましょう

清算株式会社の機関設計ルール

①清算株式会社には、株主総会と清算人は必ず存在する（477Ⅰ）。

②清算株式会社は、定款の定めによって、清算人会、監査役又は監査役会を置くことができる（477Ⅱ）。

③326条から328条の規定は、清算株式会社には適用されない（477Ⅶ）。

　　　×　取締役会
　　　×　会計参与、会計監査人
　　　×　指名委員会等設置会社、監査等委員会設置会社

④監査役会を置く旨の定款の定めがある清算株式会社は、清算人会を置かなければならない（477Ⅲ）。

⑤清算の開始原因に該当することとなった時において公開会社又は大会社であった清算株式会社は、監査役を置かなければならない（477Ⅳ）。

機関設計のルールです。会社が解散すると営業活動をしないので、機関構成が大変わりします。上記の部分を１つ１つ解説します。

> ①清算株式会社には、株主総会と清算人は必ず存在する（477 I）。

　通常時も、株主総会と取締役を置く義務があります。解散した場合も、これに合わせて、株主総会と清算人は置きなさいとしています。

> ②清算株式会社は、定款の定めによって、清算人会、監査役又は監査役会を置くことができる（477 II）。

　①以外に設置できるのはこの３つしかないのです。

> ③326条から328条の規定は、清算株式会社には適用されない（477 VII）。
>   × 取締役会
>   × 会計参与、会計監査人
>   × 指名委員会等設置会社、監査等委員会設置会社

　営業の役員である取締役会を置けません。また、事業の権限を大幅に移譲する委員会制度も無理です。
　そして、解散すると外部機関は置けなくなります（経費の関係で、外部機関の義務を課さないようにしています）。

> ④監査役会を置く旨の定款の定めがある清算株式会社は、清算人会を置かなければならない（477 III）。

　定款で監査役会を置くと決めた場合、監査役が３人以上出てくる関係から、清算人会、清算人が３人以上いる会議体が要求されます。
　存続中でも、「監査役会を置いたら取締役会を置きなさい」というルールがありましたね。それとほぼ同じです。「**見張りが３人以上いるんだったら、見張られる方もそれぐらいは置きなさい**」ということです。

> ⑤清算の開始原因に該当することとなった時において公開会社又は大会社であった清算株式会社は、監査役を置かなければならない（477 IV）。

　公開会社か大会社となると、利害を持つ人が多く出てきます。**公開会社では、株主が多数存在**し、また、**大会社であれば経営規模が大きい、つまり取引相手が多くいます。**
　この場合は、せめて監査役を置いてくれと要請しているのです。

そして、**解散時点で公開会社又は大会社になっていると、清算中は原則としてずっとこの義務を負い続けます**。公開会社が、後日、株式に譲渡制限を設定しても、株主数が多いことは変わらないので、この義務は残るのです。

問題を解いて確認しよう

1	清算中の株式会社が清算人会を置く旨の定款の定めを設けるときは、併せて監査役を置く旨の定款の定めを設けなければならない。〔19-33-ア〕	×
2	清算の開始原因が生じた時において、大会社ではあったが、会社法上の公開会社ではなかった清算株式会社は、監査役を置くことを要しない。〔オリジナル〕	×
3	株式会社が解散した場合において、会計参与設置会社であったときは、会計参与を置かなければならない。〔オリジナル〕	×
4	株式会社が解散した場合において、監査役会を置く旨の定款の定めがあるときは、清算人会を置かなければならない。〔オリジナル〕	○
5	解散した時に会社法上の公開会社であった株式会社が清算中に定款に株式譲渡制限の定めを設けたときは、監査役を置く旨の定款の定めを廃止して、監査役を置かないものとすることができる。〔19-33-イ〕	×

×肢のヒトコト解説

1　清算中に、こういったルールはありません。

2　大会社であれば、監査役を置く義務が発生します。

3　清算中は、外部機関がおけません。

5　解散した時に公開会社であった以上、清算手続中はずっと監査役の設置が義務になります。

これで到達！　　合格ゾーン

☐ 　監査等委員会設置会社が清算の開始原因に該当する解散をした時に会社法上の公開会社又は大会社であった場合、監査等委員である取締役が清算株式会社の監査役となる（477Ⅴ・Ⅳ・475①）。〔令2-31-ア〕

★公開会社又は大会社の場合、監査役を置く義務が発生しますが、監査等委員会設置会社（指名委員会等設置会社）の場合には、今まで監査していた監査（等）委員会の取締役が、監査役として仕事をすることになります。

 覚えましょう

◆ 清算人に関する注意事項 ◆

資格制限	欠格事由は取締役と同じ（478Ⅷ・331Ⅰ） 公開会社であっても、その資格を株主に限定することができる（478Ⅷは331Ⅱを不準用）
任期	清算人には会社法上、任期の定めはない（478Ⅷは332を不準用）
解任	清算株式会社は、裁判所が選任した清算人を除き、いつでも株主総会の普通決議により解任することができる（479Ⅰ・309Ⅰ）

　資格制限、欠格事由は取締役と同じです。そのため、法人がダメ、犯罪関係はダメとなります。

　株式会社において、「当会社の取締役は株主に限る」という定めは非公開会社ではできるけど、公開会社ではできませんでした。趣旨は、広く人材を集めるべきだという発想です。
　しかし、清算株式会社において、「当会社の清算人は株主に限る」これは公開会社でもOKです。**清算中は、広く人材を募る必要がないからです。**

　清算中は任期もありません。**清算人は権力が弱いので、任期で縛る必要もない**でしょう（そのため、**この清算人を監視する監査役にも任期はありません**）。

　最後に解任ですが、**選んだところが解任するのが基本**です。清算人は、株主が選んでいることが多いので、株主総会で解任します。ただ、裁判所が選んだ場合

は、株主総会では解任できず、裁判所で解任します。

1 清算株式会社は、清算人の資格を株主に限定する旨の定款の定めをすることができる。〔オリジナル〕 ○

2 清算株式会社の清算人については、会社法上の公開会社であるか否かを問わず、その資格を定款で株主に限ることができる。〔オリジナル〕 ○

3 清算株式会社は、裁判所が選任したものを除き、清算人をいつでも、株主総会の決議によって解任することができる。〔オリジナル〕 ○

4 清算株式会社の監査役の任期は、清算を開始した時から4年以内に終了する清算事務年度のうち最終のものに関する定時株主総会の終結の時までである。〔令2-31-イ〕 ×

×肢のヒトコト解説

4 清算中の監査役には、任期による縛りがありません。

第5章 清算手続

令和7年本試験は
ここが狙われる！

ここからは、清算手続、会社が営業中に取得した権利・
義務を無くしていく手続を見ていきます。
特に、債権者への公告の部分が重要です。

清算手続の流れ（481）

①現務の結了

↓

②債権の取立て

↓

③債務の弁済

↓

④残余財産の分配

これは清算手続、具体的にどういった順番で何をしているのかを示した図です。

まず、現務の結了、現在の仕事を終わらせることから始めます。**仕事を続けると権利義務が増えてしまう**ので、それを終了することが必要です。

そして売掛金とか、貸金債権などを回収していって、会社に財産を集めていきます。その後、債務の弁済をして義務を完全になくしていきます。

最後に、余った財産を株主に分配して、権利もなくします。これが残余財産の分配です。

清算手続は、大ざっぱに言うとこういう流れです。この債務の弁済のためにやるべきことがあります。

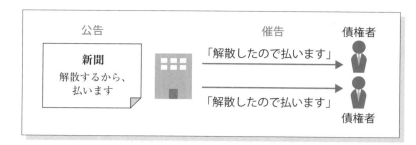

　それは、債権者に「弁済するから来てください」というお知らせをすることです。このお知らせは、公告と債権者1人1人への催告で行います。

　そして、この**催告の省略はできません**。債権者保護手続のように二重公告による省略ができず、必ず催告することになっています。

　会社がなくなってしまう重大な事件なので、公告だけでなく必ず個別に連絡することを要求しているのです。

清算事務が終了したときは、遅滞なく、決算報告を作成し、清算人会設置会社においては、清算人会の承認を受けなければならない（507Ⅰ・Ⅱ、施規150）。
そして、当該決算報告を株主総会に提出して、その承認を受けなければならず（507Ⅲ）、この承認がされることによって清算手続はすべて終了する。

　これが残余財産の分配の後にやることで、株主総会に決算報告を出して、権利義務がなくなったことを説明し、株主からOKをとることになります。

　この**承認決議があると、清算結了となり会社がなくなります**。清算結了は、権利義務がなくなった時に生じるのではなく、その後、株主総会の承認決議があった時に生じます。

　そして会社がなくなったことを登記申請でお知らせします。

　設立と登記の性質が違います。設立は登記によって効力が生じます（登記が効力要件です）。一方、清算結了は、株主総会の決議の時点で権利変動が生じ、その時点で、会社がなくなります。その会社がなくなったことを、事後的に報告的に知らせるのが、清算結了の登記です。

　この登記を申請することによって、登記簿が閉鎖されます。

1 清算株式会社は、清算の開始原因に該当することとなった後、遅滞なく、当該清算株式会社の債権者に対し、2か月以上の一定の期間内にその債権を申し出るべき旨を官報に公告し、かつ、知れている債権者には、各別にこれを催告しなければならない。〔オリジナル〕　○

2 清算中の株式会社は、債権者に対し2か月以上の一定の期間内にその債権を申し出るべき旨を官報に公告し、かつ、知れている債権者には各別にこれを催告しなければならず、この公告を官報のほか定款の定めに従って時事に関する事項を掲載する日刊新聞紙に掲載する方法により二重に行っても、知れている債権者に対する催告を省略することはできない。〔19-33-オ〕　○

これで到達！　合格ゾーン

清算株式会社は、清算の開始原因に該当することとなった後、遅滞なく、当該清算株式会社の債権者に対し、2か月以上の一定の期間内にその債権を申し出るべき旨を官報に公告し、かつ、知れている債権者には、各別にこれを催告しなければならない。そして、清算株式会社の債権者（知れている債権者を除く。）であって上記の期間内にその債権の申出をしなかったものは、清算から除斥される（503 I）。この点、清算から除斥された債権者は、分配がされていない残余財産に対してのみ、弁済を請求することができる（503 II）。

〔令2-31-ウ〕

★残余財産を分配し始めていた途中になって、「自分は債権者です、弁済してください」という申出があった場合、彼は未だ分配されていない財産にしか、弁済の請求をすることができません。

　昔、有限会社法に基づいて設立した会社を特例有限会社と呼びます。この会社は商業登記法での出題がメインですが、一旦、会社法の時点で学習した方が商業登記法での学習がしやすくなります。

～株式会社規定は随分簡素化されましたが、さらに簡便化した会社です～

名前は「有限会社」ですが、株式会社のルールを使います（もう有限会社法がないためです）。
ただ、株式会社のルールを使わないところがあり、そこが学習のポイントになります。

📖 Point

株式の譲渡制限

定款に、①発行する全部の株式の内容として当該株式を譲渡により取得するには特例有限会社の承認を要する旨の定めと、②株主間の譲渡については特例有限会社が承認をしたものとみなす旨の定めがあるとみなされる（整備9Ⅰ）。
この定めと異なる内容の定めを設ける定款の変更をすることはできない（整備9Ⅱ）。

　株式に譲渡制限があるものとみなされているという点、そして変えることもできないことがポイントです。
　もともと有限会社法があった時から、**有限会社は「超小規模」「超閉鎖」**という感覚で設計されていました。

Point

取締役・監査役の任期

→　規制なし（整備18）

取締役と監査役の任期は、規制がありません。そのため、ずっと同じ人が役員で居続けることができるのです。

 Point

取締役会の設置

→　不可（整備17 I）

小規模ということから、取締役会を要求することはできず、そのため、特例有限会社の取締役は大体1人です。

 Point

会計参与・会計監査人の設置

→　不可（整備17 I）

閉鎖的ということから、外部機関が置けないのです。

 Point

監査役の設置	定款に規定がある場合のみ
監査役の監査範囲	会計事項に限定する旨の定款の定めがあるとみなされる（整備24）

監査役の設置が義務化されるケースがなく、定款に規定があるときだけ設置することができます。

また、**法令のチェックができる人が見つからないだろう**ということから、会計限定のみなし規定も入れています。

 Point

決算書類の公告

→　不要（整備28）

これは、いわゆる決算公告の話です。特例有限会社も決算期に計算書類は作りますが、**あまり取引相手もいない**ということから、公告までは要求していないのです。

ここは企業再編を学習してからお読みください。

趣旨としては、**特例有限会社が得する企業再編は認めない**ということです。**特例有限会社は過渡的な制度**なので、得するような手続を認めていないのです。

ウラを返せば、特例有限会社がなくなる方向の企業再編なら構いません。例えば、**合併でのみ込まれる方であれば認められます**。のみ込む方はダメなのですが、のまれる方ならOKです。

休眠会社のみなし解散の制度はありません。

株式会社の場合は、役員に任期がありました。任期があるから定期的に登記をすべきなのに、その登記を12年もやってなければ、会社は動いてないだろうと言えるのです。

一方、**特例有限会社は、任期がないので定期的に登記簿を動かしません**。そのため、みなし解散という制度を設計できないのです。

これは、株式会社でいうところの特殊決議（株主差別の定款規定を置く時の決議　109Ⅱ）と同じになっています。

問題を解いて確認しよう

1　特例有限会社において、他の株主に株式を譲渡するには、当該会社の承認があったものとみなされるが、株主以外の者に株式を譲渡するには、当該会社が承認することを要する。〔9-35-オ（13-35-3）〕　○

2　特例有限会社は、当該特例有限会社の株主が当該株式を譲渡により取得する場合において、当該特例有限会社がそれを承認したものとみなす旨の定めを廃止する定款の変更をすることができる。〔オリジナル〕　×

3　特例有限会社において、取締役の任期は、選任後２年以内に終了する事業年度のうち最終のものに関する定時株主総会の終結の時までである。〔オリジナル〕　×

4　株式会社には取締役会が置かれるが、特例有限会社においては、取締役が３人以上選任される場合において定款に定めがあるときに限り、取締役会が置かれる。〔15-33-3〕　×

5　特例有限会社は、最終事業年度に係る貸借対照表に計上された資本金の額が５億円以上である場合、会計監査人を置かなければならない。　×
　　　　　　　　　　　　　　　　　　　　　　　　　　　　　　　　〔オリジナル〕

6　特例有限会社は、最後に登記があった日から12年を経過した場合でも、解散したものとみなされることはない。〔オリジナル〕　○

7　監査役を置く旨の定款の定めのある特例有限会社については、その監査役の監査の範囲を会計に関するものに限定する旨の定款の定めがあるものとみなされる。〔オリジナル〕　○

8　特例有限会社の取締役は、定時株主総会の承認を得た後、遅滞なく貸借対照表又はその要旨を公告しなければならない。〔8-34-1〕　×

9　特例有限会社が公告をする方法の定款の定めを変更する場合、株主総会において議決権を行使することができる株主の議決権の過半数を有する株主が出席し、出席した当該株主の議決権の３分の２以上に当たる多数をもって行わなければならない。〔オリジナル〕　×

2 特例有限会社に設けられている譲渡制限は廃止することができません。

3 取締役の任期についてのルールはありません。

4 取締役会は絶対に置くことができません。

5 外部機関である会計監査人は設置できません。

8 計算書類は作りますが、公告はいりません。

9 特別決議の要件は株式会社とは異なります。

毎年１問は出題される持分会社を学びます。

①出資する人を社員という点

②その社員が経営するという点

③社員たちは共同経営者なので信頼関係があるという点

④信頼できる人は少ないので、会社は小さい（そのため、定款である程度、自由に決められる）という点

この４点を常に意識しながら、読み込んでいってください。

～他に３つの会社形態があります。出資持分に応じて共同経営する会社です～

第１章　持分会社の種類

まずは、持分会社の３つのタイプを比較していきましょう。

① 　構成員の人数
② 　責任
③ 　出資の目的
④ 　出資の時期
⑤ 　定款変更の要件

について比較していきます。

ここの結論は、瞬時に宣言できる必要があるので、次の章に行く前にしっかり暗記作業を繰り返すようにしてください。

◆ 持分会社の比較 ◆

	合名会社	合資会社		合同会社
構成員数	１人以上	２人以上		１人以上
構成員の責任	無限責任 （576 Ⅱ）	無限責任又は 有限責任（576 Ⅲ）		有限責任 （576 Ⅳ）
出資の目的	金銭その他の財産・信用・労務（576 Ⅰ⑥）	無限責任 合名会社社員と同じ	有限責任 金銭その他の財産に限る	金銭その他の財産に限る

　構成員、これは出資者のことです。最低限１人いればいいのですが、合資会社は責任のタイプごと１人ずつ必要になります。

　それぞれ責任のタイプは、合名は無限責任のみ、合資は無限責任と有限責任、合同が有限責任のみとなっています。

　これに合わせて、出資の目的に規制が入ります。

　合名会社の場合、信用・労務での出資も許されます。

自分、働くよ！

労務出資をする
イメージ

自分が出資者になると、
この会社にも箔がつくよ！

信用で出資する
イメージ

　合名会社に出資する人は、上記のような内容、財産的価値のないもので出資しても構いません。そのあと**厳しい無限責任が待っていますから、出資は何だっていい**のです。

　一方、合同会社の社員責任は有限責任のため、一定の限度でしか責任を負いません。**責任が軽いので、出資内容に限定が入ります**。

　合同会社の社員の出資内容は、金銭その他の財産に限っていて、信用や労務は許していません（財産的価値があるものしかできません）。

では、合資会社はどうなるでしょうか。

無限責任社員は、責任が重いから信用・労務でもいい、一方、**有限責任社員は、責任が軽いので財産的価値があるものしかできない**という結論になります。

 覚えましょう

◆ 持分会社の比較 ◆

	合名会社	合資会社	合同会社
出資の時期	いつでもよい		定款作成後設立の登記をするときまでに全額を払込み、又は全部を給付しなければならない（578）

合同会社の場合、出資しなければ社員とは呼ばれません。

一方、合名・合資会社の場合は、**定款で、出資するという約束さえすれば社員となることができ**、出資は後でもいいのです。

 覚えましょう

	合名会社	合資会社	合同会社
定款変更の方法	原則　総社員の同意（637）		

もともと持分会社の定款は、社員全員で作ります。そのため、定款を変えるには社員全員の同意が必要です。このように、持分会社の定款変更は、非常に要件が厳しくなっています。

最後に持分会社の発想を確認しておきましょう。

持分会社の重要な視点

出資者は経営をする

→　出資者は、共同経営者

→　信頼関係がなければ、共同経営はできない

→　社員同士には信頼関係がある

　出資をして経営をしたければ、持分会社を選びますが、その出資者同士は、ある意味共同経営者になります。**お互いが信頼できなければ、会社を共同経営することはできません。**そこで、持分会社のキーワード「信頼」という言葉が出てきます。**出資者同士は信頼し合っていることを前提にしています。**

　では、その信頼し合う人はどのぐらいいるでしょう。

　人が信頼できる人間なんて、多くはありません。そのため、持分会社は、規模としては小さくなります。

　規模は小さいので、定款があれば大抵のことが決められるのです（定款自治を広く認めています）。

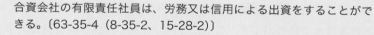

問題を解いて確認しよう

| 1 | 合資会社の有限責任社員は、労務又は信用による出資をすることができる。〔63-35-4（8-35-2、15-28-2）〕 | × |
| 2 | 合資会社の有限責任社員については、労務による出資も許されるが、合同会社の社員については、その出資の目的は金銭その他の財産に限られる。〔19-34-エ（24-33-ア）〕 | × |

ヒトコト解説

1　有限責任社員は、信用・労務の出資は許されません。

2　合資会社の有限責任社員についても、信用・労務の出資は許されません。

第2章 管理

令和7年本試験はここが狙われる！

> ここでは、持分会社の経営を「誰が決めて」「誰が実行するか」を見ていきます。
> そして、「誰が実行するか」という点は、会社内部のことを実行する場合と、会社外部に出て実行する（契約をするなど）に分けて理解する必要があります。

　代表というのは、外部に出て実行することです。契約交渉に行くというのも代表行為の一例です。

　一方、業務執行というのが、会社の内部的な手続を行うことです。

　この2つは、ネタとシャリのような関係を持っています。社員という立場を持つと、代表と業務執行という権限が付いてきます。**社員という立場を持つだけで、業務執行と代表権まで持つ**のです（これが、持分会社の社員が経営権を持つと呼ばれる所以です）。

　ただ、人によっては、

> 自分は交渉事が下手だから、代表はやりたくない。

と、一番上の代表権だけ外したいという人もいれば、

> 自分はお金はあるけど、経営センスがないから無理。

と、そもそも業務執行すらしたくない、という人もいるかもしれません。

そういう方のために、例外も用意しています。

◆ 持分会社の業務執行者となる者 ◆

原則	各社員（590 I）
例外	定款で別段の定め可能（590 I）
法人も業務執行社員となること	可能 →その場合には、当該法人は業務を執行する社員の職務を行うべき者を選任して、その者の氏名及び住所を他の社員に通知しなければならない（598 I）。

　業務執行者は原則として、各社員です。ただ例外で、定款の定めがあれば、業務執行者から外せます。

　株式会社において取締役には、法人はなれませんでした。手足がないから仕事ができないためでした。
　一方、持分会社において法人は出資をすることができます。そのため、定款規定がなければ業務執行する立場に立つことになります。
　ただ、**手足がないので、その法人の中から誰か仕事をする人を選ぶ必要があります**。
　例えば、A合名会社の業務執行者がB株式会社になった場合、B株式会社の経営陣が

> 当社が業務執行をする立場になった。
> 吉澤部長、お前が行って業務執行をしてきなさい。

というように仕事をする人を選んで、派遣することになります。
　仕事をする人を決めたら、他の社員に対し、

> 吉澤部長がやることになりました。
> よろしく。

会社

と連絡することになります。

◆ 持分会社の代表をする者 ◆

原則	業務を執行する社員（599 Ⅰ・Ⅱ）
例外	定款又は定款の定めに基づく社員の互選によって、業務を執行する社員の中から持分会社を代表する社員を定めることができる（599 Ⅰ・Ⅲ）。

原則として、**業務を執行する社員が持分会社を代表します。**

各社員が業務を執行する場合は各社員が代表します。定款で業務を執行する人を絞ったのであれば、その人だけが会社を代表します。

例外を説明する前に思い出して欲しいことがあります。それは、取締役会を置かない株式会社の代表取締役の選び方です。

誰も決めなければ各自代表になり、誰かを決める場合は、「定款で決める、株主総会で決める、又は定款に基づく互選で決める」という3つの方法がありました。

一方、持分会社では、その一部分を抜いているだけになっています。**誰も決めなければ各自が代表権を持ち**、別の人を決める場合、**定款で決める方法と、定款に基づく互選の方法**を認めているのです。

問題を解いて確認しよう

1	合資会社の有限責任社員は、定款に別段の定めがある場合を除き、当該合資会社の業務を執行する権限を有する。〔19-34-オ〕	○
2	社員は、業務を執行するが、定款の定めをもって、一部の社員を業務の執行をする社員とすることができる。〔23-34-イ、令3-33-イ〕	○
3	持分会社を代表する社員その他持分会社を代表する者を定めていない場合において、業務を執行する社員が二人以上あるときには、業務を執行する社員は、各自、持分会社を代表する。〔オリジナル〕	○
4	持分会社が、業務を執行する社員の中から持分会社を代表する社員を定める場合、定款によって定めなければならない。〔オリジナル〕	×

| 5 | 法人は、持分会社の業務を執行する社員となることができる。〔令4-32-オ〕 | ○ |
| 6 | 業務を執行する社員として法人を定款で定めた場合、当該法人は、当該業務を執行する社員の職務を行うべき者を選任し、その者の氏名及び住所を他の社員に通知しなければならない。〔オリジナル〕 | ○ |

────────┤ ×肢のヒトコト解説 ├────────

| 4 | 定款規定に基づく社員の互選でも可能です。 |

◆ 持分会社の業務執行の決定と決議要件 ◆

社員が二人以上いる場合	原則	社員の過半数で決定する(590Ⅱ)。
	例外	持分会社の常務は他の社員が異議を述べた場合を除き、社員が単独で行うことができる(590Ⅲ)。
定款で定めた業務執行者が二人以上いる場合	原則	業務執行社員の過半数で決定する(591Ⅰ)。
	例外	持分会社の常務は他の業務執行社員が異議を述べた場合を除き、業務執行社員が単独で行うことができる(591Ⅰ・590Ⅲ)。

　持分会社の経営の意思決定の方法、つまり、商売の方針等をどうやって決めていくかという話です。

　社員が2人以上いる場合、基本、社員の過半数で決めます。社員に経営権があるので、社員の過半数で物事を決めるのです。
　ただし、常務という通常業務（ルーティンワーク）はいつも行うのが決まっているので、これは、その都度やるかどうかを決めないで、やってしまって構いません。
　ただ、他の社員が「もうこのルーティンワークやめようよ」と異議を述べてきた場合は、過半数の決議でやるかどうかを決めることになります。

　業務執行者は定款で限定することができました。その場合は、彼らの過半数で決めることになります。
　例えば、社員がＡＢＣで業務執行者をＡＢにした場合に、物事を決めるのは、

ＡＢの過半数で決めることになります。

　つまり**業務執行者から外されると、経営の執行はできない、決定にも参加できない、経営からある意味、爪はじきになるのです。**

　これが持分会社の業務決定の原則論です。

これで到達！ 合格ゾーン

□ 業務を執行する社員を定款で定めた場合には、各社員は、持分会社の業務を執行する権利を有しないときであっても、その業務及び財産の状況を調査することができる（592Ⅰ）。

> ★出資者は自分の資金を投入した会社の所有者です。業務を執行することができなくても、会社の所有者であることは変わりないため、会社の状況調査ぐらいはできるようにしています。

□ 持分会社の社員は、当該持分会社の業務を執行する権利を有しないときであっても、その業務及び財産の状況を調査する権利を有し、この権利が定款で制限されていた場合、裁判所の許可を得ても、これを行使することはできない。

> ★上記の592条の監視権は定款で制限でき、この制限は裁判所の許可があっても解除できません。ちなみに、定款によっても、社員が事業年度の終了時又は重要な事由があるときに、業務及び財産の状況を調査することを制限する旨を定めることはできません（592Ⅱ）。

決議事項	決議要件	例 社員　ＡＢＣＤ 業務執行社員　ＡＢ
① 定款変更（注1） ② 解散 ③ 企業再編の承認（注1） ④ 持分会社の種類の変更（注1）	総社員の同意	定款変更をする場合 ↓ ＡＢＣＤ全員が同意する必要がある
① 持分譲渡（注1）（注2） ② 競業取引の承認	当事者である社員以外の全社員の同意	Ａが競業取引をする場合 ↓ ＢＣＤ全員が同意する必要がある
① 支配人の選任・解任（注1）	総社員の過半数の同意	支配人を選任する場合 ↓ ＡＢＣＤの過半数が賛成する必要がある。
① 利益相反取引（注1）	当事者である社員以外の全社員の過半数の同意	Ａが利益相反取引をする場合 ↓ ＢＣＤのうち過半数が賛成する必要がある。

（注1）定款で別段の定めを設けることができる。
（注2）業務を執行しない有限責任社員の持分譲渡は、定款に別段の定めがない限り業務を執行する社員の全員の承諾で足りる（585Ⅱ）。

これは決議要件の例外です。先ほど見た原則を全く使いません。

まず図表の一番上の段は、相当重大な事項なので、総社員の同意を要求します。**仮に業務執行社員を絞っていたとしても、みんなが賛成しないとできません。**

図表の上から2段目、②を見てください。競業取引をする場合、みんなの同意と言いたいところですが、

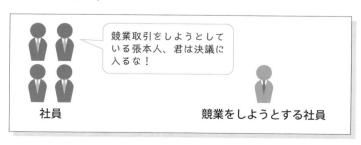

と、張本人を除いて、全員の同意になっているのです。

　次に図表の上から3段目の支配人を選ぶ場合、これも**業務執行社員が誰かというのは全く問わず、みんなの過半数がないと決められません。**

　最後は利益相反ですが、これも、過半数と言いたいところですが、この「利益相反をやらかそうとしている張本人、君はだめだ」と、**張本人を除いて過半数になっています。**

> 前ページの図表は、上2段と下2段をペアにして押さえること

　上2段が全員の同意（競業の場合は張本人を除く）、下2段は、過半数の同意（利益相反の場合は張本人を除く）となっています。

問題を解いて確認しよう

1	業務を執行する社員を定款で定めた場合であっても、支配人の選任及び解任は、合名会社及び合同会社においては総社員の過半数をもって、合資会社においては無限責任社員の過半数をもって、それぞれ決定しなければならない。〔20-35-エ（元-39-エ）〕	×
2	合名会社の業務執行社員は、当該社員以外の社員の全員の承認がなければ、自己又は第三者のために会社の事業の部類に属する取引をすることができない。〔8-35-4改題〕	○
3	業務を執行する社員は、第三者のために持分会社の事業の部類に属する取引をするときは、当該社員以外の社員の過半数の承認を受けなければならない。〔オリジナル〕	×
4	業務を執行する社員が自己又は第三者のために持分会社と取引をしようとするときは、当該取引について、当該社員以外の社員の過半数の承認を受けなければならない。〔23-34-エ改題〕	○

第10編　持分会社　◆　第2章　管理

第3章 設立

持分会社の立ち上げる手続を見ていきます。
ただ、株式会社ほど複雑ではなく、「定款を作って、
登記所に申請する」ことでほぼ終了です。
そのため、ここでは定款の部分が重要になってきます。

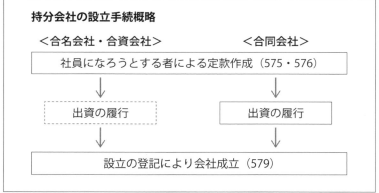

持分会社の設立手続概略

＜合名会社・合資会社＞	＜合同会社＞
社員になろうとする者による定款作成（575・576）	
出資の履行	出資の履行
設立の登記により会社成立（579）	

　一番初めに、定款を作りますが、**認証は要求されていません**。そのため、株式会社の設立と比べ、時間経費が節約できます。

　次に、出資の履行ですが、合名・合資会社は、出資自体は後でしても構いません。社員になる時点で、出資をしなくてもいいわけです。

　ただ、**合同会社の場合、出資して初めて社員扱いする**ため、**出資を必須条件にしています。**

　そして最後に設立登記をして、会社は設立になります。

　定款を作って、登記所に行けば設立ができる。非常に簡単にできるようになっています。

合同会社横浜菓子本舗　定款

第1章　総則
（商号）
第1条　当会社は、合同会社横浜菓子本舗と称する。
（目的）
第2条　当会社は、次の事業を行うことを目的とする。
　　1．和菓子の製造・販売
　　2．前号に付帯関連する一切の業務
（本店の所在地）
第3条　当会社は、本店を東京都○○区に置く。

第2章　社員及び出資
（社員及び出資）
第4条　当会社の社員の氏名又は名称及び住所、社員の出資の目的及びその価額は、次のとおりである。
　　1．金100万円
　　　　東京都千代田区○○町○丁目○番○号　　　甲野商事株式会社
　　2．金200万円
　　　　東京都中央区○○町○丁目○番○号　　　　丁野　六郎
　　3．金100万円
　　　　大阪市北区○○町○丁目○番○号　　　　　戊野　七郎
　　4．金100万円
　　　　大阪市北区○○町○丁目○番○号　　　　　丙野　三郎
（社員の責任）
第5条　当会社の社員の全部を有限責任社員とする。
（業務執行）
第6条　当会社の業務は、業務執行社員が執行するものとし、総社員の同意により社員の中から選任する。
　　2　業務執行社員は3名とし、甲野商事株式会社・丁野六郎・戊野七郎とする。
（代表社員）
第7条　当会社の代表社員は、甲野商事株式会社とする。

（省略）

　以上、合同会社横浜菓子本舗設立のためこの定款を作成し、社員以下に記名押印する。

令和○年○月○日
　　甲野商事株式会社　　　印
　　丁野　六郎　　　　　　印
　　戊野　七郎　　　　　　印
　　丙野　三郎　　　　　　印

第1条・第2条・第3条、これはほとんどの法人で絶対的記載事項です。

　次に第4条、これが最大のポイントで、すべての社員を書きます。だから**社員が1人でも変わることになったら、定款変更になります。**

　次に、金100万円、200万円、100万円、100万円という数字を見てください。これが出資の約束です。**どれだけ出資するかを定款で約束します。**

　合名・合資会社の社員は、約束した金額を今すぐ払う必要はありません。一方合同会社では、払わなければ社員と認められません。

　次に第5条を見てください。責任の性質を書きます。1人1人無限責任か有限責任かをちゃんと書いておかないと、いざとなった時に、

いや～自分、
有限責任社員のつもりだったよ。

なんてことを言う人が出てくるでしょう。そこで、1人1人その責任の性質をしっかり書くことにしています。

　この第5条までが、絶対的記載事項です。第6条と第7条は先ほどの復習です。
　第6条は、業務執行する人を限定できますよという話で、
　第7条は、代表する人を限定できますよという話です。

　では、この書面、誰がハンコを押しているか見てください。社員全員がハンコを押しています。
　つまり、**定款は社員全員で作っている**のです。社員全員で定款を作っているんだから、定款変更には社員全員の同意が要ることになります。

1 合同会社を設立するには、社員になろうとする者が定款を作成し、その全員がこれに署名し、又は記名押印しなければならない。　　　　　　〔19-28-ア改題〕　○

2 設立しようとする会社が持分会社である場合には、社員になろうとする者が作成した定款は、公証人の認証を受けることを要しない。〔23-27-ア（14-34-ア）〕　○

3 設立しようとする持分会社が合同会社である場合には、当該合同会社の社員になろうとする者は、定款の作成後、合同会社の設立の登記をする時までに、その出資に係る金銭の全額を払い込み、又はその出資に係る金銭以外の財産の全部を給付しなければならない。〔オリジナル〕　○

4 合同会社の設立に際して金銭以外の財産を出資する者がある場合には、定款に当該財産を記載しなければならない。〔19-28-エ改題〕　○

 2周目はここまで押さえよう

論点　　　　　　　会社の種類	株式会社	合同会社
払込取扱機関への払込みの義務	あり （34 Ⅱ、208 Ⅰ）	なし
払込（給付）した財産の額の2分の1の額を、資本金として計上する義務	あり	なし

　株式会社では、払込取扱機関（金融機関と思ってください）に払い込む必要があります。いくら払ったかによって、手に入れる株式数が違うため、いくら払ったかを証拠に残す必要があります。

　一方、持分会社では、いくら払ったとしても手に入れる権利は同じです。そのため、株式会社のように払込取扱機関に払う義務を設けていません。

　また、株式の場合には1000万の払込があった場合、500万は資本金にする必要がありますが、合同会社では、資本金をいくらにするかは業務執行社員が自由に決められます（極論、現金が入ってきても、1円も資本金にしないという定めをすることも可能です）。

☑ 1 合同会社の設立に際しての出資に係る金銭の払込みは、設立手続の遂行者（社員となろうとする者）が定めた銀行等の払込みの取扱いの場所においてしなければならない。 × 〔19-28-オ〕

2 合同会社においては、資本金の額は、設立又は社員の加入に際して社員となろうとする者が当該合同会社に対して払込み又は給付をした財産の額であり、少なくとも当該額の2分の1の額は、資本金として計上しなければならない。 × 〔22-32-ア〕

第4章 入社・退社

令和7年本試験は
ここが狙われる！

出資者が増える場面、出資者がいなくなる場面を見て
いきます。
特に出題が多いのが、持分譲渡で出資者が増える場面
です。例外の要件は瞬時に言えるようにしておきま
しょう。

新たに出資を募って、社員という出資者が入ってくる場面から学習しましょう。

 覚えましょう

◆ 入社の効力発生日 ◆

効力発生日 （原則）	持分会社の社員の加入は、当該社員に係る定款の変更をした時に、その効力を生ずる（604Ⅱ）
効力発生日 （例外）	合同会社が新たに社員を加入させる場合において、新たに社員となろうとする者が、定款の変更をした時にその出資に係る払込み又は給付の全部又は一部を履行していないときは、その者は、当該払込み又は給付を完了した時に、合同会社の社員となる（604Ⅲ）

社員となる時期は、定款を変更した時点です。実際に出資をしなくても社員と
なります。

ただ、**合同会社では、出資しないと社員扱いしませんので、支払いが完了した
ときに効力が生じます。**

入社するタイミング、もう１つが持分の譲渡です。他の社員から持分を買ってくれば、その人が抜けて新しい人が入ってきます。

覚えましょう

◆ 持分の譲渡 ◆

原則 (585 Ⅰ)	他の社員の全員の承諾
例外 (585 Ⅱ)	● 有限責任社員 ● 業務を執行しない者 → 業務を執行する社員の全員の承諾で足りる

持分を譲渡するには、他の社員みんなのＯＫが必要です。持分会社には信頼関係があります。そのため、誰かを入れたいとしても、**他の人が信頼しなければ入れることができない**のです。

そのため、「売り払う張本人を除いて全員の同意」が必要です。先ほどの決議要件でもありましたが、張本人を除いて全員の同意というカテゴリに入ってきます。

例外を見てください。

無限責任社員A	無限責任社員B	有限責任社員C	有限責任社員D
業務執行権あり	業務執行権なし	業務執行権あり	業務執行権なし

社員が持分の譲渡をして、抜ける場合を考えてきましょう。

例えば、Aが持分を売却して抜ける場合、これは**無限責任社員が1人いなくなるので、大事件**です。

また、Cが持分を売却して抜ける場合、**仕事をしている人が抜けることになるので、大事件**です。

最後に、Dが持分を売却して抜ける場合はどうでしょう。彼は、責任は軽いですし、仕事もしていません。

「仕事はしない」、「責任も軽い」こういった人が抜けるのであれば、**決議要件は緩くなり、業務を執行する社員の全員の承諾で足ります**。この例外は相当な数の出題があるので、要件の部分をしっかり暗記してください。

自己持分の取得

持分会社は、その持分の全部又は一部を譲り受けることはできない（587Ⅰ）

持分会社が、譲渡以外の方法、例えば合併等によって当該持分会社の持分を承継取得した場合は、当該持分は、当該持分会社が取得した時に消滅する（587Ⅱ）

自己株式の取得は原則禁止、ただし、取得した後の保有は自由でした。保有した後はリサイクルしてもいいし、消却してもいいのです。

一方、持分会社が自社の持分の取得をすることは絶対的に禁止です。また、**何らかの理由で取得してしまってもすぐ消滅する**ようになっていて、リサイクルができません（リサイクルする場面がないんですけどね）。

例えば、Ａ合同会社がＢ合同会社を合併してのみ込んだところ、このＢ合同会社はＡ合同会社の持分を持っていました。

この場合、包括承継となるので、Ａ合同会社の持分をＡ合同会社が取得することになりますが、取得した瞬間、自動的に消えることになるのです。

1	合資会社の無限責任社員は、他の無限責任社員全員の承諾があれば、その持分を他人に譲渡することができる。〔7-35-イ（15-28-3）〕	×
2	合資会社の業務執行権を有しない有限責任社員が、その持分を譲渡する場合、他の社員全員の承認を要する。〔元-39-ア（15-28-3）〕	×
3	業務を執行しない有限責任社員は、業務を執行する社員の全員の承諾があるときは、その持分の全部又は一部を他人に譲渡することができる。〔20-35-ウ〕	○
4	業務を執行しない合同会社の社員の持分の譲渡は、定款に別段の定めがあるときを除き、当該合同会社の業務を執行する社員の全員の同意によってすることができる。〔21-31-ア〕	○
5	合同会社は、当該合同会社の持分を譲り受けることができる。〔24-33-ウ〕	×
6	合同会社が当該合同会社の持分を取得した場合には、当該持分は、当該合同会社が取得した時に、消滅する。〔24-33-エ（令4-33-イ）〕	○

╭─ ✕肢のヒトコト解説 ─╮

1 無限責任社員がいなくなるのは重大なことなので、他の社員全員の承諾が必要です。

2 業務執行社員全員の承諾で足ります。

5 自己持分を取得することは禁じられています。

次は退社、抜ける場面を見ていきます。

退社した社員は、その出資の種類を問わず、当該社員の一般承継人が社員となった場合を除いて、その持分の払戻しを受けることができる（611Ⅰ本文）。この場合に、退社した社員の持分は、その出資の種類を問わず、金銭で払い戻すことができる（611Ⅲ）。

退社すると、出資金の払戻しが受けられます。

　前に少し説明しましたが、出資というのは会社にお金をあげることではないため、どこかのタイミングで出資金の回収を認めます。

　その回収には、譲渡して回収する方法と返金という方法があり、会社法は、どちらか認めたら、どちらかを認めないという立場でした。

　持分会社では、持分の譲渡をするには、他の社員の全員の同意が要る、つまり、事実上譲渡できません。**事実上、持分譲渡できないことから、払戻しを認めています**。

　そして、その払戻しですが、出資を信用・労務でした場合でも、金銭で返金が可能です。

　例えば、「おれ、麺を打つよ」という労務を出資した人が退社した時に、

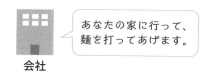

と言ってお返しをするのは、おかしいですね。

　そこでどんな出資をしたとしても、**金銭で払戻しができる**というルールになっています。

◆ 任意退社事由 ◆

① 持分会社の存続期間を定款で定めなかった場合 　→ 6か月前までに退社の予告をして、事業年度の終了の時に退社できる(606Ⅰ)。
② ある社員の終身の間持分会社が存続することを定款で定めた場合 　→ 6か月前までに退社の予告をして、事業年度の終了の時に退社できる(606Ⅰ)。
③ やむを得ない事由があるときは、いつでも退社できる(606Ⅲ)。

　自発的な退社になるのが、この表の任意退社という制度です。

　①②、そんなに区別しなくていいです。→以降の部分に注目してください。

　「**6か月前に予告をしている**」が要件で、

　「**事業年度末日　大抵3月31日に退社できる**」が効果です。

　返金の準備がいるので、事前に連絡をする必要があります。また、帳簿を閉め

る日の方が返金の処理がしやすいので、退社の日も事業年度末日としています。

　③を見てください。やむを得ない事由がある（信頼関係が完全になくなった等が該当します）、そういったとんでもない状況までいけば、**予告もいらないし、3月末まで待つ必要はありません。**

　今のは社員自らの意思で行う退社ですが、社員の債権者が無理やり退社させるという方法もあります。

609条（持分の差押債権者による退社）
　社員の持分を差し押さえた債権者は、事業年度の終了時において当該社員を退社させることができる。この場合においては、当該債権者は、6か月前までに持分会社及び当該社員にその予告をしなければならない。

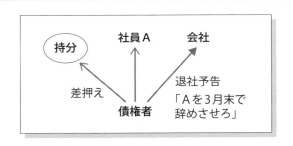

　社員Aの債権者がお金を回収するため、財産を探して、差し押さえることにしました。社員Aにはめぼしい財産がないため、持分、この会社の出資者としての立場を差し押さえることにしたようです。

　持分を差し押さえたら、何をするのでしょうか。**仮に、競売にかけたとしても、買う人はいないでしょう**（例えばこれは無限責任だとしたら、誰もそんな危険な持分を買うなんてことはしないでしょう）。

　ここで、**この債権者は、「社員Aを3月末で辞めさせろ」という予告をする**のです。
　そして、3月末になったら、次の図のようになります。

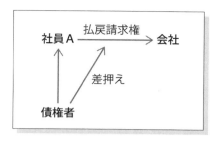

　社員Ａは退社扱いになり、払戻しを受けられる状態になります。今回の差し押さえた人は、その払戻金に自分の差押えをスライドさせます。

　このように持分を差し押さえた人は、**払戻金を差し押さえるために、退社させることができる**です。

法定退社事由（607Ⅰ）	定款による別段の定め
① 定款で定めた事由の発生	✕
② 総社員の同意	
③ 死亡	定款で当該社員の相続人その他の一般承継人が持分を承継する旨を定めることができる（608Ⅰ）
④ 合併（合併により当該法人である社員が消滅する場合に限る。）	
⑤ 破産手続開始の決定	定款で退社しない旨を定めることができる（607Ⅱ）
⑥ 解散（④⑤に掲げる事由によるものを除く。）	
⑦ 後見開始の審判を受けたこと	
⑧ 除名	✕

　上記の①〜⑧は、社員が無理やり退社させられる事由です。

③ある社員Ａが持分を持っています。社員Ａはすごくいい方で、真面目だったこともあり、皆さんから信頼されていました。

　この社員Ａが亡くなりました。この場合、**社員Ａが持っている持分は、相続人に降りません**。

　社員Ａは信頼されたから社員となれましたが、**相続人が信頼できるとは限りません**。そのため死んだ時点で退社となって、払戻金が相続される処理になります。

　ただ、**「相続があっても退社せず、相続人が持分を承継する」という定款規定があれば、相続人に持分が降りる**ことになります。

⑤⑥⑦こういうことが起きれば、もはや**その人を信頼できません。**

　破産という自分の財産管理を失敗した人とは、共同経営したいとは思わないでしょうし、後見開始の審判を受ければ、意思疎通が難しいことから信頼関係もなくなるでしょう。

⑧最後に、除名という制度を説明しましょう。

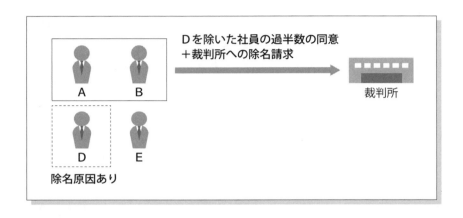

　社員ＡＢＤＥのうち、Ｄに除名原因がありました。

　除名原因というのは、退社に相当する悪さをしていることです。

　例えば「いつまでたっても出資をしない」とか、「利益相反や競業取引をしている」などが該当します。

　こういうことをしているＤは、**過半数の決議でクビを裁判所に請求できます。**その後、裁判所が除名原因があるかどうかをチェックして、最終的にクビにするのです。

　以上が、どんな場面に退社をするかという話です。

1	合名会社の存続期間を定款で定めなかった場合には、当該合名会社の社員は、退社する6か月前までに退社の予告をすることにより、いつでも退社することができる。〔25-34-ア〕	×
2	合同会社の社員は、やむを得ない事由があるときは、いつでも退社することができる。〔26-32-イ改題〕	○
3	持分会社の社員の持分を差し押さえた債権者は、事業年度の終了時の6か月前までに、持分会社及び当該社員に対して退社させる旨の予告をして、その事業年度の終了時に当該社員を退社させることができる。〔オリジナル〕	○
4	定款に別段の定めがある場合を除き、有限責任社員が死亡したときは、その相続人が社員となる。〔7-35-ウ〕	×
5	合名会社の社員が退社した場合には、当該合名会社は、当該社員の持分の払戻しに際し、その出資の種類を問わず、金銭で払い戻すことができる。〔25-34-ウ〕	○
6	合同会社においては、その社員が破産手続開始の決定を受けたことによっては退社しない旨を定款で定めることができない。〔30-32-2（令4-32-ウ）〕	×

───── ×肢のヒトコト解説 ─────

1 事業年度末日に退社します。

4 持分は一身専権のため、原則として相続されません。

6 定款で退社しない旨を定めることは可能です。

自分が今だに出資者にいると誤解されるかも‥

自分の名前を使うのをやめてください。

根本正次 → 退社　　根本合名会社　　根本正次　　　　　根本合名会社

会社を作ったときに自分の名前を商号にしていたのですが、その会社の出資者を抜けることになりました。

自分の名前が商号のままだと、取引相手の方が「あの人、まだ出資者なんだ」と誤解して取引に入る恐れがあります。

このように、持分会社がその商号中に退社した社員の氏名等用いているときは、当該退社した社員は使用をやめることを請求することができるようにしています。

問題を解いて確認しよう

1 合名会社がその商号中に退社した社員の氏名を用いている場合には、当該社員は、当該合名会社に対し、その氏名の使用をやめることを請求することができる。〔25-34-オ〕　○

2 合同会社がその商号中に退社した社員の名称を用いているときは、当該退社した社員は、当該合同会社に対し、その名称の使用をやめることを請求することができる。〔29-33-ウ〕　○

◆ 社員の責任の横断整理 ◆

	内容
加入した社員の責任 （605）	持分会社の成立後に加入した社員は、その加入前に生じた持分会社の債務についても、これを弁済する責任を負う。
退社した社員の責任 （612Ⅰ）	退社した社員は、その登記をする前に生じた持分会社の債務について、従前の責任の範囲内でこれを弁済する責任を負う。

例えば、ある方が持分会社に出資をしました。

彼は、会社債務について責任を負うことになりますが、それは入社後から発生する債務について責任を負うのではありません。**今までに発生している債務についても責任を負います。**

だから、持分会社に加入する時は、今いくらの債務があるかについて確認しておく必要があります。

責任については退社の時にも論点があります。退社した場合は、退社の「登記が入るまで」に発生した債務について責任を負うのです。

退社時の 登記記録	商号	合資会社横浜菓子本舗	
	本店	横浜市戸塚区戸塚町２０番地	
	社員に関する 事項	横浜市中区本町二丁目１０番地 無限責任社員　　　Ａ	

↓

退社登記後	商号	合資会社横浜菓子本舗	
	本店	横浜市戸塚区戸塚町２０番地	
	社員に関する 事項	<u>横浜市中区本町二丁目１０番地</u> <u>無限責任社員　　　Ａ</u>	令和6年5月25日退社 令和6年6月2日登記

　これは持分会社の登記簿で、社員の名前が載るようになっています。退社をすると、社員の名前が消されます。

　もし登記簿に名前が残っていると、

Ａが社員にいるということは、Ａが責任取ってくれるから安心だな。

債権者

と思って、この会社と取引する人が現れるかもしれません。

　そこで、**登記簿に名前が載っている限り、発生した債務は、責任を負ってもらう**としたのです。

　この退社の登記を入れれば、そこまでの責任を取ることで決まりになります。ただ、10年経っても、20年経ってもその責任を負わされるわけではありません。この**退社の登記をした後、２年間の請求がなければ責任から解放されます**（免責的効力といいます。**登記をして、２年経てば責任がなくなる**という力です）。

　持分会社を退社した場合は、すぐに退社の登記を入れることです。退社登記を入れれば、そこまでの債務で決まりになりますし、早く登記すればするほど、責任から解放されるのも早くなります。

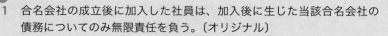

1	合名会社の成立後に加入した社員は、加入後に生じた当該合名会社の債務についてのみ無限責任を負う。〔オリジナル〕	×
2	合名会社の成立後に加入した社員は、その加入前に生じた合名会社の債務についても、これを弁済する責任を負う。〔オリジナル〕	○
3	合名会社を退社した社員は、その退社後に生じた当該合名会社の債務について、これを弁済する責任を負わない。〔令4-33-ア改題〕	×

×肢のヒトコト解説

1 加入前の債務についても責任を負います。

3 退社の登記が入るまでの債務について責任を負います。

2周目はここまで押さえよう

	内容	合同会社の適用	登記後2年経過による免責
加入した社員の責任（605）	持分会社の成立後に加入した社員は、その加入前に生じた持分会社の債務についても、これを弁済する責任を負う。	○	×
退社した社員の責任（612）	退社した社員は、その登記をする前に生じた持分会社の債務について、従前の責任の範囲内でこれを弁済する責任を負う。	×	○
社員の責任を変更した場合（583）	有限責任社員が無限責任社員となった場合には、当該無限責任社員となった者は、その者が無限責任社員となる前に生じた持分会社の債務についても、無限責任社員としてこれを弁済する責任を負う。	－	×
	有限責任社員が出資の価額を減少した場合であっても、当該有限責任社員は、その旨の登記をする前に生じた持分会社の債務については、従前の責任の範囲内でこれを弁済する責任を負う。	×	○
	無限責任社員が有限責任社員となった場合であっても、当該有限責任社員となった者は、その旨の登記をする前に生じた持分会社の債務については、無限責任社員として当該債務を弁済する責任を負う。	－	○
持分の全部の譲渡をした社員の責任（586）	持分の全部を他人に譲渡した社員は、その旨の登記をする前に生じた持分会社の債務について、従前の責任の範囲内でこれを弁済する責任を負う。	×	○

　例えば、ある合資会社の有限責任社員だったものが無限責任社員になった場合には、

　　有限の退社　＋　無限の入社

　と考えて、先ほど学習した加入した社員の責任と同じような責任が生まれます。

また、持分譲渡をして退社したものは、退社した社員の責任とほぼ同じような責任を負います（そして、2年間で免責される点も共通します）。

　前ページの図の「社員の責任を変更した場合（583）」「持分の全部の譲渡をした社員の責任（586）」については、入社と同じような扱いを受けるのか、退社と同じような扱いを受けるのかを意識して読んでください。

　ちなみに、上記のルールですが、合同会社では適用がないルールがいくつかあります。いずれも退社がらみのルールです。

　これは、登記事項と連動しています（商業登記法で登記事項を学習してから読んでください）。
　退社絡みの責任は「退社の登記」「出資額の減少登記」をするまで、責任を負わされます。ただ、合同会社の社員はそもそも登記簿に登記されないため、「退社の登記」「出資額の減少登記」を要求できないため、この責任を負わせられないのです。

☑ 1　合資会社の有限責任社員が無限責任社員となった場合には、当該無限責任社員となった者は、その者が無限責任社員となる前に生じた当該合資会社の債務についても、無限責任社員としてこれを弁済する責任を負う。〔19-34-ウ〕　　　○

2　合同会社の社員が出資の価額を減少した場合であっても、当該社員は、その旨の登記をする前に生じた当該合同会社の債務については、従前の責任の範囲内でこれを弁済する責任を負う。〔オリジナル〕　　　×

3　合同会社を退社した社員は、退社の登記をする前に生じた合同会社の債務について、従前の責任の範囲内でこれを弁済する責任を負う。（なお、合資会社の社員の退社による定款のみなし変更は考慮しないものとする。）〔オリジナル〕　　　×

4　合名会社又は合資会社の社員は、持分の全部を他人に譲渡した場合には、その旨の登記をする前に生じた当該合名会社又は当該合資会社の債務について、従前の責任の範囲内でこれを弁済する責任を負うが、合同会社の社員は、持分の全部を他人に譲渡した場合には、このような責任を負わない。〔28-32- 4〕　　　○

5 合資会社の有限責任社員が出資の価額を減少した場合に、　×
その旨の登記をする前に生じた当該合資会社の債務を弁済
すべき当該有限責任社員の責任は、当該登記後1年を経過
した時に消滅する。〔27-32-ア〕

第5章 計算

持分会社のお金のルールを学ぶところです。
出題は多いところですが、株式会社の計算の知識や、持分会社の全体像をつかめないと理解が難しいところです。
そのため、本書を数回読んだ後に、この章を読むことをお勧めします。

◆ 会社が作成する計算関連の書類 ◆

	株式会社	合同会社	合名会社 合資会社
作成しなければ ならないもの	①会計帳簿 ②計算書類（貸借対照表、損益計算書、株主資本等変動計算書、個別注記表） ③事業報告 ④②③の附属明細書	①会計帳簿 ②計算書類（貸借対照表、損益計算書、社員資本等変動計算書個別注記表）	①会計帳簿 ②貸借対照表
作成することが できるもの	①臨時計算書類 ②会計監査人設置会社にあっては、連結計算書類		①損益計算書 ②社員資本等変動計算書 ③個別注記表
貸借対照表等の公告	必須	不要	不要

　持分会社も株式会社と同様、経理に関する書類を作る義務があります。ただ、**株式会社と比べて、「作成しなければならない」書類は少なくなっています。**

　特に、合名会社・合資会社は会計帳簿と貸借対照表だけとなっているのです。合名会社・合資会社には無限責任社員がいるため、**会社債権者は会社財産よりも無限責任社員を当てにしている**ため、経理に関する書類の規制を厳しくしなかったのです。

次に、計算書類の公告（いわゆる決算公告）については、**持分会社は一切不要**とされています。**持分会社は小規模を想定しているため、大々的に公告などで知らしめる必要はない**との配慮からです。

◆ 計算についての比較 ◆

		合名会社・合資会社	合同会社
計算書類の閲覧・謄写の請求権者		社員のみ（618Ⅰ）	① 社員（618Ⅰ） ② 会社債権者（625）
資本金の額の減少	減少できる場合	損失を填補する場合（620Ⅰ）	①損失を填補する場合（620Ⅰ） ②出資の払戻しをする場合（626Ⅰ） ③持分の払戻しをする場合（626Ⅰ）
	債権者保護手続	なし	あり（627）
利益配当の制限		なし（621）	配当額が当該利益配当日における利益額を超える場合には、その配当をすることができない（628）
出資の払戻しの制限		なし（624）	合同会社の社員は、定款を変更してその出資の価額を減少する場合を除き、出資の払戻しの請求をすることができない（632Ⅰ）

では次に、持分会社3社での比較を見てみましょう

上の図表では、合名会社・合資会社と合同会社を分けて記載しています。これは、合名会社・合資会社では、会社債権者は会社財産よりも無限責任社員を当てにしているため、**計算に関する規制は、合同会社より厳しくない**ためです。

> 計算書類の閲覧・謄写の請求権者

会社の資産状態を、出資者は見ることができますし、合同会社では債権者も見ることができます。一方、**合名会社・合資会社では会社債権者は閲覧請求権者に入っていません**。合名会社・合資会社の債権者には無限責任社員がいるため、**会社債権者は会社財産をあてにしていない**からです。

資本金の額の減少

　合名会社・合資会社では、会社財産をどれだけ持っているかという**資本金の基準は重要ではありません**（債権者は会社財産をあてにしていない）。そのため、資本金を減少させる必要はほぼないことから、**損失を填補する場合にのみ認めて**います。

　一方、**合同会社では会社財産が当てにされているため**、資本金を減少できる場合を出資の払戻し・持分の払戻しの場合にも広げて認めています。そして、**資本金は会社債権者の当てにされていることから**、**資本減少をする際には債権者保護手続まで要求**されています（合名会社・合資会社では、債権者保護手続は要求されていません）。

利益配当の制限

　合同会社では、利益額を超えて配当することを禁じています。利益額を超えて配当するということは、会社の本体の財産にまで手を出していることになり、**会社財産状態を悪化させてしまう**からです。

　一方、**合名会社・合資会社では会社財産状態が悪化しても**、**会社債権者はそこに期待していない**ので、合同会社のような規制をかけていません。

出資の払戻しの制限

　この出資の払戻しというのは、「退社はしないけど、出資金の一部を返金する」ことをいいます（ちなみに、「持分の」払戻しというのは、退社時の返金をいいます）。

　合同会社では、定款で「社員A　出資100万」と約束したら、100万出資することを義務付けているため、**一部の返金を認めません**。ただ、定款を「社員A　出資額30万」と変更すれば、70万の返金は可能です。

　一方、合名会社・合資会社では、定款で「社員A　出資100万」と約束しても、100万出資しなくても社員となれるため、**合同会社のような規制をかけていません**。

1	合名会社においては、必ずしも貸借対照表を作成する必要はない。〔19-32-オ〕	×
2	合同会社においては事業年度ごとに貸借対照表を公告する必要があるが、合名会社及び合資会社においてはその必要はない。〔20-35-オ〕	×
3	合同会社の債権者は、書面をもって作成された当該合同会社の計算書類（作成の日から5年以内のものに限る。）の謄写を請求することができる。〔26-32-エ〕	○
4	合名会社の債権者は、書面をもって作成された当該合名会社の計算書類の謄写を請求することができない。〔26-32-エ（31-33-ウ）〕	○
5	合資会社においては、損失のてん補のために資本金の額を減少するには、債権者の異議手続を執らなければならない。〔22-32-ウ〕	×
6	合資会社の有限責任社員は、定款を変更してその出資の価額を減少する場合を除き、当該合資会社に対し、既に出資として払込みをした金銭の払戻しを請求することができない。〔26-32-ウ〕	×
7	合名会社及び合資会社が資本金の額を減少する場合にはそれらの債権者は異議を述べることができないが、合同会社が資本金の額を減少する場合にはその債権者は異議を述べることができる。〔20-35-イ〕	○
8	合名会社の社員は、当該合名会社に対し、既に出資として払込みをした金銭の払戻しを請求することができる。〔26-32-ウ〕	○

第10編 持分会社 ◆ 第5章 計算

×肢のヒトコト解説

1 合名会社でも貸借対照表の作成は義務付けられています。

2 持分会社はすべて決算公告が不要です。

5 合資会社では債権者保護手続は不要です。

6 出資の払戻しに定款変更がいるのは合同会社です。

☐ 持分会社が利益の配当により交付した配当額が、利益額を超える場合には、当該利益の配当を受けた有限責任社員は、配当額に相当する金銭を支払う義務を負う（623Ⅰ）。しかし、合名会社においては、利益が存しないにもかかわらず配当が行われた場合であっても、特別の規制は設けられていない。

〔令2-32-ウ〕

★利益以上の配当をすると会社財産が悪化し、会社債権者が迷惑を受けるため、受け取った配当金を返金する義務を課しています。ただ、無限責任社員は受け取った配当金を返金する必要はありません。会社の財産状態が悪化したとしても、無限責任社員に対して全額請求できるので、問題ないのです。

| 第6章 | 種類変更 |

ここでは、自分が自発的に行う種類変更と、誰かの退社のせいで変わってしまったというみなし変更を学びます。
要件を押さえるとともに、いつ効力が生じるかを区別して押さえましょう。

 覚えましょう

変更前の 持分会社	定款の変更の内容	変更後の 持分会社
合名会社 （638 I ）	①有限責任社員を加入させる定款の変更	合資会社
	②社員の一部を有限責任社員とする定款の変更	合資会社
	③社員の全部を有限責任社員とする定款の変更	合同会社
合資会社 （638 II ）	①社員の全部を無限責任社員とする定款の変更	合名会社
	②社員の全部を有限責任社員とする定款の変更	合同会社
合同会社 （638 III ）	①社員の全部を無限責任社員とする定款の変更	合名会社
	②無限責任社員を加入させる定款の変更	合資会社
	③社員の一部を無限責任社員とする定款の変更	合資会社

　合資会社から合同会社に変わりたい、合同会社から合名会社に変わりたいなど、**持分会社間で、種類をチェンジする**ことを認めています。これを種類変更といいます。

　このチェンジは、定款変更だけでできます。具体的には、社員の部分をいじるだけで、種類変更ができます。例えば、合資会社のすべての有限責任社員の責任を、無限責任に変更することによって、この会社は合名会社にチェンジします。
　他にもいろんなパターンがあります。上の図表でまとめておきましたので、読んでおいてください。

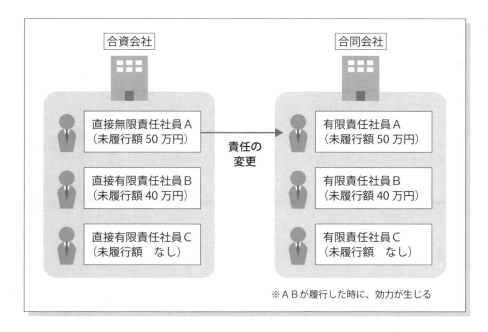

※ＡＢが履行した時に、効力が生じる

定款変更をするだけで、種類はチェンジできます。ただ、**合同会社になるときは出資が必要**です。

もともと合資会社の社員は、出資をしていなくても、社員になれます。一方、**合同会社は、出資しなければ、社員として認めません。**そのため、上図の事例では、定款変更に加えて、ＡとＢが出資して初めて合同会社に変わることができます。

 覚えましょう

◆ 合資会社の定款のみなし変更 ◆

意義	・合資会社の有限責任社員が退社したことにより、当該合資会社の社員が無限責任社員のみとなった場合、その合資会社は、合名会社となる定款の変更をしたものとみなされる（639 Ⅰ）。 ・合資会社の無限責任社員が退社したことにより、その合資会社の社員が有限責任社員のみとなった場合、その合資会社は、合同会社となる定款変更をしたものとみなされる（639 Ⅱ）。
合同会社となった場合の出資の履行義務	社員がその出資に係る払込み又は給付の全部又は一部を履行していないときは、当該定款変更をしたものとみなされた日から１か月以内に、当該払込み又は給付を完了しなければならない（640 Ⅱ本文）。

合資会社の有限責任社員が、みんな退社してしまった場合、無限責任社員だけになります。この場合、**勝手に合名会社にチェンジします。**

　先ほどの定款変更手続をとって自発的に変わる種類変更と違い、今回のように勝手にチェンジする場合を、みなし変更と呼びます。

　また、合資会社の無限責任社員の全員が退社して有限責任社員だけになった場合、合同会社に勝手にチェンジします。

　ポイントは、払った時点でチェンジするのではなく、**無限責任社員が全員退社した時点で合同会社にチェンジしてしまうという点**です。チェンジした後に、未履行の方には出資する義務が課せられます。

問題を解いて確認しよう

1	合同会社において、新たに加入する社員が、社員の加入に係る定款の変更をする時に、出資の全部又は一部を履行していないときは、出資の全部を完了した時に合同会社の社員となる。〔オリジナル〕	○
2	合資会社の無限責任社員が退社したことにより、当該合資会社の社員が有限責任社員のみとなった場合には、当該合資会社は、合同会社となる定款の変更をしたものとみなされる。〔オリジナル〕	○

第7章　解散・清算

株式会社では認められていない清算手続「任意清算」が重要です。どういった手続で、どういう要件で認められるかを押さえましょう。

覚えましょう

◆ 持分会社の解散事由（641各号）◆

解散事由	継続の可否
① 定款で定めた存続期間の満了	可
② 定款で定めた解散の事由の発生	可
③ 総社員の同意	可
④ 社員が欠けたこと※	不可
⑤ 合併（合併により当該持分会社が消滅する場合に限る。）	不可
⑥ 破産手続開始の決定	不可
⑦ 第824条第1項又は第833条第2項の規定による解散を命ずる裁判	不可

※　社員が一人となることは、合名・合同会社の解散の事由ではない。

持分会社の解散事由が載っています。①から⑦を見て、株式会社と違う点を3点、探してみてください。

③　株式会社では、株主総会の特別決議で可能でした。**持分会社では信頼関係が強い**ということから、**全員の同意を要求**しています。

④　**社員が欠けたこと**、これは社員がゼロ人になることを指します。ゼロ人というのは、株式会社にはなかったものです。

あともう1つ、持分会社には、**みなし解散というものがありません**。任期という制度がないからです。

ちなみに、継続ができる場面の発想は株式会社と同じです。「**自分たちの意思**

で解散したのであれば、自分たちの意思で継続できますよ」ということです。

問題を解いて確認しよう

1　合名会社の社員が一人となったことは会社の解散事由であるが、合資　　×
　会社の社員が一人となったことは会社の解散事由ではない。〔16-35-1〕

2　合同会社は、社員が一人となったことによって解散する。〔24-33-オ〕　　×

─── ヒトコト解説 ───

1,2　一人になることは、解散事由ではありません（持分会社、すべて同じです）。

◆ 清算手続の比較 ◆

	法定清算	任意清算（668 I 括弧書）
意義	法定の手続によって行われる清算手続（644）	定款又は総社員の同意によって定めた方法で財産処分を行う手続（668 I） ※合名会社・合資会社のみ許される
要件	解散した場合 任意清算によらなかった場合	641条1号から3号の事由により解散したこと（668 I） 定款又は総社員の同意によって財産の処分方法を定めたこと（668 I）
手続の特色	清算人就任 債権者に対する弁済 残余財産の分配（666） 清算人の任務終了 →　各社員の承認が必要（667 I）	財産処分の方法は自由 任意清算に移行することについて、債権者保護手続が必要（670 II） ※　任意清算をする場合には、清算人は置かれない（会社668条2項による646条の適用除外・668条1項）。

　清算のやり方がまとまっている図表です。

　法定清算とは、法律の手続に基づいて行う清算のことを指します。

　「清算人が選ばれる→債務を弁済する→残ったものを分配する→最後に承認をもらう」と、こういった法律が要求している手続を踏んで行う清算のことをいいます（株式会社もこんな感じの流れでした）。

持分会社にはもう1つ、任意清算というやり方が認められています。

任意清算というのは、やるかやらないか任意、ではなくて、**財産の処分方法が任意**なのです。

この状態で、ABCD全員で「すべての権利義務は、Aが引き継ぐようにしよう」と合意をしました。

これにより、下記のような状態になります。

これにより、会社から権利義務がなくなり清算手続が終了できます。

このように**定款や総社員の同意があれば、好きなように、清算ができる**のです。
そして、この任意清算では、**清算人を選ぶ必要もありません。**

ただ、こんなことをされると、債権者は怒りますよね。

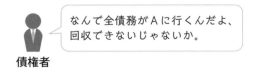

なんで全債務がAに行くんだよ、回収できないじゃないか。

債権者

そのためこれができる会社は、合名会社と合資会社だけと限定されています。つまり、**無限責任社員が責任を取ってくれる会社だけなのです**。無限責任社員が責任を取れない合同会社や株式会社は、この任意清算はできません。

また、任意清算ができる解散事由も限定されています。「①定款で定めた存続期間の満了　②定款で定めた解散の事由の発生　③総社員の同意」の場合にだけ採用ができます。これは、継続できる解散事由と一致しています。つまり、**継続できる場面は任意清算もできる**ということです（ただ、任意清算は義務ではありませんので、法定清算をとっても構いません）。

任意清算は、財産処分の方法は自由、定款又は総社員の同意で自由に決められますが、**債権者の保護のために、債権者保護手続をとる必要があります**。

任意清算の場合には、無限責任社員が責任を取ってくれる、債権者保護手続をとるという二点で債権者を害しないようにしているのです。

問題を解いて確認しよう

1	定款で定めた存続期間が満了した場合について、合名会社は、総社員の同意によって、当該合名会社の財産の処分の方法を定めて清算をすることができる。〔26-32-オ改題〕	○
2	合資会社が総社員の同意によって解散する場合、定款又は総社員の同意によって、当該合資会社の財産の処分の方法を定めることができる。〔オリジナル〕	○
3	合同会社は、定款で定めた存続期間の満了によって解散した場合、総社員の同意があるときであっても、当該合同会社の財産の処分の方法を定めることができない。〔31-33-エ改題〕	○
4	合名会社は、任意清算の方法により清算手続を行う場合、債権者の異議手続を執らなければならない。〔オリジナル〕	○
5	清算持分会社は、清算人を置かなければならない。〔オリジナル〕	×

────── ×肢のヒトコト解説 ──────

5　任意清算では、清算人を置く必要はありません。

近年出題が多くなっている分野です。

ただ、完全な理解をするには金融商品の知識が必要になる厄介な分野なので、できるだけ守りの勉強に徹した方がいいでしょう。

～投資家から広く借金ができるぐらいの大会社での話です～

お金を投資する人が、株式を買うのか、社債を買うのかでいろいろと違いが出てきます。
まずは、その違いから押さえていきましょう。

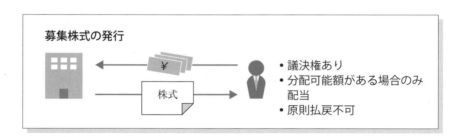

お金を出資して株式を取得した場合、その者は株主と扱われます。

この人には議決権があります。そして、分配可能額があるときだけ、配当がもらえます。そして、払戻しは基本受けられません。

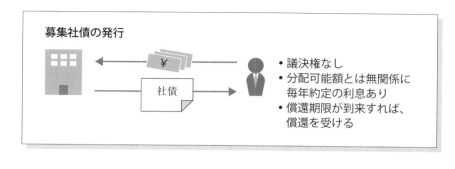

お金を出資して社債を取得した場合、その者は社債権者と扱われます。

社債というのは、金銭債権です。つまりこの人は会社に対し、50万円なり100万円の金銭債権を持つのです（お金を貸しているのです）。では、どういう立場でしょうか。

まず、**議決権はないので、株主総会には出られません。**

次に、**分配可能額とは関係なく、毎年約束した利息が貰えます。**というか、これが目的です。利息を貰うため社債を買っているのです。株式というのは、株価の値上がりで儲けたいために買いますが、**社債というのは、毎年度の利息で儲けたいから買っている**のです。

最後に、払戻しが認められています。社債は、会社の借金なので、返済制度があるのは当たり前ですね（この返済を償還と呼びます）。

◆ 株式と社債の異同点 ◆

	株式	社債
発行限度の規制	なし	なし
相殺	引受人→会社×（208Ⅲ）	自由
分割払込	不可（63Ⅰ・208Ⅰ） ＝払込金額の全額を支払う必要あり	可（規162①）

発行限度の規制は、株式・社債ともにありません。資本金が低い会社は、社債を○○円以上は出せないというような国もありますが、日本では、このような規制を設けていません。

次に相殺ですが、これがされると、お金が入ってきません。株式を発行するときに相殺を認めると、資本金が増加するのに財産が入っていない状態になります。

これは資本金を期待した人を害するので、相殺を規制します。

　一方、社債を発行しても、**資本金が増えるわけではない**ため、相殺に規制をかけていません。

　また、分割払込みという点ですが、社債の場合、1口当たりが3,000万円とか4,000万円とかいってしまう場合があるので、分割払込みを認めて、一発で払わなくていいよとしています。

　一方、株式については分割払いを認めていません。資本金が増加するため、その増加分を確保する必要があります。

問題を解いて確認しよう

1	社債には、発行限度の規制がある。〔11-32-ア改題〕	×
2	払込金額の分割払込みは、社債については認められているが、株式については認められていない。〔11-32-エ〕	○
3	社債の引受人は、社債の払込みについて、相殺をもって会社に対抗することができる。〔60-38-3（11-32-ウ、23-28-イ、令2-33-エ）〕	○

×肢のヒトコト解説

1　発行限度の規制はありません。

これで到達！   合格ゾーン

☐ 募集社債は、他の会社と合同して発行することができる（676 ⑫、会社施規162 ②）。他方、募集株式は、他の株式会社と合同して発行することができる旨の規定は存しない（199 Ⅰ参照）。〔令2-33-ウ〕

> ★A会社・B会社が合同して、10億円の社債を発行しました。この場合、社債を買った者は、AB会社に対して10億円の債権を持ち、A会社・B会社は連帯債務を負います。一方、A会社・B会社が合同して、株式を発行することはできません。株式を買った者がどちらの株主になるかが明確にならないためです。

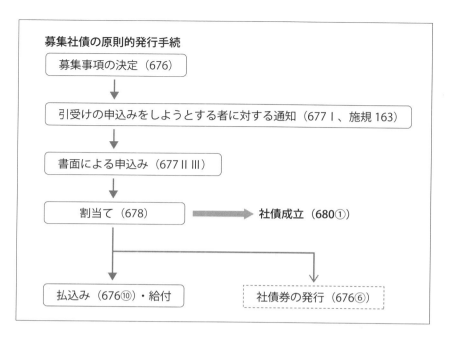

募集社債の原則的発行手続

募集事項の決定（676）

↓

引受けの申込みをしようとする者に対する通知（677Ⅰ、施規163）

↓

書面による申込み（677ⅡⅢ）

↓

割当て（678）　　➡　社債成立（680①）

↓

払込み（676⑩）・給付　　　　社債券の発行（676⑥）

　ここには、社債の発行手続、お金を払って社債をもらうという手続が載っています。

　まず、募集事項を決定（基本的事項を決める）し、申込みをしようとする者に対する通知（金融商品の説明）をし、それに納得した者が申込み、会社が売るかどうかを決める割当ての行為をします。

　この、**割当ての時点で社債が成立します**（この点は、新株予約権と同じです）。この後に払込み、その後、場合によっては社債券が発行されます。

◆ 募集事項の決定事項（一部）◆

①募集社債の総額
②各募集社債の金額
③募集社債の利率
④募集社債の償還の方法及び期限
⑤利息支払の方法及び期限
⑥社債券を発行する場合は、その旨

「募集事項の決定（676Ⅰ）」で決める事項の一部が載っています。

①　今回トータルでいくら出資を募るかを決めます。

② 1口いくらで社債を発行するかを決めます。すべて同じ金額にする必要
はなく、1口　1,000万円の社債、1口　300万円の社債と色々なタイプを
発行することができます。

③ どれだけ利息を支払うのかを決めます。

④⑤ 元本の弁済、利息の支払いはどうするのか、いつ支払うのかを決めます。

⑥ 社債券を発行する場合は、その旨を決めます（社債の発行ごとに、社債
券という紙を刷るかどうかを会社が決められます）。

◆ 募集事項の決定機関 ◆

		募集事項の決定機関
株式会社	非取締役会設置会社	取締役の決定による
	取締役会設置会社 （監査等委員会設置会社及び指名委員会等設置会社を除く）	取締役会決議による
持分会社		業務執行社員が決定する

初めの募集事項をどこで決めるのかという話です（いろんなパターンがありま
すが、まずこれだけ覚えてください）。

基本的には株主総会の決議は不要で、**取締役だけで決められます**。**もともと、
多額の借財の決定は、取締役に権限がある**からです。

また、社債は会社であれば発行できます。そのため、合名会社・合資会社・合
同会社といった持分会社も発行できるのです。

その場合は、業務執行社員が発行するかどうかを決定します。

問題を解いて確認しよう

1	担保付社債の発行は、議決権を行使することができる株主の議決権の過半数を有する株主が出席し、出席した当該株主の議決権の3分の2以上に当たる多数による株主総会の決議を要する。 〔5-35-オ（6-30-エ、7-33-1）〕	×
2	株式会社は、株主総会の決議によって、社債を引き受ける者の募集に関する事項を決定しなければならない。〔オリジナル〕	×
3	合同会社は、社債を発行することができない。〔29-33-エ〕	×

これで到達！ 合格ゾーン

☐ 社債券を発行している場合において、社債券は、債券面に社債権者の氏名を記載するか否かを標準として、記名式と無記名式とに分けられ、双方とも発行することができる（681 ④・698 参照）。〔7-33-3（23-28-ア）〕

> ★新株予約権と同じく記名式と無記名式を選ぶことができます（募集事項で決めることになります）。無記名式を発行した場合は、社債原簿等を見ても、誰が社債権者かは分からなくなります。

☐ 募集株式は、その一部の募集株式について引受け及び払込みがされなかった場合であっても、払込期日までに既に払込みがされた募集株式は発行される。会社は、一定の日までに募集社債の総額について割当てを受ける者を定めていない場合において、募集社債の全部を発行しないこととする旨を定めることができ（676 ⑪）、この場合には、総額について割当てを受ける者を定めなければ、割当てがされた募集社債も発行されない。〔令2-33-イ〕

> ★「社債の総額を1000万とする」「もし、4月1日までにこの金額に到達しなければ、社債は発行しません」と定めた場合、4月1日までに600万しか集まらなければ社債は一切発行しないことになります。ただ、この締め切りを決めなかった場合は、払われた金額　600万分の社債が発行されます。

☐ 監査等委員会設置会社及び指名委員会等設置会社を除く取締役会設置会社がその発行する社債を引き受ける者について一の募集をする場合において、募集社債の総額の上限の決定は、取締役会が行わなければならず、取締役に委任することはできない。〔21-32-ア（11-32-イ）〕

> ★募集社債の総額の上限（社債をトータルでいくら発行するかの上限）は、重要事項であるため取締役会で決める必要があります。ただ「募集社債の総額は10億円とする」と取締役会で決めておけば、社債の総額を取締役に委任することができます（取締役は経済状態を見て、社債の総額を機動的に決めることができるのです）。

　会社が社債を発行しました。この会社を社債発行会社（起債会社）と呼びます。社債を発行したら、**銀行・信託会社を社債管理者として決める義務が生じます**。この社債管理者には、2つの業務があります。

　1つは、弁済の窓口になるということです。この社債発行会社が、社債を弁済したいという場合は、買った人1人1人に払うのではなく、この銀行に払います。

　そして、社債を買った人は、この銀行に行ってお金をもらうのです。

　もう1つの業務があります。上図の裁判上・裁判外の手続という部分で、これは取立の行為を表しています。

　社債を発行する会社は、大抵大きな会社です。弁護士など、法的知識を持っている人が多くいるでしょう。一方、社債を買った人は素人です。そのため、**社債発行会社が債務不履行を起こしても、そのままにされる危険があります。**

　そこで、**小口の社債権者を保護するために、この社債管理者は、代わりに訴えたり、請求したり、取り立てる手続をするのです。**

◆ 社債管理者 ◆

設置義務	社債権者保護の見地から、会社が社債を発行する場合、原則として社債管理者を定め、社債権者のために、弁済の受領、債権の保全その他の社債の管理を行うことを委託しなければならない（702本文）。
設置義務の例外 （702但書）	① 各社債の金額が1億円以上である場合 ② 社債権者の保護に欠けるおそれがないものとして法務省令で定める場合（施規169） →ある種類の社債の総額を当該種類の各社債の金額の最低額で除して得た数が50を下回る場合

社債を発行しても、社債管理者の設置義務がない場合があります。

①は、社債の1口が1億以上の場合を指しています。**1口1億の社債を買っているのは、一般人ではなく、銀行や保険会社**です。彼らであれば、**自分たちで裁判上・裁判外手続をしますので、保護する必要はありません**。

②これは、口数が50口切っているという場合です。

一般大衆を相手に売る場合は、口数が、50どころか、100とか1,000とかいきます。**50口を切っているということは、一般人には売っていないので、一般人保護のための社債管理者を置く必要はない**のです。

問題を解いて確認しよう

1	会社法上、会社は、各社債の金額が1億円以上の社債を募集する場合には、社債管理者を定めることを要しない。〔13-34-ア〕	○
2	会社は、社債の総額を2億円とし、各社債の金額を200万円として社債を発行するときは、社債管理者を定める必要がない。〔26-33-ア〕	×
3	ある種類の社債の総額を当該種類の各社債の金額の最低額で除して得た数が50を下回る場合、当該社債について社債管理者を設置しなければならない。〔オリジナル〕	×
4	社債管理者は、社債権者のために社債に係る債権の実現を保全するために必要な一切の裁判上又は裁判外の行為をする権限を有する。〔26-33-イ〕	○

第11編　社債

2　2億円÷200万円＝100となり、50を下回りません。そのため、設置義務が課せられない例外に当たりません。

3　50を下回っていれば、設置義務が課せられません。

 2周目はここまで押さえよう

◆ 社債管理者の権限 ◆

社債管理者の権限（主なもの）	社債権者集会の特別決議	補説
① 社債権者のために、社債に係る債権の弁済（償還及び利払い）を受け、又は社債に係る債権の実現を保全するために必要な一切の裁判上又は裁判外の行為をすること	不要	
② 社債発行会社の業務及び財産の状況の調査	不要	裁判所の許可が必要
③ 社債権者集会の招集	不要	裁判所の許可は不要
④ 当該社債の全部についてするその支払の猶予、その債務若しくはその債務の不履行によって生じた責任の免除又は和解（⑤に掲げる行為を除く。）	必要	
⑤ 当該社債の全部についてする訴訟行為又は破産手続、再生手続、更生手続若しくは特別清算に関する手続に属する行為（④の行為を除く。）	必要（注）	

(注) 募集社債の発行事項の決定の際に、社債権者集会の決議は不要である旨を定めることができる（706Ⅰ柱書但書・676⑧）。

　上記は社債管理者の権限、何ができるかをまとめた図表です。
　社債管理者が独断ではできないものがあります。

② 社債発行会社の業務及び財産の状況の調査

社債管理者が、今の社債発行会社の財産状況を調査できるという権限ですが、社債管理者という立場を利用して不当に会社調査をしないよう、裁判所の許可を要件にしています。

> ④　当該社債の全部についてするその支払の猶予、その債務若しくはその債務の不履行によって生じた責任の免除又は和解

　社債管理者には取立てる権限があります。ただ、「支払いを3年後にしていいですよ」「債務をまけますよ」「遅延損害金を払わないでいいですよ」、こんなことを自由にやらせたら社債権者が困ります。

　こういった行為をするには社債権者集会から授権してもらわないとできません。

　（⑤も同じなのですが、相当細かいので無視してください）

✓	1	社債管理者は、社債権者のために社債に係る債権の弁済を受けるために必要があるときは、裁判所の許可を得て、社債発行会社の業務及び財産の状況を調査することができる。〔26-33-ウ〕	○
	2	社債管理者が社債権者集会を招集するには、裁判所の許可を得なければならない。〔26-33-エ〕	×
	3	社債管理者は、社債権者集会の決議を得なければ、総社債につき支払を猶予することができない。〔13-34-ウ〕	○
	4	社債管理者が社債権者のために社債の元利金の支払を請求する訴えを提起するには、社債権者集会の決議を得なければならない。〔13-34-エ〕	×
	5	社債管理者は、社債権者集会の決議によらなければ、社債の償還の請求をすることができない。〔30-33-ウ〕	×

社債管理者は、社債発行会社及び社債権者集会の同意を得て辞任することができる。そして、この場合において、他に社債管理者がないときは、当該社債管理者は、あらかじめ、事務を承継する社債管理者を定めなければならない（711Ⅰ）。〔26-33-オ〕

★社債管理者は、社債権者の保護のための強制制度のため、原則、辞任することができません。ただ、社債発行会社及び社債権者集会の同意があれば辞任できますが、その場合でも後任者を決めておく必要があります（社債権者がいるが、社債管理者がいない状態を防ぎたい趣旨かと思われます）。

Point

社債管理者を置かない例外に該当した場合

→ 会社は社債管理補助者を定め、社債権者のために、社債の管理の補助を行うことを委託することができる。

社債権者集会

会社法所定の事項及び社債権者の利害に関する事項について決議する会議体

これは社債権者たちが集まる集会で、「会社法所定の事項及び社債権者の利害に関する事項について」決議をすることが認められています。

覚えましょう

◆ 社債権者集会と株主総会 ◆

	社債権者集会	株主総会
決議の効力発生	裁判所の認可を受けなければ、その効力を生じない（734Ⅰ）	決議は当然に効力を生ずる
決議取消・無効	決議取消し又は不存在・無効確認の訴えがない	決議取消し又は不存在・無効確認の訴えがある（831、830）

社債権者集会は、決議を経た後に、**裁判所の認可チェックを受けて、効力が生**
じます。

　そのため、決議に手続上の不備があれば、認可が通らず、効力は生じません。

　一方、**株主総会の決議にミスがあっても、決議の時点で効力が生じます。**もし
問題があるのであれば、決議取消しの訴えを提起して、裁判所にチェックしても
らうことになります。

　どちらの方が手続的に手堅いかといえば、先に認可をもらう手続です。ただ、
株主総会は数多く行われるため、このすべてが認可の申立てをしたら、裁判所が
パンクしてしまいます。

　一方、社債権者集会はそんなに数多くあるわけではないので、決議の時点で裁
判所に持ってくることを要求しました。

　ここで裁判所がチェックをしますので、**認可して効力が生じた後に、決議取消**
しという訴訟を認める必要はありません。

> みなし決議の場合には、裁判所の認可がなくても、効力が認められるよう
> になった

　上述の通り、社債権者集会の決議には、裁判所のチェックを入れるようにして
いるのですが、例外があります。

　それが、みなし決議の場合です（社債権者集会でも、株主総会と同様、事前に
決議内容を伝え「その内容で構わない」と議決権者の全員が同意をしてくれたら、
集会を開かなくても決議があったとみなすことができます）。

　「全員が内容に納得している」のに、裁判所のチェックを要求する必要はない
ことから、**社債権者集会の決議があったものとみなされる場合には、裁判所の認**
可を要しないで、効力を生ずることとしています（735の2Ⅳ）。

LEC東京リーガルマインド　令和7年版 根本正次のリアル実況中継
司法書士 合格ゾーンテキスト **6** 会社法・商法　　　　499

1 会社法上の公開会社における株主総会においては、法律又は定款に定 ○
める事項についてしか決議することができないが、社債権者集会にお
いては、法律に定める事項のほか、社債権者の利害に関する事項につ
いても決議することができる。〔14-29-ウ〕

2 社債権者集会は、会社法に規定する事項及び募集社債に関する事項と ×
して会社が定めた事項に限り、決議をすることができる。〔21-32-エ〕

3 社債権者集会の決議は、裁判所の認可を受けなければ、その効力を生 ×
じない。〔21-32-オ（23-28-オ）〕

4 株主総会の招集手続が法令に違反する場合には株主総会の決議の取消 ○
しの制度があるが、社債権者集会の招集手続が法令に違反する場合に
は社債権者集会の決議の取消しの制度はない。〔14-29-オ〕

──── ×肢のヒトコト解説 ────

2 「社債権者集会は、この法律に規定する事項及び社債権者の利害に関する事項
について決議をすることができる。」と規定されています。

3 社債権者集会の決議があったものとみなされる場合には、裁判所の認可なしで
効力が生じます。

2周目はここまで押さえよう

◆ 社債権者集会と株主総会 ◆

		社債権者集会	株主総会
招集の公告		無記名式社債券を発行している場合には、社債権者集会の日の3週間前までに、公告しなければならない（720Ⅳ）	
自己株式（社債）		自己社債は議決権なし（723Ⅱ）	自己株式は議決権なし（308Ⅱ）
議決権の行使方法	代理行使	できる（725）	できる（310）
	書面行使	できる（726）	原則として取締役（会）が定めた場合に限りできる（298Ⅰ③、Ⅱ）
	電子投票	招集者が定めた場合に限り、招集者の承諾を得てすることができる（719③・727Ⅰ）	取締役（会）が定めた場合に限り、株式会社の承諾を得てすることができる（298Ⅰ④・312Ⅰ）
	不統一行使	できる（728）	できる（313）

招集の公告

　株主総会を招集する場合は、株主名簿を基準に招集通知を発すればいいのですが、社債権者集会を招集する場合、無記名式社債権者がどこにいるかがわかりません（無記名式は社債原簿にも名前が載りません）。そのため、「5月1日に社債権者集会を開くので、社債権者の方は来てください」という公告をすることにしています。

自己株式（社債）

　会社が自社の株式を持っていても、株主総会で議決権が与えられないのと同様に、会社が自社の社債を持っていても、株主総会での議決権は認められません。

議決権の行使方法

　基本的には株主総会と結論は同じですが、書面投票に注意をしてください。株主総会の場合は、会社側が認める場合のみでき、会社側が認めるかどうかは基本的には任意です（一定の株主数がいる場合は必須になります）。

　一方、社債権者集会は、社債権者は通常参加しないことから、書面投票を認める義務を課しています。

第11編　社債

☑ 1 　社債発行会社が無記名式の社債券を発行している場合において、社債権者集会を招集するには、招集者は、社債権者及び社債発行会社に対して招集の通知を発しなければならないが、社債権者集会に関する事項を公告する必要はない。　　　　　　　　　　　　　　　　　　　　　〔27-33-ア〕　　×

2 　株式会社は、自己株式については、株主総会における議決権を有しないが、その有する自己の社債については、社債権者集会における議決権を有する。〔令2-33-ア〕　　×

3 　社債権者集会に出席しない社債権者は、当該社債権者集会における議決権者の数の多寡にかかわらず、書面によって議決権を行使することができる。〔27-33-エ〕　　○

第12編 組織再編

この組織再編は、会社法と商業登記法で、毎年出題がされます。

そして、ここは難しい分野です。

難しい原因は、①論理的に考える必要性がある、②覚えることが多い、③今までの知識を総動員するという点にあります。

1回で完全な理解をしようとするのではなく、まずはざっと読み流し、徐々に読む回数を増やしながら理解・記憶するように心がけましょう。

なお、組織変更については、商業登記法の部分で説明します。

（過去問〔29-34〕などは、ひとまず後回しにしてください。）

～消滅会社の株主さんの立場になって考えてみましょう～

第1章 合併

基本となるのが、この合併手続です。
まずは、どういう制度なのかを押さえた上で、手続の流れを丸暗記しましょう。
手続を読むときは、「どちらの会社の」「どういう制度」を学習しているかを、意識するようにしてください。

第1節　吸収合併

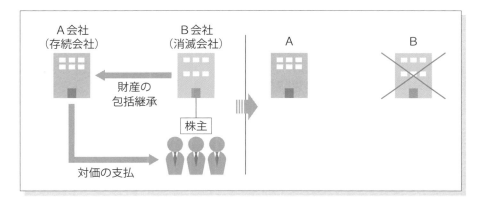

A会社がB会社をのみ込む合併をすることにしました。

この合併により、**B会社からA会社に権利義務が全部包括承継されます**。その結果、**B会社が消滅する**のです（それが図の右側の状態です）。

ここでA・Bの肩書きを覚えてください。

A会社（生き残る会社）を存続会社

B会社（いなくなってしまう会社）を消滅会社と呼びます。

▶ **Point**

消滅会社は、効力発生によって当然に消滅する

→　消滅会社の株式・新株予約権は当然に消滅する

　　対価は、消滅会社の株主に渡される

消滅会社が効力発生によって、当然になくなります。

会社がなくなる以上、この会社の株式や、新株予約権（その他の社債なども）も当然になくなります。

もう1つのポイントが合併対価と呼ばれるものです。合併で権利義務を貰う、そのお礼、代金と思ってください。**B会社から権利義務をもらった以上、そのお礼は、会社にすべきです。**

B会社から貰ったから、お礼は本来B会社にすべき

→しかし、**B会社は消滅してしまう。**

→だから、**B会社の株主にお礼を渡す**ことにしたのです。

この論理はしっかりと覚えておいてください（他の組織再編では、この論理が修正されます）。

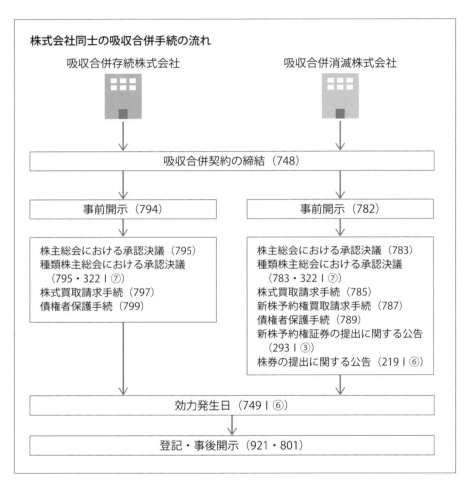

株式会社同士の吸収合併手続の流れ

吸収合併存続株式会社 ・・・ 吸収合併消滅株式会社

吸収合併契約の締結（748）

事前開示（794） ／ 事前開示（782）

株主総会における承認決議（795）
種類株主総会における承認決議
　（795・322Ⅰ⑦）
株式買取請求手続（797）
債権者保護手続（799）

株主総会における承認決議（783）
種類株主総会における承認決議
　（783・322Ⅰ⑦）
株式買取請求手続（785）
新株予約権買取請求手続（787）
債権者保護手続（789）
新株予約権証券の提出に関する公告
　（293Ⅰ③）
株券の提出に関する公告（219Ⅰ⑥）

効力発生日（749Ⅰ⑥）

登記・事後開示（921・801）

これが合併手続の流れです。右がB会社、左がA会社（存続会社）の手続だと思ってください。

まず初めに、A・B会社そろって合併契約を締結します。合併というものは、

無理やり押し付けるものではなく、お互いの合意で行います。それが合併契約というもので、ここで合併契約の基本条件を決めます。

その上で、事前開示ということをします。

合併関係の資料を置いておきますので、
株主や債権者の皆さん、見て頂いて結構ですよ。

会社

というニュアンスで行う情報公開のことです。
その後、B会社（消滅会社）で何をするかを見ていきます。

 覚えましょう

消滅会社の手続
株主総会における承認決議（783）
種類株主総会における承認決議（783・322Ⅰ⑦）
株式買取請求手続（785）
新株予約権買取請求手続（787）
債権者保護手続（789）
新株予約権証券の提出に関する公告（293Ⅰ③）
株券の提出に関する公告（219Ⅰ⑥）

B会社では、合併契約書についてのOKをもらいます。そしてもし、反対者がいたにもかかわらず、決議が成立した場合、反対者は「だったら、株主から抜けるので買い取ってくれ」と株式買取請求をすることができます。

また、債権者保護手続が必要になります。これは、B会社の権利「義務」がA会社に承継されるので、B会社の既存の債権者が「A会社が新しい債務者になるが、A会社では回収できなくなる可能性がある」「**なんで勝手に債務者を変えているんだ**」と不満を感じるので、債権者保護手続を要求することにしました。

そして、**B会社では証券の回収が必要になります。**

「合併をするとB会社はなくなる」

→「B会社の株式や新株予約権もなくなる」

→**「権利はなくなるのに、紙が残っていることは危険」**

→「紙の回収をする」ことにしました。

株券提供公告はどんな場面でするのか覚えていますか。

株式を巻き上げる場合、株式が消滅する場合、あと譲渡制限を設定する場合に、株券提供公告が必要でした。今回は、**株式が消滅する場合に当たるので、回収が必要**となります。

次は、新株予約権買取請求手続を見ていきます。

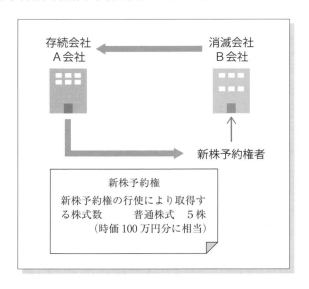

消滅会社が合併によって消滅すると、消滅会社の新株予約権も消滅します。そこで、存続会社は消滅会社の新株予約権者に対して、対価をあげることになります（新株予約権が消える分、お詫びを払うというイメージです）。

これは、**お金で払うという方法と、A会社の新株予約権を渡すという方法**もあります。

このように新株予約権を引き継ぐのか、お金を払うのかは、合併契約で決めます。すると、

A会社

5万円の新株予約権を持っている人に、500円払って追い出そう。

了解です。

B会社

こんなことを会社間で決めかねません。
　この場合、

B会社の
新株予約権者

これは不当だから、B会社さん、正当な値段で買い取ってください。

と請求できます。

　論理展開をしっかりと頭に入れてください。
「消滅会社はこの世から消えてなくなる」
→「新株予約権が消える」
→「対価を払う」
→「それが不当なら買い取れと請求できる」こういうロジックです。

　　　　　　　　　　問題を解いて確認しよう

1　吸収合併消滅株式会社が新株予約権を発行しているときは、吸収合併　　○
　　存続株式会社は、吸収合併に際して、当該新株予約権の新株予約権者
　　に対し、当該新株予約権に代えて、当該吸収合併存続株式会社の株式
　　を交付することはできない。〔24-34-ア〕

存続会社の手続
株主総会における承認決議（795）
種類株主総会における承認決議（795・322Ⅰ⑦）
株式買取請求手続（797）
債権者保護手続（799）

次は存続会社（A会社）の手続を見ていきます。

消滅会社（B会社）と手続が何点か違います。まずは**株券提供公告、新株予約権証券提供公告、これらがA会社にはありません。**A会社は、会社が残りますので、**株式が消滅するといった事態は起きません。**したがって、紙の回収はいらないのです。

また、新株予約権買取請求もありません。

A会社に新株予約権があった場合でも、合併によって**A会社は生き残るので、新株予約権もそのまま**です。よって、先ほどの論理とは同じになりませんので、A会社では新株予約権買取請求が不要になるのです。

全体の図に戻ってください。効力発生日というブロックがあります。

これは合併契約書の内容で決めておくことです。その日が来た時点で、権利義務の承継が起きます。

そして、効力が生じた後に登記申請をします。

合併をしたことは登記事項です。「当会社は、合併で消えてなくなりました」「当会社は合併で、B会社をのみ込みました」ということは、存続会社・消滅会社の両方の登記簿に載せる内容なので、登記の申請をします。

最後に、事後開示をします。これは結果発表です。事前開示で先に情報公開をするだけでなく、やってみたらどんな感じになったか、というところまで見せることにしているのです。

事前開示（予定）・事後開示（結果）、開示する内容が違うということを意識しておいてください。

ここからは、合併の流れを順々に見ていきます。

（1）合併契約の記載事項（749）

合併契約で決めることは、749条で決まっています。

ただ、これを全部覚えるのは不可能なので、ざっくり押さえるぐらいで構いません。

1号	：どの会社とどの会社が合併するのかの定め
2号・3号	：合併対価の内容と割当て方の定め
4号・5号	：消滅する会社が新株予約権を発行している場合はその処理方法の定め
6号	：合併の効力発生日の定め

次に、この具体例を載せましたので、どの部分が1号・2号・3号・4号・5号・6号に当たるかを考えながら読んでください。

合併契約書

　関東商事株式会社（以下「甲」という。）と東京商事株式会社（以下「乙」という。）は、両会社間において合併をするため、以下のとおり吸収合併契約を締結する。

第1条　甲及び乙は、東京都新宿区本塩町一丁目1番1号の甲を吸収合併存続株式会社、東京都立川市立川一丁目1番1号の乙を吸収合併消滅株式会社とする吸収合併を行う。

第2条　甲は、合併に際して、第2種種類株式300株を発行し、合併の効力発生日前日の最終の乙の株主名簿に記載された株主に対し、その保有する乙の株式1株につき甲の第2種種類株式1株の割合をもって交付する。

第3条　甲が合併により増加すべき資本金及び資本準備金の額は、以下のとおりとする。

　　1. 資本金　　　　　　金300万円
　　2. 資本準備金　　　　金100万円
　　3. その他資本剰余金　会社計算規則に定めるところに従って、甲が適切に定める。

第4条　甲は、合併に際して、乙発行の新株予約権に対しては一切の対価を交付しない。

第5条　合併の効力発生日は、令和6年7月1日とする。

Point

合併契約書の記載事項でないもの

① 定款変更

② 役員変更

　合併契約書の記載事項として規定されていないものがあります。代表的なものが2つあります。

　1つは、定款変更です。

　例えば、合併に伴って社名を変えることがあります。この場合、合併契約書に書いても効力は生じません。合併契約書とは、全く別個に、商号を変える手続をする必要があります。

　もう1つは役員の選任です。一般的には消滅会社の役員を、存続会社が受け入れることが多いです。これも合併契約に記載しても効力は生じません。役員を選びたければ、別個に株主総会の決議を経て、その方々を選ぶ決議をする必要があります。

Point

合併の対価（株主に渡せる対価）

① 株式

② 新株予約権

③ 社債

④ 新株予約権付社債

⑤ その他（現金等）

※ 株式を対価にする必要はない（対価の柔軟化）

　合併契約で決めるべきことの1つに対価があります。

　何を対価にするかは、株式、新株予約権、社債、新株予約権付社債、株式等以外の財産（例えば現金です）の中から自由に選べ、**対価を株式にする必要はありません**。

　対価を株式にした場合の権利関係を、次の図に示します。

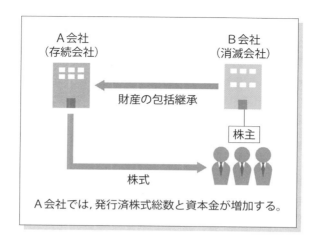

A会社
（存続会社）

B会社
（消滅会社）

財産の包括継承

株主

株式

A会社では，発行済株式総数と資本金が増加する。

存続会社に財産が入ってきます。そして対価として株式を発行して渡せば、**「財産が入ってきて、株式を発行している」**ので資本が増加します。

また、株式を発行することによって、存続会社の株主が増えます。

こういった、「資本金が増加してしまう」「株主が増えてしまう」ことを会社が嫌がる場合もあるので、必ずしも対価を株式にする必要はなく、選べるようにしました。こういうのを**対価の柔軟化**と呼びます（**対価を株式にする必要がない、という意味です**）。

問題を解いて確認しよう

1	吸収合併の効力は、合併契約で定められた吸収合併の効力発生日に発生する。〔16-34-ア〕	○
2	吸収合併をする場合、吸収合併存続株式会社は、吸収合併消滅株式会社の株主に対して、吸収合併存続株式会社の株式を交付することなく、金銭その他の財産を交付することができない。〔オリジナル〕	×

×肢のヒトコト解説

2　吸収合併では、対価で株式を渡す義務がありません。

☐ 消滅会社等の株主等に対して交付する金銭等の全部又は一部が存続株式会社等の親会社株式である場合には、当該存続株式会社等は、吸収合併等に際して消滅会社等の株主等に対して交付する当該親会社株式の総数を超えない範囲において当該親会社株式を取得することができる（800Ⅰ）。

★A（存続会社）、B（消滅会社）の吸収合併で、Aが「現金の支出はしたくない、株主も増やしたくない」という場合に、Aの親会社（Xとします）の株式を取得して、Bの株主に渡すことができます（三角合併と呼ばれます）。この場合、子会社Aが親会社Xの株式を取得するという「子会社が親会社株式を取得する」行為になってしまいますが、Bの株主に交付する分であれば、取得を認めるようにしています。

☐ 会社が吸収分割をする場合において、吸収分割承継株式会社が吸収分割に際して吸収分割会社に対してその事業に関する権利義務の全部又は一部に代わる金銭等を交付することができる（対価の柔軟化　758④）。〔26-34-ア〕

★対価の柔軟化という理屈は、吸収合併だけでなく、吸収分割、株式交換で認められます（一方、新設合併、新設分割、株式移転のような設立型では認められていません）。

（2）事前開示、事後開示

次は、事前開示、事後開示について説明します。

消滅会社は、ある時点から事前開示を始めます。合併契約の内容などを記載した書面を置いて、株主や債権者が見られるようにしておきます。そして、この開示を、**合併の効力発生日まで続ける義務**があります。

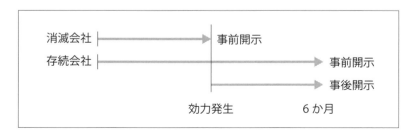

一方、存続会社は、**効力が発生してから、6か月間経過するまで続ける必要が**
あります。それだけでなく、**効力発生の後6か月間、事後開示という別のものを**
開示する必要があるのです。

　合併手続にミスがあった場合、合併無効の訴えというのが起こせます。
　合併の効力が出た後でも、「手続にミスがある」ことを訴訟で主張すると、合
併を無効にできることがあります。この無効の訴えをするためには、資料集めが
必要です。合併契約の内容とか、合併の結果などがわからないと、無効の訴えを
起こせません。
　合併無効の訴えは効力発生から6か月経過するまで起こすことができます。
　したがって、その**資料集めができるように、事前開示・事後開示は効力発生か**
ら6か月間までやりなさいとしたのです。

　では、なぜ消滅会社は、効力発生日で終わらせていいのでしょうか。
　というか、効力発生日で終わらせるしかありません。**効力が発生すれば、消滅**
会社は消えてなくなるため、効力発生後に開示手続をすることはできないのです。

（3）承認決議
　合併契約の承認決議は、基本的には株主総会特別決議です。特別決議にならな
いケースを覚えていきましょう。
　次の図は存続会社の決議要件が、特別決議にならない場合です。

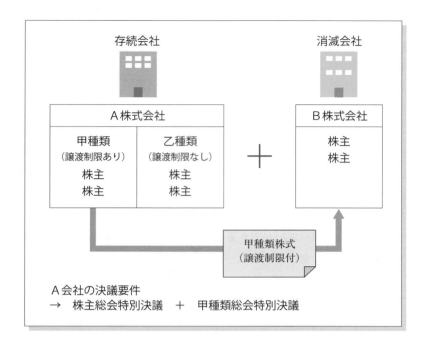

存続会社 A株式会社

甲種類（譲渡制限あり）— 株主 株主

乙種類（譲渡制限なし）— 株主 株主

消滅会社 B株式会社 — 株主 株主

甲種類株式（譲渡制限付）

A会社の決議要件
→　株主総会特別決議　＋　甲種類総会特別決議

　これは、**いわゆる閉鎖的な村の理屈です。**

　A会社の株式には甲種類と乙種類があります。甲種類には譲渡制限が付いています。つまり**甲種類は閉鎖的な村で、株主は持株比率の維持を期待しています。**

　このA会社がB会社をのみ込み、**対価として甲種類株式をB会社の株主に渡すと、甲種類に新たな株主が増えます**ね。**甲種類の持株比率はガタガタに崩れる**ため、勝手にやらせるわけにはいきません。

　したがって、合併の承認決議は、株主総会の特別決議に加えて、甲種類株主総会のOKまで要求したのです。甲種類株主総会がOKしなければ、合併の手続はここでおしまいです（ただし、「当社は、この内容の種類総会決議を行わない」旨の**定款規定があれば、この種類総会決議は不要**になります）。

　存続会社の決議要件が変わってくるのはここだけです。

　次に消滅会社ですが、これは、株主がもらう対価によってパターンがかなり分かれてきます。

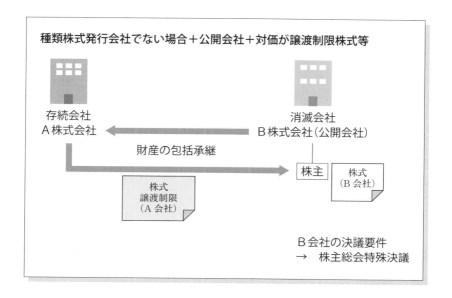

種類株式発行会社でない場合＋公開会社＋対価が譲渡制限株式等

存続会社
A株式会社

消滅会社
B株式会社（公開会社）

財産の包括承継

株式
譲渡制限
（A会社）

株主

株式
（B会社）

B会社の決議要件
→　株主総会特殊決議

　A会社がB会社の株主に対価として、A会社の株式を渡すことになりました。その株式は、譲渡制限が付いていました。ちなみに、このB会社は公開会社であり、全ての株式に譲渡制限が付いていません。

　このB会社の株主の気持ちになってみると

「今まで譲渡制限が付いてない株式を持っていた」
　→「この会社はなくなって、B会社の株式がなくなった」
　→「その代わりに、A会社の譲渡制限株式がやってきた」

今までは自由に譲渡ができたのに、譲渡しづらくなったじゃないか!!

株主

　B会社の株主にとってみれば、今回の**合併によって、譲渡制限を設定されたのと変わりません**。そこで、今回のこのケースのB会社の合併の承認決議は、特別決議では足りず、**特殊決議を要求することにした**のです。

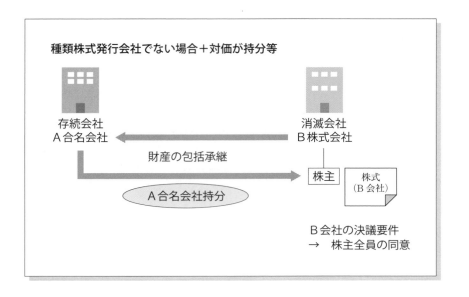

種類株式発行会社でない場合＋対価が持分等

存続会社
A合名会社

消滅会社
B株式会社

財産の包括承継

株主　株式（B会社）

A合名会社持分

B会社の決議要件
→　株主全員の同意

合名会社が株式会社をのみ込む事例になっています。

ここで、今回株主に渡される対価が、A合名会社の持分でした。これによりB会社の株主は、株式を持っていたのが、これからは、持分を持つことになります。

譲渡がより困難になります（というか、他の社員全員の同意が要るので、事実上不可能です）。

この場合、**B会社では総株主の同意が必要となり、誰か1人でも反対すれば、合併はできません。**

消滅会社の決議要件
→　株主が、譲渡性が低いものを対価でもらう場合に決議要件が変わる

以上が基本となります。あとはB会社が、種類株式発行会社になると、若干修正が入ります。

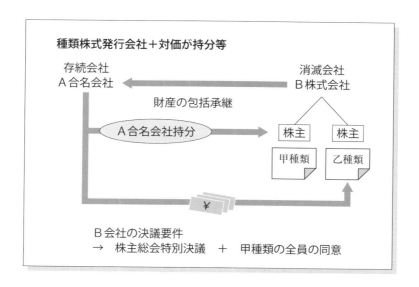

種類株式発行会社＋対価が持分等

存続会社　　　　　　　　　　　　　消滅会社
A合名会社　　　　　　　　　　　　　B株式会社

財産の包括承継

A合名会社持分　　　　　　　　　株主　　株主

甲種類　　乙種類

¥

B会社の決議要件
→　株主総会特別決議　＋　甲種類の全員の同意

　B会社は種類株式発行会社で、甲種類と乙種類の2タイプがありました。

　今回、A合名会社がB会社をのみ込み、B会社の株主に対価を渡すのですが、A合名会社は、甲種類の株主には持分を渡し、乙種類の株主にはお金を渡しています。

より譲渡性が低いものをもらったのは、持分をもらった甲種類株主です。

　この場合は、全体の株主総会は特別決議で構いません。ただし、それに加えて譲渡性の低いものをもらった甲種類の全員の同意が必要です。つまり、「**株主総会特別決議＋甲種類の全員の同意**」**が必要**になるのです。

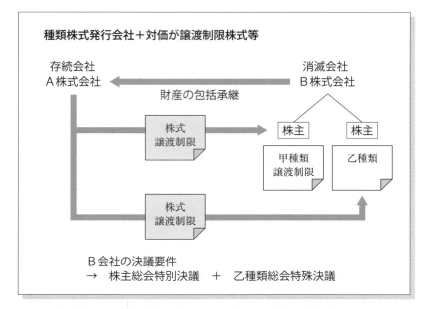

A会社が甲種類には譲渡制限があり、乙種類には譲渡制限がないB会社を合併して、A会社が対価として譲渡制限株式を渡しています。

今回、どっちの種類が事実上の譲渡制限の設定になるでしょう。

乙種類株式だけですね（甲種類は今までも譲渡制限は付いていて、今回もまたA会社の譲渡制限付株式が来るから、別に譲渡制限を付けられたとは思いません）。

そのため、「**株主総会の特別決議＋乙種類総会の特殊決議**」が必要になります。

問題を解いて確認しよう

1	吸収合併存続株式会社が種類株式発行会社である場合において、合併対価の全部又は一部が吸収合併存続株式会社の譲渡制限株式であるときは、吸収合併契約について、当該種類の株式の種類株主を構成員とする種類株主総会の決議を経れば、当該吸収合併存続株式会社の株主総会の決議を経ることを要しない。〔オリジナル〕	×

2	吸収合併消滅株式会社が会社法上の公開会社であり、かつ、譲渡制限株式を発行している種類株式発行会社である場合において、合併対価が譲渡制限株式であるときは、吸収合併消滅株式会社の承認決議として、株主総会の特別決議に加え、当該譲渡制限株式の割当てを受ける種類の種類株主を構成員とする種類株主総会の特別決議を経なければならない。〔オリジナル〕	×
3	吸収合併存続株式会社が種類株式発行会社である場合において、吸収合併消滅株式会社の株主に対して合併対価として吸収合併存続株式会社の譲渡制限種類株式が割り当てられるときは、当該譲渡制限種類株式を引き受ける者の募集について当該譲渡制限種類株式の種類株主を構成員とする種類株主総会の決議を要しない旨の定款の定めがあるときであっても、吸収合併存続株式会社において、当該譲渡制限種類株式の種類株主を構成員とする種類株主総会の決議を要する。〔30-34-ウ〕	×

---- ヒトコト解説 ----

1 株主総会決議に加えて、種類総会決議が必要になる事例です。種類総会決議だけでは足りません。

2 譲渡制限株式の割当てを受ける種類株主の特殊決議が必要です。

3 定款規定があれば、種類総会決議は不要です。

株主総会決議が必要な場合でも、省略できる場合があります（種類株主総会決議や、総株主の同意は省略できません）。

株主総会決議を省略できる手続、それが簡易手続・略式手続と呼ばれるものです。

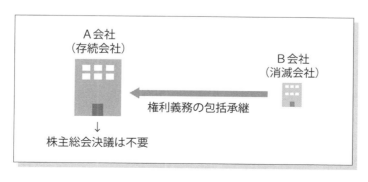

A会社が巨大企業、B会社が小さい企業とイメージしてください。大企業が小さい企業をのみ込む場合、**大企業は、痛くも痒くもない**のです。そこで、**大企業は、株主総会決議をしなくていい**としました。一般的には、このような説明なのですが、これから応用が利く考え方を説明します。

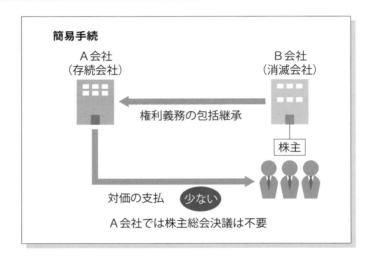

　A会社からB会社の株主に対価を払います。この**対価が少なければ、A会社に影響は小さい**と考え、A会社で決議を経る必要はないとしたのです（ここでいう少ないというのは、A会社の純資産の5分の1以下であることを意味します）。

　この場合、A会社で決議は要りませんが、B会社では、株主総会決議は必要です。B会社がA会社に渡すのは、権利義務の全部です。影響は大きいので、B会社では決議が必要なのに注意しましょう。

　このように、対価が純資産の5分の1以下であれば、株主総会決議が省略でき

るのですが、この要件をクリアしていても、株主総会決議が必要になる場合があります。

　承継する権利、承継する債務を見比べると債務の方が多い、つまり**赤字になる場合**です。つまり、A会社からみればあげるものは少ないんだけど、債務超過の会社をのみ込むことになります。これは**A会社に与える影響は大きいため、株主を無視することができず、株主総会決議が必要になります。**

　入ってくる財産は600万円で、債務が500万円なので、差し引き100万円プラスになっています。ただ、対価として200万円払っています。入ってくる利益が100万円なのに200万円を渡している、**これも赤字になっていますね。**

　この①②とも両方とも共通するのは、「**あげるものが少なくても、赤字だったら影響は大きいので、株主総会の決議を経なさい**」ということです。

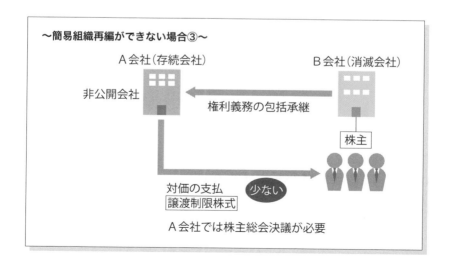

Ａ会社が対価で株式を渡しているのですが、Ａ会社が非公開会社でした。この場合、Ａ会社の既存の株主には、不利益が生じます。

「Ａ会社が株式を発行する」
→「Ａ会社間で持株比率が崩れる」
→「持株比率が崩れたのであれば、株式譲渡をして持株比率を維持したい」
→「ただ、Ａ会社が非公開会社だと譲渡ができない」
→「Ａ会社では持株比率が崩れて、元に戻せない状態になる」

あげるものが少なくても、持株比率が崩れてしまいます。既存株主への影響が大きいため、株主を無視してすることができず、株主総会決議が必要になるのです。

〜簡易組織再編ができない場合④〜
事前に連絡　→　反対者多数　→　簡易手続×

会社

ある企業をのみ込みますよ。
文句があるんだったら、異議を言ってくださいね。

と簡易手続を取る前に連絡をします。それに対して、

あんな企業をのみ込んだら大変
なことが起きるぞ、やめてくれ。

株主

と異議が言えます。

　ここで特別決議が否決されるほどの議決権の反対があると、簡易手続はストップになり、株主総会決議を経ることになります。

　以上が、簡易手続です。

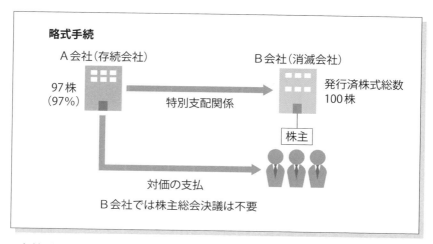

　A会社がB会社を100％出資で作っていました（もともと97株を発行していて、A会社がすべての株式を買っていました）。この後、B会社が、3株ほど、3人に発行してしまったのです。

　そのため、A会社とB会社は100％の関係になっていません。でも90％以上の関係になっています。その**90％以上を支配している会社を特別支配会社と呼びます**。

　このとき、B会社で合併の承認決議を経たとします。その**株主総会に来るのは、筆頭株主のA会社と雑魚の3人**です。

　ここで「A会社と合併していいですか」というこの承認決議をとったらどうなるでしょう。もちろん、A会社が賛成して決議が通るでしょう。

> ☝ **Point**
>
> 略式手続
>
> 90％以上握られている
>
> →　特別決議は通るに決まっている
>
> →　わざわざ決議をとらなくてよい

　ただ、**90％以上握っている場合でも、決議が必ず通るとも限りません**。次の図を見てください。

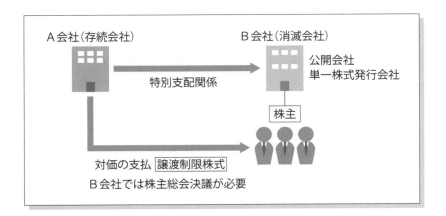

B会社が公開会社の単一株式発行会社の場合で、もらう株式が譲渡制限株式になっています。B会社の株主は、今までは普通の株式を持っていますが、これから譲渡制限株式を持つことになるので、B会社の承認決議は特殊決議になります。

　この**特殊決議は、A会社だけの賛成では通りません。**特殊決議は「株主の半数以上の頭数の賛成＋議決権の３分の２の賛成が必要」なので、A会社の賛成だけでは決議は成立させることはないのです。

　そのため、上記の例ではA会社が90％以上を握っているというだけでは決議が通るとは断言できないので、株主総会決議が要求されるのです。

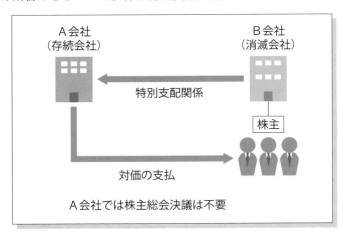

　今度はA会社が90％以上握られている場合です。B会社がA会社を出資して設立した後、その設立したA会社がB会社をのみ込むという場面です。

このケースでは、**握られているＡ会社では決議は要りません**。ただ、次の図の状態では決議が必要になります。

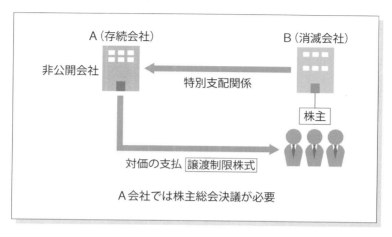

握られているＡ会社が**非公開会社**で、そのＡ会社が、**対価として譲渡制限株式を発行しています**。

ここで、譲渡制限株式を発行すれば、Ａ会社の持株比率は崩れます。そして、Ａ会社が非公開会社のため、株式を買うことにより、持株比率を元に戻すことはできません。この場合は、決議になります（90％以上握られているので、決議は通りますが、影響は大きいので決議はしておきなさいということです）。

この図は、**先ほどの簡易手続の場合の例外と同じ**です。簡易手続ができないケースと略式手続はできないケース、ここの条文は共通しているのです。

Point

非公開会社が譲渡制限株式を発行している
→　簡易手続・略式手続のどちらも認めない

理屈がむずかしいので、先ほどの図を単純に覚えた方が早いでしょう。
以上で決議要件のところはおしまいです。

1	吸収合併消滅株式会社の株主に対して交付する金銭等の一部が吸収合併存続株式会社の譲渡制限株式であり、吸収合併存続株式会社が会社法上の公開会社でない場合において、吸収合併存続株式会社が合併対価として交付する財産の帳簿価額の合計額が吸収合併存続株式会社の純資産額として法務省令で定める方法により算定される額の5分の1を超えないときは、吸収合併存続株式会社は、簡易手続による合併をすることができる。〔オリジナル〕	×
2	新設合併をする際に、対価として新設合併消滅株式会社の株主に対して交付される財産の帳簿価額の合計額が新設合併設立株式会社の純資産額として法務省令で定める方法により算定される額の5分の1を超えない場合であっても、新設合併設立株式会社は、簡易手続による合併をすることはできない。〔オリジナル〕	○

×肢のヒトコト解説

1 非公開会社が譲渡制限株式を発行しています。この事例では、簡易手続を行うことができません。

これで到達！ 合格ゾーン

☐ 存続会社等の取締役が株主総会において説明義務が課せられる場合（795Ⅱ・Ⅲ）

① 「承継債務額」が「承継資産額」を超える場合

② 吸収合併存続株式会社又は吸収分割承継株式会社が吸収合併消滅株式会社の株主、吸収合併消滅持分会社の社員又は吸収分割会社に対して交付する金銭等の帳簿価額が承継資産額から承継債務額を控除して得た額を超える場合

③ 株式交換完全親株式会社が株式交換完全子会社の株主に対して交付する金銭等の帳簿価額が株式交換完全親株式会社が取得する株式交換完全子会社の株式の額を超える場合

④ 承継する吸収合併消滅会社又は吸収分割会社の資産に吸収合併存続株式会社又は吸収分割承継株式会社の株式が含まれる場合〔30-34-ア〕

> ★合併により、重大なことが生じる場合は、それを隠さずに公表することを義務付けている条文です。①〜③は企業再編によって赤字になることを指し、④は自己株式の取得が起きることを指しています。

（4）株式買取請求

「決議で反対した→しかし、決議が成立してしまった→やってられない、買い取ってくれ」、これが株式買取請求というものです。

ただ、合併でも、株式買取請求を認める必要がない場合があります。

A合名会社　　　　　　　　　　B株式会社

財産の包括承継

A合名会社持分

株主　　株式

この場合の決議要件は、B会社の株主の全員の同意です。全員の同意がなければ手続は先に進みません。

つまり、**B会社の誰か1人が反対すると、「決議は不成立→合併手続は行われない」**となるため、株式買取請求を認める必要がないのです。

問題を解いて確認しよう

1　吸収合併消滅株式会社が種類株式発行会社でない場合、吸収合併消滅株式会社の株主に対して交付する金銭等の全部が持分であるときは、反対株主は、吸収合併消滅株式会社に対し、自己の有する株式を買い取ることを請求することはできない。〔オリジナル〕　　　○

（5）新株予約権買取請求

「消滅会社がなくなる→新株予約権がなくなる→そこで対価を渡す→この対価が不当だった場合は買い取ってくれ」という制度です。

この新株予約権買取請求も、絶対できるわけではありません。

> **Point**
>
> 新株予約権の内容として組織再編行為に際して新株予約権が承継される旨及びその条件が定められている場合に、この条件に合致する新株予約権の承継がなされた場合「以外」の場合、新株予約権買取請求ができる

新株予約権

> この新株予約権を買った場合、当社に組織再編があっても、以下の条件の新株予約権がもらえるよ。

新株予約権は発行する段階で、上記のようなことを決めることができます。**新株予約権を買いやすくするために、組織再編があった場合も新株予約権がもらえるという保証（新株予約権の承継の約束）ができる**のです。

ここで、この会社に組織再編があり、上記の新株予約権を買った人には新株予約権が渡されませんでした。

この場合、

> 約束と違うじゃないか！
> こんな組織再編なんて認めないぞ、買い取ってくれ！

新株予約権者

このように、消滅会社に対して新株予約権買取請求をすることができます。

一方、新株予約権の承継があり、その内容が元の新株予約権を発行していた時の条件と全く同じであれば、買取請求ができません（ある意味、約束していたとおりの新株予約権が来たので、文句はないでしょう）。

新株予約権の対価として金銭が交付された場合は、どうなるでしょう。

もし、新株予約権発行時に「合併があったら、金5万円交付する」という条件がついていて、実際に5万円が交付されば、問題ないように見えます。

　実はこれはあり得ません。新株予約権発行時に、
新株予約権の承継の約束はできても
金銭を交付するという約束はできないのです。

　そのため、新株予約権の対価として金銭が交付された場合は、元の新株予約権発行時の条件と合致することがありえないため、**買取請求が認められる**ことになります。

問題を解いて確認しよう

1	吸収合併をする場合において、吸収合併消滅会社が新株予約権を発行しているときは、当該新株予約権に係るすべての新株予約権者が当該新株予約権の買取請求をすることができる。〔19-35-ア〕	×
2	吸収合併消滅株式会社の新株予約権の新株予約権者に金銭を交付することとされた場合、当該新株予約権者は、当該吸収合併消滅株式会社に対し、その新株予約権を公正な価格で買い取ることを請求することができる。〔22-33-ウ〕	○

×肢のヒトコト解説

1　新株予約権が承継される旨及び条件が定められている場合は、条件に合わない新株予約権者しか買取請求ができません。

（6）債権者保護手続

　債権者保護手続の具体的内容は、資本減少の場合と同じです。

　つまり、公告及び催告をして（二重公告があったら催告の省略ができます）、異議を述べた者に対しては、お金を払ったり担保をつけたり、信託したりして対応します（債権者を害しない場合は対応しないことも認められます）。

　個別催告の省略ができるかできないかという点だけ、合併固有の論点があります。

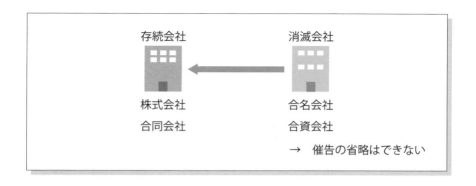

存続会社　　　　　　　　消滅会社

株式会社　　　　　　　　合名会社

合同会社　　　　　　　　合資会社

→　催告の省略はできない

会社をのみ込む側が株式・合同会社、のみ込まれる側が、合名・合資会社、こういった場合、つまり、**今までいた無限責任社員がいなくなる場合**です。

「無限責任がいなくなる→今後の取引に影響が出てくる→１人１人必ず教えてあげなさい」とし、**個別催告の省略を認めない**のです。

（7）株券・新株予約権証券提供公告

今までやってきた内容と同じ「株券、新株予約権証券を持ってきてください」という連絡をして回収する手続です。

ただ、こういったお知らせをしても持ってこない人もいるでしょう。

こういった株主や新株予約権者には、株券・新株予約権証券を持ってくるまでは対価をあげません。このようにして持ってこさせるように仕向けているのです。

以上が吸収合併手続の流れとなります。

第2節　新設合併

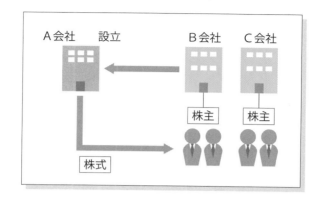

　BとCという会社があります。彼らがAという株式会社を設立し、そこに権利義務を全部投入します（そして、BとCは消滅します）。こういう合併を新設合併といいます。「**会社を立ち上げる→権利義務を全部投げ込む→B会社とC会社は消滅する**」という流れです。

　例えば、B会社とC会社が合併をしようとするときに、どちらが存続会社になるかで揉めた場合、このような手続がとられることがあります。
　ただ、あまりいい手ではありません。というのは、新しく会社を設立するので、業種によって必要な許可や認可を取り直すことになるからです。

　ではどんな手続が必要になるかを見ていきましょう。

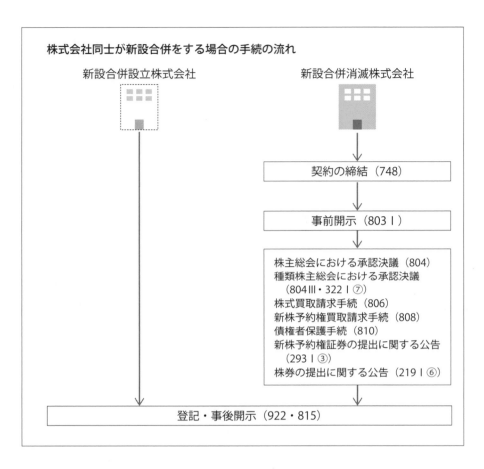

株式会社同士が新設合併をする場合の手続の流れ

新設合併設立株式会社　　　　　　　　新設合併消滅株式会社

契約の締結（748）

事前開示（803Ⅰ）

株主総会における承認決議（804）
種類株主総会における承認決議
（804Ⅲ・322Ⅰ⑦）
株式買取請求手続（806）
新株予約権買取請求手続（808）
債権者保護手続（810）
新株予約権証券の提出に関する公告
（293Ⅰ③）
株券の提出に関する公告（219Ⅰ⑥）

登記・事後開示（922・815）

　まず1つ目のポイントが、1番下の登記という部分です。

　具体的には、消滅するB会社とC会社では解散登記、A会社では設立登記が必要になります。そして設立は、登記が効力要件でした。

　つまりこの**新設合併の効力は、登記で生じる**のです。吸収合併のように、効力発生日を迎えた時点で効力が生じるわけではないのです。

　上の図ですが、右がB、C会社（消滅会社）、左がA会社（設立会社）の手続です。A会社はこれから設立をするので、登記が入るまでは何もできません。

　そして、**B、C会社の手続は、吸収合併の消滅会社と同じです**（用語が若干異なっているものもありますが、やっていることは基本的に同じです）。

　1点だけ注意するのは、合併契約の内容です。

株式会社を設立する新設合併の合併契約（753 I 各号）
1号	：どの会社とどの会社が合併するのかの定め
2号・3号	：新設合併により設立する株式会社の定款の内容の定め
4号・5号	：設立後の株式会社の機関設計に応じた取締役等の選任の定め
6号・7号	：対価となる株式の数や割当て方法、資本金の額などの定め
8号・9号	：対価のほか、社債などを交付する場合はその内容の定め
10号・11号	：新設合併消滅会社が新株予約権を発行している場合はその処理方法の定め

（注）定款についての注意点
① 　公開会社では発行可能株式総数は、4倍ルールの範囲内にすること
② 　この契約に基づいて作成した定款は、公証人の認証を受ける必要はない

吸収合併と違う点がいくつかあります。

効力発生日が載っていません。登記によって効力が生じるので、効力発生日を記載する必要がありません。

また、**定款内容を決める・役員を決めることができます**。吸収合併では、効力が生じませんでしたが、新設合併では決めることが必要とされています。

定款　→　出資　→　機関　→　登記

設立手続は、この4段階を踏む必要があります。今回の新設合併も設立行為なので、この4段階が必要です。

B、C会社から権利義務を承継するので、その部分が出資になります。そのため、あと**必要とされる手続が、定款内容と機関を決めることなので、これを合併契約で決めることを要求した**のです。

決定する定款内容の1つに発行可能株式総数がありますが、**公開会社の場合にはいわゆる4倍ルールの規制がある**ことに注意しましょう。

ちなみに、新設合併時に定款を作成しますが、この**定款には認証は要りません**。もし、「定款内容、初めに決めた内容と変わったんじゃないか」という**疑義**が生じたのであれば、合併契約書や承認決議の議事録を見るなどして、**確認すること**

ができます。そのため、わざわざ認証をとって定款内容の証拠を残す必要がない
のです。

　最後の違いが、6号・7号です。

　設立の場合は、対価は株式で渡すことが必要で、**対価の柔軟化というのを認め
ません**。設立時は、株式発行をすることを必須としています。

　株式を発行できるのは、このタイミングしかありません。もし**ここで株式を発
行しないと、設立時点の発行済株式総数が0になってしまう**のです。そのため、
株式を発行することを義務にしています。

　株式を発行するのが義務なので、B、C会社の株主だった人は、合併後、必ず
A会社の株主になります。

　これが合併契約の内容の違いで、その後の具体的な手続は同じなので省略します。

これで到達！　　　　　　合格ゾーン

□ 会社法第2編第1章の「設立」に関する規定は、新設合併設立株式会社、新設
　分割設立株式会社又は株式移転設立完全親会社の設立については、適用されな
　い（814Ⅰ）。

　　★新設合併も設立行為としていますが、通常の設立の条文を基本使いません。
　　　たとえば、通常の設立であれば発起人がいますが、新設合併では発起人はな
　　　く、消滅会社等が手続を取ります。

□ 以下の条文は例外として適用がある（814Ⅰ括弧書）
　・定款の記載事項（27（④⑤を除く）・29）
　・定款の備置き等（31）
　・設立時発行株式の総数の制限（いわゆる4倍ルール）（37Ⅲ）
　・取締役会設置会社の設立時取締役の員数等（39）
　・設立時代表取締役等の選定等（第6節）
　・株式会社の設立（49）

　　★設立の条文を使用するものもあります。上記の条文を1つ1つ引いてみてく
　　　ださい。

設立株式会社の定款は、消滅会社等が作成する（814Ⅱ）。

★通常の設立であれば発起人が作りますが、新設合併では発起人はいません。そのため、新設合併では消滅会社等が作成することにしています。

問題を解いて確認しよう

1	2以上の会社が新設合併をする場合、新設合併設立会社の定款で定める事項を、新設合併契約において定めなければならない。〔オリジナル〕	○
2	新設合併設立株式会社は、新設合併消滅株式会社の株主に対し、新設合併設立株式会社の株式を交付しなければならないが、吸収合併存続株式会社は、吸収合併消滅株式会社の株主に対し、吸収合併存続株式会社の株式を交付せず、その他の対価も交付しないことができる。〔オリジナル〕	○
3	定款の絶対的記載事項である株式会社の目的、商号等については、新設合併契約で定められ、新設合併消滅株式会社は、そこで定められた事項を内容とする定款を作成し、公証人の認証を受けることにより、効力が生じる。〔21-34-オ改題〕	×
4	公開会社である新設合併設立株式会社、新設分割設立株式会社又は株式移転設立完全親会社の設立においては、設立時発行株式の総数は、発行可能株式総数の4分の1を下ることができない。〔オリジナル〕	○

×肢のヒトコト解説

3　公証人の認証はいりません。

~合併までしなくても、上手に会社連合体を成すための方法です~

| 第2章 | 株式交換・株式移転・株式交付 | 令和7年本試験は
ここが狙われる！ |

まずは、どういった制度なのかのイメージをしっかり
持ちましょう。
そして、基本的には合併と同じような手続になると思
いながら読むことをおすすめします。
ただ、合併と違って会社が消滅しないため、結論が違
うところも多々あるので、そこには注意が必要です。

第1節 株式交換

> 株式交換及び株式移転は、いずれも、完全親子会社関係（親会社が子会
> 社の発行済株式の全部を保有する関係）を円滑かつ簡易に創設するため
> の制度である

　親子会社というのは、総株主の議決権の50％超えの関係をいいます。そこに
「完全」と付いた場合は、100％の関係を指します。

株式交換は、このような100％関係を作るための手段です。

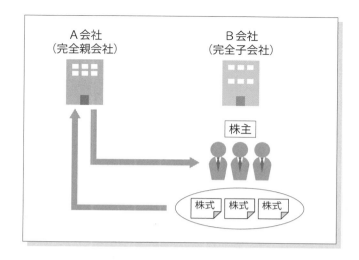

　A会社とB会社が株式交換契約をして、効力が生じました。すると、B会社の株主が持っている株式は、すべてA会社が巻き上げることになります。

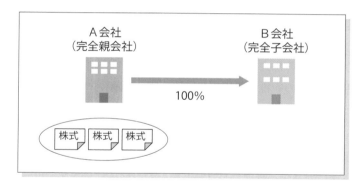

　その結果、B会社の発行済株式総数のすべてをA会社が握り、上記のように100％を握っている状態になります。

　何故こんなことをするのでしょう。

　例えば、A会社がB会社を組織再編したい場合、**合併の代わりに株式交換が使われることがあります**。

合併というのは、いろんな不都合が生じる制度です。

B会社の権利義務は全部A会社に移ります。したがって、B会社名義の財産は、すべてA会社名義にする必要があります。

また、B会社の従業員はA会社の従業員になります。雇用条件等もA会社の雇用条件と同じにする必要があります。

他にも、健康保険証とか、色々なものがガラっと変わってしまいます。

合併という組織再編をすると、その後の事後処理が非常に面倒くさいのです。

一方、今回のように完全親子関係を作った場合はどうでしょうか。

A会社がB会社の株式を100％握っていますから、B会社はA会社の完全な言いなりになります。それだけでなく、B会社からA会社に財産が移っているわけではないので、名義変更はいらないし、B会社の従業員はこれからもB会社の従業員だし、保険などについても切り替える必要はありません。

このような**組織再編を想定して作ったのが、株式交換という制度**です。

👆**Point**

完全子会社は、消滅しない

→ 完全子会社の株式は消滅しない

　完全子会社の新株予約権も「当然には」消滅しない

最大のポイントは、**完全子会社は消えない**というところです。

合併の場合、B会社が消滅しましたが、今回のB会社は消滅しません。

したがって、**B会社の株式はなくならないし、新株予約権も、当然には消滅しません。**

👆**Point**

対価は、完全子会社の株主に渡される

B会社の株主から株式を巻き上げました。B会社の株主から巻き上げた以上、B会社の**株主に対価を払う**ことになります。

会社と会社の間で、権利義務の移動はない

会社同士で権利や義務の承継が全くありません。

ここが一番のポイントで、組織再編制度で株式交換だけ結論が違った場合は、大体ここに理由があります。

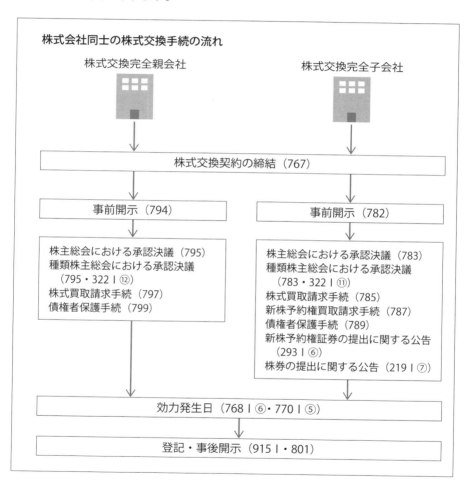

株式会社同士の株式交換手続の流れ

株式交換完全親会社　　　　　　　　株式交換完全子会社

株式交換契約の締結（767）

| 事前開示（794） | 事前開示（782） |

| 株主総会における承認決議（795）
種類株主総会における承認決議
（795・322Ⅰ⑫）
株式買取請求手続（797）
債権者保護手続（799） | 株主総会における承認決議（783）
種類株主総会における承認決議
（783・322Ⅰ⑪）
株式買取請求手続（785）
新株予約権買取請求手続（787）
債権者保護手続（789）
新株予約権証券の提出に関する公告
（293Ⅰ⑥）
株券の提出に関する公告（219Ⅰ⑦） |

効力発生日（768Ⅰ⑥・770Ⅰ⑤）

登記・事後開示（915Ⅰ・801）

どんな手続を踏む必要があるかを見ていきましょう。右側がB会社（株式交換完全子会社）の手続、左側がA会社（親会社）の手続になります。

ただ、右側の子会社の手続は、殆どが合併の消滅会社と同じです。そして、左側の完全親会社の手続も、ほとんど合併の存続会社と同じです。

　そこで、意識して学習するのは手続の内容が違うところです。
　合併と内容が違うところがいくつかあります。
　まず冒頭の株式交換契約の締結、ここは**契約内容が違います**。
　次に子会社の手続では、**債権者保護手続・新株予約権提供に関する公告・事前開示**をいつまでにやるかが違ってきますし、**子会社が事後開示をする**点もあります。
　また完全親会社の手続では、**債権者保護手続が違っています**。

　ここからは、違ってくるところを中心に説明をしていきます。
　まずは、株式交換契約の内容から見ましょう。

株式会社に発行済株式を取得させる場合の株式交換契約（768 Ⅰ 各号）
1号　　　：どの会社とどの会社が株式交換を行うのかの定め
2号・3号：株式交換の対価の内容と割り当て方の定め
4号・5号：株式交換完全子会社の新株予約権者に対し株式交換完全親株式会社の新株予約権を交付する場合はその新株予約権の内容等の定め
6号　　　：効力発生日の定め

　1号、2号、3号、6号は、合併と同じ、4号、5号が合併と違うところです。4号、5号については次の図を見てください。

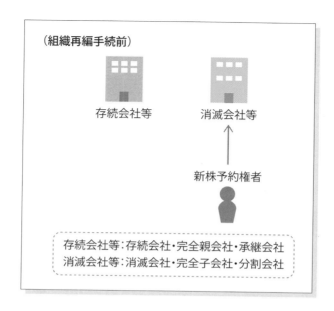

消滅会社等に新株予約権があったとします。

組織再編後、この新株予約権の処理には、以下の3つのパターンがあります。

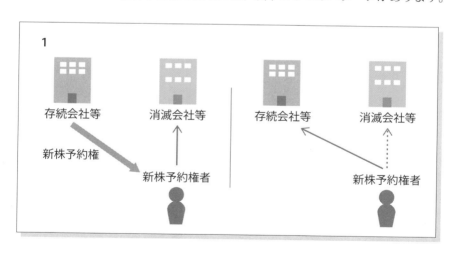

　新株予約権者は、今持っている新株予約権を失い、存続会社等から新株予約権をもらうというパターンです。これにより、新株予約権者が持っている新株予約権の向きが消滅会社等から存続会社等の方に向かうことになります。

　これを俗に、**新株予約権の承継といいます。**

承継というと移転のような感覚になりますが、法律的には移転ではなく、**新株予約権の発行と新株予約権の消滅が生じています。**

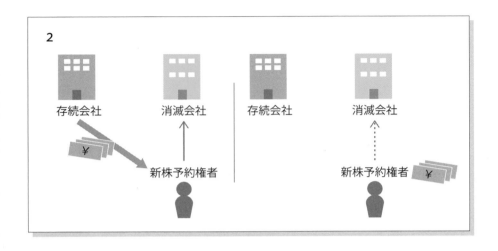

お金をあげる代わりに新株予約権は消えてもらう、これがもう１つのパターンです。

最後のパターンが次の図です。

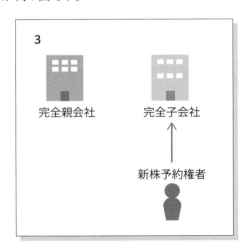

何も変わらずに、そのまま据え置き、こういった手法もあります。

先ほど見た合併では、この３つのうち、ある手法は絶対取れません。

それは、そのまま据え置きの状態です。

消滅会社は完全になくなりますので、消滅会社に対して新株予約権を持ち続けるということがあり得ないのです。

そのため、合併の場合、新株予約権をもらって新株予約権が消えるというパターン、もしくはお金をもらって新株予約権が消えるというパターン、このどちらかになります。

一方、株式交換では、そのまま据え置きということが起こり得ます。会社はなくならないので、新株予約権をそのままの状態にもできるのです。

ただ、そのままにしておくと、不都合が生じます。

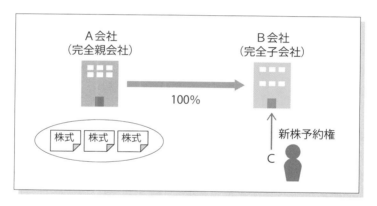

上の図は、株式交換をしましたが、Ｃの新株予約権を放置した場合の状態です。ここで、新株予約権が使われたらどうなるでしょうか。

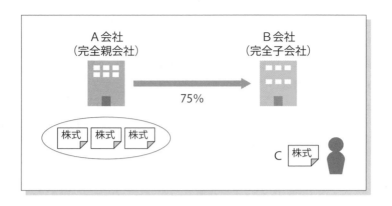

　B社に1株発行され、発行済株式総数が4株になります。A社はそのうち3株しか持っていないので、完全親子関係ではなくなります。

　このように、**完全子会社の新株予約権を放置すると、のちに完全親子関係が崩れる危険があります。**そのため、**株式交換の場合は、新株予約権を与えて新株予約権を消すことをします。**

　この場合、「この新株予約権者に対しては、A会社の新株予約権を与えて消すぞ」ということを決めておきます。
　この決められた**新株予約権（消される予約権）**のことを、**株式交換契約新株予約権と呼びます。**

株式交換契約書

　関東商事株式会社（以下「甲」という。）と東京商事株式会社（以下「乙」という。）は、株式交換により完全親子会社関係を創設するため、以下のとおり株式交換契約を締結する。
第1条（株式交換）
　甲及び乙は、東京都新宿区本塩町一丁目1番1号の甲を株式交換完全親株式会社、東京都立川市立川一丁目1番1号の乙を株式交換完全子会社とする株式交換を行う。
第2条（交換対価の交付）
　甲は、株式交換に際してA種類株式150株を発行し、株式交換の効力発生日の前日の最終の乙の株主名簿に記載された株主に対し、その所有する乙の株式1株につき甲のA種類株式1株の割合をもって交付する。ただし、甲の所有する乙の株式1,850株（A種類株式1,800株、B種類株式50株）については、交付しない。
第3条（乙発行の新株予約権）
　甲は、株式交換に際して、乙の第1回新株予約権付社債を承継するものとし、別紙の内容を有する新株予約権付社債に付される新株予約権20個を発行し、効力発生日前日最終の乙の権利者たる新株予約権者に対して、乙の新株予約権1個に対して甲の新株予約権1個の割合で割当交付する。
第4条（増加する資本金及び準備金の額等）
　株式交換により増加すべき甲の資本金及び準備金の額は、次のとおりとする。
　　　（1）資本金の額
　　　　　金1,500万円
　　　（2）資本準備金の額
第5条（効力発生日）
　株式交換の効力発生日は、令和6年7月1日とする。ただし、必要に応じて甲乙協議の上、これを変更することができる。
（以下省略）

　第3条を見てください。東京商事株式会社の第1回新株予約権を消滅させることを決めています。

	とりうる手段	
	1. 存続会社等・設立会社の新株予約権を交付する 2. 金銭を与える 3. 何もしない（そのまま据え置き）	
合併	存続会社又は設立会社が 株式会社	1又は2 （749Ⅰ④・753Ⅰ⑩）
会社分割	承継会社又は設立会社が 株式会社	1又は3 （758⑤・763⑩）
株式交換 株式移転	完全親会社が株式会社	1又は3 （768Ⅰ④・773Ⅰ⑨）

　以上が、新株予約権の取扱いのまとめです。最終的には、この図表は丸暗記しましょう。

　特に交付できるものは区別して覚えるようにしてください。

　合併では金銭が交付できるのに、それ以外では新株予約権しか交付できないのです（ここの理由付けはキツイので丸暗記がいいでしょう）。

問題を解いて確認しよう

1	株式交換完全親会社は、株式交換に際して株式交換完全子会社の新株予約権の新株予約権者に対して、当該新株予約権に代えて金銭を交付することができる。〔オリジナル〕	×

ヒトコト解説

1　株式交換の場合は、完全子会社の新株予約権者に金銭を交付することはできません。合併と比較して覚えましょう。

　次は、事前開示・事後開示の違いを説明します。

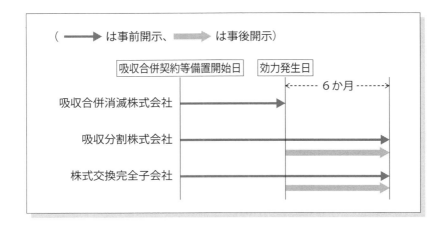

（ ⟶ は事前開示、 ⟹ は事後開示）

合併の存続会社は、効力発生から6か月間、事前開示と事後開示をしました。

そして、消滅会社については、会社がなくなってしまうことから、効力発生日まで事前開示だけをしていればいいということでした。

一方、**株式交換においては、子会社は生き残ります**。

そのため、事前開示は効力発生から6か月まで続ける必要があり、効力発生後の開示、事後開示もする必要があります。

次は、債権者保護手続の違いを見ていきましょう。

 覚えましょう

		保護手続が必要な債権者	
		誰に	どういう場合
吸収合併	消滅株式会社	全債権者	必ず
	存続株式会社	全債権者	必ず
株式交換	完全子会社	新株予約権付社債についての社債権者	新株予約権付社債が完全親株式会社に承継される場合
	完全親株式会社	全債権者	以下の①又は②に当たる場合 ①新株予約権付社債が完全親株式会社に承継される場合 ②完全親株式会社の株式以外の財産が対価として交付される場合

吸収合併においては、消滅会社、存続会社ともに全債権者に対し、必ず債権者保護手続が必要です。

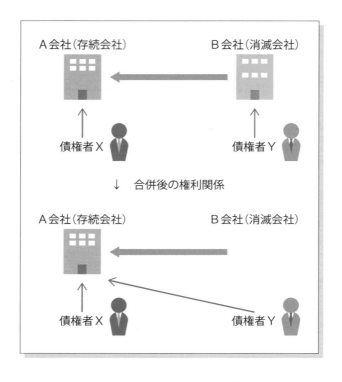

　消滅会社は、全債務を存続会社に押し付けます。
　消滅会社の債権者は、

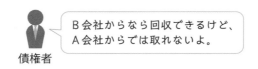

　という不満を持つので、債権者保護手続をとる必要があります。
　一方、存続会社には、消滅会社から債務がいっぱいやってきます。だから、存続会社の債権者たちは、

債務が増えると、自分の債権が
回収できなくなるんじゃないか。

債権者

という不満をもつので、債権者保護手続をとる必要があるのです。

　一方、株式交換の場合、原則として、債権者保護手続は要りません。

　株式交換においては、会社間で、権利義務の移動がありません。そのため、**債務の押付けになる**、**債務が増える**といったことがないので、**債権者保護手続は要らない**のです。

　ただし、株式交換でも権利義務の移動があるケースがあります。
　次の図を見てください。

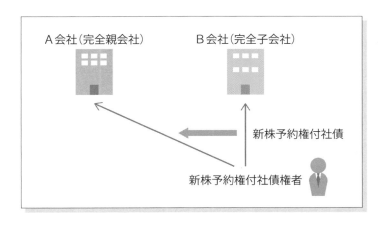

A会社（完全親会社）　　　B会社（完全子会社）

新株予約権付社債

新株予約権付社債権者

　B会社が新株予約権を出していたのですが、その新株予約権は、社債が付いているものでした。社債というのは大抵、高額になっています。社債の総額が10億円、20億円なんてザラにあります。

　そして、この新株予約権付社債について承継の手続がとられました。具体的には、A会社が、新株予約権付社債を渡し、今のB会社に対する新株予約権付社債を消すという手法です。

　この矢印は新株予約権でもあるし金銭債権でもあります。1億円とか10億円

といった金銭債権です。

これによって、**B会社が負っていた社債の債務がA会社に押し付けられます。**
そのため、AB両会社について債権者保護手続が必要になります。

具体的には**B会社で怒る債権者は、社債権者のみ**です。「勝手に債務の押付け
をしたな」と思うので、今回の承継がある社債権者だけです。
一方、**A会社で怒るのは、全債権者**です。「10億円ほど債務が増えたら、自分
の債権が回収できなくなるのではないか」と、全債権者が不安に思うので、全債
権者に対して保護手続をとる必要があります。

もう1つ債権者保護手続が必要な場面があります。それが次の図です。

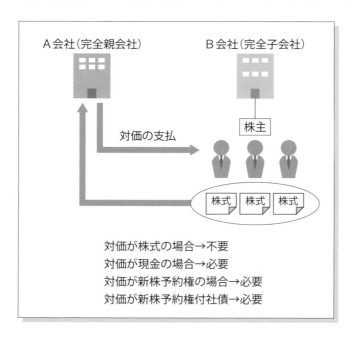

株式交換で、株主から株式を巻き上げて、その株主に対して対価を払います。
この対価の内容次第によっては、A会社で、債権者保護手続が要るのです。

具体的には、**渡す対価がお金だった場合、これは財産の流出になる**ので、A会

社の全債権者に対し、債権者保護手続をとる必要があります。

　また、社債を渡した場合、結局将来的にお金を払うことになり、こちらも**財産の流出となるので、債権者保護手続が必要になります。**

　一方、Ａ会社が自社の株式を渡した場合はどうでしょうか。

　これは財産の流出にはなりません。

　自社の株式は０円なので、Ａ会社が自社の株式を渡すだけであれば、財産の流出にはならないのです。

　では、新株予約権の場合はどうでしょう。

　新株予約権には財産的な価値があります。そのため、新株予約権を渡すことは財産の流出になるので、債権者保護手続が必要になります。

　結果的には、対価の柔軟化という話になります。

　株式を渡さなくていいという対価の柔軟化、これを使った場合は債権者保護手続が要ることになり、一方、**株式を渡した場合は債権者保護手続が要らない**という結論になるのです。

問題を解いて確認しよう

| 1 | 株式交換をする場合において、株式交換完全子会社の株主に対して交付される財産が金銭のみであるときは、株式交換完全子会社の債権者も、株式交換完全親会社の債権者も、当該株式交換について異議を述べることができない。〔19-35-エ〕 | × |
| 2 | 株式交換契約新株予約権が、新株予約権付社債に付された新株予約権である場合、当該新株予約権付社債の社債権者は、株式交換完全子会社に対し、株式交換について異議を述べることができる。〔オリジナル〕 | ○ |

───── ×肢のヒトコト解説 ─────

| 1 | 株式交換完全親会社において金銭を交付するときは、財産の流失になるので債権者保護手続が必要になります。 |

◆ 株券提供公告を要する場合と新株予約権証券提供公告を要する場合 ◆

	株券提供公告（219 I ）	新株予約権証券提供公告（293 I ）
合併により消滅する場合	必要	必要
株式交換をする場合	必要	必要 （株式交換契約新株予約権につき）

　合併の場合は、株券提供公告、新株予約権証券提供公告の両方が必要です。一方、株式交換については、これらが要る場合と要らない場合があります。

　まず、完全子会社では株券提供公告は必要です。株式交換の効力が生じれば、**株式という権利は強制的に巻き上げられます**。ですが、株券という紙はまだB会社の株主が持っています。その紙の回収のために、株券提供公告をするわけです。

　一方、新株予約権証券提供公告は原則する必要はありません。
　新株予約権証券提供公告が要るのは、新株予約権を巻き上げる場合と、新株予約権が消滅する場合です。では、完全子会社において新株予約権が消滅するという場合はあるでしょうか。

　新株予約権の承継があった場合には、消滅しますね。
　その新株予約権の承継があった場合、消されると決められた株式交換契約新株予約権については、新株予約権証券提供公告が必要となります。
　それ以外の新株予約権については、この証券の回収の必要はありません。

　以上で、株式交換はおしまいです。

2周目はここまで押さえよう

◆ 株式等売渡請求 ◆

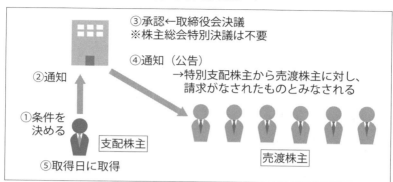

③承認←取締役会決議
※株主総会特別決議は不要

④通知（公告）
→特別支配株主から売渡株主に対し、
　請求がなされたものとみなされる

②通知

①条件を決める

支配株主

⑤取得日に取得

売渡株主

株式交換以外にも株式の１００％を取得する方法があります。

たとえば、上記の株式売渡請求の制度です。これは１０分の９を握っている株主（支配株主）が、少数株主から強制的に株式を奪う（その代わりにお金等を払う）ことで行います。

手続としては、①支配株主が条件を決める、②③それを会社に伝えて会社の承認を得る、④株主に連絡することを行います。

（ちなみに、株主総会の承認決議を行う必要はありません。この手続は、１０分の９握っている株主が行うので、承認決議をとる意味がないでしょう。）

これに対して、売渡株主側は差止請求で防御をすることができます。具体的には、「売渡請求には法令違反等があるから、全部の取得をやめてくれ」と申し立てるのです。

（ちなみに、全部の取得を止めることができますが、「自分の分だけやめてくれ」という申出はできません。）

◆ 支配株主の定義 ◆

	支配株主の該当性
① 対象会社の議決権の１０分の９以上を保有している法人	○
② 対象会社の議決権の１０分の９以上を保有している法人の発行済株式総数の全部を保有している法人	○
③ 対象会社の議決権の１０分の９以上を保有している自然人	○

支配株主として手続が取れるのは、法人だけでなく、自然人でも認められます（図表の③）。

　また、Ｃ会社の１０分の９を握っているＢ会社の親会社であるＡ会社にも支配株主性が認められます（図表の②）。

✓	1	会社以外の法人や自然人であっても、特別支配株主として株式等売渡請求をすることができる。〔令3-28-ア〕	○
	2	会社は、当該会社が発行済株式の全部を保有する株式会社が有するものと併せると、対象会社の総株主の議決権の10分の9以上を有することとなる場合には、特別支配株主として株式等売渡請求をすることができる。〔令3-28-イ〕	○
	3	売渡株主は、株式売渡請求が法令に違反する場合には、特別支配株主に対し、対象会社の株式のうち当該売渡株主が保有するものに限り、その取得をやめることを請求することができる。〔令3-28-エ〕	×

第2節 株式移転

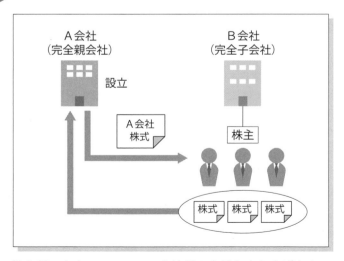

　Ｂ会社の株主がいます。ここで、Ｂ会社がＡ会社を立ち上げます。

　そして、Ｂ会社の株主は、そこに株式を全部投げ込みます。

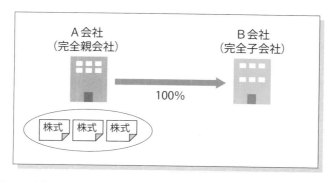

その結果、A会社がB会社の100％の株式を握る状態にするのです。**新しい会社を設立して100％関係を作る、これを株式移転といいます。**

先ほどの株式交換は既存の会社に100％握らせる、今度の株式移転は、新しく会社を設立して100％握らせるという制度です。

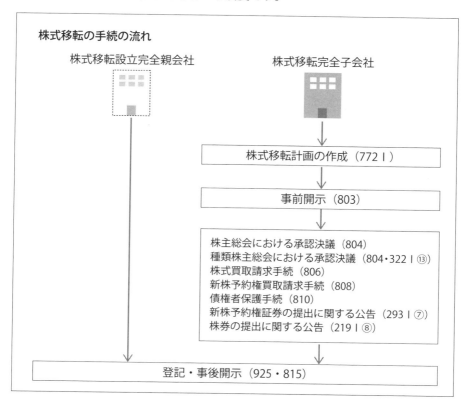

親会社は、これから設立しますので手続のとりようがありません。

また、子会社の手続については、先ほど見た株式交換とほとんど同じですので省略します。

ただ、冒頭の株式移転計画、ここは株式交換契約書と内容が異なります（新設合併が吸収合併とどこが違うのかを確認してから、この先を読むことをお勧めします）。

株式移転計画の内容（773 I 各号）

1号・2号 ： 新たに設立する株式会社の定款の内容の定め

3号・4号 ： 設立する株式会社の機関設計に応じた取締役等の選任の定め

5号・6号 ： 対価として交付する株式の内容や割当て方の定め

7号・8号 ： 対価に加え社債や新株予約権を交付する場合はその内容や割当て方の定め

9号・10号： 株式移転完全子会社の新株予約権者に対し，株式移転設立完全親会社の新株予約権を交付する場合はその内容等の定め

株式交換と違う点は、1号から4号です。

会社を立ち上げるため、**定款内容、機関内容を決める必要があります。**

また、**効力発生日を決めないところも違います。** 設立の登記を入れることによって効力が生じるからです。

以上で、株式交換・株式移転の制度は終了です。

次ページに問題を掲載します。

基本的には株式交換の知識を使って解いていきましょう。ただ、会社を設立するという部分については、新設合併の知識も使って解いてください。

1 株式移転を行う場合においては、株式移転完全子会社の株主に対し、当該株主の株式に代わるものとして株式移転設立完全親会社の株式を交付しなければならない。〔21-34-イ改題〕 ○

2 株式移転完全子会社は、株式移転計画新株予約権が新株予約権付社債に付された新株予約権である場合における当該新株予約権付社債についての社債権者が異議を述べることができるときを除き、債権者の異議手続を行う必要はない。〔21-34-エ改題（15-35-イ）〕 ○

3 株式移転設立完全親会社の定款には、公証人の認証を得なければならない。〔オリジナル〕 ×

4 公開会社である新設合併設立株式会社、新設分割設立株式会社又は株式移転設立完全親会社の設立においては、設立時発行株式の総数は、発行可能株式総数の4分の1を下ることができない。〔オリジナル〕 ○

5 株式移転をする株式会社が種類株式発行会社でない会社法上の公開会社であり、かつ、当該株式会社の株主に対して交付する金銭等の全部又は一部が譲渡制限株式等である場合、株式移転計画の承認に係る株主総会の決議は、当該株主総会において議決権を行使することができる株主の半数以上であって、当該株主の議決権の3分の2以上に当たる多数をもって行わなければならない。〔オリジナル〕 ○

ヒトコト解説

1 設立企業再編では対価の柔軟化は認められません。

2 子会社で保護手続がいるのは、新株予約権付社債の承継がある場合のみです。

3 設立企業再編では定款を作成しますが、公証人の認証は不要です。

4 設立で発行可能株式総数を定める場合、公開会社では4倍ルールの規制を受けます。

5 子会社の株主は「今まで譲渡制限が付いてない株式を持っていた」→「今の株式が奪われる」→「その代わりに、親会社の譲渡制限株式がやってきた」ことになるので、特殊決議が要求されます。

第12編 組織再編 ◆ 第2章 株式交換・株式移転・株式交付

> **Point**
>
> 株式会社が他の株式会社を子会社とするため、自社の株式を他の株式会社の株主に交付する制度

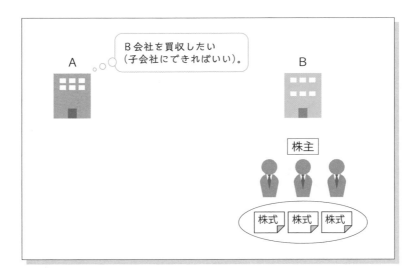

A会社は、B会社を買収しようと考えています。具体的には、50％以上の株式を取得して子会社にしたいと思っています。

このときに、株式交換制度を使うと

- **B会社は完全子会社になってしまう**
- **B会社の株主のすべてに対価を払うことになるため、コストがかさんでしまう**

ことになります。

そこで、単に子会社化したければ、これから説明する株式交付という制度が効果的です。

次の図を見てください。

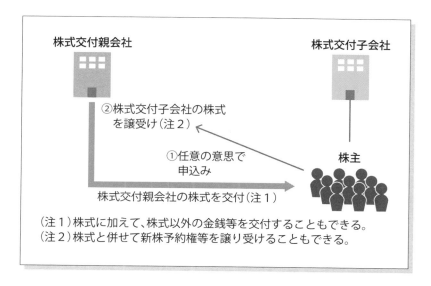

（注１）株式に加えて、株式以外の金銭等を交付することもできる。
（注２）株式と併せて新株予約権等を譲り受けることもできる。

株式交付をする場合、それを株式交付子会社の株主に知らせます。「この条件で、皆さんの株式を買います。売ってくれませんか」というお知らせをするのです。そして、「自分は売りたい」と思った株式交付子会社の株主は、株式交付親会社に申込みをします。**株式交換と異なり、売るかどうかを自分で決められる**仕組みにしています。

この申込みを受けた株式交付親会社は、割当行為をして、それに対して対価を払います。ここでの対価は、**親会社の株式を渡すことが要求されています**。制度の名前が株式交付となっているところから覚えてしまいましょう（ちなみに、その株式に加えて別の財産を渡すことも可能です）。

また、譲受けができるのは、株式交付子会社の株式だけでなく、株式交付子会社の新株予約権も可能です。

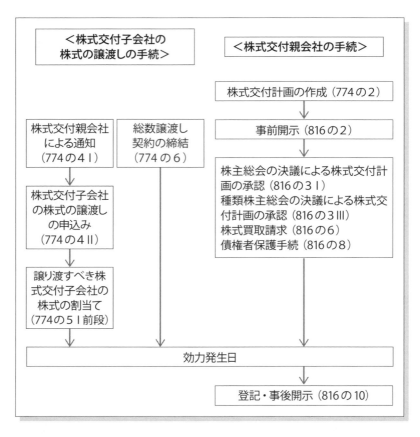

上記には、株式交付のざっくりとした流れを掲載しています。

株式交付子会社の株式の譲渡しの手続は、募集株式発行の手続に似ています。

一方、**株式交付親会社の手続は、株式交換（完全親会社）の手続に似ています。**

注目してほしいのは、株式交付親会社・株式交付子会社の株主が手続をとるのであって、**株式交付子会社は何も手続をとらない**点です（株式交付は、株式交付子会社の意思を無視して、子会社にする制度なのです）。

以下、上記の手続の中で重要部分を抜粋して説明します。

（1）株式交付計画の作成

株式交付をする場合には、株式交付親会社は、株式交付計画を作成する必要が

あります。そこで定めるべき内容は以下のとおりです（株式交換と比較して、学習してください）。

株式会社に発行済株式を取得させる場合の株式交換契約（768 I 各号）	株式交付計画の内容（774の3 I 各号）
1号 どの会社とどの会社が株式交換を行うのか	1号 株式交付子会社の商号及び住所
	2号 譲り受ける株式交付子会社の株式数の下限
2号・3号 対価の内容と割当て方の定め	3号・4号 対価として交付する株式の内容や割当て方の定め
	5号・6号 対価に加え社債や新株予約権を交付する場合はその内容や割当て方の定め
4号・5号 株式交換完全子会社の新株予約権者に対し株式交換完全親株式会社の新株予約権を交付する場合はその新株予約権の内容等の定め	7号 株式交付親会社が株式交付に際して株式交付子会社の株式と併せて株式交付子会社の新株予約権等を譲り受けるときは、当該新株予約権等の内容等の定め
	8号・9号 株式交付子会社の新株予約権等を譲り受けるときの、当該新株予約権等の対価の内容や割当て方の定め
	10号　譲渡しの申込みの期日
6号　効力発生日の定め	11号　効力発生日の定め

　その株式交付計画においては、株式交付子会社の商号および住所、**株式交付親会社が株式交付に際して譲り受ける株式交付子会社の株式の数の下限**、譲渡しの申込みの期日、**効力発生日**等を定める必要があります。

　特に重要なのが、「**株式交付親会社が株式交付に際して譲り受ける株式交付子会社の株式の数の下限**」です。この数は、**株式交付子会社が株式交付親会社の子会社となる数にする必要があります**（774の3 Ⅱ）。この制度は、株式交付親会

社が株式交付子会社を、**自社の子会社とするための制度だから**です。

（2）株主総会の決議による株式交付計画の承認

◆ 株式交付における決議要件の横断整理 ◆

	ケース	決議要件
株式交付子会社		
株式交付親会社	原則	株主総会特別決議 （816の3Ⅰ・309Ⅱ⑫）
	種類株式発行会社 ＋対価が譲渡制限株式 （注）	① 株主総会特別決議 ② 当該種類株主を構成員とする種類株主総会特別決議 （816の3Ⅲ・309Ⅱ⑫・324Ⅱ⑦）

（注）ここでの対価は、以下の２つを指す。
　　　・株式交付子会社の株式の譲渡人に対して交付する対価
　　　・株式交付子会社の新株予約権等の譲渡人に対して交付する対価

　株式交付子会社では、手続をとらないため、承認決議をとることも不要です。
　株式交付親会社では、株主総会特別決議をとることが必要ですが、場合によっては種類株主総会決議が必要になる場合があります。

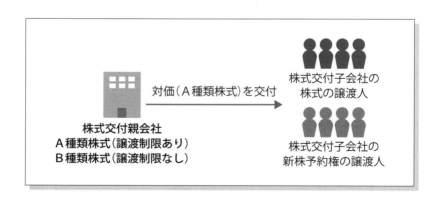

　上記のように、株式交付の対価として、譲渡制限株式を発行する場合に種類株主総会決議が必要になります。

（3）債権者保護手続

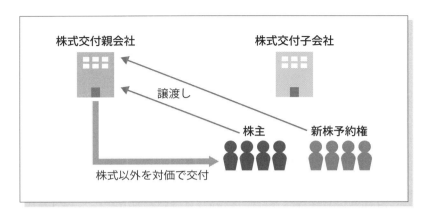

　株式交付に際して株式交付子会社の株式及び新株予約権等の譲渡人に対して当該株式及び新株予約権等の対価として株式交付親会社の株式を交付するときは、株式交付親会社から財産の流出はありません。

　一方、株式以外の財産を交付するときは、株式交付親会社から財産の流出が生じ、債権者を害することになります。

　そこで、**株式交付子会社の株式及び新株予約権等の譲渡人に対して交付する対価が、株式交付親会社の株式以外の場合**には、株式交付親会社は、債権者保護手続をとらなければならないことにしました。

◆ 債権者保護手続（吸収型再編）（789 Ⅰ・799 Ⅰ・816の8 Ⅰ）◆

		保護手続が必要な債権者	
		どういう場合	誰に
株式交換	完全子会社側	新株予約権付社債が完全親株式会社に承継される場合	新株予約権付社債についての社債権者
	完全親株式会社側	①新株予約権付社債が完全親株式会社に承継される場合 ②完全親株式会社の株式以外の財産が対価として交付される場合	全債権者
株式交付	株式交付子会社	不要	不要
	株式交付親会社	株式および新株予約権等の譲渡人に対して交付する金銭等（株式交付親会社の株式を除く）が株式交付親会社の株式以外の場合	全債権者

　上記では、株式交換で債権者保護手続が必要なケースと比較した図表を作っています。

　親会社において、「株式以外が対価の場合」に債権者保護手続が必要になる点は共通します（株式交換の完全親会社側②の部分を指します）。

問題を解いて確認しよう

1	株式会社が株式交付をする場合には、株式交付計画において、株式交付親会社が株式交付に際して譲り受ける株式交付子会社の株式の数の上限を定めなければならない。〔オリジナル〕	×
2	株式交付をする場合において、株式交付子会社の株式及び新株予約権等の譲渡人に対して交付される財産が金銭のみであるときは、株式交付親会社の債権者は、当該株式交付について異議を述べることができない。〔オリジナル〕	×
3	株式会社が株式交付をする場合、株式交付計画において、株式交付親会社が株式交付に際して株式交付子会社の株式の譲渡人に対して当該株式の対価として株式交付親会社の株式を交付しない旨を定めることはできない。〔オリジナル〕	○

第3章　会社分割

合併、株式交換と異なる点が多くある組織再編です。
1つ1つ学習しながら、「合併はどうだったか」「株式
交換はどうだったか」を意識（場合によっては、前の
ページを探して確認する）するようにしましょう。

第1節　吸収分割

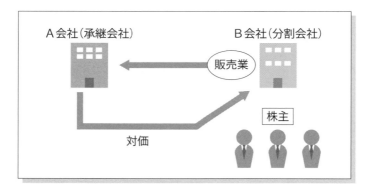

　Bという会社が、販売業や他の複数の事業をしていました。ただ、この販売業
があまり儲かっていません。そこでこの販売業自体をA会社に全部あげてしまお
うと考えました。

　A会社は、販売業の大手でB会社の事業がもらえれば、自分たちのシェアが広
がるだろう、という事で販売業をもらうことにしました。

　このように、**事業をあげたい、もらいたいという場合に、会社分割という制度
を使うことができます**。会社分割とは、会社の事業を切って渡すというイメージ
です。

　ここで、A会社とB会社に肩書きが付きます。

　A会社（もらう方）は承継会社、B会社（切って渡す方）は分割会社という肩

書きが付きます。

 Point

対価は、分割会社に渡される

　A会社は誰から財産をもらいましたか。

　B会社からもらいましたね。**B会社からもらった以上、そのお礼は分割会社にすべきなので、会社分割の対価はB会社に渡します。**

　今まで見た組織再編は対価を渡す相手が株主なのに、会社分割では会社になっていることに注意をしてください。

 Point

分割会社は、消滅しない
→　分割会社の株式は消滅しない
　　分割会社の新株予約権も「当然には」消滅しない

　会社分割をしても、B会社はなくなりません。この点は、株式交換や株式移転と同じですね。

　だから、分割会社の株式はなくならないし、また新株予約権も当然には消えません。ただ、株式交換や株式移転と同じように「この新株予約権者に対しては、A会社の新株予約権を与えて、B会社の新株予約権を消しましょう」と契約書で決めておけば、消すことが可能です。

 Point

どの権利義務が承継されるのかについては、吸収分割契約又は新設分割計画に定めるところによる（758②・760②・763Ⅰ⑤・765Ⅰ⑤）
したがって、会社分割により承継される権利義務であるか否かは、吸収分割契約又は新設分割計画に承継されるものとして記載されているか否かによって定まる

例外
元本確定前の根抵当権の根抵当権者又は債務者が会社分割をした場合
（民398の10参照）

事業を渡すと言いましたが、具体的には何が渡されるのでしょうか。例えば、販売業を渡す場合には、店舗や人や土地、色んなものが考えられます。

　何を移すのかは、分割契約書で決めておく必要があります。単純に「販売業を移す」と決めるのではなく、どういったものを移すのかを個々具体的に決めておくのです。

　分割契約書において移す財産を決めておけば、決めた権利義務は移ります。逆に、分割契約書に書かれていなければ、販売業に付随するものであっても移りません。

　唯一の例外が、確定前の根抵当権と債務者です。これについては、定めをしなくても、法律上当然に根抵当権一部移転が発生します。これ以外は、契約書に書かなければ、当然に移ることはありません。

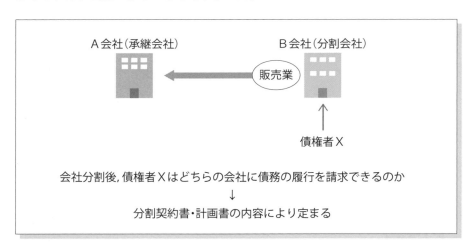

今、B会社が、A会社に対して、会社分割により販売業を渡そうとしています。ところが、B会社に債権者Xがいる場合、この債権はどうなるのでしょうか。

これは、会社分割契約書に決めているかどうかで変わります。この契約書によって、義務も移すことができます。そのため、分割契約書にXに対する債務についてどのように定めているのか、Xの運命はその内容次第で決まります。

> パターン①　分割契約でXについての記載なし
> 　　　　　　→債権者Xの地位は変わらない

何も書いてなければ全く移りませんから、今まで通り債権者XはB会社に請求するということになります。

> パターン②　分割契約「Xに対する債務については承継会社が承継する」
> 　　　　　　→債権者Xは承継会社・設立会社にのみ債務の履行を請求できる

A会社が引き継ぐということを決めた場合、Xの債権はA会社に向き、A会社にしか請求できません。

ただ、A会社とB会社の意思だけで、債務引受けがされているため、

> B会社なら回収できるのに、
> A会社では無理だ。

債権者X

と不満を持つことがあるでしょう。そのため、**このパターンの場合は、債権者保護手続が必要**になります。

この債権者保護手続を避けたければ、次のパターンを使います。

> パターン③　分割契約「Xに対する債務については承継会社が承継する。ただし、分割会社
> 　　　　　　は連帯保証するものとする。」
> 　　　　　　→債権者Xは承継会社・設立会社に債務の履行を請求しなければならないが、
> 　　　　　　　分割会社が連帯保証をしている。

債権者Xは、A会社に請求するだけでなくB会社にも請求ができるので、この場合、債権者保護手続は不要となります。

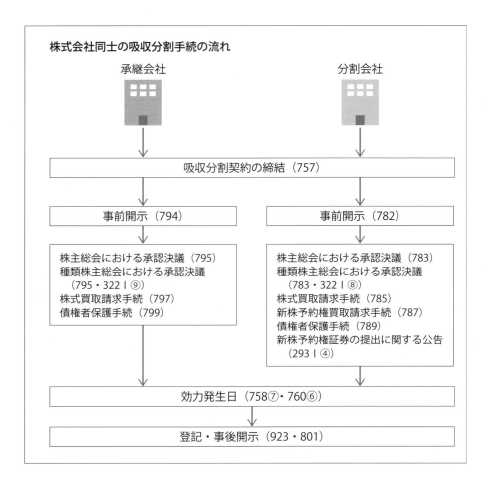

株式会社同士の吸収分割手続の流れ

承継会社　　　　　　　　　　　　　　　分割会社

吸収分割契約の締結（757）

| 事前開示（794） | 事前開示（782） |

| 株主総会における承認決議（795）
種類株主総会における承認決議
　（795・322Ⅰ⑨）
株式買取請求手続（797）
債権者保護手続（799） | 株主総会における承認決議（783）
種類株主総会における承認決議
　（783・322Ⅰ⑧）
株式買取請求手続（785）
新株予約権買取請求手続（787）
債権者保護手続（789）
新株予約権証券の提出に関する公告
　（293Ⅰ④） |

効力発生日（758⑦・760⑥）

登記・事後開示（923・801）

　右側が分割会社、左側が承継会社の手続です。ただ、右側の分割会社の手続は、ほとんど合併の消滅会社と同じです。一方、左側の承継会社の手続もほとんど合併の存続会社と同じです。

　違う点を意識して勉強していきましょう。

　まずは、冒頭の吸収分割契約の締結で、合併契約と内容が違ってきます。

　次に、分割会社の手続では、事前開示、株主総会における承認決議、債権者保護手続、新株予約権証券の提出に関する公告、この辺りは合併と違います。

　また**分割会社では、株券提供公告がありません。**

合併の消滅会社の場合は、会社が消滅する結果、株式がなくなるので、株券提供公告が必要でしたが、**分割会社は消滅しません**。また、株式交換の完全子会社は、株式が巻き上げられるという点から、株券提供公告を要求しましたが、会社分割をしても、**分割会社の株式は巻き上げられません**。そういったところから、分割会社では、株券提供公告は要らないのです。

　あとは、分割会社も事後開示するという点が、合併と違ってきます。

　では、この違う点に絞って説明をしていきます。まずは、分割契約の内容です。

株式会社に権利義務を承継させる吸収分割契約（758 I 各号）

1号	：どの会社とどの会社が吸収分割をするのかの定め
2号・3号	：吸収分割により承継される権利義務等の定め
4号	：吸収分割会社に対して交付される対価の内容の定め
5号・6号	：吸収分割株式会社の新株予約権者に対し吸収分割承継株式会社の新株予約権を交付する場合は、交付する新株予約権の内容等の定め
7号	：効力発生日の定め
8号	：いわゆる人的分割に相当する行為をする場合はその旨の定め

　合併と違う点、まずは2号・3号から説明します。

　2号・3号は、先ほどから言っているどういう権利義務を渡すのかという約束です。ここに書いたものだけが移ります。

　ちなみに、なぜこれは合併にないのでしょう。**合併の場合は、すべての権利義務が移ることになる**ので、わざわざ記載する必要はありませんでした。

　では、なぜこの欄は、株式交換、株式移転ではなかったのでしょう。**株式交換や株式移転では、会社間では権利義務の移動がない**からです。

　次は5号・6号です。

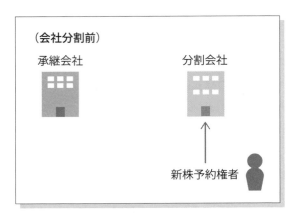

　分割会社に新株予約権者がいたとします。

　会社分割をしても、会社はなくならないので、何もしなければ、この新株予約権は残ります。**消したければ、承継会社が、自分の会社の新株予約権を渡すこと**が必要です。

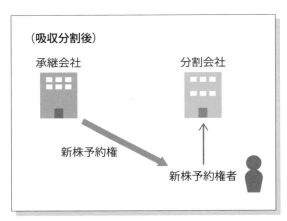

　承継会社が自分の新株予約権を渡すことによって、分割会社の新株予約権を消すことができます。

　結果として、取りうる手段は、そのまま据え置きか、新株予約権を渡して新株予約権を消すかこの2つということになります（**株式交換と同じ処理**です）。

　では、次の図に行きましょう。これが8号の意味です。

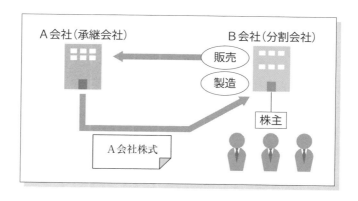

　B会社は販売業と製造業をやっていました。

　株主たちはこの販売業が儲かると思って投資をして、株主になっているのです。

　今回このB会社が、販売業をA会社に渡し、その対価としてA会社の株式をもらうことになりました。

　B会社が株主総会特別決議をとれるかといったら、おそらく株主からの大反対を受けます。

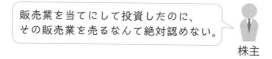

　と反対するでしょう。

　そこで、**もらったA会社の株式という対価を、配当という手続を経て、B会社の株主に渡す**のです。

　これなら株主が賛成する可能性はあります。株主は、A会社が販売業で儲けて配当が多く出され、株価が上がることを期待しているのです。A会社の株式がもらえれば、A会社から配当は来るし、株価が値上がれば売ることによって、儲けることもできるので、この会社分割を賛成する可能性があります。

　このように、**株主に対価を渡すことによって特別決議を通そうとする**ことがあります。**昔は、人的分割と呼ばれていました。**

この人的分割をするときは、分割契約書で決めておく必要があります。

ただ、**人的分割をした場合、債権者保護手続が必要**になります。
　人的分割、配当でA会社の株式を渡すといいましたが、B会社が赤字であっても、配当ができてしまうのです。
　すると、B会社の債権者は、

> ちょっと待て。赤字状態で、
> 配当するのはおかしいだろう。

債権者

と怒りますので、このB会社の債権者に対し、債権者保護手続が必要になるのです。

　以上が分割契約書の内容の違いでした。
　では、ほかに違いを見てみましょう。

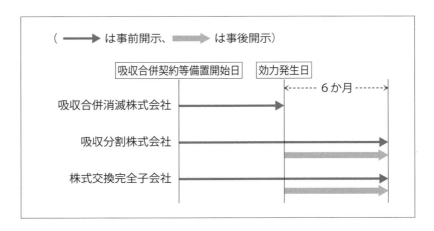

　まずは事前開示・事後開示の部分です。これは前に載せた図とほぼ同じです。
　合併の消滅会社の事前開示は効力発生日までです。分割会社や完全子会社は生き残りますので、効力発生の後6か月間まで事前開示と事後開示の両方をやる必要があります。

　次の違いは、承認決議です。

> 吸収分割株式会社は、原則として、吸収分割の効力発生日の前日までに、株主総会の特別決議によって、吸収分割契約の承認を受けなければならない（783Ⅰ・309Ⅱ⑫）。

分割会社の承認決議は、株主総会特別決議だけで足ります（損害を及ぼすおそれのある322条の種類株主総会決議が必要になることもありますが、ここは無視していいでしょう）。

　今までの合併の消滅会社や、株式交換の子会社の決議要件は、株主のもらう対価によって変わりました。株主がもらう対価が譲渡制限株式だとか、持分だとかいった場合は、**譲渡しづらくなるので、決議要件が重くなった**のです。

　一方、会社分割の場合は、対価は会社がもらいます。譲渡制限の株式や持分を受け取るのは、株主ではなく、会社です。したがって、**譲渡性の低いものをもらうといった不利益が、株主側にない**ため、決議要件が変わることがないのです。

─── 問題を解いて確認しよう ───

1　吸収分割承継会社を持分会社とする吸収分割を行う場合、吸収分割承継持分会社が、吸収分割株式会社に対して吸収分割承継持分会社の持分を交付するときであっても、吸収分割株式会社の総株主の同意を得ることを要しない。〔オリジナル〕　　　　　　　　　　　　○

　また、この特別決議もやらなくてもいい場合が1つ増えます。
　それが簡易手続の場合です。

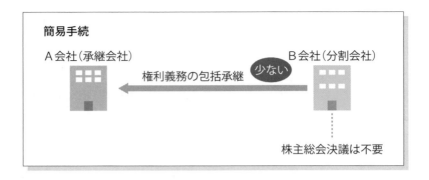

　A会社とB会社があって、B会社が事業を渡す場合、この事業がB会社にとって取るに足らないもので、渡す財産も非常に少ないという場合、B会社の株主総会の決議は要りません。

渡すものが少ない→影響が小さい→決議を取らなくていい。
分割会社の場合はこれがあり得ます。
　このB会社が合併の消滅会社の場合はあり得ません。渡すものは、権利義務のすべてだからです。
　また、このB会社が、株式交換の完全子会社だった場合もあり得ません。渡すものは、B会社の株式すべてだからです。

　会社分割の場合は、すべてを渡すというわけではありません。そのため、渡すものが少なければ、B会社では決議を省略することが認められているのです。そして、その渡すものが少ないというのは、**総資産の５分の１以下**という基準で判断します。
　今までの簡易手続の基準は、対価として渡すものが純資産の５分の１以下でした。しかし、事業を渡す場合は、**総資産が基準になります。**

1 吸収分割により吸収分割承継会社に承継させる資産の帳簿価額の合計額が吸収分割株式会社の総資産額の5分の1を超えない場合には、吸収分割株式会社は、吸収分割契約につき株主総会の承認決議を経ることを要しない。〔オリジナル〕　　○

 覚えましょう

		保護手続が必要な債権者	
		誰に	どういう場合
吸収分割	分割会社	吸収分割後、分割株式会社に対して債務の履行を請求することができない債権者	吸収分割承継会社に承継される債務がある場合
		全債権者	いわゆる人的分割の場合
	承継株式会社	全債権者	必ず

　次の違いは債権者保護手続です。分割会社では、**債務を承継会社に押し付ける場合**と、**人的分割の場合だけ、債権者保護手続が必要**です。

　一方、承継会社は、権利義務を承継するので、すべての債権者に必ず行います。この点は、合併の存続会社と変わりません。

　このように、分割会社だけ、債権者保護手続をする場合が合併と違います。

　実は、手続面についても、分割会社は若干違う点があります。

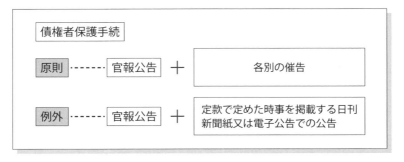

　債権者保護手続は、官報公告に加えて1人1人への連絡をするのが基本ですが、

この１人１人への連絡が大変なので、別媒体で公告をすれば、催告を省略できました。**会社分割の分割会社は、例外が使えない場合があります。**

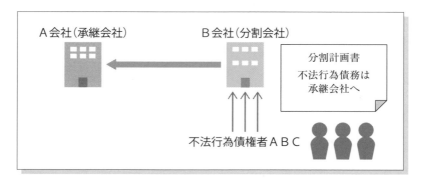

　B会社が不法行為をしてしまい、多くの債権者がいます。例えば、製品に異常があって被害を受けた方、薬害で被害を受けた方などをイメージしてください。

　B会社は、このような不法行為債権者に対する債務を何とか逃れたいと考えています。

　そのときに、**会社分割を悪用するんじゃないかということを立法者は考えました。**

　例えば、もうほとんど死んでしまっているようなA会社に対し、B会社が、事業を渡すのです。

　目的は、事業を渡す点ではありません。会社分割に伴って、B会社は、負っている不法行為債務をA会社に対し全部押し付けるのが目的なのです（その後、このA会社は破産手続をとるでしょう）。

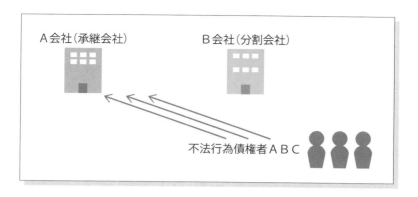

　債務の押付けをした場合、B会社では、債権者保護手続が要ります。その債権者保護手続では、下記のようなことを伝えます。

A会社に債務を押し付けます。
A会社はほとんど死んでいる会社です。
文句があるんだったら、払いますから来てください。

B会社

　そんなことを言ったら、みんな異議を述べにくるでしょう。

　そこで、B会社は官報公告と別媒体の公告をするのです。**一般の方は新聞公告など細かく見ていないので、まず気付けない**でしょう。

　このように、債権者が気付けないまま債権者保護手続を終わらせて、債務の押し付けを完了させることをしかねません。このような事態を避けるため、**不法行為債権者がいる場合については、例外手法はとるな、各別の催告をして不法行為債権者に必ず教えなさい**としたのです。
　このように、分割会社は、どんな時に債権者保護手続をするかという点だけでなく、その手続の仕方についても違いますので注意をしてください。

1　吸収分割をする場合、吸収分割承継会社においては常に債権者保護手続をとる必要があるが、吸収分割会社においては債権者保護手続をとる必要がない場合がある。〔18-29-オ（21-33-ア）〕　　○

2　吸収分割株式会社の債権者は、吸収分割後の吸収分割株式会社に対して債務の履行を請求することができないときであっても、吸収分割株式会社に対し、吸収分割について異議を述べることができない。〔26-34-エ改題〕　　×

3　吸収分割をする場合、吸収分割株式会社は、吸収分割後吸収分割株式会社に対して債務の履行を請求することができない吸収分割株式会社の債権者に対し、債権者保護手続を執らなければならない。〔オリジナル〕　　○

×肢のヒトコト解説

2　「分割株式会社に対して債務の履行を請求することができないとき」というのが、承継会社に債務を押し付けている状態を指します。

2周目はここまで押さえよう

◆ 濫用的（詐害的）会社分割における債権者の保護 ◆

債権者 → 会社 ↓ 詐害的 会社分割 ↓ 承継会社	要件	①　会社分割が「残存債権者を害する」こと ②　分割会社が残存債権者を害することを「知って」会社分割をしたこと ③　吸収分割の場合、吸収分割承継会社が残存債権者を害すべき事実を知っていたこと ④　一定期間内に請求又は請求の予告をしたこと 　　＝会社分割をしたことを知った時から2年以内又は会社分割の効力が生じた日から10年以内
	効果	承継会社等に対し、「承継した財産の価額」を限度として、自己に対する債務の履行を請求することができる
	例外	いわゆる人的分割の場合には認められない
	民424との関係	民法上の詐害行為取消権と、この権利は並存する。

ある会社が債権者からの請求を恐れて、全財産を会社分割で別の会社に承継させました（大抵、その会社の経営者は同じ人になっています）。ここで、債務の押し付けや人的分割があった場合は、債権者保護手続で債権者は保護されますが、そういったことをしなかった場合はどうなるでしょう。

　このときの債権者を保護するためのルールを会社法は用意しています。詐害行為取消とほぼ同じような要件をクリアーすれば、承継会社にも請求することができるのです。
　詐害行為取消と違って、訴訟がいらない、詐害行為自体を取り消さない点が特徴的です。

　ただ、詐害行為取消の要件もクリアーしている場合は、この２つの制度は併存します（どちらも選択することが可能です）。

☑ 1　吸収分割株式会社が吸収分割承継株式会社に承継されない　　　×
　　　債務の債権者（以下「残存債権者」という。）を害すること
　　　を知って吸収分割をした場合には、残存債権者は、吸収分
　　　割承継株式会社が吸収分割の効力が生じた時において残存
　　　債権者を害することを知らなかったとしても、当該吸収分
　　　割承継株式会社に対し、当該債務の履行を請求することが
　　　できる。〔令2-34-オ〕

　 2　教授：新設分割について異議を述べることができない債権　　　×
　　　　　　者の保護は、どのように図られますか。
　　　学生：そのような債権者は、新設分割設立会社に対して、
　　　　　　民法上の詐害行為取消権の特則として、承継した財
　　　　　　産の価額を限度として債務の履行を請求することが
　　　　　　できる場合があります。その場合には、民法上の詐
　　　　　　害行為取消権を行使することはできません。
　　　　　　　　　　　　　　　　　　　　　　　　〔28-33-エ〕

☐ 吸収分割に対して異議を述べることができる吸収分割株式会社の債権者であって、債権者保護手続の各別の催告を受けなかったものは、吸収分割契約において吸収分割後に吸収分割株式会社に対して債務の履行を請求することができないものとされているときであっても、吸収分割株式会社に対して債務の履行を請求することができる（759Ⅱ・789Ⅰ②・Ⅱ・Ⅲ）。〔令2-34-エ〕

★承継会社に債務の押し付けがあったにも関わらず、債権者保護手続において個別催告がなかった場合には、分割会社にも請求できるようにしています。個別催告を受けていない会社分割により、不測の損害を被るおそれのある債権者を保護する規定です。

最後に、新株予約権証券の提出に関する公告を見ましょう。

	株券提供公告（219Ⅰ）	新株予約権証券提供公告（293Ⅰ）
吸収分割をする場合	不要	必要 （吸収分割契約新株予約権につき）
新設分割をする場合	不要	必要 （新設分割計画新株予約権につき）

本来、新株予約権は消えないのであれば証券の回収は要りませんが、分割契約で新株予約権を消すと決めた場合については、この証券がなくなるので、新株予約権証券提供公告が必要になります（分割契約で決めたということから、この消される新株予約権を吸収分割契約新株予約権と呼びます）。

以上で吸収分割はおしまいです。

第2節 新設分割

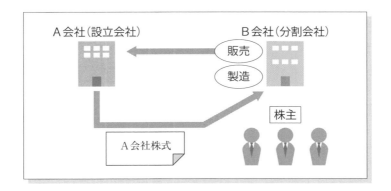

　Bという会社は販売業と製造業2つの事業をしていました。

　今回、多角化経営から、この会社は製造業だけに特化することにしました。

　具体的には、新しくAという会社を立ち上げて、販売業は全部そっちに流し込むことによって、今までB会社が販売業と製造業の2つの事業をやっていた状態から、B会社は製造業だけ、新しく立ち上げたA会社は、販売業だけをすることになります。このように会社ごとに事業を分けるときに使うのが、新設分割です。

第12編　組織再編　◆　第3章　会社分割

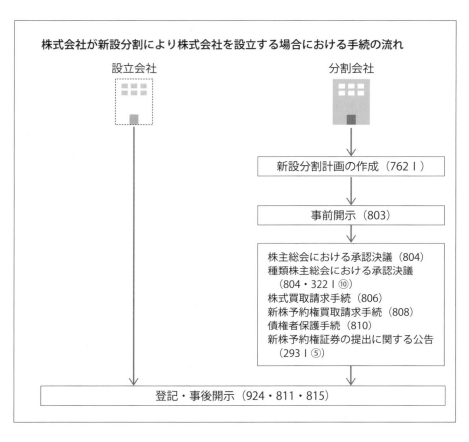

株式会社が新設分割により株式会社を設立する場合における手続の流れ

設立会社　　　　　　　　　　　分割会社

新設分割計画の作成（762Ⅰ）

事前開示（803）

株主総会における承認決議（804）
種類株主総会における承認決議
　　（804・322Ⅰ⑩）
株式買取請求手続（806）
新株予約権買取請求手続（808）
債権者保護手続（810）
新株予約権証券の提出に関する公告
　　（293Ⅰ⑤）

登記・事後開示（924・811・815）

　右側の分割会社の手続は、吸収分割の手続と全く同じです。また、設立側については会社ができるまでは何もできませんので、手続はありません。

　ただ、分割計画の内容は違ってきます。

株式会社を設立する新設分割計画（763Ⅰ各号）

1号・2号	：設立する株式会社の定款の内容の定め
3号・4号	：設立後の株式会社の機関設計に応じて取締役等の選任の定め
5号	：分割により設立する株式会社に承継される権利義務の定め
6号・7号	：対価として交付する株式の内容や2以上の会社が新設分割を行う場合はその割当て方の定め
8号・9号	：対価に加え社債や新株予約権を交付するときはその内容や割当て方法の定め
10号・11号	：新設分割株式会社の新株予約権者に新設分割設立株式会社の新株予約権を交付するときは、交付する新株予約権の内容等の定め
12号	：いわゆる人的分割に相当する行為をする場合はその旨の定め

具体的に吸収分割と違う点は、1号から4号です。

会社を立ち上げるという点で、定款や機関設計を決める必要があります。また、効力発生日を決めないところも違います。新設分割は、登記によって効力が生じるので効力発生日を決めません（**企業再編で設立するケースは、すべて登記で効力が生じています**）。

次に問題を掲載します。

基本的には吸収分割の知識を使って解いていきましょう。ただ、会社を設立するという部分については、新設合併の知識も使って解いてください。

問題を解いて確認しよう

1 新設分割株式会社の新株予約権の新株予約権者は、その新株予約権の内容として、新設分割をする場合に新設分割設立株式会社の新株予約権を交付する旨及びその条件が定められたにもかかわらず、新設分割計画において新設分割設立株式会社の新株予約権の交付を受けないこととされたときは、新設分割会社に対し、その新株予約権を公正な価格で買い取ることを請求することができる。〔22-33-オ改題〕　○

2 教授：A株式会社（以下「A社」という。）がその事業に関して有する権利義務を新設分割により設立するB株式会社（以下「B社」という。）に承継させる事例を考えてみましょう。まず、B社は、A社に対し、承継する権利義務に代わる対価を交付しないことができますか。
　学生：いいえ。B社は、対価として、B社が発行する株式を必ずA社に対して交付しなければなりません。〔28-33-ア〕　○

ヒトコト解説

1 新株予約権の承継の約束があったにもかかわらず、その承継がなかったので買取請求が可能です（この肢は、本試験の問題に不備があったのでそれを修正して出題しています）。

2 設立企業再編では対価の柔軟化は認められません。

すべての企業再編を見たところで、比較して押さえる論点、横断整理する論点を説明していきます。

この節は、企業再編制度のイメージがつき、基礎力がついてから読むようにしてください。

◆ 企業再編の当事会社のまとめ ◆

企業再編の類型		適格のある会社	企業再編の類型		適格のある会社
合併	消滅会社	制限なし	株式交換	完全子会社	株式会社のみ
	存続会社設立会社	制限なし		完全親会社	株式会社合同会社
会社分割	分割会社	株式会社合同会社	株式移転	完全子会社	株式会社のみ
	承継会社設立会社	制限なし		完全親会社	株式会社のみ
			株式交付	株式交付子会社	株式会社のみ
				株式交付親会社	株式会社のみ

例えば、株式会社と株式会社が新設合併をして、合名会社を設立することができます。合名会社が株式会社を吸収合併でのみ込むこともできます。

合併は、どういった会社でも利用できる制度です。

次に、会社分割ですが、事業をもらう方の承継会社はどんな会社でも許されるのですが、事業を渡す方の分割会社は、株式会社・合同会社のみとされています。

無限責任がいる合名会社・合資会社は分割会社にはなれないのです。

例えば、Xからの債務を負っているA合名会社が、会社分割してその債務をBという会社に押し付けた場合、どうなるのでしょう。

もし、Ｂ会社の債務につきＡの社員が無限責任を負うのでは、その社員に酷です（別会社の債務について保証する状態は納得できないでしょう）。

　一方、Ｂ会社の債務についてＡの社員が無限責任を負わないとなると、無限責任をあてにして取引した債権者Ｘに酷です。

　このように**無限責任の承継があっても、承継がなくても問題があるため、そもそも無限責任がいる会社は分割会社になれない**ことにしました。

　次に株式交換ですが、これはそもそも**株式を全部巻き上げる制度として設計**しています。そのため、**子会社は株式会社だけになります。**

　そして、この**株式交換は大掛かりな企業再編を想定しているため**、それが出来そうな**株式会社と合同会社に限定しています。**

　ただ、これが**株式移転となると親会社は株式会社のみに限定**しています。この制度がないときは、通常の設立手続（子会社の株主が株式を現物出資する）で実現していました。

　ただ、**現物出資となると検査役の調査で時間がとられるため**、株式移転の制度を作りました。

　一方、合同会社を設立して、株式を現物出資しても、**持分会社の出資には検査役の調査は入りません。**そのため、合同会社には株式移転の仕組みを認めませんでした。

　最後に、**株式交付ですが、これも親会社は株式会社のみ**です。これは、**対価として株式を渡すことが必須であるため**、株式会社以外はこの制度を使えないのです。

1	株式会社と株式会社とが新設合併をして、合名会社を設立することができる。〔18-29-ウ〕	〇
2	教授：最後に、持分会社も、新設分割をすることはできますか。 学生：合名会社及び合資会社は、新設分割をすることはできません。なお、新設分割により合名会社又は合資会社を設立することはできます。〔28-33-オ〕	〇
3	株式会社は、会社分割をする際に、分割会社となることができ、合同会社も、会社分割をする際に、分割会社となることができる。〔オリジナル〕	〇
4	合同会社は、株式移転設立完全親会社となることはできるが、株式移転完全子会社となることはできない。〔オリジナル（31-33-オ参照）〕	×
5	株式会社及び合同会社は、吸収分割をすることも吸収分割承継会社となることもできるが、合同会社は、株式交換完全親会社となることができない。〔オリジナル〕	×

×肢のヒトコト解説

4 合同会社は、株式移転の親会社・子会社のどちらにもなれません。

5 合同会社は、株式交換完全親会社にはなれます。

◆ 企業再編の効力発生日及び変更 ◆

	効力発生日	効力発生日の変更	
		可否	変更後の効力発生日の公告
組織変更	計画で定められた効力発生日	可 （注3・4）	組織変更する会社が行う
吸収型再編	契約で定められた効力発生日 （注1・2）		消滅会社等が行う
株式交付	計画で定められた効力発生日		株式交付親会社が行う
新設型再編	登記の日	条文規定なし	条文規定なし

（注1）効力発生日において、債権者の異議手続が終了していない場合、その後にこれらの手続を終了させたとしても、企業再編の効力は生じない（745Ⅵ・750Ⅵ等）。

(注2) 吸収合併消滅会社の吸収合併による解散は、吸収合併の登記の後でなければ、これをもって第三者に対抗することができない（750Ⅱ・752Ⅱ）。

(注3) 吸収型再編の場合、効力発生日の変更は、消滅会社等と存続会社等の合意により行う。

(注4) 変更後の効力発生日は、株式交付計画において定めた当初の効力発生日から3か月以内の日でなければならないこととしている。

　吸収型再編では、契約書で「効力発生日は、令和7年1月25日とする」と決めているので、その日に効力が生じます。

　ちなみに、**ここまでに手続が終わっていないと、企業再編の効力は全く生じません。**

　そのため、契約で定めた日までに終わらなそうであれば、「効力発生日は、令和7年5月25日とする」と変更することになります。

　この場合、**企業再編当事者が再契約をして、「効力発生日は変わりました」という公告をする**ことになります（契約は当事者双方で行いますが、公告は消滅会社側が行います）。

　この効力発生日の変更は、いつまでも先に延ばすことができるのですが、例外が株式交付です。

> 売ると申し込んだから、この会社にい続けるのはヤダなぁ。

株式交付
子会社の株主

　株式交付子会社の株主は、早く売れることを期待しているため、**「当初の効力発生日から3か月以内の日」**まで伸ばせると縛りを付けました。

　ちなみに、新設合併の場合には登記することによって効力が生じます。登記は効力要件です。

　一方、吸収型再編では効力発生日に効力が生じ、その後に登記をします。**吸収合併における登記は対抗するための要件**として位置づけられています。

1	新設合併は、その登記をした日にその効力が生じる。 〔21-34-ウ改題（17-32-3、18-29-ア）〕	○
2	株式交換の効力は、登記をすることによって生ずる。〔17-32-3改題〕	×
3	吸収合併の効力は、合併契約で定められた吸収合併の効力発生日に発生する。〔16-34-ア〕	○
4	吸収合併消滅会社の吸収合併による解散は、吸収合併の登記の後でなければ、これをもって第三者に対抗することができない。〔24-34-エ〕	○
5	吸収合併消滅株式会社の代表取締役が効力発生日後吸収合併の登記の前に第三者に対し吸収合併消滅株式会社が所有していた不動産を譲渡した場合には、吸収合併存続株式会社が吸収合併により当該不動産を取得したことは、当該第三者が悪意であるときであっても、当該第三者に対抗することができない。〔30-34-オ〕	○
6	吸収合併契約において定めた効力発生日に債権者の異議手続が終了していない場合には、効力発生日後に債権者の異議手続を終えたときであっても、吸収合併は、その効力を生じない。〔31-34-ウ〕	○

―――――――(×肢のヒトコト解説)―――――――

2　契約で定めた効力発生日に効力が生じます。

◆ 簡易・略式手続　総説 ◆

	簡易手続		略式手続	
	存続会社等 （設立会社）	消滅会社等	存続会社等 （設立会社）	消滅会社等
吸収合併	○	×	○	○
吸収分割	○	○	○	○
株式交換	○	×	○	○
新設合併	×	×	×	×
新設分割	×	○	×	×
株式移転	×	×	×	×
株式交付	○	×	×	×

簡易手続・略式手続は、企業再編の契約について株主総会の承認決議を要しないとする制度です。

そのため、**そもそも承認決議を行わない「新設合併の設立会社」「新設分割の設立会社」「株式移転の設立会社」では適用はあり得ません。**

次に簡易手続は、「あげるものが少ない→影響は小さい→決議を取らなくていい」という制度であるため、
・**会社の権利がすべて承継される吸収合併消滅会社**
・**株主の株式がすべて巻き上げられる株式交換完全子会社**
では適用がありません。

また、**略式手続は設立型では一切採用されません。** これは、これから設立する会社に対して既存の会社が10分の9の議決権を持っていることがあり得ないからです。

問題を解いて確認しよう

1	株主総会の承認を得ることを要しない簡易な合併手続において、合併をする各会社は、取締役会決議に基づき合併契約を締結すれば足り、株主総会の承認を要しない。〔13-29-イ〕	×
2	株式移転においては、簡易組織再編及び略式組織再編をすることができる場合はない。〔オリジナル〕	○
3	新設分割により新設分割設立会社に承継させる資産の帳簿価額の合計額が新設分割株式会社の総資産額の5分の1を超えない場合には、新設分割株式会社は、新設分割契約につき株主総会の承認決議を経ることを要しない。〔オリジナル〕	○
4	株式会社と株式会社とが新設合併をする場合において、一方の株式会社が他方の株式会社の特別支配会社であるときは、当該他方の株式会社は、株主総会の決議によって、新設合併契約の承認を受けることを要しない。〔31-34-イ〕	×
5	株式会社が新設分割により新たな株式会社を設立する場合、当該新設分割株式会社は、簡易手続による新設分割をすることができる。〔オリジナル〕	○

6 C株式会社が新設分割をしてD株式会社を設立する場合において、新 ×
設分割によりD株式会社に承継させる資産の帳簿価額の合計額がC株
式会社の総資産額の5分の1を超えないときは、当該新設分割後にC
株式会社に対して債務の履行（当該債務の保証人としてD株式会社と
連帯して負担する保証債務の履行を含む。）を請求することができない
C株式会社の債権者は、C株式会社に対し、当該新設分割について異
議を述べることができない。〔25-33-オ〕

────────────(×肢のヒトコト解説)────────────

1 消滅会社では承認決議が必要です。

4 新設型再編では略式手続は使えません。

6 簡易手続になると承認決議は省略できますが、債権者保護手続は省略できま
せん。

～場面・当事者・時期を整理して、覚えるっきゃない！～

多く出題される分野ではありませんが、重要な分野です。
ここを苦手にしている方が多いのですが、これは
① 覚えるところが多い
② 民事訴訟の知識がないためイメージが持ちづらい
ことに理由があります。
民事訴訟を学習するまでは、完全な理解を心がけず、単純暗記をすることに専念しましょう。

> **☝ Point**
>
> 設立手続（手続のミスがある） ＋ 登記
>
> → 効力が生じる
>
> → 訴訟を提起 ＋ 勝訴
>
> → 無効になる

　例えば、定款の記載事項が足りないのに、それに気付かないまま設立手続を続けていました。そして誰も気づかないまま登記まで入ってしまいました。

　この場合でも、設立の効果が生じてしまうのです。

　ここで、「設立手続にミスがあったけど、まぁいいか」と思えばそのままですが、「この設立手続のミスは許せない」と考えた株主等（828 Ⅱ①）は訴訟を起こせます。そして、訴訟に勝訴すると、設立は無効となります。

828条（会社の組織に関する行為の無効の訴え）
1　次の各号に掲げる行為の無効は、当該各号に定める期間に、訴えをもってのみ主張することができる。

828条に載っているものは、手続のミスがあっても、訴訟で勝訴しないと無効にできないとしています。

どういう手続のミスが訴訟をしないと無効にできないか、828条に掲載されている手続を見ましょう。

◆ いつまで、訴訟が起こせるのか ◆

1号　会社の設立	会社の成立の日から2年以内
2号　株式会社の成立後における株式の発行	株式の発行の効力が生じた日から6か月以内（公開会社でない株式会社にあっては、株式の発行の効力が生じた日から1年以内）
3号　自己株式の処分	自己株式の処分の効力が生じた日から6か月以内（公開会社でない株式会社にあっては、自己株式の処分の効力が生じた日から1年以内）
4号　新株予約権（当該新株予約権が新株予約権付社債に付されたものである場合にあっては、当該新株予約権付社債についての社債を含む。以下この章において同じ。）の発行	新株予約権の発行の効力が生じた日から6か月以内（公開会社でない株式会社にあっては、新株予約権の発行の効力が生じた日から1年以内）
5号　株式会社における資本金の額の減少	資本金の額の減少の効力が生じた日から6か月以内
6号～13号　会社の企業再編	企業再編の効力が生じた日から6か月以内

こちらに載っている1号～13号の手続が、訴訟が必要な手続です。そして、**この訴訟には期限が設けられています**。

民法では、無効はいつまでたっても主張できますが、取消しは、一定の期間をすぎると主張できなくなりました。その感覚と同じで、**権利関係を覆すものは期間制限を設ける**ということです。

では、どれぐらいの間、主張できるのでしょうか。

まず1号、**設立に関しては、一番長く2年**としています。手続が非常に多い、ミスが発覚すれば時間かかるといったところから一番長い期間になっています。

次に2号から4号、株式絡みで手続のミスは**原則6か月**、ただし、**非公開会社だけは1年**としています（非公開会社でも1年も経っていれば、株式が発行されたことを定時株主総会で気付けるだろうということです）。

最後に5号以下の手続（資本減少と企業再編）は**一律、効力発生から6か月で**

す。例えば合併無効の訴えは、効力発生から6か月まで可能です（だから、事後開示はその6か月経つまですることが必要になります）。

裁判所 判決 ○○手続を無効とする （請求認容判決）	論点		結論
	請求認容判決の及ぶ範囲		原告・被告のみならず、第三者に対してもその効力を有する(838)
	将来効遡及効	原則	将来効 ：将来に向かってその効力を失う(839)
		例外	遡及効になる場合 ・株主総会の決議の取消しの訴え

判決 A会社の設立は無効とする ⟹ 効果 すべての人

訴訟で勝訴すると、その手続が無効になりますが、**その無効はすべての人に対して主張ができます**。これを対世効と呼びます。

　本来、民事訴訟は訴えた人と訴えられた人の間に効力が生じ、他の人には効力が生じないとされています。

　しかし、その基本を貫くと、**訴えた株主と訴えられた会社の間では、設立は無効になるけど、訴えていない株主と会社の間では会社は残っているというよくわからない状態**になります。

　そこで、ここは民事訴訟の原則を曲げて、「勝った場合は、全ての人に対して効力が生じる」ことにしました。

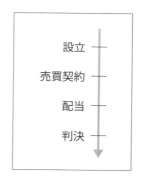

　例えば、ある会社を設立しましたが、手続のミスがあったたために訴訟が起こされました。その後、複数の売買契約をし、株主に配当した後に、「あなたの会社の設立は無効です」という判決が出たとします。

　もし、遡及効があれば、初めから設立していなかったということになります。その場合、**今までの取引は、全部無効だったことになり、売買契約の清算が必要**となります。また、会社は初めからなかったということは、配当もなかったことになるので、**これまでに配当した株主からお金を取り返すことが必要になり、これでは多くの方に迷惑をかける**でしょう。

　そのため、**会社の組織に関する無効の訴えは、遡及効はない**ことにしました。先ほどの例で言えば、今までのことは有効として、判決時点から会社はなくなったという処理をします。

　ただ、例外的に**株主総会の決議取消しの訴えの勝訴判決は遡及効で処理**されま

す。「初めから決議をしていなかった」と処理されるので、多くの人に迷惑をかける関係から、提訴期間を3か月とかなり短くしています（被害が大きくならないようにしています）。

問題を解いて確認しよう

1	株式会社の設立の無効の訴えに係る請求を認容する判決が確定した場合には、設立は、初めから無効となる。〔26-27-オ〕	×
2	吸収合併を無効とする判決が確定した場合には、吸収合併の効力発生後当該判決の確定前に吸収合併存続会社がした剰余金の配当も、無効となる。〔24-34-オ〕	×
3	株主総会の決議取消しの判決は、第三者に対しても効力を有する。〔61-40-オ（6-35-3）〕	○
4	自己株式の処分の無効の訴えは形成訴訟であるから、その請求を認容する確定判決は第三者に対してもその効力を有するが、株主総会の決議の無効の確認の訴えは確認訴訟であるから、その請求を認容する確定判決は第三者に対してその効力を有しない。〔18-34-オ〕	×
5	持分会社の設立の取消しを認容する確定判決には遡及効がないが、株主総会の決議の取消しを認容する確定判決には遡及効がある。〔18-34-ウ〕	○

×肢のヒトコト解説

1 無効の判決があっても、遡及効がありません。

2 遡及効がないため、そこまでに行った配当は有効のままです。

4 対世効が認められるため、第三者にも効力が生じます。

第13編　訴訟

☐ 会社の設立の無効の訴えに係る請求を認容する判決が確定したときは、当該判決において会社の設立は無効とされ、将来に向かってその効力を失う（839・834①）。そして、株式会社は、設立の無効の訴えに係る請求を認容する判決が確定した場合には、清算をしなければならない（475②）。

〔30-27-ア、令3-27-オ〕

★「設立の無効」の判決が確定すると、その時点から設立が無効になります。ただ、ここまで会社は多くの権利義務を持っているので、これをきれいにする必要があります。そのため、設立の無効の判決が確定した場合は、「権利義務をなくすために」清算手続に入ることとされているのです。

◆ 責任追及等の訴え ◆

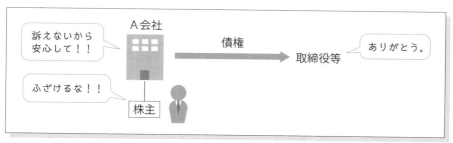

　ある取締役が何かをやらかして、会社が取締役に対して損害賠償債権を持っています。ただ、会社が身内の役員をかばってこの債権を使おうとしません。そのときに、株主が会社に代わってこの債権を使って取締役を訴えることができます。

　このように、**株主が会社の債権を代わりに使って訴える**。これを責任追及等の訴えもしくは株主代表訴訟といいます。

```
┌─────────────────────────────────────────────────────────────┐
│  ┌───────────────────────────────────────────────────────┐  │
│  │ 株主は、会社に対して、取締役の責任を追及する訴訟を提起するよう  │  │
│  │ 請求する                                              │  │
│  └───────────────────────────────────────────────────────┘  │
│                          ↓                                   │
│  ┌───────────────────────────────────────────────────────┐  │
│  │ 株主が請求をしたにもかかわらず、会社が60日以内に訴訟を提起し  │  │
│  │ ない場合                                              │  │
│  └───────────────────────────────────────────────────────┘  │
│                          ↓                                   │
│  ┌───────────────────────────────────────────────────────┐  │
│  │ 当該株主は、会社の代わりに、自らが原告となって訴訟（株主による │  │
│  │ 責任追及等の訴え）を提起することができる                   │  │
│  └───────────────────────────────────────────────────────┘  │
└─────────────────────────────────────────────────────────────┘
```

　まずは、**訴えるように請求することが必要**です。請求したのにもかかわらず、会社が何もしてくれなければ、株主は取締役等に対し、訴えることができるようになります。

　ただ、**いきなり訴えることができる場合もあります**。次の条文を見てください。

> 60日の経過により、株式会社に回復することができない損害が生じるおそれがある場合には、株主は、株式会社のために、直ちに責任追及等の訴えを提起することができる。(847Ⅴ)

　キーワードを押さえてください。「**回復することができない損害が生じるおそれ**」がある時は、いきなり訴えを起こせます。

◆ 責任追及等の訴えの提起を請求することができる者 ◆

公開会社	6か月前から引き続き株式を有する株主
非公開会社	株主

　この責任追求の訴えは単独株主権のため、**1株でもあればできます**。

　ただし、**6か月の保有期間の縛りがついています**。そのため、昨日株式を買った人が、今日こういった手続をとることはできません（これを認めると、**責任追及の訴えを目的に株式を買う人が出る**でしょう）。

　ただし、**非公開会社という株式を買いづらい会社では「責任追及の訴えを目的に株式を買う」というおそれはない**ため、保有期間に関わらず請求することがで

きます。

問題を解いて確認しよう

1 6か月前から引き続き株式を有する会社法上の公開会社の株主は、会社に対し、書面をもって取締役の責任を追及する訴えの提起を請求することができる。〔4-29-3（7-30-3、9-31）〕 ○

2 株主は、責任追及の訴えを提起する前に、株式会社に対し、取締役の責任を追及する訴えを提起するように請求しなければならず、直ちに訴えを提起することはできない。〔12-34-ア〕 ×

――― ×肢のヒトコト解説 ―――

2 「回復することができない損害が生じるおそれ」があるような場合には、直ちに訴えることが可能です。

第13編 訴訟

この分野は毎年1問必ず出題されます。

ただ、この分野、正答率の上下が非常に激しく、簡単に取れる年もあれば、難しい年もあります。

全く勉強をしないのはNGですが、深入りしすぎるのもNGという分野です。

～商行為、民法との違いを押さえるのがポイントです～

第1章　商行為

ここでは、民法と取り扱いが変わる行為を見てみます。
① そもそも、どういった行為が民法と違う扱いを受け
け
② 民法とはどういった違いが生じるのか
この2点を見ていきます。

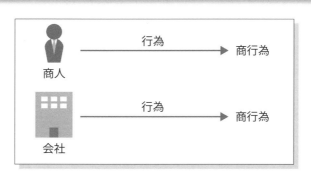

商人が行為をすると商行為と扱われ、民法と違った扱いを受けることがあります（例えば、特約がないのに利息が取れる場合があります）。

また、会社も商人なので、会社がした行為も商行為と扱われ、民法とは違った

扱いを受けます。

　では、そもそもどんな方が商人と扱われるのでしょうか。**会社は商人であると規定されている**ので、論点になるのは自然人です。

> **商4条（定義）**
> 1　この法律において「商人」とは、自己の名をもって商行為をすることを業とする者をいう。

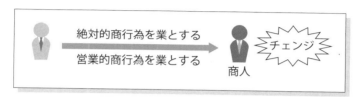

　ある方が、絶対的商行為、営業的商行為ということを自分の商売にしました。この2つを商売にしたら、その方は商人となります。

　では、その絶対的商行為、営業的商行為とはどういうものかを見ましょう。

> **商501条（絶対的商行為）**
> 　次に掲げる行為は、商行為とする。
> ①　利益を得て譲渡する意思をもってする動産、不動産若しくは有価証券の有償取得又はその取得したものの譲渡を目的とする行為
> ②　他人から取得する動産又は有価証券の供給契約及びその履行のためにする有償取得を目的とする行為
> ③　取引所においてする取引
> ④　手形その他の商業証券に関する行為

　501条は、1号と2号だけ覚えてください。

　1号というのは**安く買って高く売る**という行為で、一方、2号というのは、逆に、**先に高値で売り込んでおいて、安く買えるところから買う**という行為です。

　どちらにしても、もともと売るつもりで買うというのがこの1号と2号です。**自分が使っていたものを売った場合は、1号2号に当たりません。**

　1号というのはレンタル業、2号は製造業、4号は運送業と思ってください。

　5号、請負を商売にした場合です。ちなみに私は講義をするという請負を生業にしてます。

　8号、銀行取引、ここは内容を知っておいてください。

　「お金を預かって、それを貸す」 ことが銀行取引と扱われます。預かったものを貸すのがポイントで、**自己資金を貸す場合には、この銀行取引に当たりません。**

　502条は、今説明したものを押さえておけば十分でしょう。

502条の商売とは別基準で、商人となる人がいます。

それは、**店舗を構えていた場合**です。自分の畑で採れた大根を店舗を作って売っている場合がこれに当たります。

安く買って高く売るなら501条1号に当たりますが、**自分のところでできたものを売る場合は、501条に当たりません**。ただ、店舗を構えていた場合は、商人になるのです。

ある自然人の方が鉱業をしていた場合、商人となります。鉱業という大がかりなことをしている方は、商人と扱うことにしているのです（ただ、自然人が鉱業するなんてことは、普通はないと思いますが……）。

以上、どんな方が商人と扱われるかという論点は終わりです。

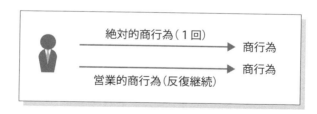

商人ではない自然人がいたとします。しかし、この**自然人の行為が商行為となる場合があります**。

まずは絶対的商行為です。「安く買って高く売る」「高く売り込んでおいて、安

く買う」これを1回でもやれば、その1回の行為は商行為扱いされます。

もう1つ営業的商行為、502条のケースです。**これは1回ではなく、反復継続した場合には、商行為と扱います。**

商行為になるのは、商人の行為だけではないこと、商人ではない人の行為も、商行為の適用を受ける場合があることを理解してください。

問題を解いて確認しよう

1	商人でない者が他に譲渡して利益を得る意思で別荘地を有償で取得する行為は、商行為である。〔61-33-5〕	○
2	甲は、転売によって利益を得ることを目的として、数人の友人から、複数の時計を無償で譲り受けた場合、当該時計の譲受けは、商行為ではない。〔オリジナル〕	○
3	甲は、自分で乗車する目的で車を購入したが、後に当該車の価額が騰貴したため、転売するチャンスだと思い、これを売却した場合、当該車の購入は、商行為である。〔オリジナル〕	×
4	利益を得て譲渡する意思をもって自動車を有償で取得する行為は、商行為である。〔14-35-ア〕	○
5	利益を得て譲渡する意思をもってする動産の有償取得は、継続して行われる場合にのみ、商行為とされる。〔オリジナル〕	×
6	自ら栽培している果樹園の一面に店舗を構えて、収穫した果実のみを販売することを業としている者は商人である。〔56-37-4〕	○
7	会社以外の者で、物品を質にとり、自己資金で金銭を貸しつけることを業としている者は商人である。〔オリジナル〕	×

×肢のヒトコト解説

3 売却する目的で買っていないので、商行為になりません。

5 絶対的商行為なので、1回の行為が商行為と扱われます。

7 自己資金を貸すことは、銀行取引に該当しないため、商行為になりません。

では、民法と取扱いが違うところを見ていきます。そもそも、なぜ民法と取扱

いを変えているのでしょう。

商行為を見る視点
・営利性の徹底
・取引の迅速
・担保の強化

商売人は儲けるためにやっています。 だから儲けることが前提というような法律解釈をします（営利性の徹底）。

また、商売人は一般人と比べて多くの取引をします。なので、**１回１回の取引に時間をかけたくありません**（取引の迅速）。

そして、商売人は相当な数の債権を持つため、**１回１回について安全に回収したいと考えています。** だから、できるだけ、担保を発生しやすくしているのです（担保の強化）。

> **商512条（報酬請求権）**
> 　商人がその営業の範囲内において、他人のために行為をしたときは、相当な報酬を請求することができる。

民法の委任契約の場合、報酬は、特約がなければ取れません。

一方、**商売人は儲けることが通常**だから、特約がなくても、報酬を取れるとしています。

> **商513条（利息請求権）**
> 　商人間の金銭消費貸借→ 当然に法定利息がとれる
>
> 　　　　　　　　　　　　貸金債権
> 　A銀行 ――――――――――――――→ B（商人）
> 　　　　　　利息を付す旨の特約なし
> 　　　　　→　法定利息をとることができる

ＡとＢの間で利息を取るという約束をしていなかったとしても、ＡＢ両方が商人であれば、法定利息が取れます。

お互いが商売人であれば、**特約をしなくても利息をとることは分かっている**だろうということです。

> **商505条（商行為の委任）**
> 商行為の受任者は、委任の本旨に反しない範囲内において、委任を受けていない行為をすることができる。

　例えば、売買契約をしてきてくれって言ったら、契約交渉して、契約書を書いてきて、物品を持って帰ってもらう。普通そこまでのつもりで頼みますよね。
　委任状の内容は、「売買契約してくること」としか書いていなくても、引き渡しを受けるとか、契約書を書いてくることは、もちろんやっていいはずです。
　委任を受けていなくても、その常識の範囲内で行為をしていいよといった当たり前のことを規定しています。

> **商506条（商行為の委任による代理権の消滅事由の特例）**
> 商行為の委任による代理権は、本人の死亡によっては、消滅しない。

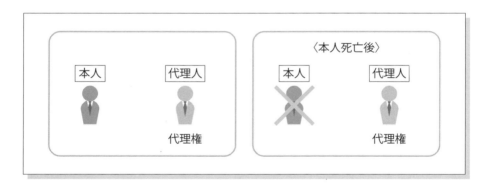

　民法の世界では本人が死んだら代理権は消えます。ただこの**本人が死んで代理権が消えるっていうルールは民法くらい**で、他の法令ではこのルールを排除していることが多いのです。
　仮に、本人が死亡して代理権を消したとしても、本人の相続人は、今までやったことがない人に頼むのではなく、今まで仕事をしていた前の代理人に頼むのが通常です。**同じ人に頼むのであれば、代理権を消す必要はない**だろうということ

で、民法の原則とは違って代理権は消えないとしました。

> **商504条（商行為の代理）**
> 　商行為の代理人が本人のためにすることを示さないでこれをした場合であっても、その行為は、本人に対してその効力を生ずる。ただし、相手方が、代理人が本人のためにすることを知らなかったときは、代理人に対して履行の請求をすることを妨げない。

　代理人が、「A代理人Bです」とは名乗らずに、「Bです。売ってください」と顕名を忘れて意思表示をしました。

　民法では顕名が要件としましたが、**商法の世界では顕名がなくても効果帰属するとしています。**

　例えば、物品の売買だった場合は、**物品さえ手に入ればいいので、誰が本人かなんてあまり関係ありません**。そういったことから、顕名がなくても効果帰属するとしました。

> 本人のために商行為となる行為についての代理行為の意味である（最判昭51.2.26）。
> よって、法律行為が代理人にとって商行為となるときは、当該法律行為は、本人に対してその効力を生じない。

　本人が「安く買って、高く売る」行為を代理で頼んだ場合に、代理人が顕名を忘れていたとしても本人に効果帰属します。

　本人の商行為を保護するのが、この条文の目的です。

　本人にとって商行為でないことを頼んでいた場合は、代理人にとって商行為になっていても、このルールの適用はありません。

相手方が本人のためにすることを知らなかった場合に、本人、代理人、相手方がどのような法律関係にたつのかが問題となる。判例は、相手方・代理人間及び相手方・本人間に成立しているが、相手方の選択によりどちらかを主張でき、一方を選択するときには、他方は主張できなくなる(判例、多数説)としている。

代理人が「Bです。売ってください」と伝えているため、相手方は、

Bさん個人と
売買契約しているんだ。

相手方

と誤解することもあります。この場合、代理人に対しても効果帰属を主張できます。

条文の言葉は、「妨げない」となっています。つまり、**本人に請求できるし、代理人にも請求できる**のです（もちろん両方から取れるというわけではなく、どちらかを選択すればもう片方からは取れなくなります）。

商504条但書が適用されるために、相手方が本人のためにすることにつき無過失を要求するのが判例(最大判昭43.4.24)、多数説である。

これはB個人での売買契約
ではないな。

相手方C

→　本人にしか効果帰属しない

民法で、顕名がなかった場合には「代理人に効果帰属する。ただし、善意無過失でなければ本人に帰属する」というルールでした。**相手方が「悪意」又は「善意有過失」の場合には代理人に請求できません。**

この部分は、商法も同じようにしています（**民法以上に、相手を保護する必要はないだろう**ということです）。相手が善意無過失の場合だけ代理人に効果帰属を主張できるのです。

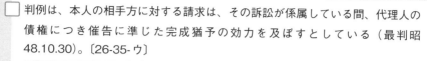
☐ 判例は、本人の相手方に対する請求は、その訴訟が係属している間、代理人の債権につき催告に準じた完成猶予の効力を及ぼすとしている（最判昭48.10.30）。〔26-35-ウ〕

　★本人に対する訴訟で負けた場合でも、代理人に対する債権が行使できるように、本人訴訟中は、代理人の債権は時効完成しないようにしています。

商511条（多数当事者間の債務の連帯）
　条件　債務が債務者の1人又は全員にとって商行為である行為によって生じた場合
　効果　連帯債務の特約なくして連帯する

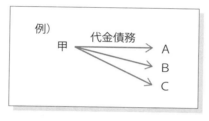

　例えば、甲がABCに不動産を売ったのですが、共同購入者の1人Aは後々高く売るつもりで、この不動産を買ったのです。この場合、このABCの債務は連帯債務になります。

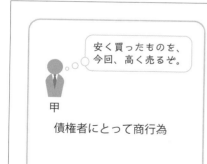

安く買ったものを、今回、高く売るぞ。

甲

債権者にとって商行為

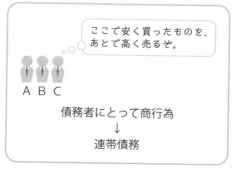

ここで安く買ったものを、あとで高く売るぞ。

A B C

債務者にとって商行為
↓
連帯債務

第14編　会社法総則・商法総則、商行為 ◆ 第1章　商行為

ここで注意して欲しいのは、**債務者の誰か1人にとって商行為だったら、連帯債務になる**ということです。債権者にとって商行為だった場合（上記の例では、甲が安く買っていた物を、高く売る場合）には、このルールの適用はありません。**債権者の事情だけで連帯債務を負わされるのは、債務者に酷**だからです。

商511条（多数当事者間の債務の連帯）
2　保証人がある場合において、債務が主たる債務者の商行為によって生じたものであるとき、又は保証が商行為であるときは、主たる債務者及び保証人が各別の行為によって債務を負担したときであっても、その債務は、各自が連帯して負担する。

　これもいくつかパターンがあるように見えますが、次の図を見てください。

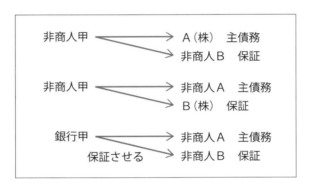

　これはすべて連帯保証になります。「**債権者が保証させる行為**」・「**主債務者の行為**」・「**保証人の行為**」どれかが商行為であれば、連帯保証になると理解しておけば十分です。

1	代理人による商行為は、代理人が本人のためにすることを示さなくても、本人に対して効力を生ずるが、代理人が本人のためにすることについて相手方が善意無過失であるときは、本人に対して効力を生じない。〔14-35-イ〕	×
2	商行為の代理に際し、代理人が本人のためにすることを示さないで法律行為をした場合において、当該代理人が本人のためにその行為をすることを相手方が過失により知らなかったときは、当該相手方は、当該代理人に対して履行の請求をすることができない。〔26-35-イ〕	○
3	商行為の代理において、代理人が本人のためにすることを示さずしてなした代理行為につき、その相手方が代理人自身のためにするものと信じて取引した場合でも、相手方は代理人に対して履行の請求をすることはできない。〔元-33-1〕	×
4	代理人が本人のためにすることを示さないで法律行為をした場合であっても、当該法律行為が当該代理人にとって商行為となるときは、当該法律行為は、本人に対してその効力を生ずる。〔26-35-ア〕	×
5	商行為の受任者は、委任の本旨に反しない範囲内において、委任を受けない行為をすることができる。〔元-33-2（26-35-エ）〕	○
6	商行為の委任による代理権は、本人の死亡によっては消滅しない。〔61-33-3（26-35-オ、令4-35-ア）〕	○
7	数人の者がそのうちいずれの者のためにも商行為とならない行為によって債務を負担した場合であっても、当該行為が債権者のために商行為となるときは、その債務は、当該数人の者が連帯して負担する。〔25-35-1〕	×
8	商人がその営業の範囲内で他人のために行為をしたときは、報酬の特約がなくとも報酬を請求できる。〔元-33-3（14-35-オ）〕	○

―――― ×肢のヒトコト解説 ――――

1 本人に対しても効果帰属します。

3 相手方が善意無過失であれば、代理人に対しても請求できます。

4 代理人にとって商行為であっても本人に効果帰属はしません。

7 債権者のためだけに商行為であっても、連帯債務にはなりません。

第14編 会社法総則・商法総則、商行為 ◆ 第1章 商行為

これより先は、商行為の中でも本試験の出題実績がほとんどない分野を掲載します。本試験直前期に軽く読むという程度でとどめるようにしてください。

これで到達！　合格ゾーン

（商人間の売買）

☐ 商人間の売買において、売買の性質又は当事者の意思表示により、特定の日時又は一定の期間内に履行をしなければ契約をした目的を達することができない場合において、当事者の一方が履行をしないでその時期を経過したときは、相手方は、直ちにその履行の請求をした場合を除き、契約の解除をしたものとみなす（商525）。〔23-35-イ〕

> ★商人間の売買は売主の保護の目線で立法されています。定期行為の場合、民法では催告なしで解除できますが（解除になるか分からない）、商法では売主の保護のため、解除したとみなすことにしています。

☐ 商人間の売買において、買主がその目的物の受領を拒み、又はこれを受領することができないときは、売主は、その物を供託し、又は相当な期間を定めて催告をした後に競売に付することができる（商524Ⅰ前段）。〔23-35-ウ〕

> ★民法では損傷等の理由がないと供託できないのですが、商法では売主保護のため、供託をほぼ無制限で認めています。

☐ 商人間の売買において、買主は、その売買の目的物を受領したときは、遅滞なく、その物を検査しなければならない（商526Ⅰ）。そして、買主は、その検査により売買の目的物が種類、品質又は数量に関して契約の内容に適合しないことを発見したときは、直ちに売主に対してその旨の通知を発しなければ、その不適合を理由とする履行の追完の請求、代金減額の請求、損害賠償の請求及び契約の解除をすることができない（商526Ⅱ前段）。しかし、売主がその不適合につき悪意であった場合には買主は、その不適合を理由とする各請求及び契約の解除をすることができる（商526Ⅲ）。〔23-35-エ〕

> ★売主の保護のため、受け取り後すぐの検査を義務にし、不適合はすぐに連絡しないと権利行使できないとしています。ただ、売主が不適合を知っていた場合は、こういった連絡がなかったとしても、権利行使を可能にしています。

（場屋営業）

場屋営業者は、客の寄託物の滅失又は毀損については、不可抗力によるものであることを証明しなければ、損害賠償責任を免れることはできない（商596Ⅰ）。〔63-30-5、30-35-ア〕

> ★場屋営業には色々なタイプがありますが、ホテルを想像してください。色々な人が出入りする場所を営業するもの、というイメージがいいでしょう。上記の条文は、ホテルのクロークが荷物を預かった場合の責任と思ってください。

寄託品が貨幣、有価証券その他の高価品である場合には、客がその種類及び価額を明告して場屋営業者に寄託したのでない限り、場屋営業者は損害賠償の責任を負わない（商597）。〔30-35-エ〕

> ★クロークに預ける際に「ここには宝石が入っています」と伝えておかないと、何があってもホテルは責任を負いません。

客が寄託せずに場屋中で携帯している物品についても、場屋営業者又はその使用人の不注意により物品が滅失又は毀損した場合は、場屋営業者は損害賠償責任を負う（商596Ⅱ）。〔30-35-イ〕

> ★ホテルの部屋にある荷物を、従業員の不注意で壊した場合、ホテルが責任をとるという条文です。

場屋営業者は、客に対して、単に客の携帯品の滅失又は毀損に関する損害賠償責任を負わない旨を告示した場合であっても、損害賠償責任を免れない（商596Ⅲ・Ⅱ・Ⅰ）。〔30-35-ウ〕

> ★「ホテルで何かがあっても、うちは責任を取りません」という一文をホテル内に貼ったとしても、それだけで責任を負わないことになりません。

（匿名組合）

匿名組合員の出資は、営業者の財産に属する（商536Ⅰ）。〔令2-35-ア〕

> ★出資するけど名前を出したくないという場合に使うのが匿名組合です。ＡＢＣが財産をＸに出資して匿名組合にした場合、その財産はＸ（営業主）のものになります。

☐ 匿名組合員は、金銭その他の財産のみをその出資の目的とすることができる（商536Ⅱ）。〔令2-35-イ〕

★上記の例ではＡＢＣは信用労務を出資することはできません。信用労務を出資されても、Ｘが運用するのは無理でしょう。

☐ 匿名組合員は、営業者の業務を執行し、又は営業者を代表することができない（商536Ⅲ）。〔令2-35-ウ〕

★上記の例でいえば、経営をするのはＸであって、ＡＢＣは経営に参加できません。

☐ 匿名組合員は、重要な事由があるときは、いつでも、裁判所の許可を得て、営業者の業務及び財産の状況を検査することができる（商539Ⅱ）。

〔令2-35-エ〕

★匿名組合員は、経営はできませんが状況の調査は可能です。ただ、出資と関係ない営業主の財産が調べられないよう、裁判所の許可制にしています。

第2章	会社法総則・商法総則

この章では、会社のルール、商人のルールを説明します。

会社のルールは会社法に商人のルールは商法に載っています。ただ、その2つのルールはほぼ変わりませんので、合わせて勉強していきましょう。

第1節　商号

商号選定に関する規制	
原則	商号選定自由（6Ⅰ、商11Ⅰ）
例外	①会社の商号選定に関する制限 　会社の種類に従い、商号中に「株式会社」などの文字を用いなければならない（6Ⅱ） ②個人商人の商号選定に関する制限 　商号中に会社であると誤認されるおそれのある文字を用いてはならない（7） ③会社・個人商人共通の制限 　不正の目的をもって、他の会社・他の商人であると誤認されるおそれのある名称又は商号を使用してはならない（8Ⅰ、商12Ⅰ） 　→他の商人の商号は、登記されていることを要しない。 　→その使用をやめるべきことを請求することができる。

商号とは、商売用の名前、看板という感じでイメージしてください。

会社は商号を作る義務がありますが、**個人商人は商号を作っても作らなくても構いません**。著者である私は商人ですが、今のところ商売用の名前を作っていません。

そして、商号を作る場合には「商号自由の原則」という建前があるので、根本運送株式会社としておいて、せんべいの販売という事業にしても構いません（**事業と商号を一致させる必要はないのです**）。

商号は自由といってもいくつか規制があります。

会社の場合は必ず株式会社、合同会社、合名会社、合資会社といった会社の種

類を入れる必要があります（図表の例外①）。

また、会社以外はそういった名前を使うことができません。しかも、**誤認されるレベルの名前も使えません**。例えば、会社でないのに、「根本合名商会」という名前を使ってはいけません（図表の例外②）。

また、他の企業の名前を使って商売をする、ある意味、他人のブランド名の名声を使って商売するということもNGです。しかも、この「他の企業の名前」というのは、その**企業の名前が登記されているかどうかを問いません**（図表の例外③）。

そして、そういった不正使用をされている場合は、不正使用をしている商人に対して「その商号使用をやめろ」と請求することになります。

問題を解いて確認しよう

1	商人は、不正の目的をもって、他の商人であると誤認されるおそれのある商号を使用してはならない。〔オリジナル〕	○
2	商号の登記をしていない商人であっても、不正の目的をもって商人の営業と誤認させるような商号使用者に対し、これによって利益を害されるおそれのある場合には、この使用の差止めの請求をすることができる。〔3-32-5〕	○
3	商人は、その商号を登記しなければならない。〔21-35-ア〕	×

×肢のヒトコト解説

3 商人は商号を選ぶ自由がありますが、選んだ商号を登記する義務はありません。

覚えましょう

◆ 商号の登記の必要性 ◆

会社の商号の登記	会社は商号について登記をすることが強制されている。
会社でない商人の商号の登記	会社とは異なり、個人商人の商号は登記が強制されているわけではない。 あくまでも「登記をすることができる」だけである（商11条2項）。

会社が商号を作った場合、登記が必要です。

もともと会社というのは、登記して初めて会社になります。その登記事項に商号があります。結果的に会社になりたければ、登記することが強制されているんです。

　一方、自然人の場合は完全に自由です。**選ぶことも自由**だし、**登記するかどうかも自由**にしています。

	個人商人の商号の譲渡
商号を譲渡できる場合	①営業とともに譲渡する場合 ②営業を廃止する場合
商号譲渡の対抗要件	登記をしなければ、第三者の善意・悪意に関わらず、対抗することができない

```
商号　　まんぷく食堂 ──譲渡──▶ 田中太郎
営業　　食堂経営
　　　　（土地・建物……）
営業主　根本正次
```

　商号の譲渡というのは、看板を売る、ブランドを売るというイメージです。

　例えば、ある根本という人が、「まんぷく食堂」という看板で食堂経営をしていましたが、この看板を売ることにしたのです。

　どんな場合にこんなことするでしょう。

　これは商売を辞めるときですよね。こういった**商売を辞めるタイミングで商号を売る**ということが認められています。

　それだけでなく、**商売と一緒に商号を売るという場合も認めています**（事業承継といったほうが響きはいいでしょうか）。

　ただ１つ縛りがあります。登記です。

　この**商号の譲渡をした場合は、登記をしないと第三者に主張ができません**。

例えばこの商号を他の人にも売った、二重譲渡があった場合には、知っていた・知らない関係なく、登記しなければ対抗できないのです。本来、**商取引の世界は善意悪意でカタをつけるのですが、ここだけは珍しく、登記でカタをつける**というようになっています。

問題を解いて確認しよう

1	商号は営業とともにする場合でなければ、これを譲渡することができない。〔2-34-2（21-35-ウ）〕	×
2	商人は、営業を廃止して、その商号を他人に譲渡することができる。〔3-32-4〕	○
3	登記した商号の譲渡は、その旨の登記をしないと効力を生じない。〔3-32-1〕	×
4	商号の譲渡は、その登記をしなければ、これをもって第三者に対抗することができず、第三者が善意であるか悪意であるかを問わない。〔オリジナル〕	○

×肢のヒトコト解説

1 営業を廃止する場合にも、譲渡ができます。

3 登記しないと、第三者に対抗できません。

商14条（自己の商号の使用を他人に許諾した商人の責任）
　自己の商号を使用して営業又は事業を行うことを他人に許諾した商人は、当該商人が当該営業を行うものと誤認して当該他人と取引をした者に対し、当該他人と連帯して、当該取引によって生じた債務を弁済する責任を負う。

Ａは、まんぷく食堂という商号で食堂を経営していて、地元では相当有名でした。一方、Ｂが商売を始めようと思ったのですが、ただ、Ｂはあまり有名ではありません。何か物品を仕入れようと思っても、「見ず知らずの者には売れない」「大量注文は断わる」と言われ、うまく行きませんでした。

　そんなことをＡに相談したら、

うちのまんぷく食堂って名前使っていいよ。
そうすれば箔もつくし、
いろんな取引もスムーズに行くよ。

Ａ

と言ってくれたので、Ｂがこの申し出を受けました。
　こういうのを名板貸といいます。商号を貸している、使わせているというイメージです。

　ここで、このＢがある八百屋さんＣに対し、「まんぷく食堂　越谷支店です」「キャベツを20ケース売ってくれ」と注文しました。そうしましたら八百屋が

まんぷく食堂ということは、Ａの店だね。
Ａなら大丈夫だ。

八百屋Ｃ

と誤解をして売ってしまいました。
　契約をしているのはＢとＣの間ですが、**Ｃは「Ａと取引している」と信頼していて、Ａは誤解されてもしょうがないことをしています。**

　そのため、Ｃに対する代金債務は、Ｂだけでなく、Ａも負い、ＡＢは連帯債務の関係になります。

名前を貸す→それを信用する人がいる→連帯債務を負いなさい

という理屈です。

名板借人が不法行為をしました。名板貸人は、ここまで責任を負うのでしょうか。

条文を確認してください。**「取引によって生じた債務を弁済する責任を負う」**と規定されています。

そのため、名板借人が不法行為をしても、名板貸人は責任を取らないのが原則ですが、**取引が絡んだ不法行為をしていた場合には、責任を負う**ことになります。

問題を解いて確認しよう

1	自己の商号を使用して営業することを許諾した者は、自己を当該営業を行う商人であると誤認して取引をした者に対して、その取引によって生じた債務につき、その他人と連帯して弁済の責めを負う。〔2-34-4（3-32-3）〕	○
2	甲が自己の商号を使用して営業をすることを乙に対して許諾している。乙が営業のため自動車を運転中、誤って丙を負傷させた場合において、その自動車に甲の商号が記載されていたため、丙が甲を営業主であると誤認したとしても、甲は、丙に対し、その事故によって生じた損害賠償債務について弁済の責めを負わない。〔58-39-4（21-35-イ）〕	○
3	自己の商号を使用して営業を行うことを他人に許諾した商人は、当該商人が当該営業を行うものと誤認して当該他人と取引をした者に対し、当該他人が当該取引に関する不法行為により負担することとなった損害賠償債務を弁済する責任を負わない。〔29-35-2〕	×

2周目はここまで押さえよう

	①虚偽の外観の存在 事業又は営業の主体はB（名板借人）であるにもかかわらずA（名板貸人）の商号を使用していること
要件	②外観作出についての帰責性 A（名板貸人）がB（名板借人）に対して商号を使用して事業又は営業を行うことを許諾したこと
	③外観に対する信頼 A（名板貸人）が事業主体であると誤認してB（名板借人）と取引をした者があること　※重過失は保護しない
効果	A（名板貸人）はB（名板借人）と連帯して、取引によって生じた債務を弁済する責任を負う

　名板貸の要件、効果をもう少し詰めていきます。
　要件は「嘘の外観があって」「それを信じてしまった」、そして、「その嘘は本人に落ち度があった」という点にあります。

　ここで信じたというためには、「善意・無過失」「善意・軽過失」であればよいとされています。
　商人は取引量が多いため、1つ1つの取引にそこまで慎重になれないということがあるため、重過失でなければ保護するというのが裁判所の見解です。

☑ 1　商法第14条の責任は、商号使用の許諾を受けた者をその許　　×
　　諾をした商人と誤認して取引をした者に対する責任であり、
　　取引の安全の保護の要請が高いことから、誤認が取引をし
　　た者の過失による場合は、商号使用の許諾をした商人は、
　　当該責任を負わない。〔58-39-1改題〕

第14編　会社法総則・商法総則、商行為　◆　第2章　会社法総則・商法総則

☐ 名板貸人が当該責任を負う場合には、名板借人の営業は、特段の事情のない限り、その許諾をした名板貸人の営業と同種の営業であることを要する（最判昭43.6.13）。なお、例外的に業種を異にする場合であっても、名板貸人との取引であると誤認するおそれが十分にあるような特段の事情がある場合には、当該名板貸人は商法14条の責任を負う（同判例）。〔令5-35-イ〕

★先ほどまでの事例でいえば、まんぷく食堂の名前で食堂経営を始めたのであれば、取引相手も信用しますが、まんぷく食堂の名前で家電の販売をした場合は、「名前は同じだけで別の人だな」と通常は信用されません（業種が違っても、場所が同じ、従業員が同じ場合など相当な事情がある場合に、名板貸人に責任を認めた判例もあります）。

第2節 会社の使用人・商業使用人（会社法総則・商法総則）

◆ 使用人の種類と権限のイメージ ◆

支配人
特定事項の委任を受けた使用人　　　　　権限が強い
物品販売店舗の店員
その他の営業使用人

　会社の従業員には色々な肩書きがあります。最近は○○代行、○○代理、○○補佐、副○○、担当○○といった肩書きが乱発されていて、その人にどのような権限があるのかわかりづらくなっています。

　商法や会社法では使用人を、「支配人」「ある種類又は特定の事項の委任を受けた使用人」「物品の販売を目的とする店舗の使用人」「その他の営業使用人」に分けています。

　この中でも支配人の権限は最も大きいものです。イメージとしては単なる支店長ではなく、**その地区を全面的に任せているエリア長など**を想像してください。これはあとで詳細に説明します。

> **14条（ある種類又は特定の事項の委任を受けた使用人）**
> 　事業に関するある種類又は特定の事項の委任を受けた使用人は、当該事項に関する一切の裁判外の行為をする権限を有する。
> 　2　前項に規定する使用人の代理権に加えた制限は、善意の第三者に対抗することができない。

　例えば、営業課長・購買課長・資材課長などの役職の名義で契約を締結した場合には、どうなるのでしょうか。

　会社法14条には、「ある種類又は特定の事項の委任を受けた使用人」は、その事項に関して一切の裁判外の行為をなす権限を与えられている旨を定めており、**明らかにこれらの部課長の担当範囲に属する契約と認められる場合は、代理権を有していると扱うことにしました。**

　したがって、上記のような役職の名義で締結した場合にも、これらの部・課長の担当範囲である限りは効果帰属するとして処理されます。

　部課長であれば権限をもっていると思うのが通常なので、「この部課長は○○しかできない」と縛りをかけても、知らない人には主張はできません（主張できない内容なので、登記もできません）。

> **15条（物品の販売等を目的とする店舗の使用人）**
> 　物品の販売等（販売、賃貸その他これらに類する行為をいう。以下この条において同じ。）を目的とする店舗の使用人は、その店舗に在る物品の販売等をする権限を有するものとみなす。ただし、相手方が悪意であったときは、この限りでない。

　例えば、スーパーの店員・店長を想像してください。彼らには、その店舗にある物品の販売等の権限があると思われているので、条文も権限があるとみなすとしました。

　ただ、スーパーの中で掃除をしている人に対して、「売ってくれ」といっても意味がないですよね。権限がない方とわかっているのに、取引しても効果帰属はしません。

　ちなみに、この使用人の権限は狭いものとなっています（後で見る支配人のように、営業に関する一切の裁判上又は裁判外の行為をする権限まで持つものではありません）。

1	商人の営業に関する特定の事項の委任を受けた使用人の代理権に制限を加えたときは、当該商人は、その登記をしなければならない。〔24-35-オ〕	×
2	物品の販売等を目的とする店舗の使用人は、相手方が悪意であったときを除き、その店舗に在る物品の販売等をする権限を有するものとみなされる。〔オリジナル〕	○
3	物品の販売を目的とする店舗の使用人は、その店舗に在る物品の販売に関する一切の裁判上又は裁判外の行為をする権限を有する。〔24-35-エ〕	×

―――――――(×肢のヒトコト解説)―――――――

1 制限は対抗できないため、登記することもできません。

3 「一切の裁判上又は裁判外の行為」までの権限はありません。

◆ 支配人の権限 ◆

事項的範囲	①会社の事業に関する一切の裁判上又は裁判外の行為（11 I） ②支配人は、他の使用人を選任し、又は解任することができる（11 II）
場所的範囲	特定の営業所（本店又は支店、商登44 II ②参照）

「君にこの営業所は全部任せる」といった強い権限を与えた場合が支配人となります。支配人という名前が付いているかどうかではなく、**包括的な代理権を与えているかどうかで決まります**。

この支配人は絶大な権限があり、図表の①に載っているように「一切の」こと

ができます。事業に関することは全てでき、しかも**裁判までできます**。

　ここまで見てきた使用人は、裁判はできません。ただ、ここの支配人に関しては、裁判までできます。

　また、**支配人には人事権まであります**。従業員を自分の権限で雇うことができます（図表の②に当たります）。

役員の職務内容との関係上、ある役職との兼任が禁止される。
（331 Ⅲ・Ⅳ・335 Ⅱ・400 Ⅳ）

　支配人は、兼任禁止に引っかかる場合があります。

　例えば、取締役と監査役を兼ねることはできませんよね。自己監査になるという理由からでした。

　同じように、**支配人と監査役を兼ねることはできません**。また、**監査役が子会社の支配人を兼ねる**こともできません。監査役には子会社調査権がありますので、その子会社の支配人と一緒になることも認められません。

👆**Point**

支配人に選任されたことにより社外取締役や社外監査役（2⑮・⑯）の要件に当てはまらなくなる。

　支配人になれば、業務を執行することになり、社内側の人間になります。そのため、社外性の要件を失うことになります。

　　　　　　　　　　　　　問題を解いて確認しよう

1	個人商人の支配人は、商人に代わってその営業に関する裁判上の行為をする権限を有しない。〔オリジナル〕	×
2	支配人は、商人に代わって、その営業に属する裁判外の行為をすることはできるが、裁判上の行為をすることはできない。〔14-27-1〕	×
3	代表取締役は、株式会社の業務に関する裁判上又は裁判外の行為をすることができ、支配人も、会社に代わってその本店又は支店の事業に関する裁判上又は裁判外の行為をすることができる。〔オリジナル〕	○
4	支配人は、使用人を解任することができる。〔8-33-2〕	○

✕肢のヒトコト解説

1,2　支配人には、裁判をする権限まで認められています。

覚えましょう

◆ 競業禁止・競業避止義務の比較 ◆

	株式会社 持分会社	個人商人	持分会社	株式会社
	会社の支配人 （12Ⅰ）	個人商人の 支配人 （商23Ⅰ）	業務執行 社員 清算人 （594・651Ⅱ）	取締役 執行役 清算人 （356・365・ 419Ⅱ・482Ⅳ）
禁止・避止 義務の範囲	①営業を行うこと ②自己又は第三者のために会社の事業の部類に属する取引をすること ③他の会社又は商人の使用人となること ④他の会社の取締役、執行役又は業務を執行する社員となること	①営業を行うこと ②自己又は第三者のためにその商人の営業の部類に属する取引をすること ③他の商人又は会社若しくは外国会社の使用人となること ④会社の取締役、執行役又は業務を執行する社員となること	①自己又は第三者のために持分会社の事業の部類に属する取引をすること ②同種の事業を目的とする会社の取締役、執行役又は業務を執行する社員となること	取締役が自己又は第三者のために株式会社の事業の部類に属する取引をしようとするとき
競業の要件	会社の許可	商人の許可	当該社員以外の社員全員の承認	株主総会決議（取締役会設置会社にあっては取締役会決議）

図表に、禁止されていることがまとまっています。

株式会社では、取締役などは株式会社の事業の部類に属する取引をすることが禁じられています。

一方、持分会社になると、「同業他社の役員になるのはダメ」と禁止されることが増えます。

　さらに支配人になると禁止事項がもっと増えます。
　支配人になると、「競業がダメ」でなく「役員等になることもダメ」（ここには同業他社の縛りが入っていません。**同業だろうが、同業でなかろうが役員になることが禁じられます**）だけでなく、**他の方の従業員になることもできません**。
　また、**自営業を行うことも禁止**されます。

　つまり、どこかの支配人になると、競業はダメだし、従業員にもなれない、他の会社の役員にもなれない、自営業もできない、つまり、**支配人の仕事に没頭しなさい**ということです。これを精力分散防止義務と呼びます。

問題を解いて確認しよう

1	支配人は、当該株式会社の許可を受けなければ、他の異業種の会社の取締役となることはできないが、代表取締役は、当該株式会社の許可を受けなくても、他の異業種の会社の取締役となることができる。〔18-31-エ〕	○
2	株式会社における代表取締役は競業避止義務を負うが、支配人は競業避止義務を負わない。〔13-28-2〕	×
3	支配人は、商人の許可なくして、他の商人の支配人以外の使用人となることができる。〔8-33-4〕	×

×肢のヒトコト解説

2　支配人も競業避止義務を負います。

3　他の商人の使用人となることも禁じられます。

取締役

それは本来、会社が得るべき利益だ！

会社の事業の取引で＋1,000万円

　取締役が会社と同じ事業をするには、会社の承認が必要ですが、承認なしで会社のノウハウを使って取引をして、1,000万円儲けました。

　会社としては、「そのノウハウはうちのもの。それを使えば、こちらが儲けられたのに…」と思うところです。

　そのため、会社法は、承認を得ずに取引した場合

　取締役が得た利益　＝　会社の損害と推定

と考えて、その利益を損害賠償として請求できるようにしました。

（あくまでも推定なので、ひっくり返すことができます。）

支配人

それは君の才覚で得た利益だね…

自営業で＋1,000万円

　支配人が自営業をするには、会社の承認が必要ですが、承認なしで自営業を始め、彼は1,000万円儲けました。

　会社としては、「そのノウハウはうちのもの。それを使えば、こちらが儲けられたのに…」とは思いませんよね。

　このような「自ら営業した」場合には、先ほどのような「利益を損害と推定する」という規定は働きません。

☑ 1	支配人が商人の許可を受けずに自己又は第三者のためにその商人の営業の部類に属する取引をしたときは、当該取引によって自己又は第三者が得た利益の額は、商人に生じた損害の額と推定される。〔24-35-ウ（令4-35-ウ）〕	○
2	支配人が商人の許可を受けずに自己のためにその商人の営業の部類に属する取引をしたときは、当該営業によって支配人が得た利益の額は、商人に生じた損害の額とみなされる。〔オリジナル〕	× 推定する
3	商人（小商人、会社及び外国会社を除く。）の支配人が、商人の許可を受けないで自ら営業を行ったときは、当該営業によって自己が得た利益の額は、商人に生じた損害の額と推定される。〔28-35-ウ〕	×

これで到達！　合格ゾーン

☐ 商人の営業所の営業の主任者であることを示す名称を付した使用人は、相手方が悪意であったときを除き、当該営業所の営業に関し、一切の裁判外の行為をする権限を有するものとみなす（商24）。〔28-35-オ〕

　★表見支配人という制度です。支配人でないにもかかわらず、会社がそれに類似するような名前を付けていた場合、基本、会社が責任をとります（相手の保護要件は、善意であれば保護されるようになっています）。

第3節　事業譲渡・営業譲渡

```
商号    まるは煎餅
営業    せんべいの製造  ──譲渡──→  田中太郎
       （土地・建物……）
営業主  根本正次
```

ある個人商人が、せんべいの製造業をしています。今回、せんべいの製造業という事業を売ることにしました。

　事業を売るというのは、その**営業で使う一切合財を売ること**をいいます。
　せんべいの工場やその土地、ノウハウや従業員の雇用関係など、せんべいの製造に必要な物・資産・ノウハウの一切合財を売る、こういうのを事業譲渡、営業譲渡と呼びます。
　この事業譲渡、営業譲渡をすると、売った側には、自動的に制約がかかります。

商16条（営業譲渡人の競業の禁止）
　営業を譲渡した商人（以下この章において「譲渡人」という。）は、当事者の別段の意思表示がない限り、同一の市町村の区域内及びこれに隣接する市町村の区域内においては、その営業を譲渡した日から20年間は、同一の営業を行ってはならない。

　売った側には、**「しばらく同じ商売をするな」という制約**がかかります。
　売ったにもかかわらず、売った人が次の日から、せんべいの製造をしていた場合、**買った人は勝てっこありません。**
　また、一切合財売っているはずなのに、せんべいの製造をしていたら、**全部売ってないんじゃないかといった疑惑も起きます。**
　こういったことから、同じ商売をするなという制限がかかるのです。
　競業しないという特約をしなくても、**20年間は同じ商売ができないように**しています。

商16条（営業譲渡人の競業の禁止）
　2　譲渡人が同一の営業を行わない旨の特約をした場合には、その特約は、その営業を譲渡した日から30年の期間内に限り、その効力を有する。

　この年数は伸ばすことができますが、永久というところまで伸ばすことができず、**最長で30年**となっています。

> **商17条（譲渡人の商号を使用した譲受人の責任等）**
> 営業を譲り受けた商人（以下この章において「譲受人」という。）が譲渡人の商号を引き続き使用する場合には、その譲受人も、譲渡人の営業によって生じた債務を弁済する責任を負う。

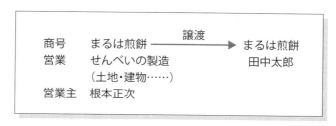

 事業、営業を譲渡するときに、看板も一緒に売るということが多いです。看板まで引き継げば、その後の商売もやりやすくなるからです。

 ただ、この**営業主に対する債権者が誤解をする可能性があります。**

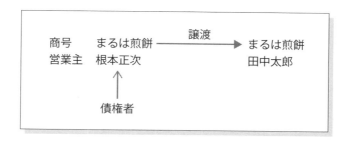

 上記の**根本に対する債権者は、看板が右の方に引き継がれることによって、右の方に対して債権を持っていると誤解する可能性があります**（債権者は営業主と取引したというより、「まるは煎餅」と取引したという意識が強いのです）。

 こういった誤解が生じるため、根本の債務は、根本と田中の連帯債務関係にしました。つまり、**看板を引き継げば、債務は連帯債務になる**ということです。

 ただ、この効果は譲受人に酷なので、逃げ道を作っています。

　誤解が起きるから責任を負わされるのであれば、**誤解が起きないようにきちんと伝えれば、責任を負わせる必要はない**でしょう。

　ただ、その伝え方に気を付けてください。1つ目は通知をすることですが、この通知は2人でやる必要があります。**商号を売った人と買った人の2人でやることによって、虚偽を防ごうとしています。**

　ただ、債権者が何十人もいた場合、この通知は非常に大変です。そこで「**私は責任を負いません**」という登記（免責の登記）をして、**みんなに知らせるという方法も認めている**のです。

問題を解いて確認しよう

1	営業を譲渡した商人は、当事者の別段の意思表示がない限り、隣接する市町村の区域内においては、その営業を譲渡した日から20年を経過する前であっても、同一の営業を行うことができる。〔オリジナル〕	×
2	営業を譲渡した商人が同一の営業を行わない旨の特約をした場合には、その特約は、その営業を譲渡した日から30年の期間内に限り、その効力を有する。〔21-35-エ〕	〇

3	営業を譲り受けた商人が営業を譲渡した商人の商号を引き続き使用する場合であっても、譲渡人が、遅滞なく、譲受人が譲渡人の債務を弁済する責任を負わない旨を第三者に対して通知したときは、譲受人は、譲渡人の営業によって生じた当該第三者に対する債務を弁済する責任を負わない。〔21-35-オ〕	×
4	営業を譲り受けた商人が営業を譲渡した商人の商号を引き続き使用する場合であっても、営業を譲渡した後、遅滞なく、譲受人が譲渡人の債務を弁済する責任を負わない旨の登記をしたときは、譲受人は、譲渡人の営業によって生じた債務を弁済する責任を負わない。〔オリジナル〕	○

×肢のヒトコト解説

1 営業譲渡すれば、自動的に20年は同一の営業をすることができません。

3 通知は譲渡人と譲受人の双方で行う必要があります。

第4節 仲立・問屋

◆ 仲立のイメージ ◆

頼まれて仲介をするという行為を見ていきます。

仲立とは、「他人の法律行為の媒介を引き受ける行為」をいい、例えば、上記の図のように、旅行を計画している人に、あるホテルを勧めて契約をさせる行為を想像してください。

Point

仲立人は、契約当事者ではない

　仲立人は、媒介（仲介）するだけで、当事者となって契約することはしません。
　上記の図でいえば、旅行代金を支払う義務は、契約をしたＡさんにあり、仲立人は支払い義務を負わないということです。
　つまり、**権利義務の負うのはＡであり、仲立人は権利義務を負わない**のです。

Point

仲立人は、特定の商人に帰属するわけではない

　旅行代理店は、いろいろなホテルを紹介します。つまり、仲立人は、不特定多数の商人と媒介契約をしているのです。

◆ 仲立人が報酬を請求するまでの流れ ◆

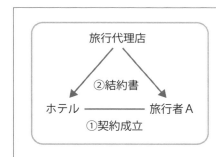
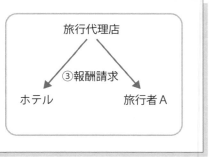

　仲介して契約が成立したら、報酬が受け取れます。成功報酬というイメージです。
　ただ、そのためには、「**結約書を作成し、各当事者に交付**」という手続を踏む**必要**があります。
　あとあと内容でもめないようにするため、という感じで押さえておけばいいでしょう。

　ちなみに、仲立人が請求できる報酬は、**当事者双方に対してそれぞれ半額ずつ**です。

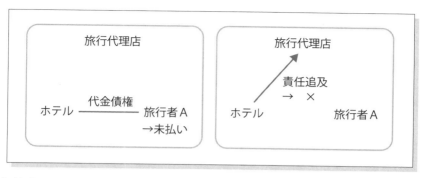

契約成立後、相手が代金を支払いませんでした。

ただ、**仲立人は契約当事者ではないので**、相手方が履行しなくても、仲立人が支払い義務を負うはずがありません。

しかし、下記のような場合は別です。

あなたと取引をしたい人がいます。理由があって、名前は言えないのですが、売ってくれませんか。

仲立人

例えば、仲介の当事者から、「自分の名前をふせて仲介してほしい」と頼まれた場合、仲立人はそれに応じる義務があります。

その場合、上記のように名前を伏せて取引をすることになります。

これで契約が成立した後に、相手が支払いをしない場合、**名前を伏せて取引をした仲立人にも責任を取らせるのです。**

他人間の商行為を仲立	商法の適用あり
商行為にならない行為を仲立	仲立営業に関する規定（商543以下）は適用されない。

例えば、不動産取引を仕事にしている人の、不動産売買を仲介した場合は、商法の仲立の適用を受けます。

一方、

- 　結婚の仲介をする
- 　商人でない知人の不動産売買の仲介をする

のような商行為でない行為の仲介を営業とする者は仲立人ではなく、民事仲立人と扱われます。

民事仲立人も商人となるので、商行為法総則の規定などの商法の規定は適用されるのですが、**仲立営業に関する規定（商543以下）は適用されません**。

以上が、仲立と呼ばれる制度で、これと比較して出題されたことがあるのが、次の問屋です。

◆ 問屋のイメージ ◆

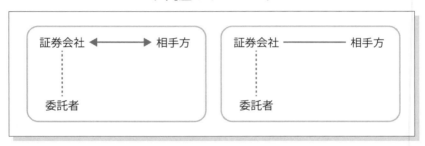

ある証券会社が、委託者から、「自分のA社株式を240円で売ってほしい」と頼まれました。

頼まれた証券会社は、証券会社の名義でこれを買いたい人に売り、この後、証券会社は、委託者から手数料をもらいます（証券会社は株式取引の取次を行っているのです）。

このような者が問屋です。

問屋は、「といや」と読みます。**一般的に知られている「とんや」とは、概念が異なります**。

「とんや」は、世間では、卸売商（商品の流通過程において生産者と小売商との間にいる商人）のことをいいます。例えば、おもちゃ問屋などです。これらの

「とんや」は「といや」ではありません。

Point

問屋は、契約当事者である

先ほどの仲立と大きく違う点はここです。問屋の場合、問屋自身が契約の当事者になります。

そのため、**問屋自身に権利義務が帰属します。**

問屋は仲立と比較しながら、学習するのが効率的です。次の図表を見てください。

◆ 問屋と仲立の比較 ◆

	仲立人	問屋
権利義務が帰属するか	×（商543）	○（商552Ⅰ）
特定の商人に帰属するのか	×（商543）	×（商552Ⅰ）
善管注意義務	仲立人は受任者として善管注意義務を負う（民644）	問屋は受任者として善管注意義務を負う（民644）。
報酬請求の時期	仲立人の媒介による契約の成立と結約書交付後（商550Ⅰ）	委託を実行した後（商552Ⅱ・民648Ⅱ）
通知	仲立人は、媒介が功を奏し、当事者間に契約が成立したときには、遅滞なく結約書を作成し、これに署名して各当事者に交付しなければならない（商546Ⅰ）。	問屋が委託者のために物品の販売または買入を行ったときには、遅滞なく委託者に対してその通知を発することを要する（商557・27）。
相手方が債務を履行しない場合	仲立人は責任を負わない 例外）当事者の一方の氏名又は商号を相手方に示さなかったときは、仲立人が履行をする責任を負う（商549）。	問屋が、その履行をする責任を負う（商553）

報酬請求の時期・善管注意義務

民法の委任に関する規定の適用により、問屋は、委託者に対して善良な管理者の注意をもって、その事務を処理する義務を負います。

また、受任者の報酬に関する民法648条2項が適用され、後払いとなります。

つまり、問屋は、委託者のためにする売買契約が成立する前に委託者に報酬を請求することはできません。

この点は、仲立も同様になっています。

通知

問屋が委託者のために物品の販売等をしたときは、遅滞なく、委託者に対して、その旨の通知を発しなければならないとされています。

民法では、委任者の請求があったとき、及び委任が終了した後の報告義務となっていますが、**問屋は、委託者の請求を待たずに通知を発すべき義務を負う**とされています。

通知をするという点では、仲立と同じですが、
「結約書を作成し、これに署名して各当事者に交付する」
という**要式性までは要求されていません。**

相手方が債務を履行しない場合

問屋は、委託者のためにした販売等について、相手方がその債務を履行しない場合には、自らその履行をする責任を負うとされています。

売却した後に相手が払わなかったら、
証券会社が責任とってくれるのか。
だったら、証券会社を利用しよう。

委託者

このような責任を認めることによって、**利用者は安心して問屋を利用することができる**ことになります。

問題を解いて確認しよう

1	商法上の仲立人は、報酬を請求することができる旨の特約がなくても、自身の媒介によって当事者間に契約が有効に成立し、その効力が発生した時点で報酬を請求することができる。〔オリジナル〕	×

2　商法上の仲立人は、その媒介した取引の一方の当事者のみから媒介の
　　委託を受けていた場合であっても、当該当事者の相手方に対してその
　　報酬の半額を請求することができる。〔31-35-オ〕　　　　　　　　　　　○

3　他人間の婚姻の媒介を行うことを業とする者は、商法上の仲立人では
　　ない。〔31-35-ア〕　　　　　　　　　　　　　　　　　　　　　　　　○

4　問屋は、委託者のためにする売買契約が成立する前であっても、委託
　　者に報酬を請求することができるが、仲立人は、媒介する商行為が成
　　立する前に、当事者に報酬を請求することはできない。〔22-35-イ〕　　×

5　問屋は、委託者のためにする売買に関し、委託者に対して善良な管理
　　者の注意をもって事務を処理する義務を負うが、仲立人は、委託者の
　　ため商行為の成立に尽力する義務を負う場合であっても、媒介する商
　　行為に関し、当事者に対して善良な管理者の注意をもって事務を処理
　　する義務は負わない。〔22-35-ウ〕　　　　　　　　　　　　　　　　×

6　問屋は、委託者のためにした売買契約が成立した場合には、各当事者
　　の氏名又は商号、行為の年月日及び契約の要領を記載した書面を作成
　　し、署名し、又は記名押印した後に、その書面を委託者に交付する義
　　務を負うが、仲立人は、媒介する商行為が成立した場合でも、そのよ
　　うな義務は負わない。〔22-35-エ〕　　　　　　　　　　　　　　　　×

7　問屋は、委託者のためにした売買について、相手方がその債務を履行
　　しない場合には、その履行をする責任を負うが、仲立人は、媒介した
　　商行為について、当事者の一方の氏名又は商号を相手方に示さなかっ
　　たときを除き、そのような責任は負わない。〔22-35-オ〕　　　　　　○

8　問屋は、委託者のためにした物品の販売に関し、支払を受けることが
　　できるが、仲立人は、媒介した商行為に関し、当事者のために支払を
　　受けることはできない。〔22-35-ア〕　　　　　　　　　　　　　　　○

───《 ×肢のヒトコト解説 》───

1　結約書を交付したら、報酬請求できます。

4　問屋も仲立人も、報酬は後払いです。

5　問屋も仲立人も、善管注意義務を負います。

6　問屋の場合、通知は必要ですが、書面は不要です。仲立人の場合は結約書を
　　使った通知が必要です。

これで、会社法の講義は終了です。

ここでは、本書を通読した後の学習方法について、説明します。

〈本書を通読した方の今後の学習法〉

① 順番通りに、本書を２回から３回読む
  ↓
② 商業登記法を読み始める
  ↓
③ 本書に戻ってきて、商業登記法で触れられないところをメインに読み込む
  ↓
④ 過去問集を解き、答案練習会に参加する

まずは、他の書籍と同じように**本書を２回から３回、順番どおりに読んでいきましょう**。ここでは、「暗記しましょう」の部分を、しっかり暗記することに心がけましょう。

そして、この後は**本書の理解度を問わず商業登記法に入りましょう**。

商業登記法は、本書のルールを実際に使っていく科目になります。ルールだけ見ているときより、当てはめる作業をした方が、知識は定着します。

商業登記法での繰り返しができるようになったら、**本書に戻ってきましょう**。商業登記で触れている知識については、スムーズに読めるようになりますので、**それ以外の部分をメインに読んでいきましょう**。

ここまでいくと、合格力が相当ついてきていますので、このあとは、過去問題（過去問題集合格ゾーン）を解いたり、答案練習会（LEC精撰答練）に参加し、**新作問題を通じて知識を増やしていきましょう**。

索引

LEC東京リーガルマインド　令和7年版 根本正次のリアル実況中継
司法書士 合格ゾーンテキスト **6** 会社法・商法

〈執筆者〉

根本 正次（ねもと しょうじ）

2001年司法書士試験合格。2002年から講師として教壇に立ち、20年以上にわたり初学者から上級者まで幅広く受験生を対象とした講義を企画・担当している。講義方針は、「細かい知識よりもイメージ・考え方」を重視すること。熱血的な講義の随所に小噺・寸劇を交えた受講生を楽しませる「楽しい講義」をする講師でもある。過去問の分析・出題予想に長けており、本試験直前期には「出題予想講座」を企画・実施し、数多くの合格者から絶賛されている。

令和7年版 根本正次のリアル実況中継
司法書士 合格ゾーンテキスト
❻ 会社法・商法

2019年5月20日	第1版 第1刷発行
2024年6月25日	第6版 第1刷発行

執　筆●根本 正次
編著者●株式会社　東京リーガルマインド
　　　　LEC総合研究所　司法書士試験部

発行所●株式会社　東京リーガルマインド
　　　　〒164-0001　東京都中野区中野4-11-10
　　　　　　　　　　アーバンネット中野ビル
　　　　LECコールセンター　☎0570-064-464
　　　　　受付時間　平日9：30〜20：00／土・祝10：00〜19：00／日10：00〜18：00
　　　　　※このナビダイヤルは通話料お客様ご負担となります。
　　　　書店様専用受注センター　TEL 048-999-7581 / FAX 048-999-7591
　　　　　受付時間　平日9：00〜17：00／土・日・祝休み
　　　　www.lec-jp.com/

本文デザイン●株式会社リリーフ・システムズ
本文イラスト●小牧 良次
印刷・製本●図書印刷株式会社

根本正次
LEC専任講師

誰にもマネできない記憶に残る講義

司法書士試験は、「正しい努力をすれば」、「必ず」合格ラインに届きます。
そのために必要なのは、「絶対にやりぬく」という意気込みです。
皆さんに用意していただきたいのは、
司法書士試験に一発合格する！という強い気持ち、この1点だけです。
あとは、私が示す正しい努力の方向を邁進するだけで、
合格ラインに届きます。

私の講義ここがPoint!

1 わかりやすいのは当たり前！ 私の講義は「記憶に残る講義」

❶ 知識の1つ1つについて、しっかりとした理由付けをする。

❷ 一度の説明ではなく、時間の許す限り繰り返し説明する。

❸ 寸劇・コントを交えて衝撃を与える。

2 法律を教えるのは当たり前！ 時期に応じた学習計画も伝授

❶ 講義の受講の仕方、復習の仕方、順序を説明する。

❷ すでに学習済みの科目について、復習するタイミング、復習する範囲を指示します。

❸ どの教材を、いつまでに、どのレベルまで仕上げるべきなのかを細かく指導する。

3 徹底した過去問重視の指導

❶ 過去の出題実績の高いところを重点に講義をする。

❷ 復習時に解くべき過去問を指摘する。

❸ 講義内で過去問を解いてもらう。

根本講師の講義も配信中！

Nemoto

その裏に隠された**緻密な分析力！**

私のクラスでは、
❶ 法律を全く知らない人に向けて、「わかりやすく」「面白く」「合格できる」講義と
❷ いつ、どういった学習をするべきなのかのスケジュールと
❸ 数多くの一発合格するためのサポートを用意しています。
とにかく目指すは、司法書士試験一発合格です。一緒に頑張っていきましょう！

合格者の声　　根本先生おすすめします！

一発合格
長井 愛さん

根本先生の講義はとにかく楽しいです。丁寧に、分かりやすく説明してくださる上に、全力の寸劇が何度も繰り広げられ、そのおかげで頭に残りやすかったです。また先生作成のノートやレジュメも分かりやすくて大好きです！！

一発合格
最年少合格
大島 駿さん

根本先生の良かった点は、講義内容のわかりやすさはもちろん、記憶に残る講義だということです。正直、合格できた1番の理由は根本先生の存在があったからこそだと思います。

一発合格
大石徳子さん

根本講師は、受験生の気持ちを本当に良く理解していて、すごく愛のある先生だと思います。講座の区切り、区切りで、今受験生が言ってもらいたい言葉を掛けてくれます。

一発合格
望月飛鳥さん

初学者の私でも分かりやすく、楽しく授業を受けられました。講義全体を通して、全力で授業をしてくれるので、こちらも頑張ろうという気持ちになります。

一発合格
H・Tさん

寸劇を交えた講義が楽しくイメージしやすかったです。問題を解いている時も先生の講義を思い出せました。

一発合格
田中佑幸さん

根本先生の『論点のストーリー説明→条文根拠づけ→図表まとめ』の講義構成がわかりやすく記憶に残りやすかったです。

新15ヵ月合格コース

短期合格のノウハウが詰まったカリキュラム

LECが初めて司法書士試験の学習を始める方に自信をもってお勧めする講座が新15ヵ月合格コースです。司法書士受験指導40年以上の積み重ねたノウハウと、試験傾向の徹底的な分析により、これだけ受講すれば合格できるカリキュラムとなっております。司法書士試験対策は、毎年一発・短期合格を輩出してきたLECにお任せください。

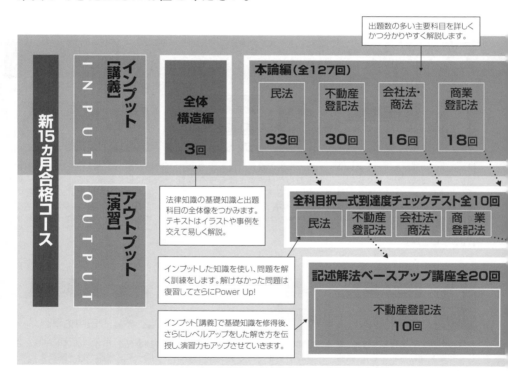

出題数の多い主要科目を詳しくかつ分かりやすく解説します。

新15ヵ月合格コース

INPUT

インプット[講義]

全体構造編 3回

本論編(全127回)

民法	不動産登記法	会社法・商法	商業登記法
33回	30回	16回	18回

法律知識の基礎知識と出題科目の全体像をつかみます。テキストはイラストや事例を交えて易しく解説。

OUTPUT

アウトプット[演習]

全科目択一式到達度チェックテスト全10回

民法	不動産登記法	会社法・商法	商業登記法

インプットした知識を使い、問題を解く訓練をします。解けなかった問題は復習してさらにPower Up!

記述解法ベースアップ講座全20回

不動産登記法 10回

インプット[講義]で基礎知識を修得後、さらにレベルアップをした解き方を伝授し、演習力もアップさせていきます。

インプットとアウトプットのリンクにより短期合格を可能に！

合格に必要な力は、適切な情報収集（インプット）→知識定着（復習）→実践による知識の確立（アウトプット）という３つの段階を経て身に付くものです。新15ヵ月合格コースではインプット講座に対応したアウトプットを提供し、これにより短期合格が確実なものとなります。

通学／通信

初学者向け総合講座

本コースは全くの初学者からスタートし、司法書士試験に合格することを狙いとしています。入門から合格レベルまで、必要な情報を詳しくかつ法律の勉強が初めての方にもわかりやすく解説します。

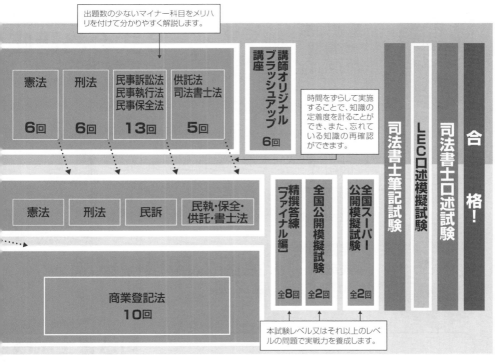

出題数の少ないマイナー科目をメリハリを付けて分かりやすく解説します。

時間をずらして実施することで、知識の定着度を計ることができ、また、忘れている知識の再確認ができます。

本試験レベル又はそれ以上のレベルの問題で実戦力を養成します。

※本カリキュラムは、2023年8月1日現在のものであり、講座の内容・回数等が変更になる場合があります。予めご了承ください。

詳しくはこちら⇒ www.lec-jp.com/shoshi/

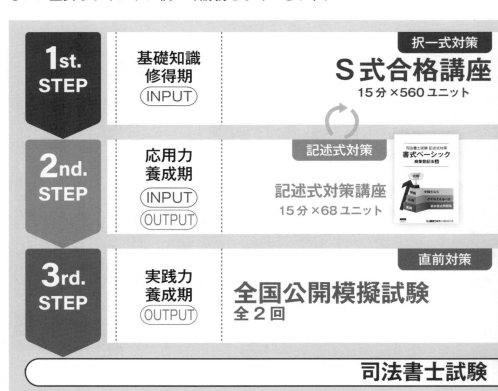

LEC Webサイト ▷▷ **www.lec-jp.com/**

情報盛りだくさん！

 資格を選ぶときも，
講座を選ぶときも，
最新情報でサポートします！

最新情報
各試験の試験日程や法改正情報，対策講座，模擬試験の最新情報を日々更新しています。

資料請求
講座案内など無料でお届けいたします。

受講・受験相談
メールでのご質問を随時受付けております。

よくある質問
LECのシステムから，資格試験についてまで，よくある質問をまとめました。疑問を今すぐ解決したいなら，まずチェック！

書籍・問題集（LEC書籍部）
LECが出版している書籍・問題集・レジュメをこちらで紹介しています。

充実の動画コンテンツ！

 ガイダンスや講演会動画，
講義の無料試聴まで
Webで今すぐCheck！

動画視聴OK
パンフレットやWebサイトを見てもわかりづらいところを動画で説明。いつでもすぐに問題解決！

Web無料試聴
講座の第1回目を動画で無料試聴！気になる講義内容をすぐに確認できます。

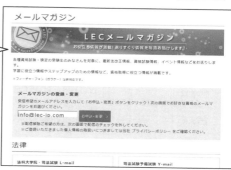

LEC 全国学校案内

＊講座のお問合せ，受講相談は最寄りのLEC各校へ

LEC本校

■ 北海道・東北

札　幌本校　☎011(210)5002
〒060-0004 北海道札幌市中央区北4条西5-1　アスティ45ビル

仙　台本校　☎022(380)7001
〒980-0022 宮城県仙台市青葉区五橋1-1-10　第二河北ビル

■ 関東

渋谷駅前本校　☎03(3464)5001
〒150-0043 東京都渋谷区道玄坂2-6-17　渋東シネタワー

池　袋本校　☎03(3984)5001
〒171-0022 東京都豊島区南池袋1-25-11　第15野萩ビル

水道橋本校　☎03(3265)5001
〒101-0061 東京都千代田区神田三崎町2-2-15　Daiwa三崎町ビル

新宿エルタワー本校　☎03(5325)6001
〒163-1518 東京都新宿区西新宿1-6-1　新宿エルタワー

早稲田本校　☎03(5155)5501
〒162-0045 東京都新宿区馬場下町62　三朝庵ビル

中　野本校　☎03(5913)6005
〒164-0001 東京都中野区中野4-11-10　アーバンネット中野ビル

立　川本校　☎042(524)5001
〒190-0012 東京都立川市曙町1-14-13　立川MKビル

町　田本校　☎042(709)0581
〒194-0013 東京都町田市原町田4-5-8　MIキューブ町田イースト

横　浜本校　☎045(311)5001
〒220-0004 神奈川県横浜市西区北幸2-4-3　北幸GM21ビル

千　葉本校　☎043(222)5009
〒260-0015 千葉県千葉市中央区富士見2-3-1　塚本大千葉ビル

大　宮本校　☎048(740)5501
〒330-0802 埼玉県さいたま市大宮区宮町1-24　大宮GSビル

■ 東海

名古屋駅前本校　☎052(586)5001
〒450-0002 愛知県名古屋市中村区名駅4-6-23　第三堀内ビル

静　岡本校　☎054(255)5001
〒420-0857 静岡県静岡市葵区御幸町3-21　ペガサート

■ 北陸

富　山本校　☎076(443)5810
〒930-0002 富山県富山市新富町2-4-25　カーニープレイス富山

■ 関西

梅田駅前本校　☎06(6374)5001
〒530-0013 大阪府大阪市北区茶屋町1-27　ABC-MART梅田ビル

難波駅前本校　☎06(6646)6911
〒556-0017 大阪府大阪市浪速区湊町1-4-1
大阪シティエアターミナルビル

京都駅前本校　☎075(353)9531
〒600-8216 京都府京都市下京区東洞院通七条下ル2丁目
東塩小路町680-2　木村食品ビル

四条烏丸本校　☎075(353)2531
〒600-8413　京都府京都市下京区烏丸通仏光寺下ル
大政所町680-1　第八長谷ビル

神　戸本校　☎078(325)0511
〒650-0021 兵庫県神戸市中央区三宮町1-1-2　三宮セントラルビル

■ 中国・四国

岡　山本校　☎086(227)5001
〒700-0901 岡山県岡山市北区本町10-22　本町ビル

広　島本校　☎082(511)7001
〒730-0011 広島県広島市中区基町11-13　合人社広島紙屋町アネクス

山　口本校　☎083(921)8911
〒753-0814 山口県山口市吉敷下東 3-4-7　リアライズⅢ

高　松本校　☎087(851)3411
〒760-0023 香川県高松市寿町2-4-20　高松センタービル

松　山本校　☎089(961)1333
〒790-0003 愛媛県松山市三番町7-13-13　ミツネビルディング

■ 九州・沖縄

福　岡本校　☎092(715)5001
〒810-0001 福岡県福岡市中央区天神4-4-11　天神ショッパーズ
福岡

那　覇本校　☎098(867)5001
〒902-0067 沖縄県那覇市安里2-9-10　丸姫産業第2ビル

■ EYE関西

EYE 大阪本校　☎06(7222)3655
〒530-0013　大阪府大阪市北区茶屋町1-27　ABC-MART梅田ビル

EYE 京都本校　☎075(353)2531
〒600-8413　京都府京都市下京区烏丸通仏光寺下ル
大政所町680-1　第八長谷ビル

LEC提携校

＊提携校はLECとは別の経営母体が運営をしております。
＊提携校は実施講座およびサービスにおいてLECと異なる部分がございます。

■■■ 北海道・東北

八戸中央校【提携校】　☎0178(47)5011
〒031-0035　青森県八戸市寺横町13　第1朋友ビル　新教育センター内

弘前校【提携校】　☎0172(55)8831
〒036-8093　青森県弘前市城東中央1-5-2
まなびの森　弘前城東予備校内

秋田校【提携校】　☎018(863)9341
〒010-0964　秋田県秋田市八橋鯲沼町1-60
株式会社アキタシステムマネジメント内

■■■ 関東

水戸校【提携校】　☎029(297)6611
〒310-0912　茨城県水戸市見川2-3092-3

所沢校【提携校】　☎050(6865)6996
〒359-0037　埼玉県所沢市くすのき台3-18-4　所沢K・Sビル
合同会社LPエデュケーション内

東京駅八重洲口校【提携校】　☎03(3527)9304
〒103-0027　東京都中央区日本橋3-7-7　日本橋アーバンビル
グランデスク内

日本橋校【提携校】　☎03(6661)1188
〒103-0025　東京都中央区日本橋茅場町2-5-6　日本橋大江戸ビル
株式会社大江戸コンサルタント内

■■■ 東海

沼津校【提携校】　☎055(928)4621
〒410-0048　静岡県沼津市新宿町3-15　萩原ビル
M-netパソコンスクール沼津校内

■■■ 北陸

新潟校【提携校】　☎025(240)7781
〒950-0901　新潟県新潟市中央区弁天3-2-20　弁天501ビル
株式会社大江戸コンサルタント内

金沢校【提携校】　☎076(237)3925
〒920-8217　石川県金沢市近岡町845-1　株式会社アイ・アイ・ピー金沢内

福井南校【提携校】　☎0776(35)8230
〒918-8114　福井県福井市羽水2-701　株式会社ヒューマン・デザイン内

■■■ 関西

和歌山駅前校【提携校】　☎073(402)2888
〒640-8342　和歌山県和歌山市友田町2-145
KEG教育センタービル　株式会社KEGキャリア・アカデミー内

■■■ 中国・四国

松江殿町校【提携校】　☎0852(31)1661
〒690-0887　島根県松江市殿町517　アルファステイツ殿町
山路イングリッシュスクール内

岩国駅前校【提携校】　☎0827(23)7424
〒740-0018　山口県岩国市麻里布町1-3-3　岡村ビル　英光学院内

新居浜駅前校【提携校】　☎0897(32)5356
〒792-0812　愛媛県新居浜市坂井町2-3-8　パルティフジ新居浜駅前店内

■■■ 九州・沖縄

佐世保駅前校【提携校】　☎0956(22)8623
〒857-0862　長崎県佐世保市白南風町5-15　智翔館内

日野校【提携校】　☎0956(48)2239
〒858-0925　長崎県佐世保市椎木町336-1　智翔館日野校内

長崎駅前校【提携校】　☎095(895)5917
〒850-0057　長崎県長崎市大黒町10-10　KoKoRoビル
minatoコワーキングスペース内

高原校　☎098(989)8009
〒904-2163　沖縄県沖縄市大里2-24-1
有限会社スキップヒューマンワーク内

※上記は2024年5月1日現在のものです。

書籍の訂正情報について

このたびは，弊社発行書籍をご購入いただき，誠にありがとうございます。
万が一誤りの箇所がございましたら，以下の方法にてご確認ください。

1 訂正情報の確認方法

書籍発行後に判明した訂正情報を順次掲載しております。
下記Webサイトよりご確認ください。

www.lec-jp.com/system/correct/

2 ご連絡方法

上記Webサイトに訂正情報の掲載がない場合は，下記Webサイトの
入力フォームよりご連絡ください。

lec.jp/system/soudan/web.html

フォームのご入力にあたりましては，「Web教材・サービスのご利用について」の
最下部の「ご質問内容」に下記事項をご記載ください。

> ・対象書籍名（○○年版，第○版の記載がある書籍は併せてご記載ください）
> ・ご指摘箇所（具体的にページ数と内容の記載をお願いいたします）

ご連絡期限は，次の改訂版の発行日までとさせていただきます。
また，改訂版を発行しない書籍は，販売終了日までとさせていただきます。

※上記「**2**ご連絡方法」のフォームをご利用になれない場合は，①書籍名，②発行年月日，③ご指摘箇所，を記載の上，郵送
にて下記送付先にご送付ください。確認した上で，内容理解の妨げとなる誤りについては，訂正情報として掲載させてい
ただきます。なお，郵送でご連絡いただいた場合は個別に返信しておりません。

　送付先：〒164-0001 東京都中野区中野4-11-10 アーバンネット中野ビル
　　　　　 株式会社東京リーガルマインド 出版部 訂正情報係

> ・誤りの箇所のご連絡以外の書籍の内容に関する質問は受け付けておりません。
> また，書籍の内容に関する解説，受験指導等は一切行っておりませんので，あらかじめ
> ご了承ください。
> ・お電話でのお問合せは受け付けておりません。

講座・資料のお問合せ・お申込み

LECコールセンター ☎ 0570-064-464

受付時間：平日9：30～20：00/土・祝10：00～19：00/日10：00～18：00

※このナビダイヤルの通話料はお客様のご負担となります。

※このナビダイヤルは講座のお申込みや資料のご請求に関するお問合せ専用ですので，書籍の正誤に関
するご質問をいただいた場合，上記「**2**ご連絡方法」のフォームをご案内させていただきます。